A GRANDE FOME DE MAO

FRANK DIKÖTTER

A GRANDE FOME DE MAO

Tradução de
ANA MARIA MANDIM

7ª edição

EDITORA RECORD
RIO DE JANEIRO • SÃO PAULO
2023

CIP-BRASIL. CATALOGAÇÃO NA PUBLICAÇÃO
SINDICATO NACIONAL DOS EDITORES DE LIVROS, RJ

D57g Dikötter, Frank
7ª ed.   A grande fome de Mao: a história da catástrofe mais devastadora da China, (1958-62) / Frank Dikötter; tradução de Ana Maria Mandim. – 7ª ed. – Rio de Janeiro: Record, 2023.
il.

Tradução de: Mao's great famine: the history of China's most devastating catastrophe, 1958-62
Inclui bibliografia e índice
ISBN: 978-85-01-40161-8

1. China – Civilização. 2. China – História – Séc. XX. I. Mandim, Ana Maria. II. Título.

17-38847

CDD: 951
CDU: 94(510)

Copyright: The People's Trilogy, volume 1: Mao's Great Famine © Frank Dikötter, 2010
Todas as imagens © New China News Agency

Título original em inglês: Mao's Great Famine: The History of China's Most Devastating Catastrophe, 1958-62

Todos os direitos reservados. Proibida a reprodução, armazenamento ou transmissão de partes deste livro, através de quaisquer meios, sem prévia autorização por escrito.

Texto revisado segundo o Acordo Ortográfico da Língua Portuguesa de 1990.

Direitos exclusivos de publicação em língua portuguesa para o Brasil adquiridos pela
EDITORA RECORD LTDA.
Rua Argentina, 171 – 20921-380 – Rio de Janeiro, RJ – Tel.: (21) 2585-2000, que se reserva a propriedade literária desta tradução.

Impresso no Brasil

ISBN 978-85-01-40161-8

Seja um leitor preferencial Record.
Cadastre-se em www.record.com.br e receba informações sobre nossos lançamentos e nossas promoções.

Atendimento e venda direta ao leitor:
sac@record.com.br

"A revolução não é um banquete."

Mao Tsé-tung

SUMÁRIO

PREFÁCIO	9
CRONOLOGIA	19
MAPA	24

PARTE UM: A PERSEGUIÇÃO DA UTOPIA

1. Dois rivais	29
2. Lances iniciais	37
3. Expurgo nas fileiras	43
4. Toque de clarim	55
5. Lançando *sputniks*	67
6. Que comece o bombardeio	77
7. As comunas do povo	81
8. Febre do aço	91

PARTE DOIS: PELO VALE DA MORTE

9. Sinais de alerta	103
10. Jornada de compras	109
11. Tontos de sucesso	123
12. O fim da verdade	131
13. Repressão	143
14. O racha sino-soviético	147
15. Grão capitalista	151
16. Saída do pesadelo	161

PARTE TRÊS: DESTRUIÇÃO

17. Agricultura	173
18. Indústria	195
19. Comércio	207

20. Moradia — 217
21. Natureza — 229

PARTE QUATRO: SOBREVIVÊNCIA

22. Banqueteando-se durante a fome — 249
23. Rodando e negociando — 257
24. Às escondidas — 269
25. "Querido presidente Mao" — 277
26. Ladrões e rebeldes — 287
27. Êxodo — 293

PARTE CINCO: OS VULNERÁVEIS

28. Crianças — 309
29. Mulheres — 321
30. Idosos — 331

PARTE SEIS: MODOS DE MORRER

31. Acidentes — 337
32. Doença — 343
33. O *gulag* — 359
34. Violência — 365
35. Sítios de horror — 381
36. Canibalismo — 397
37. A contagem final — 403

EPÍLOGO — 415
AGRADECIMENTOS — 419
UM ENSAIO SOBRE AS FONTES — 421
BIBLIOGRAFIA SELECIONADA — 431
NOTAS — 447
ÍNDICE — 501

Prefácio

Entre 1958 e 1962, a China desceu ao inferno. Mao Tsé-tung, presidente do Partido Comunista Chinês, jogou seu país em um delírio com o Grande Salto Adiante, uma tentativa de alcançar e superar a Grã-Bretanha em menos de quinze anos. Ao liberar o maior ativo da China, uma força de trabalho que se contava em centenas de milhões, Mao sonhou que poderia catapultar seu país para a dianteira dos competidores. Em vez de seguir o modelo de desenvolvimento soviético, que se inclinava acentuadamente para a indústria, a China "caminharia sobre duas pernas": as massas camponesas foram mobilizadas para transformar a agricultura e a indústria ao mesmo tempo, convertendo uma economia retrógrada numa sociedade comunista moderna, com abundância para todos. Na perseguição de um paraíso utópico, tudo foi coletivizado, e os aldeões foram arrebanhados em comunas gigantescas, que proclamavam o advento do comunismo. As pessoas no campo foram roubadas de seu trabalho, de seus lares, de sua terra, de seus pertences e de seu meio de subsistência. A comida, distribuída às colheradas nos refeitórios coletivos segundo o merecimento, transformou-se em arma para forçar as pessoas a seguir todos os ditames do partido. As campanhas de irrigação forçaram até a metade dos camponeses a trabalhar durante semanas a fio em projetos de reservatórios de água gigantescos, frequentemente distantes de casa, sem alimento e descanso adequados. A experiência terminou na maior catástrofe que o país jamais conheceu, destruindo dezenas de milhões de vidas.

À diferença de desastres comparáveis, como, por exemplo, os que aconteceram sob Pol Pot, Adolf Hitler ou Josef Stalin, as verdadeiras dimensões do que aconteceu durante o Grande Salto Adiante continuam pouco conhecidas. Isso porque durante muito tempo o acesso aos arquivos do partido foi proibido a todos, exceto aos historiadores confiáveis, respaldados por credenciais do partido. Mas uma nova lei do arquivo abriu, recentemente, grande quantidade de material para historiadores profissionais, mudando o modo de estudar a era maoista. Este livro se baseia em bem mais de mil documentos, coletados por vários anos em diversos arquivos do partido, do Ministério das Relações Exteriores em Pequim e de grandes coleções provinciais em Hebei, Shandong, Gansu, Hubei, Hunan, Zhejiang, Sichuan, Guizhou, Yunnan e Guangdong, e em coleções menores, porém igualmente valiosas, em cidades e condados por toda a China. O material inclui relatórios secretos do Departamento de Segurança Pública, minutas detalhadas de encontros da cúpula do partido, versões sem censura de discursos de importantes lideranças, pesquisas das condições de trabalho no campo, investigações de casos de assassinatos em massa, confissões de líderes responsáveis pela morte de milhões de pessoas, inquéritos coligidos por equipes especiais enviadas para descobrir a extensão da catástrofe nos últimos estágios do Grande Salto Adiante, relatórios gerais da resistência camponesa durante a campanha de coletivização, pesquisas secretas de opinião, cartas de queixas escritas por gente comum e muito mais.

O que surge desse massivo e detalhado dossiê transforma o nosso entendimento do Grande Salto Adiante. Quando se trata do número geral de mortos, por exemplo, os pesquisadores tiveram, até agora, que inferir das estatísticas oficiais de população, incluindo números dos censos de 1953, 1964 e 1982. Suas estimativas vão de 15 a 32 milhões de mortes. Mas os relatórios de segurança pública compilados na época, bem como os volumosos relatórios secretos cotejados pelos comitês do partido nos últimos meses do Grande Salto Adiante mostram como esses cálculos são incorretos e apontam para uma catástrofe de magnitude muito maior: este livro mostra que pelo menos 45 milhões de pessoas morreram desnecessariamente entre 1958 e 1962.

O termo "fome", ou até mesmo "Grande Fome", é frequentemente usado para descrever esses quatro a cinco anos da era maoista, mas o termo não consegue captar as muitas formas pelas quais as pessoas morreram sob a coletivização radical. O uso displicente do termo "fome" também

PREFÁCIO

deu suporte à visão amplamente disseminada de que essas mortes eram consequência não intencional de programas econômicos malfeitos e mal executados. Assassinatos em massa não são usualmente associados a Mao e ao Grande Salto Adiante, e a China continua a se beneficiar de uma comparação mais favorável com a devastação comumente associada ao Camboja e à União Soviética. Mas, como demonstram as novas provas apresentadas neste livro, coerção, terror e violência sistemática foram a base do Grande Salto Adiante. Graças aos relatórios frequentemente meticulosos compilados pelo próprio partido, podemos inferir que, entre 1958 e 1962, em estimativa aproximada, de 6% a 8% das vítimas foram torturadas até a morte ou sumariamente mortas — ascendendo, no mínimo, a 2,5 milhões de pessoas. Outras vítimas foram deliberadamente privadas de comida e morreram de inanição. Muitas outras desapareceram porque eram velhas, fracas ou doentes demais para trabalhar — e, portanto, incapazes de ganhar seu sustento. Pessoas eram mortas seletivamente porque eram ricas, porque faziam cera, porque falavam, porque simplesmente não eram estimadas ou por qualquer outra razão, pelo homem que empunhava a concha no refeitório. Incontáveis pessoas foram mortas indiretamente por negligência, uma vez que os oficiais estavam sob pressão para focar mais os números que as pessoas, para garantir que preenchessem as metas que lhes eram entregues pelos responsáveis pelo planejamento.

Uma visão de abundância prometida não apenas motivou um dos assassinatos em massa mais terríveis da história, como também infligiu dano sem precedentes à agricultura, à indústria, ao comércio e ao transporte. Panelas, caçarolas e ferramentas eram atiradas em fornalhas de fundo de quintal para aumentar a produção de aço do país, vista como um dos mágicos fazedores de progresso. Os rebanhos declinaram precipitadamente, não apenas porque os animais eram abatidos para o mercado externo, como também porque sucumbiam em massa de doenças e fome — apesar dos extravagantes planos de gigantescas fazendas de criação de porcos que trariam carne para todas as mesas. O desperdício aumentou porque produtos em estado bruto e suprimentos eram mal alocados e porque os chefes das fábricas deliberadamente quebravam as regras para aumentar a produção. Como todos cortavam caminho na incansável perseguição de uma produção maior, as fábricas cuspiam bens de qualidade inferior que se acumulavam nos desvios das linhas férreas sem serem recolhidos. A corrupção se infiltrou em todos os lugares e aspectos da vida chinesa, manchando tudo, do molho de soja às usinas hidrelétricas. O sistema de transporte se deteriorou lentamente até parar por completo, incapaz de atender às demandas criadas por uma economia planificada. Bens no valor de centenas de milhões de yuans se acumulavam em refeitórios, dormitórios e até nas ruas, grande parte do estoque simplesmente apodrecendo ou enferrujando. Teria sido difícil planejar um sistema de maior desperdício, em que os cereais eram deixados sem serem recolhidos à beira de estradas de terra no campo, enquanto as pessoas roubavam raízes ou comiam lama.

Este livro também documenta como a tentativa de saltar para dentro do comunismo resultou na maior destruição de propriedades da história humana — superando de longe os bombardeios da Segunda Guerra Mundial. Até 40% de todas as moradias se tornaram entulho, enquanto casas eram derrubadas para cultivar fertilizante, construir refeitórios, reassentar camponeses, endireitar o trajeto de estradas, abrir espaço para um futuro melhor ou simplesmente para punir seus ocupantes. A natureza também não escapou da destruição. Nunca saberemos qual foi a perda total de cobertura de florestas durante o Grande Salto Adiante, mas um ataque prolongado e intenso à natureza reclamou até metade de todas as árvores em algumas províncias. Rios e cursos d'água sofreram também: em todo o país, represas e canais, construídos por centenas de milhões de fazendeiros a um grande custo humano e econômico, tornaram-se, na maior parte, inúteis ou até perigosos, resultando em deslizamentos de terra, obstrução de rios, salinização do solo e devastadoras inundações.

Assim, o significado deste livro não está de forma alguma restrito à fome. O que relata, frequentemente com angustiante detalhamento, é o quase colapso de um sistema social e econômico no qual Mao havia apostado seu prestígio. Enquanto a catástrofe se propagava, o líder atacava seus críticos para manter a posição como o indispensável líder do partido. Depois que a fome chegou ao fim, no entanto, novas facções apareceram, opondo-se fortemente ao presidente: para ficar no poder, ele teve que virar o país de cabeça para baixo com a Revolução Cultural. O elemento essencial da his-

PREFÁCIO

tória da República Popular da China foi o Grande Salto Adiante. Qualquer tentativa de compreender o que aconteceu na China comunista deve iniciar por colocá-lo no centro de todo o período maoista. De maneira muito mais geral, enquanto o mundo moderno luta para encontrar um equilíbrio entre a liberdade e a regulação, a catástrofe desencadeada na época permanece como um lembrete do quanto é profundamente equivocada a ideia do Estado planejador como antídoto para o caos.

* * *

O livro introduz novas provas sobre a dinâmica de poder em um Estado de partido único. A política por trás do Grande Salto Adiante foi estudada por cientistas políticos com base em declarações oficiais, documentos semioficiais ou material da Guarda Vermelha liberado durante a Revolução Cultural, mas nenhuma dessas fontes censuradas revela o que aconteceu por trás de portas fechadas. Todo o quadro do que foi dito e feito nos corredores do poder será conhecido apenas quando os Arquivos Centrais do Partido em Pequim abrirem suas portas aos pesquisadores, e isso não é provável em um futuro próximo. Mas as minutas de muitos encontros decisivos podem ser encontradas em arquivos provinciais, uma vez que líderes locais com frequência participavam dos mais importantes encontros do partido e tinham de ser informados dos desenvolvimentos em Pequim. Os arquivos lançam uma luz muito diferente sobre a liderança: à medida que se tornam conhecidos alguns encontros altamente secretos, vemos as calúnias cruéis e táticas de intimidação que tinham lugar entre os líderes do partido em toda a sua crueza. O retrato que emerge do próprio Mao não é nada lisonjeiro e está muito longe da imagem pública que ele cultivava com tanto cuidado: incoerente nos discursos, obcecado com seu próprio papel na história, frequentemente discorrendo sobre ninharias passadas, um mestre em usar as emoções para intimidar em reuniões do partido e, acima de tudo, insensível às perdas humanas.

Sabemos que Mao foi o arquiteto central do Grande Salto Adiante e, assim, carrega a principal responsabilidade pela catástrofe que se seguiu.[1] Ele teve que trabalhar duro para impor sua opinião, barganhando, adulando, instigando, ocasionalmente atormentando e perseguindo os colegas. À diferença de Stalin, não arrastava os rivais para um calabouço para executá-los, mas tinha o poder de tirá-los de suas funções, encerrando suas carreiras — e os muitos privilégios que vinham com uma posição alta no partido. A campanha para superar a Grã-Bretanha começou com o presidente Mao e terminou quando ele, de má vontade, permitiu que seus colegas retornassem a uma abordagem mais gradual do planejamento econômico alguns anos depois. Mas ele nunca teria prevalecido se Liu Shaoqi e Chu En-lai, os mais poderosos homens do partido depois de Mao, tivessem atuado contra ele. Os dois, em vez disso, obtiveram apoio de outros colegas antigos, à medida que correntes de interesse e alianças se estendiam até os vilarejos — como está documentado aqui pela primeira vez. Purgas ferozes foram levadas adiante, enquanto oficiais antigos eram substituídos por homens duros, inescrupulosos, que içavam velas para beneficiar-se dos ventos radicais que sopravam de Pequim.

Mas acima de tudo este livro junta duas dimensões da catástrofe que até agora têm sido estudadas isoladamente. Temos que vincular o que aconteceu nos corredores de Zhongnanhai, o conjunto residencial que serve como quartel-general do partido em Pequim, com as experiências diárias das pessoas comuns. Com exceção de alguns estudos de vilarejos baseados em entrevistas, simplesmente não existe história social da era maoista sem falar na fome.[2] E exatamente como as novas provas dos arquivos mostram que a responsabilidade pela catástrofe se estendeu muito além de Mao, a profusa documentação que o partido reuniu sobre cada aspecto da vida diária sob o seu domínio refuta a noção comum do povo como mera vítima. Apesar da visão de ordem social que o regime projetava interna e externamente, o partido nunca conseguiu impor seu grande desígnio, encontrando um grau de oposição encoberta e subversão de que não se ouviu falar em nenhum país com governo eleito. Em contraste com a imagem de uma sociedade comunista estritamente disciplinada, em que os erros da cúpula levaram todo o maquinário a parar, o retrato que emerge dos arquivos e entrevistas é de uma sociedade em desintegração, levando as pessoas a apelarem para todos os meios a fim de sobreviver. A coletivização radical foi tão destrutiva que, em todos os níveis, a população tentava tirar vantagem, minar

PREFÁCIO

ou explorar o grande plano, dando secretamente livre curso à motivação de lucro que o partido tentava eliminar. Enquanto a fome se espalhava, a própria sobrevivência de uma pessoa comum passou a depender cada vez mais da habilidade de mentir, agradar, ocultar, roubar, trapacear, furtar, saquear, contrabandear, enganar, manipular ou passar a perna no Estado de qualquer outra forma. Como explica Robert Service, na União Soviética, esses fenômenos foram justamente o que impediu o sistema de chegar a uma paralisação completa.[3] Um Estado comunista "perfeito" era incapaz de fornecer incentivos suficientes para as pessoas colaborarem e, sem algum grau de acomodação da motivação de lucro, teria se destruído. Nenhum regime comunista teria tido condições de permanecer tanto tempo no poder sem que houvesse constantes violações da linha do partido.

A sobrevivência dependia da desobediência, mas as muitas estratégias de sobrevivência inventadas pelas pessoas em todos os níveis, de fazendeiros escondendo cereais a oficiais do partido falsificando os livros contábeis, também tendiam a prolongar a vida do regime. Elas se tornaram parte do sistema. A falta de clareza tornou-se o meio comunista de vida. As pessoas mentiam para sobreviver e, como consequência, a informação era distorcida ao longo de toda a cadeia até o presidente. A economia planificada requeria vastos *inputs* de dados acurados, mas, em cada nível, as metas eram distorcidas, as cifras, infladas, e as políticas que se chocavam com interesses locais eram ignoradas. Da mesma forma que com a motivação de lucro, a iniciativa individual e o pensamento crítico tiveram que ser constantemente suprimidos, e um permanente estado de sítio se desenvolveu.

Alguns historiadores poderiam interpretar esses atos de sobrevivência como provas de "resistência", ou "armas dos fracos" opositores "camponeses" contra o "Estado". Mas técnicas de sobrevivência se estendiam de um lado a outro do espectro social. Praticamente todo mundo, de alto a baixo, roubou durante a fome, tanto que, se esses fossem atos de "resistência", o partido teria entrado em colapso num estágio muito inicial. Pode ser tentador glorificar o que parece à primeira vista ser uma cultura moralmente atraente de resistência pelas pessoas comuns, mas, quando a comida acabou, o ganho de um indivíduo era com demasiada frequência a perda de outro. Quando fazendeiros escondiam cereal, os trabalhadores de uma aldeia morriam de fome. Quando o empregado de uma fábrica punha areia na farinha, alguém no fim da linha mastigava pedra. Romantizar o que eram frequentemente meios profundamente desesperados de sobrevivência é ver o mundo em preto e branco, quando, na realidade, a coletivização forçou todas as pessoas, num determinado momento, a assumirem compromissos morais amargos. As degradações rotineiras estavam assim de mãos dadas com a destruição em massa. Primo Levi, em suas memórias de Auschwitz, observa que os sobreviventes dificilmente seriam heróis: quando alguém se coloca acima dos outros num mundo dominado pela lei da sobrevivência, seu senso de moralidade muda. Em *Os afogados e os sobreviventes*, Levi chamou isso de zona cinzenta, mostrando como os prisioneiros determinados a sobreviver tinham que se afastar de valores morais para obter uma ração extra. Ele tentou não julgar, mas explicar, desenrolando camada após camada a operação dos campos de concentração. Entender a complexidade do comportamento humano em tempos de catástrofe é também um dos objetivos deste livro, na medida em que os arquivos do partido permitem pela primeira vez que nos aproximemos das difíceis escolhas que as pessoas fizeram meio século atrás — seja nos corredores do poder, seja dentro do casebre de uma família que morria de fome muito distante da capital.

* * *

As duas primeiras partes do livro explicam como e por que o Grande Salto Adiante se desenrolou, identificando os momentos decisivos e mapeando os modos como as vidas de milhões foram modeladas por decisões tomadas por uns poucos escolhidos na cúpula. A Parte Três estuda a escala de destruição da agricultura, indústria, comércio e moradia ao meio ambiente. A Parte Quatro mostra como o grande plano foi transformado pelas estratégias diárias de sobrevivência de pessoas comuns para produzir algo que ninguém pretendia e que poucos poderiam de fato reconhecer. Nas cidades, trabalhadores roubavam, faziam cera ou sabotavam ativamente a economia planificada, enquanto no campo os agricultores recorriam a todo um repertório de atos de sobrevivência, que iam de comer os cereais diretamente da plantação a pegar a estrada em busca de um lugar melhor para viver. Outros roubavam

PREFÁCIO

celeiros, incendiavam escritórios do partido, assaltavam trens de carga e, de vez em quando, organizavam rebeliões contra o regime. Mas a habilidade das pessoas para sobreviver era muito limitada por sua posição na elaborada hierarquia social que jogava o partido contra os outros. E alguns eram mais vulneráveis que outros: a Parte Cinco observa a vida das crianças, mulheres e idosos. Finalmente, a Parte Seis levanta os muitos modos pelos quais as pessoas morreram — de acidentes, doenças, tortura, assassinato e suicídio à inanição. Um ensaio sobre as fontes no fim do livro explica em detalhe a natureza das provas de arquivo.

CRONOLOGIA

1949:

O Partido Comunista Chinês conquista o continente e estabelece a República Popular da China em 1º de outubro. O generalíssimo Chiang Kai-shek, líder do derrotado Kuomintang, refugia-se na ilha de Taiwan. Em dezembro, Mao viaja a Moscou para conseguir uma aliança estratégica com a União Soviética e buscar ajuda de Stalin.

Outubro de 1950:

A China entra na Guerra da Coreia.

Março de 1953:

Morre Stalin.

Outono de 1955 — primavera de 1956:

Insatisfeito com o ritmo lento de desenvolvimento econômico, Mao pressiona para acelerar a coletivização do campo e para aumentar a produção de cereais, algodão, carvão e aço. Sua "Maré Alta Socialista", a que alguns historiadores se referem como o "Pequeno Salto Adiante", produz falta de estoques industriais e fome em regiões do campo. Chu En-lai e outros planejadores da economia pressionam por uma redução no ritmo da coletivização na primavera de 1956.

Fevereiro de 1956:

Kruschev denuncia Stalin e o culto da personalidade num discurso secreto em Moscou. A crítica da desastrosa campanha de coletivização de Stalin fortalece a posição dos opositores da "Maré Alta Socialista" na China. Mao percebe a desestalinização como um desafio à sua própria autoridade.

Outono de 1956:

Uma referência ao "Pensamento de Mao Tsé-tung" é removida da Constituição do Partido, o princípio da liderança coletiva é louvado e o culto da personalidade é censurado. A "Maré Alta Socialista" é suspensa.

Outubro de 1956:

Estimulado pela desestalinização, o povo na Hungria se revolta contra seu próprio governo, levando as forças soviéticas a invadir o país, esmagar toda a oposição e instalar um novo regime com o apoio de Moscou.

Inverno de 1956 — primavera de 1967:

Contra o desejo da maioria dos seus colegas, Mao estimula um clima político mais aberto com a campanha das Cem Flores para garantir o apoio de cientistas e intelectuais ao desenvolvimento da economia e evitar a intranquilidade social que levou à invasão soviética da Hungria.

Verão de 1957:

A campanha tem efeito contrário ao desejado, e uma barragem crescente de críticas questiona o próprio direito do partido a governar. Mao dá meia-volta e acusa essas vozes críticas de "maus elementos", dispostos a destruir o partido. Põe Deng Xiaoping a cargo de uma campanha antidireita, que persegue meio milhão de pessoas — muitas delas estudantes e intelectuais deportados para áreas remotas para fazer trabalho pesado. O partido se une a favor de seu presidente.

Novembro de 1957:

Mao visita Moscou. Impressionado com o *Sputnik* soviético, o primeiro satélite lançado em órbita, declara que "o vento leste prevalece sobre o vento oeste". Em resposta ao anúncio de Kruschev de que a União Soviética irá superar os Estados Unidos em produção econômica em quinze anos, ele declara que a China irá ultrapassar a Grã-Bretanha no mesmo período.

CRONOLOGIA

Inverno de 1957 — primavera de 1958:

Em uma série de conferências do partido, Mao ataca Chu En-lai e outros líderes antigos que se opõem à política econômica. Promove sua própria visão de mobilização de massa e coletivização acelerada do campo, exigindo metas agrícolas e industriais ampliadas. O slogan "fazendo todo o possível, tendo ambições maiores, e conquistando cada vez mais, mais depressa e com mais resultados econômicos" torna-se a diretriz do partido.

Inverno de 1957 — verão de 1958

Uma campanha repressiva tem por alvo centenas de milhares de membros do partido críticos da política econômica. Vários líderes provinciais do partido são expulsos e substituídos por seguidores estritos de Mao. A oposição de dentro do partido é silenciada.

Inverno de 1957 — primavera de 1958

Uma campanha maciça de conservação da água é lançada, marcando o início do "Grande Salto Adiante" para centenas de milhões de aldeões comuns compelidos a trabalhar durante semanas a fio em projetos remotos, frequentemente sem descanso e sem alimento suficientes.

Verão de 1958:

Kruschev visita Pequim, mas tensões aparecem quando Mao decide bombardear diversas ilhas no estreito de Taiwan sem primeiro consultar seu aliado soviético, desencadeando uma crise internacional com os Estados Unidos. Moscou é forçada a tomar partido e se posiciona em favor de Pequim, proclamando que um ataque à República Popular da China seria um ataque à União Soviética.

Verão de 1958:

A mobilização em massa de aldeões em torno de imensos projetos aquáticos requer unidades administrativas muito maiores no campo, levando à fusão de fazendas coletivas em gigantescas comunas populares de até 20 mil casas. A vida diária nas comunas segue as regras militares. Quase tudo, incluindo terra e trabalho, é coletivizado. Refeitórios coletivos substituem cozinhas privadas, enquanto as crianças são deixadas aos cuidados de jardins de infância. Um sistema de pontos de trabalho é usado para calcular recompensas, e até o dinheiro é abolido em algumas comunas. Fornalhas de fundo de quintal são usadas para fundir toda sorte de objetos de metal a fim de contribuir para as metas crescentes de aço do partido. Condições de fome aparecem em muitas partes do país.

Novembro de 1958 — fevereiro de 1959:

Mao se volta contra oficiais que produzem metas infladas e promete uma iminente transição para o comunismo. Ele tenta refrear alguns dos piores abusos do Grande Salto Adiante, mas continua a pressionar pela coletivização. Anuncia que os erros cometidos pelo partido são apenas "um dedo em dez". Para cumprir compromissos externos e alimentar as cidades, a requisição de cereais do campo aumenta acentuadamente. A fome se espalha.

Março de 1959:

Numa conferência em Xangai, Mao lança um ataque desmoralizador aos membros antigos do partido e pressiona por requisições ainda maiores de alimentos do campo, até um terço de todos os cereais, apesar da fome disseminada.

Julho de 1959:

Na conferência de Lushan, Mao denuncia Peng Dehuai e outros líderes como uma "panelinha antipartido" por criticarem o Grande Salto Adiante.

Verão de 1959 — verão de 1960:

Uma campanha repressiva é lançada contra membros do partido que expressavam pontos de vista críticos semelhantes a Peng Dehuai e seus aliados. Dezenas de milhões de aldeões morrem de inanição, doenças ou tortura.

Julho de 1960:

Conselheiros soviéticos são retirados da China por Kruschev. Chu En-lai e Li Fuchun deslocam a estrutura de comércio para longe da União Soviética em direção ao Ocidente.

Outubro de 1960:

Um relatório de inanição em massa em Xinyang, Henan, é entregue a Mao por Li Fuchun.

Novembro de 1960:

Uma diretriz de emergência é emitida, permitindo aos aldeões ter hortas privadas, envolver-se em ocupações secundárias, descansar oito horas por dia e restaurar os mercados locais, entre outras medidas destinadas a enfraquecer o poder das comunas sobre os aldeões.

Inverno de 1961 — 1962:

Equipes de investigação se espalham no campo, trazendo à luz a completa dimensão da catástrofe. Grandes quantidades de alimentos são importadas do Ocidente.

Primavera de 1961:

Circuitos de inspeção por membros da liderança do partido resultam num afastamento ainda maior do Grande Salto Adiante. Liu Shaoqi põe a culpa da fome nos ombros do partido, mas absolve Mao de toda responsabilidade.

Verão de 1961:

As consequências do Grande Salto Adiante são discutidas numa série de encontros do partido.

Janeiro de 1962:

Num grande encontro do partido que reuniu milhares de oficiais em Pequim, Liu Shaoqi descreve a fome como um desastre produzido pelo homem. O apoio a Mao Tsé-tung desaparece. A fome abranda, mas continua a reclamar vidas em várias partes do país até o fim de 1962.

1966:

Mao lança a Revolução Cultural.

PARTE UM

A Perseguição da Utopia

1

Dois rivais

A morte de Stalin em 1953 foi a libertação de Mao. Por mais de trinta anos, Mao teve que bancar o pedinte para o líder do comunismo no mundo. Desde os 27 anos, quando recebeu o primeiro pagamento de um agente soviético — 200 yuans em dinheiro — para cobrir o custo da viagem do encontro que fundou o Partido Comunista Chinês em Xangai, a vida de Mao foi transformada por dinheiro russo. Ele não teve escrúpulos em pegar o dinheiro e usar a ligação com Moscou para liderar um bando de guerrilheiros andrajosos até o poder supremo — mas não sem reprimendas infindáveis de Moscou, expulsões do poder e batalhas com conselheiros soviéticos em torno da política do partido. Stalin constantemente empurrava Mao para os braços de seu inimigo jurado, o generalíssimo Chiang Kai--shek, o líder do nacionalista Kuomintang, que dominava boa parte da China. Stalin tinha pouca fé em Mao e em seus soldados camponeses, e favorecia abertamente Chiang, mesmo depois de o Kuomintang comandar um sangrento massacre de comunistas em Xangai, em 1927. Durante a maior parte de uma década, as tropas de Chiang caçaram sem descanso os combatentes de Mao, forçando os comunistas a buscar refúgio no sopé de uma montanha e depois atravessar cerca de 12.500 quilômetros em direção ao norte, em uma retirada mais tarde conhecida como a Longa Marcha. Quando Chiang foi sequestrado em Xi'an em 1936, Stalin prontamente enviou um telegrama a Mao, ordenando-lhe que soltasse o refém incólume. Um ano depois da invasão japonesa à China, Stalin exigiu que Mao fizesse novamente frente comum com seu arqui-inimigo Chiang, mandando aviões, armas e conselheiros para o regime do Kuomintang. Tudo o que Mao conseguiu durante a Segunda Guerra Mundial foi um avião carregado de panfletos de propaganda.

Em vez de enfrentar os japoneses, Mao aumentou suas forças no norte da China. No fim da guerra, em 1945, Stalin, sempre o rígido pragmático, assinou um tratado de aliança com o Kuomintang, diminuindo as perspectivas de apoio ao comunismo na eventualidade de uma guerra civil. Logo após a rendição do Japão, reiniciou-se a guerra total entre comunistas e nacionalistas. Stalin ficou de lado novamente, chegando até a avisar Mao para tomar cuidado com os Estados Unidos, que apoiaram Chiang Kai-shek, agora reconhecido como líder mundial na vitória dos Aliados contra o Japão. Mao ignorou o aviso. Os comunistas finalmente conseguiam vantagem. Quando chegaram à capital, Nanquim, a União Soviética foi um dos poucos países a permitir que seu embaixador fugisse junto com o Kuomintang.

Mesmo quando a vitória parecia inevitável, Stalin continuou a manter Mao a distância. Tudo acerca de Mao parecia suspeito para o líder soviético. Que tipo de comunista tinha medo dos trabalhadores, Stalin se perguntou repetidamente, quando Mao deteve seu exército fora de Xangai durante semanas a fio, sem querer assumir a tarefa de alimentar a cidade. Mao era um camponês, um marxista das cavernas, concluiu Stalin, depois de ler as traduções dos escritos de Mao, rejeitadas por Stalin como "feudais". Estava claro que havia um traço rebelde e teimoso em Mao; sua vitória sobre Chiang Kai-shek, forçado a recuar o tempo todo até Taiwan, teria sido difícil de ser explicada de outra forma. Mas orgulho e independência eram precisamente o que tanto preocupava Stalin, propenso como era a ver inimigos em toda parte: poderia Mao ser outro Tito, o líder iugoslavo que tinha sido expulso da família comunista por sua dissidência com Moscou? Tito já era bastante ruim, e Stalin não podia apreciar a perspectiva de um regime que tomara o poder sem sua ajuda e governava um império em expansão bem na sua fronteira. Stalin não confiava em ninguém, menos ainda em um rival em potencial que, com toda a probabilidade, guardava uma longa lista de ressentimentos.

Mao, de fato, nunca esquecia um tratamento desdenhoso e se ressentia profundamente da forma como fora tratado por Stalin, mas não tinha ninguém mais a quem se voltar em busca de apoio. O regime comunista chinês precisava desesperadamente de reconhecimento internacional, assim como de ajuda econômica para reconstruir o país dilacerado pela guerra. Mao anunciou a política de "inclinar-se para um lado", engoliu o orgulho e buscou aproximação com a União Soviética.

Vários pedidos seus para se encontrar com Stalin foram recusados. Em dezembro de 1949, Mao foi finalmente convidado a ir a Moscou. Mas, em lugar de ser recebido como o líder de uma grande revolução que levara um quarto do mundo para a órbita comunista, teve uma recepção fria, tal qual um convidado entre muitos outros delegados que viajaram a Moscou para celebrar o 70º aniversário de Stalin. Após um breve encontro, Mao foi rapidamente levado para uma casa de verão nos arredores da capital e deixado a esperar durante semanas, em isolamento, por uma audiência formal. Cada dia que passava o fazia aprender sobre seu lugar humilde em uma irmandade comunista que girava inteiramente em torno do ditador soviético. Quando Mao e Stalin finalmente se encontraram, tudo o que Mao obteve foram US$ 300 milhões em ajuda militar, divididos em cinco anos. Por essa soma insignificante, Mao teve que fazer grandes concessões territoriais, privilégios que relembravam os tratados desiguais do século XIX: o controle soviético de Lüshun (Port Arthur) e da Ferrovia Oriental Chinesa, na Manchúria, foi garantido até meados dos anos 1950. Direitos aos depósitos minerais em Xinjiang, a província mais ocidental da China, também tiveram de ser concedidos. Mas Mao conseguiu um tratado de proteção mútua na eventualidade de agressão do Japão ou de seus aliados, em particular os Estados Unidos.

Mesmo antes de Mao e Stalin assinarem o Tratado de Aliança e Amizade, Kim Il-sung, o guerrilheiro comunista que assumira o controle do norte da Coreia depois da divisão de seu país em 1948, vinha contemplando a reunificação da península pela força militar. Mao apoiou a Coreia do Norte, vendo em Kim um aliado comunista contra os Estados

Unidos. A Guerra da Coreia estourou em junho de 1950, mas impeliu os Estados Unidos a intervirem em defesa do sul. Confrontado por esmagador poderio aéreo e batalhões de tanques, Kim, sob ataque, teve que recuar até a fronteira entre a China e a Coreia do Norte. Preocupado com a possibilidade de os americanos cruzarem o rio Yalu e atacarem a China, Mao despachou voluntários para lutar na Coreia com cobertura aérea prometida por Stalin. Uma guerra feroz se seguiu, as baixas do lado chinês sempre mais altas, enquanto os aviões que Stalin prometera só vinham esporadicamente. Quando o conflito chegou a um impasse sangrento, Stalin repetidamente criou empecilhos às negociações para encerrá-lo. A paz não estava em seus interesses estratégicos. Unindo o insulto à injúria, Stalin também exigiu da China o pagamento pelo equipamento militar soviético que mandara para a Coreia. Sua morte em 1953 ocasionou rápido armistício.

Por trinta anos Mao sofrera humilhação nas mãos de Stalin, subordinando-se a Moscou por pura necessidade estratégica. A guerra coreana o tornara ainda mais ressentido do patrocínio soviético, sentimento amplamente difundido entre dirigentes comunistas de outros países, que, da mesma forma, almejavam relações de igualdade com Moscou.

A Guerra da Coreia também aprofundou a influência de Mao sobre os colegas. O presidente havia levado o partido a uma vitória em 1949. A Coreia também era sua glória pessoal, porque exigira a intervenção quando outros líderes do partido vacilaram. Ele era o homem que levara os Estados Unidos a um beco sem saída — embora a um alto custo para seus próprios soldados. Mao agora estava acima de seus companheiros. Mao, como Stalin, era incapaz de considerar alguém como igual e, tal qual Stalin, não tinha dúvida acerca de seu próprio papel na história. Estava convicto de sua própria genialidade e infalibilidade.

Depois da morte de Stalin, Mao, finalmente, viu a chance de garantir independência em relação ao Kremlin e proclamou sua liderança sobre o campo socialista. O presidente supôs, naturalmente, que ele próprio era a luz-guia do comunismo, que estava a ponto de esmagar o capitalismo, o que fazia dele o pivô histórico em torno do qual o universo girava. Não fora ele quem guiara seus homens à vitória, trazendo uma segunda Revolução de Outubro para um quarto do mundo? Stalin não podia sequer pleitear ter presidido a revolução bolchevique; menos ainda poderia Nikita Kruschev, o homem que logo assumiu o poder em Moscou.

* * *

Rude, instável e impulsivo, Kruschev era visto por muitos que o conheciam como um tolo, limitado tanto em habilidade quanto em ambição. Precisamente essa reputação foi o que lhe permitira sobreviver sob Stalin, que o tratava com afetuosa condescendência, e foi também o que o salvou do destino de colegas mais brilhantes que cometiam erros em suas relações com o ditador. "Meu pequeno Marx!", Stalin o chamou uma vez zombeteiramente, enquanto gentilmente batia na testa de Kruschev com o cachimbo, brincando: "É oco!"[1] Kruschev era o animal de estimação de Stalin. Mas era tão paranoico quanto Stalin e, por baixo da enganadora falta de jeito, havia um homem esperto e imensamente ambicioso.

Kruschev, crítico severo da forma de Stalin lidar com Mao, resolveu sobrepujar seu antigo mestre e colocar as relações com Pequim em novo patamar. Seria o tutor benevolente de Mao e dirigiria o camponês rebelde para uma forma mais esclarecida de marxismo. Também desempenhou o papel de patrão benévolo, supervisionando maciça transferência de tecnologia a centenas de fábricas e usinas financiadas pela ajuda soviética. Foram despachados para a China conselheiros em várias áreas, da energia atômica à engenharia mecânica, enquanto cerca de 10 mil estudantes chineses foram treinados na União Soviética nos primeiros anos após a morte de Stalin. Mas, em vez de mostrar gratidão, os líderes em Pequim viam essa generosidade como um direito, buscando extrair volumes sempre crescentes de apoio militar e econômico, em um misto de regateio, súplica e adulação. Kruschev cedeu. Como exagerara na oferta, teve de intimidar seus camaradas em Moscou para que aceitassem um pacote de ajuda muito além do que a União Soviética podia bancar.

Kruschev foi para o limbo a fim de satisfazer Pequim e esperava um bocado em troca. Mao, em vez disso, tratava Kruschev com desprezo, aprisionando-o no papel de novato grosseiro e imaturo do qual o próprio

A GRANDE FOME DE MAO

Mao escapara com tanta astúcia. O momento crítico veio em 1956, quando Kruschev denunciou os crimes de seu ex-mestre em um relatório secreto revelado em um congresso do partido — sem consultar Mao. O presidente elogiou o discurso, pois sentiu que ele enfraqueceria a autoridade de Moscou no bloco comunista. Mas nunca perdoou a Kruschev, porque também via a desestalinização como um desafio à sua própria autoridade, acostumado que estava a interpretar o mundo consigo mesmo no centro. Diminuir Stalin era solapar Mao, que constantemente se comparava ao ditador soviético, apesar de conservar uma longa lista de ressentimentos contra ele. Mao também achava que só ele próprio ocupava posição moral grandiosa o bastante para poder emitir julgamento sobre os erros e as conquistas de Stalin. Um ataque a Stalin, além disso, podia ser explorado pelos americanos.

Acima de tudo, o gesto contra Stalin implicava que a crítica a Mao também era permissível. O discurso secreto de Kruschev deu munição aos que temiam o poder crescente de Mao e queriam um retorno à liderança coletiva. No 8º Congresso do Partido, em setembro de 1956, em Pequim, uma referência ao "Pensamento de Mao Tsé-tung" foi removida da Constituição do partido, o princípio da liderança coletiva foi louvado e o culto da personalidade, criticado. Constrangido pelo relatório secreto de Kruschev, Mao teve pouca escolha a não ser concordar com essas medidas, para as quais ele próprio contribuíra nos meses prévios ao congresso.[2] Mas o presidente se sentiu enganado e não escondia sua raiva.[3]

Mao teve outra derrota quando sua política econômica, conhecida como "Maré Alta Socialista", foi suspensa no fim de 1956, na segunda sessão plenária do Congresso do Partido. Um ano antes, um Mao impaciente, desgostoso com o ritmo lento do desenvolvimento econômico, criticara repetidamente os que estavam a favor de um ritmo mais cauteloso, como "mulheres de pés atados". Profetizava um salto na produção agrícola trazido pela coletivização acelerada do campo e, em janeiro de 1956, exigiu aumentos irrealistas na produção de cereais, algodão, carvão e aço. A Maré Alta Socialista — a que historiadores mais tarde se refeririam como "Pequeno Salto Adiante" — fracassou rapidamente.[4] A produção industrial nas cidades sofreu toda sorte de gargalos e falta de estoques quando os recursos e matérias-primas requeridos para o aumento da produção não estavam disponíveis. No campo, a coletivização encontrou a resistência dos camponeses, que matavam seus animais e escondiam os cereais. A fome apareceu em algumas províncias, na primavera de 1956. Tentando controlar o dano criado pelas táticas de choque de seu presidente, o premiê Chu En-lai e o planejador da economia Chen Yun exigiram o fim do "avanço precipitado" (*maojin*) e tentaram reduzir o tamanho das fazendas coletivas, reverter para um livre mercado limitado e permitir um alcance maior para a produção privada no campo. Frustrado, Mao viu isso como um desafio pessoal. Em cima de um editorial de junho de 1956 do *Diário do Povo* que criticava a Maré Alta Socialista por "tentar fazer tudo de um dia para o outro", que lhe fora enviado para que tomasse conhecimento, Mao escreveu, irritado: "Não lerei isto." Mais tarde, mostrou surpresa: "Por que deveria ler algo que me ofende?"[5] Sua posição foi ainda mais enfraquecida porque Kruschev, em seu discurso secreto, destacou o fracasso das políticas agrícolas de Stalin, que incluíam a coletivização no campo. A crítica a Stalin pareceu uma avaliação não intencional do impulso de Mao em direção à coletivização. O 8º Congresso do Partido descartou a Maré Alta Socialista.

Seguiu-se outra humilhação. Apesar das grandes reservas dos outros líderes do partido, Mao estimulou a crítica aberta ao partido na campanha das Cem Flores, lançada em abril de 1957. Sua esperança era que, ao pedir às pessoas comuns que expressassem suas opiniões, um pequeno número de conservadores e contrarrevolucionários seria descoberto. Isso preveniria o massacre criado pela desestalinização na Hungria, onde uma revolta nacional contra o partido comunista em outubro de 1956 levara as forças soviéticas a invadir o país, esmagar brutalmente a oposição e instalar um novo governo pró-Moscou. Na China, Mao explicou a seus relutantes camaradas, o partido quebraria qualquer oposição em muitos pequenos "incidentes húngaros", todos os quais seriam tratados separadamente.[6] Um clima mais aberto, imaginou, também ajudaria a garantir o apoio de cientistas e intelectuais ao desenvolvimento do país. O presidente cometeu grande erro de cálculo, à medida que a barragem de críticas que produzira questionou não só o próprio direito do partido de governar, como também sua própria liderança. Sua resposta foi acusar os críticos de "maus elementos" dispostos a destruir o partido. Pôs Deng Xiaoping a cargo da campanha antidireitista levada adiante com extraordinária veemência, visando a meio milhão de pessoas — muitas delas estudantes e intelectuais deportados para áreas remotas do país para fazer trabalho pesado. Mao lutou para retomar o controle, e todo o caso foi imensamente embaraçoso, mas sua estratégia foi parcialmente bem-sucedida porque criou condições para afirmar sua própria preeminência. Atacado de todos os lados, com seu direito a governar questionado, o partido perfilou-se atrás de seu presidente.

O colapso da campanha das Cem Flores em junho de 1957 também confirmou a suspeita do presidente de que o "conservadorismo de direita" era um grande inimigo ideológico e que a inércia direitista estava por trás da estagnação econômica de então. Mao queria ressuscitar as políticas da Maré Alta Socialista que tinham sido desacreditadas por uma profusão de críticas dos especialistas que tentara cortejar. Se tantos profissionais com habilidade e conhecimento científico para ajudar no desenvolvimento econômico estavam insatisfeitos, não seria politicamente sábio basear o futuro do país em sua perícia. Essa opinião era compartilhada por Liu Shaoqi, o segundo homem no comando do partido, que acompanhou o presidente na pressão por metas mais elevadas na produção agrícola.[7] Em outubro de 1957, com o apoio de Liu, Mao reafirmou o lema que cristalizava sua visão: "maior, mais depressa, melhor e mais econômico." Também conseguiu substituir a expressão "avanço precipitado" (*maojin*), com sua conotação de incansável impulso à frente, por "salto adiante" (*yuejin*): em meio a uma feroz campanha antidireitista, poucos líderes do partido ousaram opor-se. Mao conseguia o que queria e estava pronto para desafiar Kruschev.

2

Lances iniciais

Em 4 de outubro de 1957, uma esfera brilhante de aço, do tamanho de uma bola de praia, cruzou rapidamente o céu, alcançou sua órbita e, depois, começou a circular em volta do globo terrestre a cerca de 29 mil km/h, emitindo sinais captados por operadores de rádio ao redor do mundo. Apanhando os Estados Unidos completamente de surpresa, a União Soviética conseguira lançar com sucesso o primeiro satélite terrestre do mundo, abrindo um novo capítulo na corrida espacial, que foi recebido com espanto e medo. Para lançar em órbita o satélite de 84 quilos, notaram observadores, era necessário um foguete tão poderoso quanto um míssil balístico intercontinental, o que significava que os russos também poderiam lançar bombas atômicas para atingir os Estados Unidos. Um mês depois, um satélite muito mais pesado rodopiou no alto, carregando a primeira criatura viva a viajar em volta do mundo pelo espaço: vestida com roupa para ir ao espaço feita sob medida, uma cadelinha chamada Laika entrou para a história como passageira do *Sputnik II*.

Em um movimento ousado, Kruschev inaugurou a era da diplomacia do míssil, apoiado por incessante propaganda de Moscou sobre experimentos bem-sucedidos com mísseis balísticos intercontinentais. O lançamento do segundo satélite tinha por objetivo coincidir com o 40º aniversário da Revolução de Outubro, a ser celebrado na Praça Vermelha com a presença de milhares de líderes partidários comunistas convidados em todo o mundo.

Mesmo assim, a despeito do triunfo dos lançamentos de satélite, Kruschev estava em posição vulnerável. Menos de meio ano antes, quase não sobrevivera a uma tentativa de golpe dos stalinistas linha-dura, Molotov, Malenkov e Kaganovich. O marechal Jukov, herói da Segunda Guerra Mundial que liderara o assalto final contra os alemães e capturara Berlim, usou aviões de transporte de tropas para levar aliados decisivos para Moscou em defesa de seu chefe. Mas Jukov comandava um exército e também poderia lançar seus tanques contra Kruschev. Sempre temeroso de um golpe militar, o líder soviético manobrou para depor Jukov no início de novembro. Justificar o expurgo de Molotov, Malenkov e Kaganovich, agora chamados de "grupo antipartido", era uma coisa, mas como poderia explicar a remoção do general soviético mais condecorado a seus convidados estrangeiros, já traumatizados por seu discurso secreto e pela revolta húngara? Josip Broz Tito, o líder ferozmente independente da Iugoslávia, que se recusou a receber ordens da União Soviética, era outra fonte potencial de oposição que poderia frustrar o aniversário. Em meados de outubro, Tito fez objeções ao rascunho de uma declaração soviética a ser publicada no encontro de líderes de partido em Moscou e declinou de assistir ao evento.

Kruschev encontrou um aliado decisivo em Mao, apesar das diferenças entre eles em matéria de política externa e ideologia. Mao, por sua vez, tinha uma boa razão para ajudar o rival. Ele atormentara o líder soviético com pedidos insistentes de ajuda para adquirir armas nucleares. Desde que os Estados Unidos começaram a dar apoio militar a Taiwan e depois que os americanos introduziram mísseis nucleares táticos, em março de 1955, Mao empenhou-se em obter a bomba. Agora, na véspera do encontro internacional, Kruschev reforçava o apoio ao assinar um acordo secreto com a China, em 15 de outubro, estabelecendo a entrega de uma bomba atômica soviética em 1959.[1]

Mao estava exuberante. Sabia que seu momento havia chegado. Kruschev dependia dele e prodigalizava atenção ao presidente e seu grupo. Dois Tu-104s foram enviados para levar a delegação chinesa a Moscou. O líder soviético, ladeado por alguns dos mais antigos membros do partido, cumprimentou Mao calorosamente no aeroporto Vnukovo e o levou pessoalmente aos aposentos destinados a ele. A China foi a única delegação entre as 64 que assistiram à conferência a ser hospedada no Grande Palácio do Kremlin.

Mao foi colocado nos aposentos privados da imperatriz Catarina, forrados de damasco e com o teto esculpido em volutas. Toda a ala oeste era extravagantemente mobiliada, com altas colunas encimadas por capitéis de bronze, paredes forradas com seda lustrosa ou nogueira, estuque dourado nas abóbadas, tapetes espessos por toda parte. Mao parecia alheio a tudo e usou seu próprio urinol.[2]

Em 7 de novembro veio o clímax público do aniversário de gala: Mao ficou ao lado de Kruschev em cima do mausoléu de Lenin para assistir à parada de quatro horas na Praça Vermelha, as forças soviéticas exibindo suas novas armas. O povo agitava bandeiras chinesas e gritava: "Longa vida a Mao e à China!"

Apesar de todos os privilégios concedidos a Mao, este se divertia criticando seus anfitriões. Menosprezava a comida e desprezava a cultura russa, tratava os outros delegados do partido com ares de superioridade e era arredio em relação a Kruschev. "Veja como nos tratam diferente agora", gracejou com seu médico com um sorriso de desdém. "Até nesta terra comunista eles sabem quem é poderoso e quem é fraco. Que arrogantes!"[3]

Mas deu o apoio crucial com que Kruschev contava. Em 14 de novembro, diante de todos os delegados do partido, afirmou: "Somos tantos aqui, com tantos partidos, devemos ter uma cabeça [...]. Se a União Soviética não for a cabeça, então, quem? Deveríamos fazer isso em ordem alfabética? Albânia? Vietnã, com o camarada Ho Chi Minh? Outro país? A China não se qualifica para ser a cabeça, não temos experiência suficiente. Sabemos de revolução, mas não sabemos sobre construção socialista. Demograficamente, somos um país imenso, mas, economicamente, somos pequenos."[4]

Se Mao deu seu pequeno espetáculo de promessa de submissão, também foi a Moscou para mostrar que ele e não Kruschev era a verdadeira eminência sênior do campo comunista. Perdeu poucas oportunidades de diminuir o líder soviético, até dizendo-lhe na cara que ele tinha um temperamento irritadiço que ofendia as pessoas.[5] Dois dias após, em 18 de novembro, chegou o momento que Mao esperava. Pondo de lado o protocolo da conferência, em um discurso de improviso, dirigiu-se aos delegados sentado em seu assento, invocando condições de saúde para não ficar de pé. Como Kruschev recordou mais tarde em suas memórias, Mao considerava-se notavelmente superior a todos.[6] Em monólogo longo e divagante, o presidente virou-se para Kruschev, oferecendo-lhe um conselho, como se falasse a um aluno: "Não importa quem, todos precisam de apoio [...]. Existe um ditado chinês que diz: embora exista beleza no lótus, ele precisa do apoio de suas folhas verdes. Você, camarada Kruschev, mesmo que seja um lótus, também precisa ser apoiado por folhas." Como se isso não fosse simbólico o bastante, Mao declarou depois que o confronto entre Kruschev e os stalinistas linha-dura, em junho de 1957, tinha sido uma "luta entre duas linhas: uma era errada, e a outra, relativamente correta." Como deveria ser entendido isso: como um débil elogio ou uma farpa velada? Certamente não causou qualquer efeito no tradutor, que murmurou algo vago sobre "dois grupos diferentes" em que "uma tendência liderada por Kruschev prevaleceu". O que Mao disse exatamente, lembrou mais tarde o embaixador iugoslavo, "ninguém, exceto os chineses, souberam", mas produziu um silêncio mortal.[7] Embaraçando ainda mais seu anfitrião, Mao continuou e descreveu Molotov, um dos chefes da tentativa de golpe de junho, como "um velho camarada com uma longa história de luta".[8]

A essência do discurso de Mao foi ainda mais assustadora para seus anfitriões russos. "Há dois ventos no mundo, um vento leste e um vento oeste. Temos um ditado na China que diz: se o vento leste não prevalece sobre o vento oeste, então o oeste prevalece sobre o leste. Penso que o ponto decisivo da situação internacional agora é que o vento leste prevalece sobre o oeste, isso quer dizer que as forças do socialismo se tornaram esmagadoramente superiores às forças do capitalismo."

Mao continuou com um exame da mudança no equilíbrio de poder entre os dois campos e, depois, chocou os participantes com suas reflexões sobre uma iminente guerra mundial.[9] "Vamos imaginar quantas pessoas morreriam se a guerra estourasse. Há 2,7 bilhões de pessoas no mundo, e um terço poderia ser perdido. Se for um pouco mais, poderia ser a metade [...]. Digo que, se o pior se tornar ainda pior e uma metade morrer, haverá ainda a outra metade, mas o imperialismo seria apagado e o mundo inteiro se tornaria socialista. Depois de alguns anos, seriam 2,7 bilhões de pessoas

LANCES INICIAIS

novamente."[10] Os Estados Unidos não eram nada, senão um "tigre de papel", continuou Mao, parecendo imune à perda de vidas que contemplava. Estava blefando, nessa ocasião e em outras como essa, mas o principal de toda a exibição de poderio era mostrar que ele e não Kruschev era um revolucionário mais decidido.

Mao não fez apenas cálculos populacionais para sua audiência. Fazia algum tempo que vinha seguindo cuidadosamente a campanha de Kruschev pela descentralização da economia e o solapamento dos burocratas presos às escrivaninhas em Moscou a fim de transferir poder para os novos conselhos econômicos regionais, supervisionados por seus próprios homens de confiança locais. Kruschev cruzara o país diversas vezes, dando palestras aos camponeses sobre como aumentar o rendimento agrícola: "Vocês devem plantar batatas em canteiros quadrados. Vocês devem cultivar repolho como minha avó fazia."[11]

Kruschev era mordaz com economistas de antecedentes sofisticados que estavam "aritmeticamente" corretos, mas falhavam em compreender do que o povo soviético era capaz: "Deixem os ideólogos do mundo capitalista continuarem a tagarelar por bastante tempo. Deixem os camaradas economistas enrubescerem. Às vezes, o homem deve exceder suas próprias forças, fazendo um esforço grande e súbito."[12] E aquele esforço súbito, criado pela libertação dos camponeses da persistente influência do Estado stalinista, criaria tal abundância que até os Estados Unidos seriam alcançados economicamente: "Quando conhecem sua própria força, as pessoas fazem milagres." Em maio de 1957, Kruschev havia anunciado que, em poucos anos, a União Soviética se equipararia aos Estados Unidos na produção de carne, leite e manteiga.[13] Agora, em Moscou, diante dos delegados de partidos estrangeiros, Kruschev proclamou o sucesso do impulso econômico em seu discurso fundamental da celebração do Aniversário de Outubro: "Camaradas, os cálculos de nossos planejadores mostram que, nos próximos quinze anos, a União Soviética não apenas se igualará, como superará o atual volume de produção de importantes produtos nos EUA."[14]

Mao não perdeu tempo. Publicamente adotou o desafio e imediatamente anunciou que a China superaria a Grã-Bretanha — ainda considerada uma grande potência industrial — em quinze anos: "Este ano, nosso país tem

5,2 milhões de toneladas de aço e, após cinco anos, poderemos ter de 10 a 15 milhões de toneladas; depois de mais cinco anos, de 20 a 25 milhões de toneladas; somem, então, mais cinco anos e teremos de 30 a 40 milhões de toneladas. Talvez eu esteja me gabando aqui e talvez, quando tivermos outro encontro internacional no futuro, vocês me critiquem por ser subjetivo, mas falo com base em considerável prova [...]. O camarada Kruschev nos diz que a União Soviética superará os Estados Unidos em quinze anos. Eu posso lhes dizer que, em quinze anos, nós bem poderemos nos equiparar ou ultrapassar a Grã-Bretanha."[15] O "Grande Salto Adiante" havia começado.

3

Expurgo nas fileiras

Em Moscou, Kruschev fornecera a Mao a munição para atirar. Não apenas o *Sputnik* mostrara a habilidade da relativamente atrasada União Soviética de passar à frente de uma nação economicamente avançada como os Estados Unidos, como os próprios planejadores soviéticos preparavam um grande impulso econômico similar à Maré Alta Socialista que Mao tinha sido obrigado a abandonar.

De volta a Pequim, menos de duas semanas depois de retornar da União Soviética, Mao assegurou o apoio do velho vice-presidente Liu Shaoqi para um salto adiante. Homem frugal e taciturno, alto, mas ligeiramente encurvado, com cabelos grisalhos, Liu dedicara sua carreira à linha do partido, trabalhando regularmente noite adentro. Ele também se via como sucessor do presidente, posição que, acreditava, viria para ele como recompensa por anos de trabalho duro e abnegado. Poucos meses antes, o próprio Mao indicara sua intenção de abandonar o posto de chefe de Estado e, talvez, até tenha assegurado em particular a Liu que o apoiava em seu papel de herdeiro aparente.[1] Liu abraçou o ponto de vista de Mao: "Em quinze anos, a União Soviética pode alcançar e ultrapassar os Estados Unidos na produção de produtos industriais e agrícolas muito importantes. No mesmo período de tempo, temos que alcançar e superar a Grã-Bretanha na produção de ferro, aço e outros grandes bens industriais."[2] Antes do fim do ano, apareceram em todo o país artigos na imprensa que anunciavam grandes avanços na conservação da água e na produção de cereais e aço. No dia do Ano-Novo de 1958, o *Diário do Povo* publicou um editorial aprovado por Liu Shaoqi que captava a visão dos líderes: "Façam tudo o que for possível e tenham altas ambições."[3]

Li Fuchun, estudioso de ar modesto, que, como chefe da Comissão de Planejamento do Estado, enviava regularmente cópias heliográficas grossas como catálogos telefônicos para cada província, detalhando o quanto de cada bem deveria ser produzido, também apoiou Mao. Conterrâneo de Hunan e conhecido do presidente desde a infância, veterano da Longa Marcha, Li foi o primeiro entre os planejadores da economia a pular para dentro do "trio elétrico" do Grande Salto Adiante, fosse por medo, convicção ou ambição. Ele se somou a Liu Shaoqi nos elogios à visão ousada de Mao.[4]

Sob o rufar dos tambores da propaganda e instigados e adulados por Mao em encontros privados e conferências do partido, líderes provinciais jogaram o peso de sua influência na campanha do "façam-tudo-que-for--possível" e prometeram metas mais altas em toda uma ampla variedade de atividades econômicas. Em um pequeno encontro dos chefes do partido em Hangzhou, no início de janeiro de 1958, Ke Qingshi, um homem alto com um corte de cabelo cheio, que era prefeito de Xangai e vivia genuinamente maravilhado com o presidente, entusiasmou-se com a "nova maré alta da construção socialista" e propôs que o país "cavalgasse o vento e furasse as ondas", apoiando-se nas grandes massas.[5] Rodeado de apoiadores e energizado por Ke Qingshi, Mao não foi mais capaz de conter a ira reprimida durante vários anos e explodiu na cara de Bo Yibo, um dos principais planejadores da economia que resistira à sua visão. Bo era um revolucionário veterano, mas preocupado com orçamento equilibrado. "Não vou ouvir nada dessas coisas que você diz!", berrou Mao. "Do que você está falando? Nos últimos anos, parei de ler os orçamentos, mas você, simplesmente, me forçou a assiná-los de qualquer maneira!" Depois, voltou-se para Chu En--lai: "O prefácio do meu livro *The Socialist Upsurge in the Countryside* [O levante socialista no campo] tem tido uma tremenda influência em todo o país. Isso é 'culto à personalidade' ou 'idolatria'? Não obstante, jornais e revistas em todo o país o republicaram e ele teve um enorme impacto.

EXPURGO NAS FILEIRAS

Então, agora, eu realmente me tornei o 'arquicriminoso do avanço precipitado!'"[6] Havia chegado o momento de exigir obediência e trabalho árduo e de conduzir os planejadores para a estrada da utopia.

* * *

Situada no extremo sul do país, Nanning é conhecida como a "cidade verde" por seu clima luxuriante, tropical, suave o bastante para o pêssego doce, a noz-de-areca e as palmeiras vicejarem o ano inteiro. Com árvores de cítricos em flor e uma balsâmica temperatura de 25° C no meio de janeiro, o cenário deveria ter proporcionado algum alívio para os líderes do partido que vinham da ventosa Pequim, mas a atmosfera era tensa. Como disse, entusiasmado, Zhang Zhongliang, o zeloso líder da província de Gansu, "do começo ao fim, o presidente criticou o pensamento conservador de direita!".[7] Mao deu o tom no dia de abertura do encontro: "Não mencionem esse termo 'oposição ao avanço precipitado' novamente, está bem? Isso é um problema político. Qualquer oposição levaria ao desapontamento, e 600 milhões de pessoas desestimuladas seriam um desastre."[8]

Ao longo de vários dias, Mao perdeu a calma diversas vezes enquanto atormentava os planejadores, acusando-os de "jogar água fria no entusiasmo do povo" e refrear o país. Os culpados de se opor ao "avanço precipitado" estavam a meros "cinquenta metros de distância dos direitistas". Wu Lengxi, editor do *Diário do Povo*, que publicara o editorial crítico em 20 de junho de 1956, estava bem no alto da lista de líderes convocados por Mao. O veredicto do presidente: "Marxismo vulgar, dialética vulgar. O artigo parece ser antiesquerdista, assim como antidireitista, mas, de fato, não é de forma alguma antidireitista, e sim exclusivamente antiesquerdista. Está apontado precisamente para mim."[9]

Uma grande pressão foi feita sobre os líderes reunidos, e até para homens endurecidos, acostumados aos rigores da vida partidária, o estresse logo se tornaria demasiado. Huang Jing, presidente de uma comissão responsável pelo desenvolvimento tecnológico e ex-marido da esposa de Mao, teve um colapso depois que o presidente o repreendeu. De cama, olhando para o teto e murmurando coisas incompreensíveis, endereçou ao médico um olhar desnorteado, implorando perdão: "Salve-me, salve-me!" Posto em um avião para tratamento médico, ajoelhou-se ante Li Fuchun, que o acompanhava a Guangzhou. Internado em um hospital militar, pulou de uma janela e quebrou uma perna. Morreu em novembro de 1958 aos 47 anos.[10]

Mas o verdadeiro alvo da ira de Mao era Chu En-lai. Em 16 de janeiro, Mao brandiu diante do premiê uma cópia de *The New Shanghai Rides the Wind and Breaks the Waves, Accelerating the Construction of Socialism* [A nova Xangai avança ao sabor do vento e fura as ondas, acelerando a construção do socialismo]. "Bem, En-lai, você é o premiê, você acha que poderia escrever algo tão bom assim?", perguntou sarcasticamente. "Eu não poderia", murmurou o premiê, endireitando-se para absorver o ataque. Então, depois do ritual de humilhação pública, veio o golpe: "Você não se opõe ao 'avanço precipitado'? Bem, eu me oponho à oposição ao 'avanço precipitado'!"[11] Alguns líderes esquerdistas do partido entraram na briga. Ke Qingshi e Li Jingquan, o líder radical de Sichuan, atacaram verbalmente o premiê.[12] Três dias depois, Chu fez um alentado discurso autocrítico, em que assumia total responsabilidade pela reversão em 1956, admitindo que era o resultado do "pensamento conservador de direita" e assumindo que ele se desviara da política orientadora do presidente. A ideia de Mao de que os erros do partido não deviam ser enfatizados além da conta, sendo apenas "um dedo em dez", estava colocada no manifesto do encontro e, assim, marginalizava os que haviam atacado o Pequeno Salto Adiante.[13]

Chu En-lai, cujas maneiras suaves, afáveis, ligeiramente efeminadas o tornaram a escolha ideal para representar a China no exterior, tinha o talento para sempre cair na posição certa. Podia ser todo modéstia e humildade quando necessário. Antes da vitória dos comunistas, os nacionalistas costumavam chamá-lo Budaoweng, o nome chinês para o brinquedo "joão-teimoso", que sempre cai de pé.[14] Antes, em sua carreira revolucionária, Chu resolvera nunca desafiar Mao. A decisão foi tomada depois que os dois se chocaram em um incidente que deixou Mao cheio de ressentimento. Em uma conferência em 1932, críticos da guerrilha haviam atacado Mao severamente e entregado a Chu o comando na frente de batalha. O resultado foi um desastre, pois, poucos anos depois, as tropas nacionalistas surrariam o Exército Vermelho e forçariam os comunistas a fazer a Longa Marcha para

EXPURGO NAS FILEIRAS

47

longe de suas bases. Em 1943, quando Chu percebeu que a autoridade de Mao se tornara suprema, proclamou seu imorredouro apoio ao presidente: "A direção e a liderança de Mao Tsé-tung", declarou, "é a direção do Partido Comunista Chinês". Mas Mao não deixou que ele se safasse tão facilmente. A submissão de Chu foi testada em uma série de encontros de autocrítica em que ele teve que admitir seus crimes políticos e intitular a si próprio "trapaceiro político" a quem faltavam princípios. Foi uma dura experiência de autorrebaixamento, mas da qual Chu emergiu como o fiel assessor do presidente. Dali em diante, uma aliança incômoda e paradoxal se desenvolveu. Mao tinha que manter Chu a distância como potencial competidor pelo poder; por outro lado, precisava que ele administrasse as coisas. Mao não tinha interesse em questões de rotina diária e detalhes de organização, e frequentemente era áspero com outras pessoas. Chu era um administrador de primeiro escalão, com talento para a organização, e um operador sereno e habilidoso para forjar a unidade do partido. Como diz um biógrafo, Mao "tinha que puxar Chu para perto, mesmo quando levantava o chicote e, às vezes, açoitava o homem sem o qual não podia viver".[15]

* * *

O açoitamento não parou em Nanning. Dois meses depois, em Chengdu, os últimos dias de um encontro do partido foram devotados a seminários de retificação. Mas, primeiro, Mao cuspiu desdém sobre a fé cega com que os planejadores vinham seguindo o rumo econômico de Stalin: uma forte ênfase em grandes complexos industriais, um vasto aparato de burocratas e um campo cronicamente subdesenvolvido. Já em novembro de 1956, ele reprovara alguns de seus colegas por "pensar, de forma não crítica, que tudo na União Soviética é perfeito, que até os gases intestinais são cheirosos".[16] Pensamento criativo era necessário para a China encontrar seu próprio caminho para o comunismo em lugar de uma rígida adesão aos métodos soviéticos, agora congelados no dogma socialista. A China deveria andar "sobre duas pernas", desenvolvendo simultaneamente a indústria e a agricultura, e cuidar tanto da indústria pesada quanto da leve. E Mao, como o líder a caminho, agora exigia obediência total. "O que há de errado com a veneração? A verdade está em nossas mãos, por que não deveríamos adorá-la? [...] Cada grupo deve venerar seu líder, não pode senão adorar seu líder", explicou; esse era o "culto correto da personalidade".[17] A mensagem foi imediatamente entendida por Ke Qingshi, que se agitou entusiasticamente: "Devemos ter fé cega no presidente! Devemos obedecer por completo ao presidente!"[18]

Consagrado o culto de sua própria personalidade, Mao entregou a condução do encontro a Liu Shaoqi, seu amigo político. Como praticamente todos os participantes faziam autocrítica, a situação deve ter sido embaraçosa para Chu. Ambos os homens eram intensamente competitivos, e Liu podia ver Chu como ameaça às suas perspectivas de suceder o presidente.[19] Naquele dia, Liu superou Chu na adulação ao líder: "Ao longo dos anos tenho sentido a superioridade do presidente Mao. Sou incapaz de acompanhar seu pensamento. O presidente Mao tem um conhecimento notável, especialmente da história chinesa, que ninguém mais no partido pode alcançar. Tem experiência prática, especialmente em combinar a teoria marxista com a realidade chinesa. A superioridade do presidente Mao nesses aspectos é algo que deveríamos admirar e tentar aprender com ela."[20] Por sua vez, Chu sentia intensa pressão para apaziguar o presidente, que lhe havia retirado autoridade no planejamento econômico depois de Nanning. Novamente, fez longa confissão de seus erros, mas suas palavras não impressionaram Mao.

Em maio, após um encontro formal do partido de mais de 1,3 milhão de pessoas, Chu En-lai e o tsar econômico do partido, Chen Yun, foram convocados para preparar mais uma autocrítica. Sem saber mais como satisfazer Mao, Chu passou dias em isolamento autoimposto, lutando para encontrar as frases certas. Depois de uma conversa telefônica com Chen Yun, que estava em apuro semelhante, mergulhou em tal melancolia que sua mente simplesmente ficou em branco. Só conseguia murmurar algumas palavras, seguidas de longos silêncios, enquanto olhava fixamente para seu secretário. Tarde, naquela noite, sua esposa encontrou-o sentado, curvado sobre a mesa. Tentando ajudar, o secretário escreveu uma passagem sobre Chu e Mao terem "estado no mesmo barco em muitas tempestades". Quando Chu mais tarde viu o documento, iradamente repreendeu o secretário e, com os olhos cheios de lágrimas, acusou-o de saber muito pouco da história do partido.[21] No fim, Chu rastejou, derramando-se em elogios ao presidente diante dos líderes do partido reunidos e disse à audiência que Mao era a "personificação da verdade" e que erros aconteciam apenas quando o partido se divorciava de sua grande liderança. Poucos dias após essa exibição, Chu entregou a Mao uma carta pessoal em que prometia estudar os escritos dele seriamente e seguir todas as suas diretrizes. O presidente, finalmente, ficou satisfeito. Declarou que Chu e outros eram bons camaradas. Chu salvara seu emprego.

Durante os primeiros meses do Grande Salto Adiante, Chu foi repetidamente humilhado e diminuído, mas nunca retirou seu apoio, optando, em vez disso, por aceitar tranquilamente a cruel explosão do presidente em Nanning. Chu En-lai não tinha poder para derrubar seu amo, mas contava com os planejadores atrás de si e poderia ter recuado — ao custo de sua carreira. Mas aprendera a aceitar a humilhação nas mãos do presidente como meio de se manter no poder, embora à sombra de seu colega. Chu era leal a Mao e, como resultado disso, muitas habilidades do servo serviram de apoio ao amo.[22] Mao Tsé-tung era o visionário, Chu En-lai aquele que transformava pesadelos em realidade. Sempre colocado à prova, trabalharia incansavelmente no Grande Salto Adiante para demonstrar sua capacidade.

* * *

Quando Chu En-lai foi degradado em um espetáculo de poder e humilhação, outros funcionários da cúpula rapidamente se conformaram. Li Fuchun, presidente da Comissão de Planejamento do Estado, nunca teve que recorrer à autocrítica, pois rompeu fileiras com outros planejadores ao colaborar com os slogans de Mao em dezembro de 1957. Chen Yun fez várias declarações autocríticas. Li Xiannian, ministro das Finanças, e Bo Yibo, presidente da Comissão Econômica Estatal, ambos opositores do Pequeno Salto Adiante, em 1956, agora percebiam que não poderiam resistir à maré. Ninguém ousou discordar. Li Fuchun e Li Xiannian foram incluídos no secretariado, o núcleo interno do partido, depois de proclamar sua obediência a Mao.

Para aumentar a pressão política sobre o escalão superior, o presidente também orientou uma mudança do poder do centro para as províncias. Nanning foi a primeira de uma série de conferências de improviso convocadas por Mao, que controlava rigorosamente a lista de participantes, estabelecia os programas de trabalho e dominava seu desenvolvimento, o que lhe permitia convencer seus seguidores a dar o Grande Salto Adiante. Mao trouxe o secretariado para as províncias, em lugar de convidar as províncias para as sessões mais formais de organismos estabelecidos, como o Conselho de Estado, em Pequim.[23] Ao fazer isso, chegou a uma corrente profunda de insatisfação entre os líderes provinciais. Tao Lujia, primeiro-secretário de Shanxi, falou por muitos oficiais locais quando expressou sua impaciência com a pobreza predominante no país.[24] A visão de Mao de uma China que era "pobre e como um papel em branco" ressoou entre os idealistas que acreditavam na capacidade do partido de catapultar o país para a dianteira de seus rivais. "Quando você é pobre, você se inclina a ser revolucionário. Papel em branco é ideal para escrever."[25] Líderes provinciais radicais engoliram a visão de seu líder. Wu Zhipu, líder de Henan, anunciou formalmente uma "revolução contínua" para esmagar opositores direitistas e saltar adiante. Zeng Xisheng, antigo veterano do Exército de Libertação Popular e líder de Anhui, forneceu o slogan "Lute duro por três anos para mudar a face da China". Mais que tudo, porém, depois de testemunhar a depreciação formal de seus superiores em seu próprio terreno, as províncias foram estimuladas a lançar sua própria caça às bruxas, enquanto um vento de perseguição varria o país.

* * *

Mao podia ser enigmático, deixando seus colegas se perguntarem sobre a natureza de sua mensagem, mas, desta vez, havia muita pressão de Pequim em relação à direção certa. Para se assegurar de que os expurgos contra os elementos direitistas seriam conduzidos de maneira completa, Mao mandou seu *bull terrier* Deng Xiaoping a uma série de encontros regionais. As instruções eram claras. Em Gansu, Deng explicou que a luta contra os vice-governadores Sun Diancai, Chen Chengyi e Liang Dajun tinha de ser inequívoca.[26] O chefe de Gansu, Zhang Zhongliang, não perdeu tempo e, semanas depois, anunciou que um grupo antipartido tinha sido descoberto dentro do comitê provincial do partido. Coincidentemente, seus líderes eram Sun Diancai, Chen Chengyi e Liang Dajun, que foram acusados de negar as conquistas da Maré Alta Socialista em 1956, atacar o partido, denegrir o socialismo e promover o capitalismo — entre outros crimes abomináveis.[27]

Esses foram líderes poderosos derrubados com o apoio de Pequim. Os expurgos, no entanto, eram levados adiante em todos os níveis do partido, silenciando a maioria das vozes críticas. Poucos ousavam opor-se à linha do partido. Em partes de Gansu, uma província pobre perto dos desertos da Mongólia Interior, qualquer comentário crítico sobre a requisição de cereais ou cotas excessivas se tornou impensável. A mensagem aos membros do partido preocupados com a colheita era direta: "Vocês deveriam pensar com cuidado se são ou não direitistas."[28] Na Universidade de Lanzhou, localizada na capital de Gansu, aproximadamente metade de todos os estudantes recebeu uma bandeira branca, o símbolo de um preguiçoso politicamente conservador. Em alguns, um recado foi preso às costas: "Seu pai é um bandeira branca." Outros foram espancados. Os que escolhiam ficar neutros eram denunciados como reacionários.[29] O expurgo continuou durante o tempo em que Zhang Zhongliang permaneceu no poder. Em março de 1960, cerca de 190 mil pessoas tinham sido denunciadas e humilhadas em reuniões públicas e 40 mil oficiais foram expulsos do partido, incluindo 150 altos funcionários provinciais.[30]

Expurgos semelhantes aconteceram por todo o país, com líderes radicais aproveitando a oportunidade para se livrar de rivais mais tímidos. De dezembro de 1957 em diante, a província sulista de Yunnan esteve nas garras de um expurgo antidireitista que atingiu desde os antigos membros do partido até oficiais nas aldeias. Em abril de 1958, o chefe local Xie Fuzhi, um homem pequeno e de queixo duplo, anunciou a derrubada de líderes de um grupo antipartido: Zheng Dun e Wang Jing, os cabeças do Departamento de Organização, eram culpados de "localismo", "revisionismo", bem como de defender o capitalismo, tentar derrubar a liderança do partido e se opor à revolução socialista.[31] No verão de 1958, a inquisição resultara na remoção de cerca de 2 mil membros do partido. Um em cada quinze líderes partidários foi expulso, incluindo mais de 150 poderosos oficiais que trabalhavam em nível de condado, ou em nível mais alto, em uma das dezenas de regiões administrativas da província. Mais 9 mil membros do partido foram tachados de direitistas quando a campanha se estendeu.[32]

Grupos "antipartido" foram descobertos em quase todos os lugares. Mao estimulava os líderes provinciais a seguir adiante. "Melhor eu do que você como ditador", declarou, em março de 1958, invocando palavras de Lenin. "É semelhante nas províncias: o ditador será Jiang Hua ou Sha Wenhan?"[33] Em Zhejiang, Sha Wenham foi perseguido por Jiang Hua, e batalhas semelhantes aconteceram em Guangdong, Mongólia Interior, Xinjiang, Gansu, Qinghai, Anhui, Liaoning, Hebei e Yunnan, entre outras províncias.[34] Em Henan, uma das províncias que seriam mais afetadas pela fome, um líder moderado chamado Pan Fusheng foi afastado por Wu Zhipu, zeloso seguidor de Mao. Pan pintara um quadro sombrio da coletivização durante a Maré Alta Socialista. "Os camponeses [...] são como burros de carga hoje. Bois amarelos estão amarrados em casa e seres humanos estão arreados nos campos. Garotas e mulheres empurram arados e rastelos com seus ventres crescidos. A cooperação se transformou na exploração da força humana."[35] Aparentemente, essas críticas eram um caso gritante de recuo para o capitalismo e, em consequência, todos os seguidores de Pan foram perseguidos, o que dividiu o partido e a província. Espantalhos com slogans apareceram ao longo de estradas poeirentas, com os dizeres "Abaixo Pan Fusheng", ou "Abaixo Wu Zhipu". A maioria dos oficiais locais podia ver para que direção o vento soprava e pendeu para o lado de Wu Zhipu.[36]

Por maior que fosse a pressão, no entanto, sempre havia escolhas a fazer. Quando Mao foi a Jiangsu e perguntou ao líder local se eles estavam combatendo os direitistas, Jiang Weiqing reuniu coragem e disse ao presidente que, se maus elementos existiam, ele próprio deveria ser contado entre eles. O partido teria que se livrar dele primeiro. Mao riu: "Você não teme ser cortado em pedaços por empurrar o imperador de seu cavalo! Bem, então deixe disso."[37] Como resultado, menos oficiais foram denunciados em Jiangsu que em qualquer outro lugar.

EXPURGO NAS FILEIRAS

Mas raros eram os que tinham a convicção, a coragem ou a inclinação para nadar contra a corrente. Os expurgos impregnaram as fileiras do partido até embaixo. Assim como Mao impôs sua vontade em Pequim, os senhores locais baixavam a lei em suas próprias províncias, denunciando qualquer oposição como "direitismo conservador". E, assim como as capitais provinciais tinham a hegemonia, os líderes dos cantões e seus amigos usavam o expurgo para eliminar os rivais e faziam vista grossa para os intimidadores locais. No local de produção, um mundo muito afastado da utopia que estava nos papéis começou a emergir.

Um sinal precoce veio no verão de 1958, quando um relatório circulou entre os funcionários de alta patente mostrando como a violência se tornara a norma durante a campanha antidireitista no condado de Fengxian, logo ao sul de Xangai. Cem pessoas se suicidaram, muitas outras trabalharam até a morte nos campos. Wang Wenzhong, líder do condado, deu o exemplo com um lema que comparou "as massas" a cães amedrontados apenas à vista de um pedaço de pau nas mãos de um oficial local. Milhares de camponeses foram acusados de serem "proprietários de terras" ou "contrarrevolucionários" em reuniões públicas que pontuaram a vida diária durante meses a fio. Muitos eram rotineiramente espancados, amarrados e torturados, alguns levados embora para campos especiais de trabalho criados em todo o país.[38]

Fengxian foi um aviso horrível da escuridão que viria. No alto, entretanto, flutuando muito acima do chão, a fé na habilidade do povo para mudar céu e terra era ilimitada. Em dezembro de 1957, Chen Zhengren, um dos mais confiáveis colegas de Mao, atacou o conservadorismo de "direitistas" que obstruíam o entusiasmo das massas na campanha pela conservação da água. Este foi o brado de guerra do Grande Salto Adiante.[39]

4

Toque de clarim

Um rio lamacento corre pelo coração da China, fluindo cerca de 5.500 quilômetros, desde as montanhas áridas em Qinghai, e deságua no mar de Bohai, o golfo mais interior do mar Amarelo, perto de Pequim. A montante, o rio corre por vales de montanhas onde a água é clara, mas depois de uma série de penhascos íngremes e gargantas ele serpeia por um platô de loess, recolhendo o sedimento macio, lodoso, deixado para trás com o passar do tempo por tempestades de vento. À medida que mais lama e areia são descarregadas, ele se torna ocre sujo. O lodo depositado nas partes baixas do curso d'água leva o leito do rio a se elevar. Quando passa pela antiga cidade de Kaifeng, o leito corre a dez metros acima dos campos vizinhos. Quando as barrancas do rio cedem, a planície achatada do norte é facilmente inundada, transformando o rio em um dos mais perigosos obstáculos já registrados. A própria Kaifeng já foi inundada, abandonada e reconstruída diversas vezes. Diques e barragens eram tradicionalmente usados como defesa contra a inundação, mas tinham pouco efeito, já que o rio carregava cerca de 1,6 milhão de toneladas de sedimentos anualmente. "Quando as águas do rio Amarelo ficarem claras" é um ditado chinês que equivale a "quando os porcos voarem".

Outro dito tradicional anuncia o surgimento de um líder miraculoso: "Quando um grande homem emergir, o rio Amarelo se tornará claro." Poderia o presidente Mao domesticar o rio que causava inundações com tanta frequência que ganhou o nome de "a tristeza da China"? Cartazes de propaganda antecipada o mostram sentado pensativamente em uma rocha à beira do rio, ponderando, talvez, sobre maneiras de clarear a água.[1] Em 1952, quando essas fotos foram tiradas, Mao havia percorrido o rio e proferido uma única frase, algo enigmática: "O trabalho no rio Amarelo deve ser bem-feito."[2] Ocorreram acalorados debates sobre o plano a seguir entre os engenheiros, enquanto Mao permanecia à margem, e uma facção em favor de uma grande represa prevaleceu. Especialistas soviéticos, eles próprios enamorados de projetos gigantescos, supervisionaram a parte baixa e identificaram as Três Gargantas, em Henan, como um sítio adequado. Um desenho para uma represa que colocava o reservatório normal de água a 360 metros de altitude foi entregue em abril de 1956, o que significava que cerca de um milhão de pessoas teriam de ser transferidas, pois perto de 220 mil hectares de terra seriam submersos. Foi dada a partida no projeto em abril de 1957, oficialmente, apesar das reservas de vários engenheiros hidráulicos. Huang Wanli, geólogo treinado pelos americanos e que visitara todas as grandes represas nos Estados Unidos, argumentou que consequências terríveis se seguiriam à tentativa de limpar o rio dos sedimentos. Bloquear a lama e o lodo por trás de uma barragem gigantesca limitaria a vida do reservatório e levaria ao desastre, no final. Então, Mao interveio. "Que lixo é esse?" foi o título irado de seu editorial, publicado em junho de 1957, pelo *Diário do Povo*. O artigo listava uma série de acusações a Huang, alegando, entre outras coisas, que ele atacara o presidente, causara dano ao partido, propagara a democracia burguesa e admirava culturas estrangeiras.[3] Toda a crítica às Três Gargantas foi repelida.

No fim de 1958, o rio Amarelo foi bloqueado. Cerca de 6 milhões de metros quadrados de terra tinham sido movimentados em um empreendimento faraônico, envolvendo o trabalho de dezenas de milhares de aldeões. Um ano depois, a represa estava pronta. A água estava clara. Mas o projeto inicial previa várias saídas e tubos, para permitir que o sedimento acumulado fosse jogado através da represa. Essas passagens tinham sido bloqueadas com concreto reforçado, na pressa para completar o projeto no prazo. Em um ano, o sedimento começou a se acumular a montante do reservatório, elevando o nível das águas e ameaçando inundar o centro industrial de Xi'an. Reconstrução extensiva foi requerida para drenar o sedimento, o que, por sua vez, causou queda no nível da represa. Com a linha-d'água mais baixa, as turbinas de 150 mil quilowatts, instaladas a um alto custo, tornaram-se completamente inúteis e tiveram de ser removidas para outro lugar. A água não estava mais clara. Em 1961, o volume de sedimento carregado pelo rio Amarelo havia duplicado, admitiu o próprio Chu En-lai. Até 95% de uma seção do rio Amarelo a oeste de Zhengzhou consistiam em lama.[4] Poucos anos depois, a área estava tão sedimentada que os estrangeiros foram proibidos de visitar a represa.[5]

* * *

O termo "Grande Salto Adiante" foi usado pela primeira vez no contexto do movimento para a conservação da água lançado no fim de 1957. Determinado a superar a Grã-Bretanha em quinze anos, Mao viu uma chave para a industrialização rápida na substituição de trabalho por capital. As massas eram a verdadeira riqueza do país, e elas seriam mobilizadas durante a indolente estação do inverno antes da lavra da primavera para transformar o campo. Se a água pudesse ser desviada para irrigar a fina camada de solo de muitas aldeias empobrecidas que se espalhavam no norte árido, se as inundações fossem contidas por diques gigantescos e reservatórios no sul subtropical, a produção de cereais saltaria. Em toda a China, dezenas de milhões de agricultores uniram-se aos projetos de irrigação: coletivamente, assim dizia a propaganda, eles poderiam conquistar em questão de meses o que seus antepassados haviam feito em milhares de anos. Cerca de 30 milhões de pessoas foram recrutadas em outubro de 1957. Em janeiro, uma em cada seis cavava terra na China. Mais de 580 milhões de metros cúbicos de rochas e solos tinham sido movidos antes do fim do ano.[6] Henan — onde a Hidrelétrica de Três Gargantas estava sendo construída — tomou a dianteira, quando o chefe local Wu Zhipu cruelmente empurrou a força de trabalho para projetos grandiosos destinados a impressionar Pequim. Na região vizinha a Henan e Anhui, centro da ambiciosa campanha "Domar o rio Huai", que se desenvolveria durante décadas, mais de cem represas e reservatórios foram construídos entre 1957 e 1959.[7]

Em um país sob o domínio do gigantismo, esquemas de irrigação maciça apareciam por toda parte, embora a liderança desse ênfase especial ao noroeste. Vozes críticas eram poucas e raras. Mao desconfiava dos intelectuais e, no verão de 1957, perseguiu centenas de milhares que ousaram expressar opinião crítica durante as Cem Flores. Mas, como vimos no capítulo anterior, o expurgo dos líderes do partido na campanha antidireitista do fim de 1957 em diante foi ainda mais eficaz em remover a oposição ao Grande Salto Adiante.

Na província de Gansu, por exemplo, líderes antigos como Sun Diancai e Liang Dajun foram denunciados como cabeças de um grupo "antipartido" e expulsos em fevereiro de 1958. Uma das acusações levantadas contra eles foi que haviam expressado dúvidas sobre a velocidade e extensão do movimento pela conservação da água: para cada 50 mil hectares de terra irrigada, afirmavam, cem aldeias pagavam com suas vidas. A remoção deles do poder permitiu que o chefe local Zhang Zhongliang tomasse a liderança e respondesse ao apelo de Pequim. Cerca de 3,4 milhões de agricultores, perto de 70% da força de trabalho de Gansu, foram colocados em projetos de irrigação que cruzavam uma das províncias mais áridas do país. Muitos aldeões tiveram que construir pequenas represas e reservatórios, mas esses não foram suficientes para satisfazer a liderança. Zhang Zhongliang tinha uma visão mais ousada do futuro, de uma grande estrada de água que passava por túneis através de montanhas cobertas de neve e acima de vales profundos para fornecer água para as regiões central e ocidental da província. Bastante literalmente, o rio Tao "subiria as montanhas", ao ser desviado para cima, em sua direção, antes de fluir por 900 quilômetros, desde as Gargantas Jiudian até Qingyang.[8] À medida que água potável limpa fosse levada para aldeias ressequidas através da província, Gansu se tornaria um parque gigantesco, tão viçoso e verde quanto o Palácio de Verão em Pequim.[9]

O trabalho começou em junho de 1958 e atraiu o apoio da liderança do país. Em setembro de 1958, o marechal Zhu De usou sua caligrafia para sinalizar a natureza importante do projeto. A inscrição dizia: "Elevar o rio Tao às montanhas é uma tarefa pioneira do povo de Gansu em transformar a natureza."[10] Mas o projeto foi atrapalhado por problemas desde o início.

TOQUE DE CLARIM

A erosão do solo causava deslizamentos frequentes, reservatórios se enchiam de sedimentos, rios transformavam-se em lama.[11] Aldeões alistados no projeto tinham que cavar cavernas nas montanhas para se abrigar do frio congelante do inverno, saindo em busca de ervas para suplementar a magra dieta de cereais.[12] No verão de 1961, o trabalho foi suspenso e, em março de 1962, o projeto foi completamente abandonado. Total irrigado da superfície: zero hectare. Custo para o Estado: 100 milhões de yuans. Número de dias de trabalho: 600 mil. Custo para o povo: inestimável. Em seu auge, cerca de 160 mil pessoas tinham sido levadas a trabalhar no projeto, e a maioria delas era de agricultores desviados do trabalho agrícola. Pelo menos 2.400 pessoas morreram, algumas em acidentes, mas muito mais como resultado de um regime brutal que forçava os trabalhadores a labutar como escravos dia e noite a fim de atingir metas cada vez mais altas.[13] Tal era o frenesi com que os oficiais puxavam os aldeões, que Tongwei, um condado empobrecido nas montanhas, situado no coração do projeto, teria um dos mais altos índices de mortalidade no país: inanição lenta e punição física generalizada transformaram esse lugar desolado em um sítio de horrores.

* * *

As metas na conservação de água eram medidas pelo número de toneladas de terra que uma província podia movimentar. Esse número mágico — inteiramente sem ligação com a real utilidade dos projetos executados — era então comparado em toda a nação, em um espírito de emulação que determinava a influência política de uma província. Liu Derun, vice-diretor do Escritório de Conservação de Água que foi estabelecido especificamente para supervisionar a campanha, mais tarde recordaria como "o nosso trabalho diário consistia em dar telefonemas para as províncias, perguntar o número de projetos em construção, quantas pessoas estavam envolvidas e quanta terra tinha sido movimentada. Em retrospecto, alguns dados e números eram reunidos com óbvio exagero, mas ninguém na época tinha energia para checá-los".[14]

Nessa campanha, o tom era estabelecido por Pequim e, na capital, Mao se assegurava de que todos se envolvessem. Cerca de 30 quilômetros ao norte de Pequim, em um vale sereno e escassamente povoado, protegido dos ventos do norte por várias montanhas, muitos dos imperadores Ming e suas esposas jazem enterrados em seus mausoléus subterrâneos. Protegidos por estátuas de elefantes, camelos, cavalos, unicórnios e outros animais míticos, que, por sua vez, são acompanhados de esculturas humanas em um cortejo fúnebre, esses imperadores eram agora acusados de ter construído vastos palácios para si enquanto seus súditos ficavam expostos a torrentes que vinham das encostas nuas das montanhas. Em janeiro de 1958, os soldados do Exército de Libertação Popular começaram a trabalhar em um reservatório próximo às tumbas. Represando um rio no vale, um suprimento regular de água poderia ajudar o povo. Tropas de choque vinham do exército. O trabalho progredia dia e noite, a mão de obra era fornecida por fábricas e instituições na capital, enquanto a imprensa e o rádio faziam cobertura constante para o público.

O Reservatório das Tumbas Ming deveria ser o carro-chefe do Grande Salto Adiante, um exemplo a ser imitado pelo resto do país. Logo, dezenas de milhares de "voluntários" da capital uniram-se ao esforço, incluindo estudantes, oficiais e até diplomatas estrangeiros. O trabalho continuou em todos os climas e prosseguia durante a noite à luz de tochas, lanternas e lâmpadas de querosene. Dificilmente algum maquinário foi usado: às pessoas que apareciam eram dadas picaretas, pás e cestas penduradas em varas para jogar o entulho em vagões de trem. O entulho era levado para a represa e moído até se transformar em cascalho. Rochas talhadas eram levantadas por roldanas e guinchos. Então, em 25 de maio de 1958, Mao apareceu diante das multidões e posou para fotógrafos com uma vara de bambu nos ombros, dois cestos pendendo dela, um em cada ponta.[15] As fotos saíram na primeira página de cada jornal, galvanizando a nação.

Jan Rowinski, um jovem estudante da Polônia, participou da construção desse reservatório. A ele e a outros voluntários foi dada uma vara com dois cestos que eles enchiam de entulho, seguindo seu caminho em torno da pista com chapéus de palha para se proteger do sol. Os trabalhadores eram divididos em unidades de dez com um supervisor que se reportava ao supervisor de um grupo de cem, que, por sua vez, respondia ao homem seguinte na cadeia de comando. Todos dormiam nas tendas armadas pelos militares ou em cabanas de camponeses, com bandeiras a proclamar que "três anos de trabalho duro são 10 mil anos de felicidade". Rowinski percebeu rapidamente que os imperadores, denunciados por explorar o povo comum, tinham, provavelmente, usado táticas semelhantes para construir a Grande Muralha, o Canal Imperial e as Tumbas Ming — transformando dezenas de milhares de trabalhadores armados de nada mais que uma vara de bambu em força de trabalho dócil, mas eficiente.[16]

Mikhail Klochko, conselheiro estrangeiro que se oferecera como voluntário para trabalhar, mas também cético, notou que as poucas pazadas de terra que havia espalhado em torno tinham pouco valor propagandístico, mas forneciam uma bem-vinda oportunidade de descanso de alguns minutos para centenas de trabalhadores que se reuniam em torno dele e abriam a boca, admirados com a cavação do estrangeiro. O trabalho, em sua maior parte, era desorganizado. Algumas centenas de homens com escavadeiras e caminhões poderiam ter feito trabalho mais eficiente que as milhares de pessoas compelidas a participar, todas tendo que ser transportadas, alojadas e alimentadas durante semanas a fio.[17]

A pressa com que esse trabalho foi executado resultou em um grande erro de cálculo e, em abril de 1958, apareceram vazamentos no reservatório. Um especialista polonês em solidificação do solo foi mandado às pressas de Gdansk para congelar o solo, impedindo a água de escapar. Finalmente, a represa foi formalmente inaugurada com banda de música e dignitários que celebravam a cerimônia com elogios a Mao e homenagens aos trabalhadores voluntários.[18] Como tinha sido construído no lugar errado, o reservatório secou e foi abandonado alguns anos depois.

* * *

Trabalhar nas Tumbas Ming pode ter sido um evento empolgante para alguns estudantes estrangeiros, mas para a maioria das pessoas o trabalho era extremamente exaustivo. O próprio Mao ficou transpirando após cavar meia hora ao sol, seu rosto tornando-se brilhante. "Um esforço tão pequeno e já estou pingando de suor", ele disse, antes de se retirar para a tenda de comando para descansar um pouco.[19] Seu grupo mais próximo — secretários, guarda-costas e médico particular — também foi mandado por Mao para o reservatório. "Trabalhem até ficar exaustos. Se, realmente, não puderem aguentar, me avisem." O Grupo Um, como era conhecido, permaneceu como elite privilegiada, dormindo em mantas sobre o piso de uma sala de aula, enquanto todos os demais passavam a noite em esteiras de junco do lado de fora. O Grupo Um também foi poupado do calor do início do verão e designado para o turno da noite pelo general no comando. Li Zhisui, médico particular de Mao, era saudável e ainda jovem aos 38 anos de idade, mas cavar e carregar a terra foi o mais árduo trabalho que já fizera na vida. Após duas semanas estava exausto, com todos os membros doendo e tremendo de frio à noite; toda a reserva de energia de seu corpo tinha sido usada. Ninguém no Grupo Um queria continuar, nem mesmo os fortes guarda-costas, mas quem queria ser tachado de elemento retrógrado por sugerir que fossem embora? Misericordiosamente foram mandados de volta para Zhongnanhai.[20]

Fora da capital, a pressão era muito maior, e os aldeões eram os que suportavam a parte mais difícil da campanha, não sendo dispensados após duas semanas de trabalho para retornar aos luxos do estilo de vida de um oficial da elite. Eram conduzidos em grupos para canteiros de obras muito distantes de casa e da família, obrigados a executar trabalho exaustivo durante o dia inteiro por meses a fio, algumas vezes durante a noite, sem descanso algum, mal alimentados e malvestidos, expostos às intempéries, fosse neve, chuva ou calor.

Yunnan fornece um bom exemplo do que acontecia longe do brilho da publicidade. Algumas aldeias da província subtropical começaram a trabalhar no reservatório no inverno de 1957–58, mas o chefe local não se impressionou. No início de janeiro de 1958, Xie Fuzhi, o homem que poucos meses depois expurgaria seus colegas tão cruelmente no movimento antidireitista, queixou-se em voz alta de que demasiados agricultores eram preguiçosos que fracassavam em executar seus deveres coletivos nos meses calmos de inverno. Oito horas de trabalho por dia

TOQUE DE CLARIM

era o mínimo estrito para todo adulto, enquanto o volume de comida consumido pelos trabalhadores nos projetos de irrigação deveria ser reduzido.[21] Então, em 15 de janeiro, o *Diário do Povo* listou Yunnan como um dos piores desempenhos na campanha de conservação da água.[22] Determinado a recuperar o terreno perdido, Xie convocou uma reunião de emergência no dia seguinte. Até metade da força de trabalho da província deveria juntar-se ao movimento, ordenou, e os aldeões passariam a trabalhar até dez horas por dia, durante a noite, se necessário. Os ociosos seriam punidos, e as metas deveriam ser alcançadas a todo custo. Os oficiais que falhassem seriam demitidos.[23] Surgindo no meio de uma campanha antidireitista que já afastara milhares de quadros locais do trabalho, essa não era uma ameaça vazia. Os resultados apareceram prontamente. Em 19 de janeiro, o *Diário do Povo* registrou que Yunnan, apontada poucos dias antes, tinha agora 2,5 milhões de pessoas, um terço da força de trabalho, movimentando terra.[24] Entusiasmado, Xie Fuzhi declarou que a província seria completamente irrigada em três anos.[25]

O custo do sucesso foi alto. Em Chuxiong, perto de um lago grande como um mar nas montanhas, os agricultores alistados nos projetos de irrigação eram rotineiramente ofendidos e espancados. Aldeões eram amarrados por roubar alguns vegetais; outros, que fracassavam em trabalhar duro o bastante, eram picados com facas por oficiais que tentavam impor um regime cruel de trabalho. Um campo de trabalho improvisado cuidava dos elementos recalcitrantes. Os líderes do partido em posições mais elevadas na cadeia de comando tinham conhecimento dessas práticas. Em abril de 1958, uma equipe foi enviada de Yunnan pelo comitê provincial do partido para investigar o condado. Rumores esperançosos começaram a circular entre os aldeões, um indivíduo corajoso tentou reunir apoio para uma queixa coletiva sobre comida insuficiente e longas horas de trabalho. Foi denunciado como "reacionário" e "sabotador" no relatório final enviado a Xie Fuzhi.[26]

Cerca de 130 quilômetros a leste da capital provincial, Kunming, no meio de uma floresta primeva com montanhas escarpadas modeladas em areia e pedra pela erosão, o condado de Luliang tinha sido barbarizado pelo comitê provincial do partido por ceder às "exigências de cereais por agricultores direitistas" em 1957. O novo líder Chen Shengnian, rigidamente aderido à linha do partido, organizou esquadrões militares para patrulhar as ruas da cidade com chicotes de couro, assegurando-se de que os aldeões doentes saíssem para trabalhar nos campos.[27] Os primeiros casos de morte por inanição surgiram em fevereiro de 1958. Em junho, o edema, ou retenção de líquido, estava disseminado, e mil trabalhadores morreram de fome, tendo a maioria trabalhado no reservatório de Xichong. O edema acontece quando o líquido se acumula nos pés, tornozelos e pernas ou sob a pele de outras partes do corpo. Em países desenvolvidos, pode ser causado por pequenas mudanças no comportamento, como, por exemplo, comer sal demais, ou ficar de pé por muito tempo quando o clima está quente. Em países pobres, no entanto, é causado por falta de proteína e visto como sintoma de má nutrição; é chamado, às vezes, de edema da fome. Em Luliang, equipes médicas foram despachadas em várias ocasiões para investigar os casos, mas, no meio de uma campanha antidireitista, ninguém tinha coragem de identificar o edema como uma condição em geral causada pela fome — como era bem sabido em um país com longo registro de fome. Alguns médicos até se perguntaram se poderia ser uma doença contagiosa e prescreveram antibióticos em lugar de descanso e comida.[28] A princípio os corpos dos mortos eram enterrados em caixões, mas, depois de alguns meses, eram simplesmente cobertos de esteiras e jogados em diques e lagos perto dos sítios de construção.[29]

Yunnan não foi exceção. Por toda a China os agricultores estavam sendo empurrados à beira da fome em grandes planos de irrigação, pressionados duramente por oficiais temerosos de serem tachados de direitistas. Após passar meia hora escavando cascalho, Mao conseguiu prever o custo humano da campanha de irrigação. Em março de 1958, quando ouvia um relatório de Jiang Weiqing sobre irrigação em Jiangsu, murmurou: "Wu Zhipu afirma que pode mover 30 bilhões de metros cúbicos; eu acho que 30 mil pessoas vão morrer. Zeng Xisheng disse que vai mover 20 bilhões de metros cúbicos, e eu acho que 20 mil pessoas

TOQUE DE CLARIM

65

vão morrer. Weiqing só promete 600 milhões de metros cúbicos; talvez ninguém morra."[30] A mobilização em massa para os planos de conservação de água continuou com força total durante vários anos, custando a vida de centenas de milhares de aldeões exaustos, já enfraquecidos pela fome. Em apavorante presságio do Camboja sob o domínio do Khmer Vermelho, os aldeões em Qingshui, Gansu, chamavam esses projetos de "campos da morte".[31]

5

Lançando *sputniks*

Gráficos com metas ascendentes, muito bem desenhados com diagramas coloridos em código, contrastavam enormemente com os campos da morte. À medida que as metas subiam sem parar em todos os domínios concebíveis, da produção de cereais e de aço ao número de poços cavados no campo, um abismo escuro aparecia entre o mundo de slogans e a realidade da vida das pessoas. Por trás da pressão que produzia esse hiato estava a mão de Mao. Em correspondência informal, ele alfinetava e adulava os chefes locais para que estes se comprometessem com metas de produção ainda maiores.

Zhou Xiaozhou, o cauteloso líder de Hunan, terra natal de Mao, foi um dos primeiros a sofrer censura. "Por que Hunan não pode aumentar a produção agrícola?", perguntou Mao, em visita à capital provincial, Changsha. "Por que os agricultores de Hunan ainda plantam apenas uma safra de arroz por ano?" Depois que Zhou explicou que o clima permitia apenas uma safra de arroz por ano, Mao observou que Zhejiang estava na mesma latitude que Hunan e plantava duas safras de arroz. "Você não está nem estudando experiências. Esse é o problema", continuou Mao.

"Estudaremos a questão, então", disse Zhou, humildemente.

"O que você quer dizer com estudar?", exigiu Mao. "Vocês não chegarão a lugar algum com seu estudo. Pode ir agora", acrescentou, despedindo o líder do partido. Abriu um livro e começou a ler.

Humilhado, Zhou, então, prometeu: "Tentaremos iniciar dois plantios imediatamente." Mao o ignorou.[1]

Poucos meses depois, quando o representante de Zhou se encontrou com o presidente em Pequim, Mao teceu elogios a Henan em vez de a Hunan. Henan produzia metade do trigo do país: "O que você acha disso?" Depois, compartilhou seu desapontamento com Hunan. Luxemburgo tinha uma população de 300 mil, mas produzia 3 milhões de toneladas de aço por ano. Agora, quantas pessoas havia em Hunan?[2]

Mao mandou aliados próximos martelarem a mensagem em sua terra. Assim como Deng Xiaoping era o confiável lugar-tenente na campanha contra os direitistas, Tan Zhenlin era um fanático responsável pela agricultura. Homem pequeno, encimado por uma moita de cabelos espessos, óculos de lentes grossas e lábios grandes e salientes, era um seguidor de Mao e aliado de Ke Qingshi, a estrela em ascensão de Xangai. Tan Zhenlin foi descrito por um ex-colega como homem sarcástico, cruelmente voltado apenas para sua missão.[3] Seu conselho para os camaradas convocados pelo presidente era proferir instantaneamente uma autocrítica, estivessem ou não em falta.[4] Tan passava meses viajando pelo campo, aumentando a pressão por trás do Grande Salto Adiante. Não ficou impressionado com o que viu em Hunan, uma província que considerava preguiçosa.[5] Quando ameaçou denunciá-la como politicamente reacionária, um relutante Zhou Xiaozhou começou a inflar os números das safras.[6]

Fora dos corredores do poder, onde encontros pessoais aconteciam, o telefone era usado para manter a pressão. Em um país do tamanho da China, era natural que um líder mantivesse contato com seus subordinados sem importar a distância física. No frenesi para produzir mais aço, Xie Fuzhi telefonava para Yunnan a fim de convencer os secretários do partido do perigo de ficar atrás dos vizinhos Guangxi e Guizhou.[7] Os secretários do partido, por sua vez, recebiam atualizações frequentes do ministro da Metalurgia. Em 4 de setembro de 1958, por exemplo, os resultados mais recentes foram informados por telefonema de Pequim.[8] Então, em 6 de setembro, um discurso de Mao foi transmitido em uma conferência telefônica, seguida de uma conversa sobre metas para o aço por Bo Yibo em 8 de setembro; por Peng Zhen, em 11 de setembro; e por Wang Heshou, em 16 de setembro. Nesse meio-tempo, incontáveis outras conferências sobre agricultura, indústria e coletivização eram feitas por telefone da capital.[9] Com quanta frequência o telefone era usado, não sabemos, mas, no auge da campanha, um oficial local na comuna de Guangdong calculou que cerca de noventa conferências telefônicas haviam acontecido durante uma única estação em 1960 para assegurar que o plantio fosse denso (semear mais densamente na esperança de que a safra aumentasse) — também conhecido como safra densa.[10]

A pressão também se mantinha por meio de encontros partidários voltados para isso e convocados por Mao, que dominava a pauta para promover novos temas ideológicos e aumentar as metas de produção.[11] Bo Yibo — um dos planejadores repreendidos por Mao por se opor ao aumento da produção — contribuiu demais para o frenesi quando substituiu um único conjunto de metas nacionais por um sistema de planejamento duplo, no encontro de Nanning, em janeiro de 1958. Aos dois conjuntos, Mao acrescentou um terceiro. Funcionava assim: o ponto essencial era ter um conjunto de metas a serem alcançadas, enquanto apenas se esperava que o segundo plano fosse cumprido. O segundo plano era entregue às províncias e se tornava para elas o primeiro conjunto de metas que tinham de ser atingidas a todo custo. As províncias, então, eram solicitadas a ter um segundo plano, que refletisse o que esperavam que fosse alcançado, perfazendo três planos no total. O sistema era repassado aos condados, acrescentando-se, de fato, um quarto conjunto de metas, ou plano de produção. Como as metas nacionais eram incessantemente revisadas para cima em encontros do partido, todo o sistema de metas definidas e desejadas criava uma orgia de inflação até a aldeia, resultando em um grande salto nas metas.[12]

Um processo de emulação aumentou ainda mais a tensão política. Mao não apenas denegria colegas tímidos e elogiava os mais radicais à vista de seus subordinados, como também era inclinado a comparar tudo e todos com alguma coisa mais para elevar o espírito competitivo. Hunan foi justaposta a Luxemburgo na produção de aço; a China era colocada ao lado da Grã-Bretanha quando se tratava da produção industrial; Gansu era colocada contra Henan no esforço de irrigação. Isso também foi consagrado nas diretrizes que Mao distribuiu aos líderes do partido em Nanning: para impulsionar o espírito competitivo, toda a nação devia envolver-se em comparações. Revisões regulares em encontros intermináveis em todos os níveis conferiam três categorias de designação para províncias, cidades, condados, comunas, fábricas e, até, indivíduos, todas com base em suas realizações. Uma "bandeira vermelha" era concedida aos julgados avançados, uma "bandeira cinza" era dada aos considerados medíocres, e uma "bandeira branca" era a punição para os atrasados. Distribuídas durante encontros após o trabalho, essas designações simbólicas, algumas vezes desenhadas em um quadro-negro ao lado do nome de uma unidade, tinham o poder de envergonhar, em uma sociedade em que até a mais leve falta de entusiasmo podia levar alguém a ser rotulado de direitista. Todo o país se tornou um universo de normas, cotas e metas das quais era quase impossível escapar, enquanto alto-falantes gritavam slogans, oficiais verificavam e avaliavam o trabalho, e comitês classificavam e davam notas interminavelmente para o mundo em torno deles. E a classificação do desempenho individual passaria crescentemente a determinar o tipo de tratamento concedido — até a concha de mingau na cantina em tempos de fome. Mao era claro: "Comparem: como deveríamos comparar? O que chamamos 'comparação' [bi] é realmente 'compulsão' [bi]."[13] Um funcionário de condado recordou a experiência assim:

> Naquele ano, juntamos todas as mãos capazes para trabalhar na escavação de poços de água, deixando a lavoura da primavera sem cuidar. O comitê do partido da prefeitura realizou um encontro *pingbi* [avaliação e comparação], em que recebemos uma "bandeira vermelha" pela escavação dos poços e uma "bandeira branca" pela lavoura da primavera. Voltei ao comitê do partido do condado para relatar isso e fui censurado pelo secretário do partido: "Mas como você pôde partir com uma bandeira vermelha e voltar com uma bandeira branca!" Percebi que o problema era muito sério. Eu mesmo poderia ser tomado como um "bandeira branca". Assim, tive que deixar minha mulher grávida chorando; ela daria à luz logo, e minha irmã moribunda, infectada com tétano, para voltar ao local de trabalho nas montanhas.[14]

* * *

Logo, toda a China era presa da febre de metas, à medida que números fantásticos para a produção agrícola e industrial competiam por atenção. Os números eram trombeteados em encontros do partido e divulgados por

LANÇANDO *SPUTNIKS*

uma máquina de propaganda poderosa, que cobria de glória os líderes por trás dos recordes mais recentes. Os números eram estratosféricos. Usava-se a expressão "lançar um *sputnik*" quando se conseguia um novo recorde — homenagem ao primeiro satélite lançado ao espaço pelo campo socialista no ano anterior. "Lançar um *sputnik*", "unir-se ao partido em combate", "trabalhar duro durante alguns dias e noites" eram formas de conseguir uma bandeira vermelha. Em Chayashan, Henan, que logo se tornaria a primeira comuna do povo (conhecida como "Comuna *Sputnik*"), uma meta de 4.200 quilos de trigo por hectare foi estabelecida em fevereiro de 1958. Enquanto 6 mil ativistas percorriam o campo com um rio de bandeiras, cartazes, panfletos e palavras de ordem, as metas iam sendo exacerbadas. No fim do ano, prometia-se um nível inteiramente fictício de 37,5 toneladas por hectare.[15]

Muitos desses recordes eram conquistados em "campos de *sputnik*", canteiros experimentais de alta produtividade cuidados em segredo por oficiais locais ávidos de estabelecer novos recordes. Esses canteiros eram, em geral, limitados a uma pequena faixa de terra em uma fazenda coletiva, mas funcionavam como mostruário de novas técnicas agrícolas que encontravam aplicação muito mais ampla. Aumentar a produtividade estimulou a corrida por fertilizantes. Todo tipo concebível de nutriente foi jogado nos campos, desde ervas marinhas dragadas do mar e lixo resgatado de pilhas de refugos até fuligem raspada de chaminés. Fezes humanas e de animais eram carregadas para os campos por filas intermináveis de pessoas, às vezes até tarde da noite. Onde os excrementos eram tradicionalmente vistos como substância suja e poluente pelas muitas minorias que viviam em áreas longínquas do império, banheiros externos foram construídos pela primeira vez, o partido tratando com rudeza as sensibilidades locais. Coletar excrementos dos banheiros tornou-se tarefa indicada para equipes de punição.[16] O resíduo humano incluía os cabelos e, em aldeias de Guangdong, as mulheres eram forçadas a raspar a cabeça para contribuir com fertilizante ou enfrentar o banimento da cantina.[17]

Mas, na maior parte das vezes, as casas feitas de barro e palha eram derrubadas para fornecer nutrientes para o solo. Paredes de construções onde animais haviam vivido e, especialmente, onde urinaram, como estábulos, podiam fornecer fertilizante útil. A princípio, velhas paredes e choupanas abandonadas foram destruídas, mas, à medida que a campanha ganhava impulso, filas inteiras de casas eram sistematicamente arrasadas, e os tijolos de barro estilhaçados e espalhados nos campos. Em Macheng, aninhado no sul da cadeia de montanhas Dabie, em Hubei, milhares de casas foram demolidas para coletar fertilizantes. Em janeiro de 1958, o condado-modelo foi exaltado por Wang Renzhong, secretário do partido na província, por chegar a uma produtividade de 6 toneladas de arroz por hectare: "Vamos aprender com Macheng!", declarou, arrebatadamente, o *Diário do Povo*. Depois de elogiado por Mao por seus canteiros experimentais, Macheng tornou-se um relicário. Nos meses seguintes, o lugar atraiu meio milhão de oficiais, incluindo Chu En-lai, o ministro do Exterior Chen Yi e Li Xiannian. Em agosto, novo recorde foi conquistado, com uma produtividade de 277 toneladas de arroz por hectare: "A Era dos Milagres!", proclamou a máquina de propaganda.[18]

No local de produção, a pressão era incessante, jactâncias loucas e números falsos competindo por atenção. Em uma comuna de Macheng, a chefe da Federação das Mulheres tomou a iniciativa: saiu de sua casa e permitiu que ela fosse transformada em fertilizante. Em dois dias, trezentas casas, cinquenta estábulos e centenas de galinheiros foram derrubados. No fim do ano, cerca de 50 mil construções tinham sido destruídas.[19] Tentando superar umas às outras, comunas em todo o país seguiram o exemplo. Em Dashi, Guangdong, uma comuna também atraiu a atenção do país com seu "Universidade de 25 toneladas de cereais" e "Lavoura de 5 mil quilos", com oficiais locais transformando em pó metade das casas em Xi'er.[20] Outra matéria orgânica abriu caminho nos campos: em partes da província de Jiangsu, a terra foi coberta com açúcar branco.[21]

Lavra profunda foi outra receita revolucionária, destinada a libertar os agricultores do solo caprichoso. Quanto mais profundo o plantio, mais fortes as raízes e mais grosso o caule, ou assim rezava a lógica por trás desse experimento. "Usem ondas humanas e revolvam todos os campos", comandou Mao.[22] Se recolher cascalho com a pá em projetos de irrigação era pesado, arar a uma profundidade de 40 centímetros a 1 metro — às vezes 3 metros — era totalmente exaustivo. Quando não havia ferramen-

LANÇANDO *SPUTNIKS* 73

tas, filas de agricultores cavavam sulcos com as mãos, às vezes ao longo da noite à luz de tochas. Adulados por oficiais ansiosos para obter a cobiçada bandeira vermelha, os aldeões, de vez em quando, escavavam a terra até a rocha, destruindo a camada de solo da superfície. Em setembro de 1958, cerca de 8 milhões de hectares tinham sido arados a uma profundidade de 30 centímetros, mas a liderança exigia mais: no mínimo 60 centímetros de profundidade.[23]

A isso se seguiam grandes concentrações de sementes, na busca por produtividades mais altas. Inicialmente, esses experimentos incompletos eram feitos em canteiros artificiais, mas, nos anos seguintes, se espalharam pelos campos sob os olhos atentos de oficiais radicais. Em Diaofang, Guangdong, até 600 quilos de sementes por hectare foram plantados em áreas estéreis, montanhosas, no meio da fome em 1960.[24] Em outros lugares da província, os agricultores foram recrutados para semear mais de 250 quilos de grãos de amendoim em um único hectare: no fim da estação, a produtividade por hectare foi de apenas 525 quilos de amendoim.[25]

"Plantio denso" foi a pedra angular do cultivo inovador. Parecia que as sementes também mostravam espírito revolucionário, as que pertenciam à mesma classe dividiam a luz e os nutrientes em um esforço de igualdade. Explicou o presidente Mao: "Com companhia, elas crescem rapidamente; quando crescerem juntas, estarão mais confortáveis."[26] Com grande frequência, os agricultores eram instruídos a transplantar brotos de arroz de faixas adjacentes para o canteiro experimental, apertando bem os aglomerados. Os agricultores, naturalmente, sabiam das coisas: aravam a terra há gerações e cuidavam de um recurso precioso do qual suas vidas dependiam. Alguns ficaram incrédulos, outros tentaram argumentar com os oficiais: "Você planta as sementes próximas demais, não há espaço suficiente entre elas para respirar; depois, acrescenta 10 toneladas de fertilizantes por campo. Isso vai sufocá-las." Mas o conselho foi ignorado: "É uma técnica nova, você não compreende!"[27]

A maioria dos agricultores, após testemunhar uma série de campanhas antidireitistas desde 1957, tinha muito cuidado para nunca objetar em público. Todo sobrevivente entrevistado para este livro contou história semelhante: "Sabíamos da situação, mas ninguém ousava dizer coisa alguma.

74   A GRANDE FOME DE MAO

Se você dissesse, eles espancavam você. O que podíamos fazer?"[28] Outro explicou: "Tínhamos que seguir o que o governo dissesse, fosse o que fosse. Se eu falasse alguma coisa errada, se o que dissesse fosse contra a linha geral, então eu seria rotulado de direitista. Ninguém ousava dizer nada."[29] O que aconteceu em uma aldeia no condado de Quxian, Zhejiang, é um bom exemplo: grandes caldeirões de mingau foram colocados nos campos e ninguém tinha permissão para sair, fossem mães grávidas que precisavam alimentar seus filhos, fossem pessoas idosas precisando de repouso. As pessoas tiveram que trabalhar durante toda a noite, pois os oficiais haviam bloqueado todas as saídas para a aldeia. Aqueles que objetavam ao plantio denso eram espancados pelos ativistas do partido. Um velho teimoso que falhou em demonstrar entusiasmo foi arrastado pelo cabelo e teve o rosto enfiado dentro de uma vala. Depois, os agricultores receberam ordem de arrancar as mudas e começar tudo de novo.[30]

As visitas eram cuidadosamente orquestradas. Em Macheng, os agricultores foram avisados para nunca dizer nada ruim sobre o Grande Salto Adiante na frente dos visitantes. Wang Renzhong inspecionou os campos e viu agricultores devorando montículos de arroz, cuidadosamente dispostos para a sua visita.[31] Em Xushui, Zhang Guozhong, um militar, assegurou de forma cruel que a imagem apresentada ao mundo exterior não tivesse falhas: os elementos indesejáveis desapareceram em um elaborado sistema de campos de trabalho que se estendia do condado a cada comuna, brigada e equipe de produção. Para "estimular a produção", preguiçosos desfilavam antes de serem trancafiados: cerca de 7 mil pessoas foram presas entre 1958 e 1960.[32] Em Luoding, Guangdong, comitês de inspeção que visitavam a comuna de Liantan, no fim de 1958, foram recepcionados por um grupo de garotas, perfumes caros, toalhas brancas e luxuoso banquete de dezesseis pratos. Dezenas de fazendeiros trabalharam durante dias a fio para esculpir um imenso slogan de elogio às comunas, na encosta da montanha.[33] Disseram a Li Zhisui, que acompanhava Mao em suas visitas, que os agricultores tinham recebido ordem de transplantar as mudas de arroz ao longo da estrada que estava na rota de Mao para dar a impressão de uma colheita excepcionalmente grande. O médico comentou que "toda a China era um palco, todas as pessoas, artistas, em uma obra artística espetacular

LANÇANDO *SPUTNIKS*

para Mao".[34] Mas, na realidade, uma ditadura nunca tem um só ditador e sim muitas pessoas desejosas de brigar pelo poder com quem está acima delas. O país estava cheio de mandões locais, cada um tentava enganar o que estava acima para que acreditasse que suas conquistas eram genuínas.

Mao ficou deliciado. À medida que relatórios chegavam de todo o país sobre novos recordes na produção de arroz, trigo ou amendoim, ele começou a se perguntar o que fazer com todo esse excedente de comida. Em 4 de agosto de 1958, em Xushui, ao lado de Zhang Guozhong, cercado de jornalistas, trabalhando nos campos com chapéu de palha e sapatos de algodão, Mao sorriu radiante: "Como vão comer tanto grão? O que vão fazer com o excedente?"

"Podemos trocar por maquinário", respondeu Zhang, depois de uma pausa para pensar.

"Mas vocês não são os únicos que têm excedente, outros também têm muito grão! Ninguém vai querer o seu grão!", disparou Mao de volta com sorriso benevolente.

"Podemos fazer bebida alcoólica das raízes", sugeriu outro oficial.

"Mas todos os condados farão bebida alcoólica! De quantas toneladas de bebida vocês precisam?", meditou Mao. "Com tanto grão, no futuro vocês deveriam plantar menos, trabalhar metade do tempo e dedicar o resto do tempo à cultura e às atividades de lazer, abrir escolas e uma universidade, não acham? [...] Vocês deveriam comer mais. Até cinco refeições por dia é bom!"[35]

Afinal, a China encontrara um caminho para sair da pobreza opressiva, resolver o problema da fome e produzir mais comida do que as pessoas poderiam comer. À medida que relatórios vinham de todas as partes do país indicando uma colheita excepcional, duas vezes maior que a do ano anterior, outros líderes se juntavam ao coro. Tan Zhenlin, responsável pela agricultura, viajou pelas províncias para entusiasmar a liderança local. Ele compartilhou a visão de Mao de uma cornucópia comunista em que agricultores jantavam iguarias, como ninhos de andorinha; usavam seda, cetim e peles de raposa, e viviam em arranha-céus com água encanada e televisão. Cada condado teria um aeroporto.[36] Tan até explicou como a China conseguira deixar a União Soviética para trás: "Alguns camaradas se perguntarão como conseguimos ser tão rápidos, uma vez que a União Soviética ainda pratica o socialismo em vez do comunismo. A diferença é que nós temos uma 'revolução contínua'. A União Soviética não a tem, ou a segue frouxamente [...]. Comunização *é* a revolução comunista!"[37] Chen Yi, por seu turno, opinou que, uma vez que seria possível estocar grãos suficientes nos dois anos seguintes, então os agricultores poderiam parar de cultivar safras por duas estações e devotar seu tempo a construir casas com todos os confortos modernos.[38] Os líderes locais compartilhavam o mesmo entusiasmo. Em janeiro de 1959, o Conselho de Estado teve que deter um dilúvio de pessoas, cartas e presentes enviados por comunas a Pequim para atestar os novos recordes na agricultura. O presidente estava inundado.[39]

6

Que comece o bombardeio

Os restos mortais de Laika, a cadela de rua catapultada em órbita dias antes da celebração do aniversário da Revolução de Outubro, foram desintegrados quando o *Sputnik II* reentrou na atmosfera em abril de 1958. Enquanto o caixão espacial orbitava a Terra, o mundo embaixo mudou. Irritado com a disparidade em mísseis que os russos haviam exposto, o presidente Eisenhower mandou mísseis balísticos para a Grã-Bretanha, a Itália e a Turquia. Kruschev respondeu com submarinos que carregavam mísseis nucleares. Mas, para que a ameaça fosse digna de crédito, era necessária uma base submarina no Oceano Pacífico, o que, por sua vez, requeria uma estação transmissora de rádio. Moscou abordou Pequim com a proposta de construir estações de rádio de ondas longas na costa chinesa, sugerindo que serviriam a uma frota conjunta de submarinos.

Em 22 de julho, o embaixador soviético Pavel Yudin sondou o presidente com a proposta. Mao teve um ataque de raiva. Durante tempestuoso encontro, atacou o infeliz embaixador, afirmando: "Vocês simplesmente não confiam nos chineses, só confiam nos russos. Os russos são seres superiores e os chineses são inferiores, pessoas descuidadas, eis por que você veio com essa proposta. Vocês querem propriedade conjunta, vocês querem tudo como propriedade conjunta, nosso Exército, Marinha, Aeronáutica, indústria, agricultura, cultura, educação: que tal? Por que não entregamos nossos milhares de quilômetros de costa a vocês? Manteremos apenas uma força guerrilheira. Vocês têm algumas bombas atômicas e agora querem controlar tudo, vocês querem alugar e fazer *leasing*. Por que outro motivo vocês viriam com essa proposta?" Kruschev se comportava em relação à China como um gato brincando com um rato, continuou Mao.[1]

A explosão foi um acontecimento inesperado para os russos: vendo conspirações em toda parte, Mao estava convencido de que a proposta de frota conjunta era uma manobra de Kruschev para renegar a promessa feita um ano antes de entregar à China uma bomba atômica — e nenhuma explicação poderia acalmar as suspeitas de Mao.[2]

Em 31 de julho, Kruschev voou para Pequim para pôr panos quentes na situação. Mas, apesar da generosa hospitalidade com que recepcionara Mao em Moscou sete meses antes, o líder soviético teve recepção fria no aeroporto. "Nada de tapete vermelho, nada de guarda de honra e nada de abraços", recordou o intérprete Li Yueran, apenas uma equipe com rostos imóveis, incluindo Mao Tsé-tung, Liu Shaoqi, Chu En-lai e Deng Xiaoping.[3] Kruschev foi relegado a alojamentos sem ar-condicionado em montanhas afastadas de Pequim. Mudando a cama para a varanda para escapar do calor sufocante, naquela noite Kruschev foi devorado por um enxame de mosquitos.[4]

Imediatamente após a chegada de Kruschev, um longo e humilhante encontro se realizou em Zhongnanhai. O líder soviético foi forçado a explicar as *démarches* de Yudin minuciosamente e se esforçou para acalmar um Mao visivelmente irritado. Em determinado momento, Mao, impaciente, pulou de sua cadeira e balançou o dedo diante do rosto de Kruschev: "Eu perguntei a você que frota comum é essa, e você ainda não me respondeu!"

Kruschev enrubesceu e fez um esforço para controlar-se.[5] "Você realmente acha que somos imperialistas vermelhos?", perguntou, exasperado, ao que Mao retorquiu: "Houve um homem que veio em nome de Stalin" e tornou Xinjiang e a Manchúria semicolônias. Após mais briga sobre insignificâncias reais ou percebidas, a ideia da frota conjunta foi abandonada.[6]

Mais humilhação aconteceu no dia seguinte, enquanto Mao, vestido apenas de roupão de banho e chinelos, recebeu Kruschev ao lado de sua piscina em Zhongnanhai. Mao percebera que Kruschev não sabia nadar e colocou o

QUE COMECE O BOMBARDEIO

líder soviético na defensiva. Depois de algumas braçadas atrapalhadas, com um volumoso salva-vidas no pescoço, Kruschev terminou engatinhando para fora da piscina e se estendendo na borda, com as pernas penduradas na água, desajeitadamente, ao passo que Mao nadava de um lado para o outro, exibindo estilos diferentes para seu hóspede antes de virar de costas e boiar confortavelmente na água.[7] Enquanto isso, os intérpretes corriam ao lado da piscina, tentando captar o sentido dos murmúrios políticos do presidente. Mais tarde, Mao explicou a seu médico que esse tinha sido seu jeito de "enfiar uma agulha no traseiro de Kruschev".[8]

Mao iniciara uma guerra com Kruschev pelo comando do campo socialista meio ano antes em Moscou. Agora, abrindo caminho na água, com seu hóspede, derrotado, sentado ao lado da piscina, o presidente falou sobre o sucesso do Grande Salto Adiante. "Temos tanto arroz que não sabemos mais o que fazer com ele", gabou-se, ecoando o que Liu Shaoqi dissera a Kruschev alguns dias antes no aeroporto ao analisar a economia do país: "O que nos preocupa agora não é tanto a falta de comida, mas, em vez disso, o que fazer com o excedente."[9] Um confuso Kruschev replicou, diplomaticamente, que não tinha condições de ajudar Mao em sua emergência. "Todos trabalhamos duro e nunca conseguimos ter uma boa reserva de alimentos", pensou Kruschev. "A China está faminta, mas agora ele me diz que há arroz demais!"[10]

Ao longo dos anos, Mao avaliara a personalidade de Kruschev. Agora lhe dava ordens o tempo todo, descartava a necessidade de uma base de submarinos e colocava de lado o pedido de estações de rádio. A delegação soviética foi para casa de mãos vazias. Mas não foi o fim da questão, pois Mao estava determinado a assumir a liderança nos assuntos mundiais. Poucas semanas depois, em 23 de agosto, sem avisar previamente Moscou, Mao deu ordem para que se iniciasse o bombardeio das ilhas Quemoy e Matsu, na costa de Taiwan, controladas por Chiang Kai-shek, o que detonou uma crise internacional. Os Estados Unidos responderam com o reforço de suas unidades navais e armaram uma centena de caças em Taiwan com mísseis ar-ar. Em 8 de setembro, Moscou foi obrigada a tomar posição, jogando seu peso atrás de Pequim, proclamando que um ataque à República Popular da China seria considerado um ataque à União Soviética.[11]

Mao ficou radiante: havia forçado Kruschev a estender o manto protetor do poder nuclear à China e, ao mesmo tempo, arruinado a proposta de Moscou de reduzir as tensões com Washington. Como explicou Mao mais tarde a seu médico: "As ilhas são como duas batutas que mantêm Kruschev e Eisenhower dançando, correndo por aqui ou por ali. Você não vê como são maravilhosas?"[12]

Mas a razão real por trás do bombardeio não tinha nada a ver com relações internacionais. Mao queria aumentar a tensão para promover a coletivização: "Uma situação tensa ajuda a mobilizar o povo, em particular os que são reacionários, aqueles que ficam no meio da estrada [...]. As comunas do povo devem organizar milícias. Todos em nosso país são soldados."[13] A crise do estreito de Taiwan foi o argumento final para a completa militarização do país. Um alemão oriental que estudava a China na época chamou isso de *"Kasernenkommunismus"*, ou comunismo das casernas, que encontrou sua expressão nas comunas do povo.[14]

7

As comunas do povo

Um dia depois do encontro com Kruschev na piscina, Li Zhisui foi convocado por Mao. Às 3 horas, o presidente queria uma aula de inglês do médico. Mais tarde, durante o café da manhã, um Mao tranquilo entregou-lhe um relatório sobre a criação de uma comuna do povo em sua província-modelo, Henan. "Este é um acontecimento extraordinário", disse Mao, excitadamente, sobre a fusão de cooperativas agrícolas menores em uma cooperativa coletiva gigantesca. "Este termo 'comuna do povo' é ótimo."[1] Poderia essa ser a ponte para o comunismo que Stalin nunca encontrou?"

No outono de 1957, logo depois de dada a partida à campanha de conservação da água, fazendas coletivas começaram a fundir-se em entidades muito mais amplas, particularmente em regiões onde grandes contingentes de mão de obra eram necessários. Uma das maiores fazendas coletivas apareceu em Chayashan, Henan, onde cerca de 9.400 casas se fundiram em uma gigantesca unidade administrativa. Mas a inspiração por trás das comunas do povo teve origem no condado de Xushui.

Cem quilômetros ao sul de Pequim, no campo seco e poeirento do norte da China, marcado por invernos ásperos, inundações na primavera e um solo alcalino que mal produzia cereais suficientes para os aldeões sobreviverem, Xushui, um pequeno condado de cerca de 300 mil pessoas, atraiu, rapidamente, a atenção do presidente. O líder local Zhang Guozhong abordou os projetos de irrigação como uma campanha militar. Recrutou uma força de trabalho de 100 mil homens, dividiu os aldeões segundo o modelo militar, em batalhões, companhias e pelotões. Cortou as ligações com as aldeias e fazia as tropas viverem ao ar livre, dormindo em tendas improvisadas e comendo em refeitórios coletivos.

A abordagem de Zhang foi altamente eficiente e atraiu a atenção da liderança em Pequim em setembro de 1957.[2] O próprio Tan Zhenlin ficou impressionado: "O condado de Xushui", exclamou em fevereiro de 1958, "criou uma nova experiência em conservação da água!" Ao organizar os aldeões em unidades disciplinadas, que respondiam ao chamado com precisão militar, Zhang resolvera simultaneamente o problema do trabalho e do capital. Enquanto outros condados enfrentavam escassez de mão de obra quando os homens abandonavam os campos para trabalhar nos projetos de irrigação, ele organizou suas tropas em uma revolução contínua, atacando um projeto depois do outro, uma onda vindo enquanto a outra formava crista. Os termos-chave eram "militarização" (*junshihua*), "combatividade" (*zhandouhua*) e "disciplinamento" (*jilühua*). A cada brigada era entregue a responsabilidade por sete hectares, dos quais uma produtividade anual de 50 toneladas era obrigatória. "Dois ou três anos de trabalho duro vão transformar nosso ambiente natural", explicou Zhang. "Apenas duas estações, e um Grande Salto Adiante aparece!", entusiasmou-se Tan.[3] Mao leu os relatórios e acrescentou seu comentário: "A experiência de Xushui tem que ser amplamente promovida."[4]

Poucas semanas depois, o *Diário do Povo* elogiou Xushui e identificou a militarização da força de trabalho como uma chave para o sucesso.[5] Então, em um pequeno artigo na revista *Bandeira Vermelha*, publicado em 1º de julho de 1958, Chen Boda, o *ghost-writer* do presidente, imaginou os aldeões armados como milicianos, todos alojados em gigantescas comunas: "uma nação em armas é absolutamente vital."[6] Em um esforço publicitário, Mao fez uma turnê pelo país, visitando Hebei, Shandong e Henan, elogiando o modo como os agricultores eram arregimentados em batalhões e pelotões, e louvando cantinas, creches e asilos com mulheres livres dos encargos domésticos para serem enviadas para a linha de frente. "A comuna do povo é notável", proclamou. A China estava

AS COMUNAS DO POVO

mobilizada, oficiais locais em todo o país lutaram durante o verão para fundir as fazendas coletivas em comunas do povo, reunindo até 20 mil lares em unidades administrativas básicas. No final de 1958, o conjunto do campo estava coletivizado em cerca de 26 mil comunas.

* * *

No retiro anual da liderança em um hotel na praia de Beidaihe, onde grandes e luxuosos bangalôs tinham vista panorâmica para o mar de Bohai, Mao acreditou que estava à beira de um avanço milenar revolucionário. Em 23 de agosto de 1958, quando o pesado bombardeio de Quemoy estava para começar, ele falou com desprezo sobre o rígido sistema de incentivos materiais inventado por Stalin. "Com excedente de grãos, podemos implementar o sistema de suprimento [...]. O socialismo que estamos construindo agora nutre os brotos do comunismo." A comuna do povo era uma ponte dourada para o comunismo, levando comida para todos: "Se pudéssemos fornecer comida sem custo, isso seria uma grande transformação. Imagino que, em cerca de dez anos, as matérias-primas serão abundantes, os padrões morais serão altos. Podemos começar o comunismo com comida, roupas e moradia. Refeitórios coletivos, comida grátis, isso é comunismo!"[7]

Zhang Guozhong, celebrizado no verão em conferências do partido em Pequim, respondeu ao chamado de Mao e, confiantemente, previu a chegada do comunismo por volta de 1963.[8] Em 1º de setembro, o *Diário do Povo* declarou que, em futuro não muito distante, a comuna de Xushui levaria seus membros para um paraíso, em que cada um poderia receber segundo sua necessidade.[9] Em meio à euforia nacional, Liu Shaoqi visitou a comuna uma semana depois. Ele prometera o comunismo mais cedo que qualquer um, dizendo em julho aos trabalhadores de uma usina de eletricidade: "A China em breve entrará no comunismo; não vai demorar muito, e muitos de vocês já podem vê-lo." Superar a Grã-Bretanha, acrescentou, não era mais questão de uma década: dois ou três anos seriam suficientes.[10] Agora, tendo visto as comunas, pressionou por um sistema de suprimento em que refeições, roupas, assistência médica e outros aspectos essenciais da vida diária fossem fornecidos sem pagamento pela comuna.[11] Perto do fim do mês, no condado de Fanxian, Shandong, um gigantesco encontro de milhares de ativistas do partido jurou solenemente cruzar a ponte para o comunismo em torno de 1960. Mao ficou extasiado. "Esse documento é realmente bom, é um poema, e dá a impressão de que pode ser feito!"[12]

* * *

As comunas do povo satisfizeram uma demanda crescente da parte de oficiais locais por trabalho, uma vez que se esforçavam para cumprir as tarefas sempre mais opressivas do Grande Salto Adiante. No cotidiano, no entanto, os aldeões tinham menos entusiasmo. À medida que a vida diária se organizava segundo modelos militares, os aldeões eram "soldados de infantaria" que tinham que "travar combates" na "linha de frente" em "batalhões" e "pelotões", enquanto "brigadas de choque" podiam "fazer uma marcha" na "guerra móvel". A posição indicada de um revolucionário na sociedade era um "posto de sentinela", ao passo que um grupo de pessoas que trabalhava em um grande projeto era um "grande exército".[13]

Termos marciais se ajustavam à organização militar. "Cada um é um soldado", Mao proclamara, e a formação de milícias ajudou a arregimentar o resto da sociedade em comunas populares: "No passado, em nosso exército, não havia coisas como um salário, ou um domingo, nem horas de trabalho em um dia. Os soldados rasos eram todos iguais. O verdadeiro espírito do comunismo vem quando você levanta um gigantesco exército do povo [...]. Precisamos reviver as tradições militares." Mao explicou: "O comunismo militar na União Soviética se baseava em requisições de cereais; temos 22 anos de tradições militares e o sistema de suprimento está por trás do nosso comunismo militar."[14]

"Mísseis balísticos e bombas atômicas nunca vão amedrontar o povo chinês", bradou o *Diário do Povo* enquanto projéteis atingiam Quemoy, a nação erguendo-se como um só homem, pronta para lutar contra as forças do imperialismo: 250 milhões de homens e mulheres seriam transformados em um mar de soldados.[15] Em outubro, 30 milhões de milicianos em Sichuan gastaram duas horas em treinamento militar à noite. Em Shandong,

AS COMUNAS DO POVO

25 milhões de homens em armas eram o "principal exército" na "linha de frente" da produção de cereais e de aço. Só no condado de Yingnan, 70 mil desses homens recrutados assumiram o comando de meio milhão de homens na batalha da lavra profunda. Em Heilongjiang, no norte da Manchúria, havia 6 milhões de milicianos, e hábitos militares eram instilados em nove entre dez jovens.[16] Tan Zhenlin delirava com as milícias e prescrevia que cada adulto deveria aprender como usar uma arma e disparar trinta balas por ano.[17] Na realidade, poucos carregavam armas. Muitos meramente passavam pelas movimentações e treinavam desanimadamente nos campos depois do trabalho, com rifles antigos. Mas uma pequena porção praticava com munição verdadeira e era treinada como tropa de choque.[18] Eles se revelariam cruciais para reforçar a disciplina, não apenas durante o delírio de instalação das comunas, como durante os anos de fome que estavam à frente.

A movimentação das milícias e um pequeno corpo de lutadores treinados levaram a organização militar a todas as comunas. Em toda a China, agricultores eram acordados durante a noite ao som da corneta e faziam fila na cantina para uma rápida tigela de arroz aguado. O som de cornetas e clarins era o sinal para reunir a força de trabalho, que saía marchando para o campo, carregando bandeiras e flâmulas ao som de canções militares. Alto-falantes, às vezes, berravam exortações para um trabalho mais duro, ou, ocasionalmente, música revolucionária. Às vezes, ativistas do partido, oficiais locais e a milícia reforçadora da disciplina puniam com espancamentos os que não atingiam as metas. No fim do dia, os aldeões voltavam para seus alojamentos, designados de acordo com o turno de trabalho de cada pessoa. Reuniões se seguiam à noite para avaliar o desempenho de cada trabalhador e analisar táticas locais.

As comunas se apropriavam do trabalho e, na maior parte das vezes, os homens e as mulheres que estavam no comando das equipes de líderes não recebiam compensação adequada. O secretário do partido Zhang Xianli explicou em Macheng: "Agora que temos comunas, à exceção do urinol no quarto, tudo é coletivo, até os seres humanos." Isso foi entendido pelo agricultor pobre Lin Shengqi da seguinte forma: "Faça tudo que um oficial lhe disser para fazer."[19] Os salários, em consequência, foram praticamente abolidos. Os membros de uma equipe que trabalhavam sob a supervisão de um líder de esquadrão ganhavam pontos em vez de salário, calculados de acordo com um sistema complexo, baseado no desempenho médio da equipe como um todo, no trabalho feito, na idade e no sexo de cada trabalhador. No fim do ano, a renda líquida de cada equipe era distribuída entre os membros "de acordo com a necessidade", e o excedente, em princípio, dividido conforme os pontos de trabalho que cada um acumulava. Na prática, o excedente nunca existiu, pois o Estado vinha e tirava grande parte da produção. Os pontos de trabalho, no entanto, desvalorizaram-se rapidamente durante o Grande Salto Adiante. No condado de Jiangning, perto de Nanquim, um dia de trabalho equivalia a 1,05 yuan em 1957. Um ano depois, não valia mais que 28 centavos de yuan. Em 1959, seu valor havia declinado para ínfimos 16 centavos. Os locais referiam-se ao sistema de pontos como "bater em um tambor com um pepino": quanto mais se batia, menos se ouvia, pois todos os incentivos para o trabalho tinham sido removidos.[20]

Alguns nunca foram pagos. Chen Yuquan, um jovem robusto entrevistado em fevereiro de 1961 no condado de Xiangtan, Hunan, lembrou que fizera um total de 4,50 yuans em 1958, com os quais comprou um par de calças. No ano seguinte, despachado para uma mina de carvão onde não havia registro de trabalho, não recebeu nada.[21] Algumas comunas aboliram completamente o dinheiro. No condado de Longchuan, Guangdong, os aldeões que vendiam seus porcos recebiam notas de crédito em vez de dinheiro, o que os levava a matar e comer os animais em lugar de vendê-los.[22] Em muitos casos, no entanto, os aldeões tinham de pedir emprestado à comuna, entrando em uma forma de trabalho servil. Li Yeye, que alimentava a mulher cronicamente doente e cinco crianças carregando esterco durante o dia inteiro, nunca tinha dinheiro: "Pessoas como nós não tinham dinheiro, estávamos constantemente endividados. Tínhamos que pagar nossa dívida com a comuna."[23] Feng Dabai, um barbeiro do norte de Sichuan que tomava conta de uma família de nove pessoas durante a fome, pediu tanto dinheiro emprestado para comprar comida que ainda pagava a dívida cinquenta anos depois.[24]

* * *

AS COMUNAS DO POVO

Nas comunas mais radicais, hortas, ferramentas e gado de propriedade particular tinham que ser entregues ao coletivo. Em muitos casos, as pessoas não tinham permissão para ficar com nada, exceto o mínimo essencial. Como disse Li Jingquan, líder de Sichuan: "Até a merda tem que ser coletivizada!"[25] Em resposta, os aldeões tentaram salvar o máximo que podiam de seus pertences. Matavam gado, escondiam cereais e vendiam bens. Logo no início do movimento, Hu Yongming, um agricultor do nordeste úmido e montanhoso de Guangdong, matou quatro galinhas e em seguida, no mesmo dia, matou dois ou três patos. Depois vieram três cadelas; os filhotes foram mortos em seguida. Finalmente, o gato foi comido.[26] Muitos fizeram o mesmo, os agricultores devoravam as aves domésticas e os rebanhos. Em todas as aldeias de Guangdong, galinhas e patos foram comidos primeiro, seguidos de cachorros e vacas. Enquanto os locais consumiam a produção de sua propriedade com medo da coletivização,[27] funcionários locais, atentos aos números, constataram que só o consumo de carne de porco e vegetais havia aumentado em 60% com o advento das comunas. Um ditado comum em Guangdong era: "O que você come é seu, o que você não come é de outra pessoa."[28]

O cenário era semelhante nas cidades, embora, em geral, as tentativas de impor comunas urbanas tivessem sido abandonadas alguns anos depois. Nas primeiras semanas de outubro de 1958, mais de meio milhão de yuans foram retirados do banco em apenas um distrito de Guangzhou.[29] Em Wuhan houve corrida ao banco, um quinto de toda a poupança foi retirado dois dias depois da implantação da Comuna Leste.[30] Alguns trabalhadores de pequenas empresas venderam até as máquinas de costura de que dependiam para viver, outros arrancavam o piso de suas casas para obter madeira, que vendiam como combustível.[31] Com medo do confisco da poupança, pessoas antes parcimoniosas começaram a ceder ao consumo conspícuo. Trabalhadores comuns compravam marcas de cigarro dispendiosas e outros bens de luxo; alguns até esbanjavam em banquetes extravagantes.[32] Boatos estimulavam o medo: dizia-se que, em algumas aldeias, cada pessoa só poderia ter um cobertor, os demais seriam coletivos: "Até as roupas têm números."[33]

No impulso de aumentar a produção e cumprir metas sempre maiores, as casas também eram confiscadas: a comuna, afinal, precisava de tijolos para refeitórios, dormitórios, creches e asilos planejados no papel. Em Macheng, como vimos, inicialmente as casas foram derrubadas para serem usadas como fertilizante, tendência que piorou com o advento das comunas do povo. Em todo o país, aldeões dos condados começaram a dividir casas e algumas famílias terminaram em abrigos temporários. Aos aldeões recalcitrantes foi dito que "rações de cereais não serão dadas aos que não saírem da casa". Em algumas aldeias, uma grandiosa visão de modernidade justificou a eliminação de casas velhas. Na comuna de Guishan, trinta moradias foram derrubadas para abrir espaço para um plano utópico em que ruas pavimentadas e arranha-céus substituiriam as cabanas de barro à beira das vielas poeirentas. Nem uma só casa foi construída, e algumas famílias terminaram vivendo em chiqueiros ou templos abandonados, com chuva gotejando do telhado e vento soprando através das paredes porosas, feitas de barro e palha. "Destruir meu lar é ainda pior do que escavar o túmulo do meu ancestral", lamentou um aldeão. Mas poucos ousavam queixar-se. A maioria ficava quieta e alguns choravam, enquanto o líder local passava sem dizer uma só palavra, simplesmente levantando o dedo para assinalar a casa a ser destruída.[34] No condado de Dianjiang, Sichuan, uma equipe de onze pessoas pôs fogo em centenas de casebres de palha. "Destruir casebres de palha em uma noite, levantar áreas residenciais em três dias, construir o comunismo em cem dias" era o principal slogan. Algumas aldeias foram completamente esvaziadas, embora, de alguma forma, ninguém realmente conseguisse passar da fase de destruição do plano.[35] Casas também foram derrubadas especificamente para separar homens de mulheres no grande esforço de arregimentação do campo. Em Jingning, Gansu, cerca de 10 mil moradias foram pulverizadas durante o Grande Salto Adiante por ordem do chefe provincial Zhang Zhongliang. A maioria das pessoas retiradas das casas terminou não em dormitórios, como os imaginados para as comunas-modelo, mas vivendo nas ruas, destituídas.[36]

* * *

AS COMUNAS DO POVO

Exceto os aldeões mais pobres, as pessoas não gostavam dos refeitórios, porque administrar coletivos sem dinheiro dificilmente permitiria atender caprichos individuais, gostos e dietas. Algumas pessoas tinham que andar muitos quilômetros para chegar às instalações coletivas. Em Hunan, mais de dois terços de todos os aldeões se opunham à alimentação coletiva, segundo o cabeça da província, Zhou Xiaozhou.[37] Em todo o país, os oficiais tiveram que pressionar para fazer os aldeões entrarem nos refeitórios. Em Macheng, usaram uma abordagem simples, mas eficaz: cortaram os suprimentos de cereais para a aldeia. Mas as famílias que haviam amealhado provisões ainda não as entregavam. Foram denunciadas como "camponeses ricos" voltados para "sabotar as comunas do povo". A milícia, então, entrou no caso, patrulhando as ruas e multando as famílias de cujas casas havia fumaça saindo pela chaminé. O passo final foi o confisco de comida e utensílios casa por casa.[38]

Assim que se estabeleciam nas comunas, os aldeões comiam vorazmente, com mais avidez, pois as novas instalações tinham sido construídas com recursos, comida e móveis tomados da aldeia. Em uma comuna de Macheng, cerca de 10 mil peças de mobiliário, 3 mil porcos e 57 mil quilos de grãos, assim como incontáveis árvores, cortadas de terrenos privados para obtenção de combustível, foram para os refeitórios.[39] Com o trabalho explorado, as posses confiscadas e os lares demolidos, os aldeões tiveram a oportunidade de compartilhar a visão de seu líder. O comunismo estava próximo, e o Estado proveria tudo. "A cada um segundo suas necessidades" foi interpretado literalmente e, enquanto conseguissem se safar impunes, as pessoas comeriam tudo o que podiam. Durante dois meses, em muitas aldeias por todo o país, as pessoas "esticaram os estômagos", seguindo a diretriz de Mao em Xushui: "Vocês deveriam comer mais. Até cinco refeições por dia é bom!" Especialmente nas regiões onde outras safras que não alimentos eram produzidas — por exemplo, algodão —, a restrição era menos pronunciada, pois o Estado fornecia o cereal. Os trabalhadores se enchiam de comida, alguns eram repreendidos por falta de apetite. Restos de arroz eram atirados na privada aos baldes. Em algumas equipes, as pessoas, às vezes, faziam competições para ver quem comia mais; crianças eram levadas às lágrimas por não conseguir continuar. Outros tomaram

Mao ao pé da letra, "lançando um *sputnik*" por ter cinco refeições por dia. Comida que teria mantido uma aldeia por meia semana desaparecia em um dia.[40] No condado de Jiangning, Jiangsu, alguns aldeões devoravam um quilo de arroz em uma única refeição. A extravagância no consumo era ainda maior nas cidades: cerca de 50 quilos de arroz foram jogados no esgoto em um único dia, no fim de 1958, em uma oficina em Nanquim. Pães doces cozidos entupiam as privadas: um inspetor detalhista observou que a camada de arroz depositada no fundo de uma rede de esgoto tinha 30 centímetros. Em algumas fábricas, os trabalhadores devoravam até vinte tigelas de arroz por dia; os restos eram atirados aos porcos.[41] O festim não durou muito.

8

Febre do aço

Stalin financiara a indústria à custa da agricultura, impondo requisições punitivas de grãos que drenavam o campo de toda a sua riqueza. Em busca de alternativa para o modelo soviético, Mao queria, em vez disso, trazer a indústria para o campo. A produção industrial nas comunas do povo poderia ser aumentada imediatamente com apoio em inovações baratas e técnicas nativas que não requeriam grande volume de investimento, o que levaria a um salto instantâneo da produtividade. Isso, por sua vez, poderia entusiasmar os aldeões a alcançar metas econômicas ainda maiores: aí estava a chave para industrializar um país atrasado sem grande investimento estrangeiro. Especialistas burgueses foram acusados de direitistas conservadores, enquanto a sabedoria ligada à terra de simples camponeses foi louvada. O chefe do partido em Yunnan, Xie Fuzhi, zombava abertamente de medições geológicas e inspeções tecnológicas recomendadas pelos especialistas russos, apoiando-se, em lugar disso, na sabedoria das massas para construir represas e reservatórios.[1] O conhecimento intuitivo e a engenhosidade nativa, mais do que a perícia estrangeira, introduziriam inovações baratas e eficazes que impulsionariam as aldeias da China para a dianteira da União Soviética. O campo deveria ser mecanizado por meio de artifícios simples, desenvolvidos por agricultores comuns em institutos de pesquisa. "Os humildes são os mais inteligentes, os privilegiados os mais burros", Mao escreveu em um relatório que mostrava que os trabalhadores tinham conseguido construir um trator sozinhos.[2] Ou, como afirmava Xie Fuzhi, repetindo palavras sábias do presidente, "nós somos sobrenaturais. Talvez sejamos sobrenaturais da segunda ordem. Talvez em algum outro lugar do planeta exista gente mais brilhante do que nós, em cujo caso somos da segunda ordem, mas, se somos mais brilhantes que eles, então somos sobrenaturais da primeira ordem".[3]

Trabalhadores-modelo povoavam a propaganda do partido. He Ding, um agricultor pobre de Henan, que nunca tivera um dia de escola em toda a vida, inventou um sistema de carregadores de terra de madeira que se movimentava por cabos aéreos com um mecanismo para descarregar e voltar que reduzia em oito vezes o volume de trabalho necessário para construir um reservatório.[4] Cintos de transportadores de madeira, máquinas de madeira de selecionar grãos e máquinas de madeira de plantar arroz — tudo era enaltecido como milagres do homem comum. Na província de Shaanxi, aldeões até mostravam automóveis nativos e locomotivas nativas: todas as partes feitas de madeira.[5] A maioria das invenções era bastante inocente, mas o desperdício podia atingir enormes proporções. Na comuna de Diaofang, Guangdong, cerca de 22 mil vigas, treliças e assoalhos foram arrancados das casas das pessoas do dia para a noite em um movimento para mecanizar a comuna. As carretas produzidas eram tão desconjuntadas que caíam aos pedaços no momento em que alguém tentava usá-las.[6]

Mas o verdadeiro marco era o aço. Ali estava o material pelo qual valia a pena insistir no socialismo — duro, brilhante, industrial, moderno e da classe operária. A palavra "Stalin" simbolizava um homem de aço desejoso de reduzir a frangalhos todos os inimigos da revolução. Chaminés fumegantes de fábricas, máquinas-ferramentas chiadeiras, o ruído dos apitos da fábrica, enormes altos-fornos incandescentes com fogo em vermelho profundo: estas eram as consagradas imagens da modernidade socialista. Alexei Gastev, o poeta trabalhador, escreveu, "nós somos originários do ferro", o homem se amalgamando com o ferro em uma fusão que anunciava um mundo onde a máquina se tornava homem e o homem era uma máquina. O aço era o ingrediente sagrado da alquimia do socialismo. O volume de aço produzido era um número

FEBRE DO AÇO

mágico recitado com fervor religioso nos países socialistas. A produção de aço destilava magicamente todas as complexas dimensões da atividade humana em um número único, preciso, que indicava onde um país se situava na escala da evolução. Mao pode não ter sido um especialista em indústria, mas parecia capaz de repetir de memória e instantaneamente a produção de aço de praticamente todos os países. Ele era possuído pelo aço. Superar a Grã-Bretanha significava cada vez mais ultrapassar sua produção anual de aço. O aço era o principal motor na escalada das metas, e ele pressionou muito para ver a produção crescer. Era de 5,35 milhões de toneladas em 1957. A meta para 1958 foi colocada em 6,2 milhões em fevereiro de 1958 e aumentada para 8,5 milhões de toneladas em maio, até Mao decidir, em junho, que 10,7 milhões de toneladas poderiam ser produzidas. Isso mudou para 12 milhões de toneladas em setembro. Enquanto fazia malabarismos com os números, Mao se convenceu de que, no fim de 1960, a China alcançaria a União Soviética. E os Estados Unidos seriam ultrapassados em 1962, quando uma produção de 100 milhões de toneladas poderia ser atingida. Então, a China arrancaria, chegando a 150 milhões de toneladas em poucos anos. Sete centenas de milhões de toneladas seriam produzidas por volta de 1975, deixando a Grã-Bretanha muito atrás.[7]

Mao era estimulado em seus desvarios por alguns dos camaradas próximos. Li Fuchun, em primeiro lugar, dizia que a China poderia desenvolver-se a uma velocidade sem precedentes na história graças à superioridade do sistema socialista: a Grã-Bretanha poderia ser superada em apenas sete anos. Então, apresentou um plano extravagante que buscava alcançar a Grã-Bretanha em ferro, aço e outras *commodities* industriais em menos de três anos.[8] No início de junho de 1958, enquanto descansava ao lado da piscina, Mao perguntou ao ministro da Metalurgia, Wang Heshou, se a produção de aço poderia ser dobrada e o ministro respondeu: "Sem problemas!"[9] Ke Qingshi se gabava de que o Leste da China sozinho poderia produzir 8 milhões de toneladas.[10] Líderes provinciais como Wang Renzhong, Tao Zhu, Xie Fuzhi, Wu Zhipu e Li Jingquan, todos fizeram promessas extravagantes sobre a produção de aço, cedendo aos caprichos visionários do presidente.

A chave do sucesso eram as pequenas fornalhas operadas por aldeões em todos os quintais das comunas do povo. Construídas de areia, pedra, barro refratário ou tijolos, relativamente simples de fazer, permitiam que cada aldeão se mobilizasse no esforço para superar a Grã-Bretanha. Uma fornalha típica de fundo de quintal tinha três ou quatro metros de altura, com uma plataforma de madeira no alto, sustentada por estacas. Uma rampa inclinada dava acesso à fornalha, os agricultores subiam e desciam rapidamente com sacos de coque, minério e fundente nas costas ou em cestos pendurados em varas compridas. Ar era soprado no fundo, o ferro derretido e a escória sendo liberados através de buracos. Baseadas nos métodos tradicionais de rajadas de sopro, algumas fornalhas podem ter funcionado bem, mas muitas eram engodos, impostos às comunas por oficiais fascinados pela febre do aço.

O esforço chegou ao clímax no fim do verão de 1958. Chen Yun, o líder do partido que caíra em desgraça mais cedo naquele ano, foi posto a cargo do movimento e trabalhou duro para se redimir. Em 21 de agosto, transmitiu ordens de Mao de que não seria tolerada nem mesmo uma tonelada abaixo da meta, e o fracasso em cumprir o plano significava punições que iam desde a advertência até a expulsão do partido.[11] Para manter o ímpeto, Mao visitou Wuhan em setembro para inaugurar uma máquina gigantesca de ferro e aço construída com a ajuda soviética e observou o ferro derretido do primeiro fogo sair da fornalha. No mesmo dia, Pequim despachou uma equipe de 1.500 ativistas do partido para espalhar-se pelo país a fim de reunir apoio para o esforço do aço.[12] Depois disso, 29 de setembro foi escolhido para conquistar uma meta ainda mais alta em celebração ao Dia Nacional. Duas semanas antes do evento, o ministro da Metalurgia, Wang Heshou, em conferência telefônica, pediu a líderes provinciais para aumentar o desafio. Estes, por sua vez, incitaram representantes de condado por telefone no dia seguinte.[13]

Em Yunnan, Xie Fuzhi ordenou que todos se tornassem soldados da campanha, anunciando uma investida durante duas semanas, dia e noite, para aumentar a produção.[14] Ativistas do partido se espalhavam pela manhã, alguns partindo bem antes do sol nascer, a fim de alcançar aldeias remotas a tempo. No condado de Dehong, 200 mil aldeões foram jogados na campanha enquanto o céu se tornava carmesim com a incandescência de milhares de fornalhas de tijolos. Os aldeões se dispersavam na floresta em busca de combustível, outros coletavam carvão, às vezes cavando com picaretas, pás e mãos no campo aberto. No frenesi para cumprir as metas, os acidentes eram comuns. Árvores derrubadas ao acaso tombavam em cima de aldeias; explosivos usados por trabalhadores inexperientes para abrir minas também custavam vidas.[15] Xie Fuzhi telefonava regularmente para verificar os últimos resultados.[16] Fuzhi, por sua vez, era instigado por Bo Yibo, que transmitiu uma meta de 12 milhões de toneladas, gabando-se de que 40 milhões de trabalhadores operavam cerca de 500 mil fornalhas em todo o país.[17] No Dia Nacional, Bo anunciou que outubro seria o mês do salto da produção de aço, e novo acesso de loucura se seguiu. Em Yunnan, o número de pessoas envolvidas no movimento saltou de 3 milhões para 4 milhões, uma semana especial de "alta produção" foi anunciada para estipular novo recorde. "Os olhos do mundo estão sobre a China", exclamou Xie Fuzhi, pois o país tinha que alcançar a meta que havia anunciado ou enfrentar uma humilhante mudança de opinião.[18]

Com toda a pressão vinda de cima, os aldeões tinham pouca escolha, a não ser participar da campanha. Na região de Qujing, Yunnan, assoalhos foram arrancados e galinhas foram mortas para que as penas pudessem ser usadas para alimentar as chamas ou fazer foles. Esquadrões de ativistas do partido iam de porta em porta para recolher pedaços de ferro e frequentemente confiscavam utensílios domésticos ou ferramentas agrícolas. Aqueles que não mostravam entusiasmo suficiente eram verbalmente insultados, empurrados, ou até amarrados e obrigados a desfilar. Relatórios críticos escritos por inspetores do partido na época falam de medo e intimidação. Na esteira de um ano de incansáveis campanhas, cada uma nos calcanhares da última — planos de irrigação, campanhas de fertilização, lavra profunda, plantio denso, o ataque furioso das comunas do povo —, a mera menção do slogan "lançando um satélite" era suficiente para instilar medo, pois isso augurava nova "guerra amarga", ou "batalha noturna", em que ninguém tinha permissão para dormir durante dias a fio. Alguns tentavam escapar e dormir na floresta molhada e fria para conseguir algumas horas de descanso, olhando a distância as fornalhas brilhando como vaga-lumes na noite. Estavam com frio e mal alimentados: os oficiais locais tentavam reduzir o custo do aço inflando números, fornecendo quantidades mesquinhas de alimentos, agora inteiramente em suas mãos graças ao advento dos refeitórios coletivos.[19]

A China estava mergulhada em um mar de fogo. Todas as fornalhas funcionavam, embora os dramas humanos que se desenrolavam durante a campanha fossem diferentes em cada aldeia. Em Yunnan, algumas pessoas eram forçadas a ir para o trabalho sem alimento ou descanso suficientes e trabalhavam até a morte perto das fornalhas, na pressa para completar a meta de produção.[20] Em outras vilas por todo o país, pessoas conseguiam conservar uma pequena lembrança de uma panela ou frigideira. Mas duas novas dimensões foram acrescentadas ao teatro de violência e mataram no nascedouro qualquer insubordinação suspeitada. Primeiro, os oficiais agora podiam contar com a milícia estabelecida dentro das comunas do povo para forçar a obediência. Em Macheng, por exemplo, os milicianos podiam vir a uma aldeia e recrutar pessoas para trabalhar nas fornalhas durante dias sucessivos. Um homem que saiu do trabalho mais cedo foi levado pelas ruas com um chapéu de burro em que estava escrito: "Sou um desertor."[21] Segundo, como toda a comida agora estava nas mãos das comunas, os oficiais podiam usar as rações como forma de recompensa ou punição. A recusa a trabalhar — ou qualquer sinal de indolência — era punida com corte de ração ou privação completa de comida. Em Macheng, as mulheres que ficavam em casa à noite para cuidar dos filhos eram banidas do refeitório.[22] Como explicou mais tarde Zhang Aihua, que viveu durante a fome em Anhui: "Ou você fazia o que lhe diziam ou o chefe não lhe dava comida: a mão dele segurava a concha."[23] O controle que os oficiais tinham sobre o suprimento de comida era reforçado, visto que caçarolas e frigideiras eram rotineiramente levadas embora.

Nas cidades, a campanha era dura em cima de pessoas comuns. Em Nanquim, uma fornalha registrou recorde de 8,8 toneladas em um único dia, mas os fogos tinham que ser alimentados constantemente e algumas equipes estavam tão famintas que desmaiavam ao lado dos fundidores. Apesar da enorme pressão, as pessoas ainda protestavam. Wang Manxiao simplesmente se recusou a trabalhar mais de oito horas por dia.

FEBRE DO AÇO

Quando confrontado pelo secretário do partido, Wang foi desafiador, perguntando à queima-roupa: "E você vai fazer o quê?" Outras pessoas duvidavam de que as fornalhas de fundo de quintal fossem ajudar a superar a Grã-Bretanha na produção de aço. Cerca de metade de todos os trabalhadores de algumas equipes era descrita como "retrógrada", o que significava que se esquivavam de trabalho pesado.[24]

No final, os líderes conseguiram seu recorde, embora muito dele fosse escória, minério não lavado ou mera invenção estatística. Lingotes de ferro das regiões rurais acumulavam-se por toda parte, pequenos ou quebradiços demais para serem usados em usinas de laminação modernas. De acordo com relatório do próprio Ministério da Metalurgia, em muitas províncias, nem mesmo um terço do ferro produzido por fornalhas de fundo de quintal era utilizável. E o preço da mercadoria era exorbitante. Uma tonelada de ferro de uma fornalha de fundo de quintal tinha o custo estimado em 300 a 350 yuans, duas vezes o valor necessário para uma fornalha moderna, e àquele custo tinham que ser acrescentados 4 toneladas de carvão, 3 toneladas de minério de ferro e trinta a cinquenta dias de trabalho.[25] As perdas totais do esforço de ferro-e-aço em 1958 foram mais tarde estimadas pelo Departamento de Estatísticas em 5 bilhões de yuans — sem incluir o dano às construções, florestas, minas e pessoas.[26]

* * *

Quando Mikhail Klochko, um consultor estrangeiro que crescera na Ucrânia, com seus campos ondulados e irregulares, viajou para o sul da China no outono de 1958 e se surpreendeu com os trechos amarelos de terra nua, divididos em pequenos terraços: estes eram os lendários arrozais, mas quase nenhum ser humano era visto ali.[27]

Onde estavam os agricultores? Muitos eram mobilizados pela milícia para as fornalhas de fundo de quintal, alguns colocados em grandes planos de irrigação, ao passo que outros tinham deixado a cidade em busca de trabalho nas muitas fábricas que perseguiam metas sempre mais altas. No total, mais de 15 milhões de fazendeiros mudaram-se para a cidade em 1958, atraídos pela perspectiva de uma vida melhor.[28] Em Yunnan, o número de trabalhadores industriais saltou de 124 mil em 1957 para 775 mil, o que significava que mais de meio milhão de pessoas tinham sido tiradas do campo.[29] Um terço de toda a força de trabalho da província foi direcionado para trabalhar em projetos de conservação da água em uma ou outra época daquele ano.[30] Para colocar de forma diferente: dos 70 mil trabalhadores na Jinning rural, Yunnan, 20 mil foram alocados nos planos de irrigação, 10 mil na construção de ferrovias, 10 mil em fábricas locais, restando 30 mil para produzir comida.[31] Mas os números mascaravam outra mudança nos padrões de trabalho: enquanto a maioria dos homens deixava a cidade, as mulheres tinham que trabalhar nos campos. Muitas quase não tinham experiência em conservar complexos terraços de arroz, plantando as sementes de forma desigual e permitindo que ervas daninhas invadissem os campos. No condado de Yongren, um quinto da safra apodreceu em consequência disso.[32]

Até um terço do tempo devotado à agricultura foi perdido,[33] mas Mao e seus colegas acreditavam que inovações como lavra profunda e plantio denso compensavam amplamente esse déficit. Por outro lado, na "revolução contínua" louvada pela liderança, os agricultores eram organizados segundo padrões militares: iam para o campo industrial na estação seca e voltavam para a frente agrícola durante a colheita. Como dizia Xie Fuzhi, "uma revolução contínua significa o aparecimento constante de novas tarefas".[34] Mesmo que todas as fontes disponíveis de mão de obra fossem mobilizadas para a campanha da colheita — de auxiliares de escritório, estudantes e professores, trabalhadores de fábrica e habitantes da cidade até as forças armadas —, a situação no local de produção era caótica. Muitas ferramentas agrícolas tinham sido destruídas na campanha do ferro e aço, o trabalho ainda era desviado para a construção de represas e os celeiros comuns nas comunas do povo eram mal administrados. Em Liantan, a comuna-modelo onde um slogan de louvor ao Grande Salto Adiante tinha sido esculpido na montanha para recepcionar uma equipe de inspeção, vários milhares de fazendeiros foram alistados para lavrar profundamente 7 hectares durante a colheita de outono; como ninguém estava disponível para colher a safra, cerca de 500 toneladas de cereais foram abandonadas nos campos.[35]

FEBRE DO AÇO

Mas as entregas de grãos para o Estado tinham de ser feitas de acordo com a produtividade que os oficiais locais declaravam oficialmente. A produção verdadeira de cereais de 1958 foi de pouco mais de 200 milhões de toneladas, mas, com base em todas as declarações feitas sobre colheitas excepcionais, a liderança estimou que estava perto de 410 milhões de toneladas. Requisições punitivas, baseadas em números inteiramente fictícios, só podiam criar medo e raiva nas aldeias. O cenário estava armado para uma guerra em que as requisições afundariam o campo na pior fome já registrada na história humana. Tan Zhenlin parecia insensível a isso enquanto discursava para alguns líderes do sul da China em outubro de 1958: "É preciso lutar contra os camponeses [...]. Há algo ideologicamente errado com você, se você tem medo de coerção."[36]

PARTE DOIS

Pelo Vale da Morte

9

Sinais de alerta

Pessoas morriam de fome até mesmo antes de as comunas do povo serem implantadas. Já em março de 1958, em uma conferência do partido sobre cereais, vários delegados expressaram preocupação com a escassez de alimentos, pois agricultores eram retirados dos campos para trabalhar nos projetos de irrigação. Sinais indicadores de fome eram bandos de pessoas se arrastando por estradas poeirentas implorando por comida, deixando para trás aldeias desertas. Li Xiannian, ministro das Finanças, afastou essas preocupações e pressionou com metas para grãos.[1]

No fim de abril, a fome e a escassez se espalhavam pelo país. Em Guangxi, uma pessoa em cada seis estava sem comida ou dinheiro, e aldeões morriam de fome em partes da província. Em Shandong, cerca de 670 mil morreram de inanição, enquanto em Anhui havia 1,3 milhão de pessoas necessitadas. Em Hunan, um em cada dez agricultores estava sem grãos para mais de um mês. Até na subtropical Guangdong cerca de 1 milhão de pessoas passavam fome, sendo a situação particularmente ruim em Huiyang e Zhanjiang, onde crianças eram vendidas por aldeões subjugados pela fome. Em Hebei, a falta de cereais era tal que dezenas de milhares perambulavam pelo campo em busca de comida; crianças eram vendidas em Cangxian, Baoding e Handan. Das aldeias devastadas, 14 mil mendigos foram para Tianjin, onde os puseram em abrigos temporários. Em Gansu, muitos agricultores se viram reduzidos a comer casca de árvore; centenas morreram de fome.[2]

Essa foi a fome da primavera, e poderia ser explicada como uma aberração temporária, mas, em partes do campo, a fome piorou durante o verão. Tal foi o caso em Luliang, Yunnan. Vimos, em capítulo anterior, como o trabalho forçado em campanhas de irrigação resultou em casos de inanição, já em fevereiro de 1958. Mas a fome não se restringia aos aldeões alistados para trabalhar em represas e reservatórios. No distrito de Chahua, para dar um exemplo, um em cada seis aldeões morreu entre janeiro e agosto de 1958, atingindo um total de 1.610 pessoas. Alguns foram espancados até a morte, embora a maior parte tenha morrido de fome e doença.[3] O chefe local do campo, Chen Shengnian, fora trazido em substituição a um funcionário do partido expurgado por não cumprir as requisições de cereais em 1957. Chen estimulou o uso da violência para impor disciplina estrita. Dois em três oficiais em Chahua rotineiramente recorriam a punições físicas e privavam do direito de comer os aldeões fracos demais para trabalhar.[4]

O problema não estava confinado a Luliang. Em toda a região de Qujing, em Yunnan, pessoas morriam de fome. Em Luliang, informou-se que cerca de 13 mil morreram: milhares também passavam fome em Lunan, Luoping, Fuyuan, Shizong e outros condados.[5] No condado de Luxi, o comitê local do partido inflou a safra já em 1957, proclamando que cada agricultor recebia cerca de 300 quilos de grãos em um ano, quando apenas metade desse total estava disponível. Depois de maio de 1958, a inanição reclamou cerca de 12 mil vidas, o que equivale a uma em cada 14 pessoas. Em algumas vilas, um quinto de todos os aldeões foram enterrados.[6]

É difícil averiguar quantos morreram na região de Qujing, mas, escondido nos arquivos, há um conjunto de estatísticas populacionais que lançam alguma luz sobre a questão. Elas mostram que 82 mil pessoas morreram em 1958, ou 3,1% da população. O número de nascimentos declinou acentuadamente, de 106 mil, em 1957, para 59 mil, em 1958. Em toda a província, a taxa de mortalidade ficou em 2,2%, mais que o dobro da média nacional, de 1% em 1957.[7] Xie Fuzhi, o chefe do partido em Yunnan, pensou muito sobre Luliang e, finalmente, decidiu informar as perdas a Mao em novembro de 1958. O presidente gostou do relatório. Parecia que ali estava alguém

SINAIS DE ALERTA

em quem poderia confiar para saber a verdade. Um ano mais tarde, Xie foi promovido a chefe do Ministério da Segurança em Pequim. Quanto às mortes, Mao considerou-as uma "valiosa lição".[8]

Outra "lição" veio de Xushui, um santuário do Grande Salto Adiante, onde Mao havia ordenado aos agricultores que fizessem cinco refeições por dia para livrar-se do excedente de grãos. Por trás da esplêndida fachada de Xushui, Zhang Guozhong administrava um elaborado campo de trabalho que retinha 1,5% da população local, de agricultores recalcitrantes a secretários do partido que fracassavam em obedecer. A punição dentro do campo era brutal, indo do açoitamento à exposição sem roupas ao frio, no meio do inverno. 124 pessoas morreram em consequência; outras ficaram desfiguradas ou aleijadas para o resto da vida. Do lado de fora do campo, cerca de 7 mil pessoas eram amarradas, espancadas, cuspidas, obrigadas a desfilar perante os outros, forçadas a ajoelhar-se ou privadas de comida, o que resultou em outras 212 mortes.[9] Li Jiangsheng, o aparentemente afável chefe da Brigada Dasigezhuang, que recepcionara Mao e muitos outros visitantes em sua aldeia-modelo, espancava regularmente agricultores, alguns deles eram enforcados ou postos a congelar até a morte durante o inverno.[10] Apesar de toda a violência, a produtividade da safra estava muito longe do que Zhang prometera. Quando Chu En-lai passou por Hebei, em dezembro de 1958, foi abordado por um humilhado Zhang, que lhe confidenciou que Xushui produzira apenas 3,75 mil quilos por hectare, uma distância muito grande das 15 toneladas de que ele se jactara durante o verão. Xushui estava, de fato, morrendo de fome. Chu prometeu ajudar.[11]

Muito do que acontecia, mas não tudo, veio à luz em um relatório escrito em outubro de 1958 a pedido de Mao pelo Departamento de Assuntos Confidenciais. Mao mandou o documento circular entre outros do comitê central e escreveu no rodapé: "Esse tipo de problemas pode não estar restrito a apenas uma comuna."[12] Quando Zhang Guozhong caiu em desgraça, o presidente abraçou o condado de Anguo, 80 quilômetros ao sul de Xushui, como modelo. Após ouvir relatórios sobre camponeses que produziam 2.300 quilos de cereais por ano cada um, Mao observou atentamente a produção da província de Hebei, que disparou de meros 10 milhões de toneladas em 1957 para 50 milhões em 1959.[13] Quando o

106 A GRANDE FOME DE MAO

chefe de Hebei, Liu Zihou, avisou Mao de que alguns desses números podiam estar inflados, o presidente afastou essas preocupações e, alegremente, afirmou que erros eram inevitáveis.[14]

* * *

Mao recebia de todos os cantos do país numerosos relatórios sobre fome, doença e tratamento brutal, por meio de cartas pessoais enviadas por indivíduos corajosos, queixas não solicitadas de oficiais locais ou investigações conduzidas em seu nome por pessoal de segurança ou secretários particulares. Xushui e Luliang são dois exemplos significativos; outros serão invocados em outras partes deste livro, enquanto muitos mais permanecem sepultados nos Arquivos Centrais em Pequim, fechados a todos, exceto para alguns poucos pesquisadores escolhidos a dedo pelo partido.

No fim de 1958, Mao realmente fez gestos para apaziguar preocupações com os atos de violência cometidos amplamente no local de produção. Nos comentários que fez circular sobre o relatório Luliang, aceitou que as condições de vida dos aldeões tinham sido negligenciadas à custa do aumento da produção. Para ele, no entanto, Luliang era apenas uma "lição" que, de alguma maneira, magicamente "imunizava" o resto do país contra enganos semelhantes. No caso de Xushui, Mao simplesmente substituiu sua devoção a um condado pelo próximo condado na estrada que estivesse desejoso de superar os demais com afirmações extravagantes de produção. Como veremos no capítulo 11, Mao, de fato, reduziu o ritmo do Grande Salto Adiante entre novembro de 1958 e junho de 1959, mas não vacilava na perseguição da utopia. O Grande Salto Adiante foi uma campanha militar travada para alcançar um paraíso comunista cuja abundância para todos compensaria amplamente o presente sofrimento de uns poucos. Toda guerra tinha suas baixas, algumas batalhas seriam inevitavelmente perdidas, e alguns choques ferozes poderiam cobrar uma trágica perda em mortos que poderia ter sido evitada com a observação do passado, mas a campanha tinha que continuar. Como afirmou o ministro do Exterior, Chen Yi, em novembro de 1958, ao falar sobre tragédias humanas no local de produção: "Baixas, de fato, apareceram entre trabalhadores, mas isso não basta para

SINAIS DE ALERTA

107

nos deter em nosso caminho. Esse é um preço que temos que pagar, não é nada para se temer. Quem sabe quantas pessoas foram sacrificadas nos campos de batalha e nas prisões [pela causa revolucionária]? Temos agora poucos casos de doença e morte: não é nada!"[15] Outros líderes ignoraram completamente a fome. Em Sichuan, presa de uma terrível fome no inverno de 1958–59, o líder radical Li Jingquan se entusiasmou com as comunas e observou que alguns aldeões em Sichuan comiam mais carne que Mao Tsé-tung e ganhavam vários quilos de peso: "E agora, o que você acha das comunas? É uma coisa ruim as pessoas engordarem?"[16]

Algumas perdas seriam de se esperar para um partido acostumado a décadas de guerrilha e sobrevivente da Longa Marcha após cinco campanhas de aniquilamento pelo Kuomintang em 1935, ao assédio constante do exército japonês na Segunda Guerra Mundial e a uma cruel guerra civil com baixas maciças. O comunismo não seria atingido de um dia para o outro. O ano de 1958 tinha sido de ataques-relâmpago, arremetidas incessantes em várias frentes de uma só vez. Os generais no comando reconheciam que a infantaria necessitava de algum descanso: 1959 se passaria na condução de guerrilha mais convencional. Isso significava, em poucas palavras, que nenhuma das decisões-chave sobre o Grande Salto Adiante seria revertida.

* * *

A economia ditava que a pressão devia ser mantida nos primeiros meses de 1959. Enquanto Mao se preocupava em esfriar o frenesi com que a coletivização tinha sido empurrada adiante, nunca lhe foi apresentada razão alguma para duvidar de que havia um aumento na produção agrícola. Em relatório conjunto enviado pelos chefes do planejamento econômico, Li Xiannian, Li Fuchun e Bo Yibo confirmaram que, "quando se trata de grãos, algodão e óleos comestíveis, a produção aumentou enormemente em comparação com o último ano, como resultado do Grande Salto Adiante na produção agrícola, e só precisamos continuar com o nosso trabalho e resolver seriamente quaisquer problemas que possam surgir para podermos seguir em frente".[17]

De acordo com os planejadores, o maior problema era que o campo não mandava comida suficiente para as cidades. O volume de grãos requisitado para a população urbana — que inchara para cerca de 110 milhões de pessoas — aumentara em um quarto na segunda metade de 1958 e totalizara 15 milhões de toneladas.[18] Mas não era o bastante. Em dezembro, Peng Zhen, o prefeito careca e vigoroso de Pequim, tocou o sinal de alarme, seguido pelo planejador central Li Fuchun. Nanning e Wuhan, observaram Peng e Li, não tinham reservas para mais que poucas semanas, enquanto a requisição de Pequim, Xangai, Tianjin e província de Liaoning mal dava para mais dois meses. Ao menos 750 mil toneladas deviam ter sido armazenadas em dezembro, mas apenas um quarto desse volume fora entregue, na verdade, com grandes déficits registrados em províncias como Hubei e Shanxi. Todas as três cidades — Pequim, Xangai, Tianjin —, assim como Liaoning, foram colocadas sob proteção especial, e as províncias que declaravam ter um excedente — Sichuan, Henan, Anhui, Shandong e Gansu — foram requisitadas a transferir um total extra de 415 mil toneladas. Cereal insuficiente não era o único problema, pois muitas cidades também não conseguiam carne para mais de um dia ou dois, enquanto províncias como Gansu e Hunan remetiam apenas uma fração dos porcos requisitados. Vegetais, peixe e açúcar eram igualmente escassos.[19]

Não só às cidades foi concedido status privilegiado: as exportações tiveram prioridade também. Como veremos em seguida, a China gastou vastas somas na compra de equipamento estrangeiro em 1958. Depois, na euforia da colheita de outono, mais ordens de compra foram colocadas para 1959. À medida que as contas chegavam, a reputação do país passava a depender de sua habilidade para cumprir os compromissos externos. Do fim de 1958 em diante, Chu En-lai, com o apoio de colegas e o auxílio do presidente, pressionou o campo sem cessar para que preenchesse requisições sempre maiores destinadas ao mercado de exportação. A fim de assegurar que as cidades fossem alimentadas e os contratos estrangeiros honrados, nenhum recuo era possível no local de produção.

10

Jornada de compras

Se o brilhante caminho para o comunismo deveria ser encontrado na mobilização das massas, grandes quantidades de equipamento industrial e tecnologia avançada eram, apesar de tudo, requeridas para ajudar a transformar a própria China de um país agrícola em um gigante industrial. Desde o momento em que Mao retornou de Moscou, onde se gabara de que a China ultrapassaria a Grã-Bretanha em quinze anos, Pequim começou a comprar liberalmente de seus amigos estrangeiros. Usinas siderúrgicas, fornos para secar cimento, fábricas de vidro, usinas de energia elétrica, refinarias de petróleo: instalações industriais completas e equipamento para indústria pesada foram adquiridos. Guindastes, caminhões, geradores, motores, bombas de sucção, compressores, máquinas de ceifar e enfeixar, debulhadoras, tudo era importado em quantidades sem precedentes. Entregas de máquinas-ferramentas para dar acabamento a peças de metal (sem incluir fábricas completas) subiram de 187 unidades em 1957 para 772 em 1958; máquinas de plantio e semeadura, de 429 unidades para 2.241; tratores, de 67 para 2.657; caminhões, de 212 para 19.860.[1] Suprimentos de laminados de metais ferrosos, alumínio e outros materiais saltaram, tendo também aumentado acentuadamente o volume de equipamento de transporte e comunicações.

A maioria desse material vinha da União Soviética, da qual a China dependia para ajuda econômica e militar desde maio de 1951, quando as Nações Unidas impuseram um bloqueio a importações estratégicas. Restrições comerciais tinham sido reforçadas após os Estados Unidos estigmatizarem a China como agressora na Guerra da Coreia. Nos anos 1950, a China assinou uma série de acordos com Moscou para a construção de mais de 150 projetos *turnkey*, a serem construídos e entregues na condição de prontos para uso. Em janeiro de 1958, a fim de impulsionar o Grande Salto Adiante, mais um contrato previu a expansão da assistência econômica e militar. Em agosto de 1958, a compra de outros 47 conjuntos completos de equipamentos para instalações industriais, a serem construídas com ajuda técnica soviética, foi acordada — em adição aos cerca de duzentos já comprados em anos anteriores. Em fevereiro de 1959, outro acordo ampliou ainda mais a cooperação econômica e científica, incluindo 31 instalações industriais de grande porte: isso elevou o número de empresas industriais, lojas de fábricas (*outlets*) e outras plantas a serem instaladas para cerca de trezentos.[2]

Tabela 1: Importações chinesas da URSS, com grandes grupos de *commodities* e itens (em milhões de rublos)

	1957	1958	1959	1960	1961	1962
Importações chinesas da URSS (total)	556	576	881	761	262	190
Comércio	183	292	370	301	183	140
Petróleo e produtos de petróleo	(80)	(81)	(104)	(99)	(107)	(71)
Equipamentos para fábricas	245	174	310	283	55	9
Equipamento militar	121	78	79	72	12	11
Nova tecnologia	7	31	122	104	12	30

Fonte: Ministério das Relações Exteriores, Pequim, 6 de setembro, 1963, 109–3321-2, p. 66–7 e 88–9; embora as taxas variassem constantemente, 1 rublo equivalia mais ou menos a 2,22 yuans e 1,1 dólar. Os números podem não somar perfeitamente por causa do arredondamento.

Pequim também pressionou Moscou para entregar antes do prazo. Em março de 1958, o veterano militar Zhu De impôs aos russos mais pressa na conclusão da montagem de dois equipamentos de aço em Baotou

JORNADA DE COMPRAS

e Wuhan.[3] Pedido similar foi feito em julho a S. F. Antonov, agente diplomático russo em Pequim, por um dos enviados pessoais de Chu En-lai.[4] Tal era a pressão do Grande Salto Adiante, que ramos inteiros da indústria soviética tiveram que reorganizar seu sistema de produção para cumprir as demandas urgentes e ordens de serviços crescentes para toda uma variedade de *commodities*, frequentemente para entrega antes do prazo.[5] As importações chinesas da União Soviética ascenderam a espantosos 70% em 1958 e 1959, como mostra a tabela 1. Se as importações eram de 556 milhões de rublos em 1957, em 1959 ficaram em 881 milhões, dos quais dois terços consistiam em maquinaria e equipamentos. A China também se apoiou na União Soviética para grandes importações de ferro, aço e petróleo. Se Pequim dependia de Moscou para metade de seu petróleo, componentes de máquinas e equipamento industrial pesado, uma grande proporção também vinha de outros países do bloco socialista, Alemanha Oriental em particular. Em 1958, Walter Ulbricht concordou em construir refinarias de açúcar, fábricas de cimento, usinas geradoras de energia elétrica e vidrarias, aumentando fortemente o nível de exportações para a China.[6] Importações chinesas da Alemanha Oriental ascenderam a 120 milhões de rublos, volume seguido por mais 100 milhões em 1959.[7]

Mas não foi meramente o volume de importações que passou por rápida mudança durante o Grande Salto Adiante. Em busca do melhor equipamento em sua jornada para o comunismo, Pequim mudou substancialmente a estrutura de comércio exterior com abertura para a Europa Ocidental, o que se tornou possível pelo colapso gradativo do bloqueio imposto pelos Estados Unidos. Washington foi incapaz de continuar a pressionar seus aliados, pois a Grã-Bretanha estava muito interessada em entrar no enorme mercado chinês e fez vigorosa campanha para eliminar o sistema de controle das exportações de 1956 em diante. As compras chinesas à Grã-Bretanha dobraram de £ 12 milhões em 1957 para £ 27 milhões em 1958 e £ 24 milhões em 1959, enquanto as importações chinesas à Alemanha Ocidental subiram de 200 milhões de marcos alemães em 1957 para 682 milhões em 1958 e 540 milhões em 1959.[8]

A GRANDE FOME DE MAO

112

Todas essas importações eram, na realidade, industriais, mas Mao também se obstinava na busca do mais avançado equipamento militar. A começar de 1957, a liderança em Pequim concentrou esforços para extrair de Moscou o máximo possível de equipamento militar e "nova tecnologia". Chu En-lai escreveu para Kruschev em junho de 1958, pedindo ajuda para construir uma nova marinha. Dois meses depois, durante o bombardeio das ilhas de Quemoy e Matsu, próximas à costa, no estreito de Taiwan, pediu a mais moderna tecnologia de vigilância aérea. Em maio de 1959, uma ordem de compra de material relacionado a "equipamento de defesa e aviação" foi apresentada aos russos. Um lembrete seguiu-se em setembro de 1959, em que Chu En-lai indicou que Pequim planejava gastar um total de 165 milhões de rublos em 1960 com equipamento militar soviético.[9] Exatamente quanto Pequim gastou permanece um mistério, uma vez que as estatísticas publicadas, examinadas por observadores estrangeiros, não incluíam itens "invisíveis", como suprimentos militares. No entanto, arquivos do Ministério das Relações Exteriores agora fornecem uma clara visão das importações chinesas a Moscou, tanto de "bens especiais", o que significa equipamento militar, quanto de "nova tecnologia": como mostra a tabela 1, esses dois grupos ascenderam a mais de 200 milhões de rublos em 1959 e representaram perto de um quarto das importações da China procedentes da União Soviética.

A China também teve que quitar as obrigações de devedor com a União Soviética. O volume emprestado por Moscou a Pequim entre 1950 e 1962 ficou em 1,407 bilhão de rublos.[10] Mesmo antes de a China aumentar substancialmente o pagamento dos empréstimos após o desacordo com a União Soviética, no verão de 1960, os pagamentos do serviço da dívida devem ter atingido mais de 200 milhões de rublos por ano. As limitadas reservas de ouro e de moeda estrangeira da China significavam que tanto a dívida quanto as importações tinham que ser pagas em espécie por meio de exportações, o que sobrecarregava as limitadas riquezas. O padrão básico de comércio era a troca de créditos, bens de capital e matéria-prima por minerais raros, bens manufaturados e gêneros alimentícios. Carne de porco, por exemplo, era trocada por fiação, soja por alumínio, cereais por lâminas de aço. Dado o volume existente de metais raros, como antimônio, estanho

JORNADA DE COMPRAS

113

e tungstênio, ser limitado, a jornada de compras de Pequim significava que mais gêneros alimentícios tinham que ser extraídos do campo para pagar a conta (ver tabela 2). Mais da metade de todas as exportações para a União Soviética consistia em *commodities* agrícolas, variando de fibras, tabaco, cereais, soja, frutas frescas e óleo comestível a carne enlatada. Só o valor do arroz exportado para Moscou triplicou de 1957 a 1959, como indicam as tabelas 2 e 3. O peso das importações, em outras palavras, recaía sobre os agricultores.

Tabela 2: Exportações chinesas para a URSS: grandes grupos de *commodities* (em milhões de rublos)

	1957	1958	1959	1960	1961	1962
Exportações da China para a URSS (total)	672	809	1.006	737	483	441
Indústria e mineração	223	234	218	183	140	116
Agricultura e linhas secundárias de produtos processados	227	346	460	386	304	296
Agricultura e produtos secundários	223	229	328	168	40	30

Fonte: Ministério das Relações Exteriores, Pequim, 6 de setembro, 1963, 109−3321-2, p. 66−8; os números podem não somar perfeitamente por causa do arredondamento.

Tabela 3: Exportações de grãos e óleos comestíveis para a URSS (milhares de toneladas e milhões de rublos)

	1957		1958		1959		1960		1961	
	valor	peso	valor	peso	valor	peso	valor	peso	valor	peso
Grão	77	806	100	934	147	1.418	66	640	1,2	12
Arroz	(25)	(201)	(54)	(437)	(88)	(784)	(33)	(285)	(0,2)	(1,8)
Soja	(49)	(570)	(45)	(489)	(59)	(634)	(33)	(355)	(0,9)	(10,4)
Óleos com.	24	57	23	72	28	78	15	41	0,4	0,4

Fonte: Ministério das Relações Exteriores, Pequim, 6 de setembro, 1963, 109−3321-2, p. 66−8; os números podem não somar perfeitamente por causa do arredondamento.

* * *

114 A GRANDE FOME DE MAO

Quem foi o arquiteto do comércio exterior da China? Em uma economia planificada, importações e exportações eram normalmente controladas por acordos anuais de comércio, uma vez que o aumento do comércio externo foi planejado para combinar com o crescimento projetado do país. Havia uma relação direta entre a taxa de investimento de capital, o volume de comércio exterior e o tamanho das colheitas. O plano econômico geral, acordado pela liderança central, determinava o volume e a estrutura das importações, que, por sua vez, estabeleciam o nível de exportações do país. Planos de comércio eram preparados pelo Ministério das Relações Exteriores, que, então, delegava a importação e exportação a corporações atuantes em uma variedade de produtos industriais e comerciais.[11]

No labirinto burocrático da China comunista, o premiê Chu En-lai detinha a supervisão global do comércio externo. Ele estava muito interessado em intensificar as relações econômicas com o resto do mundo, não apenas com a União Soviética, mas também com países de fora do bloco comunista. O desenvolvimento econômico, de acordo com Chu, só poderia ser atingido mediante o capital, a tecnologia e a habilidade adequados, todos os quais vinham de fora. Um aliado muito próximo de Chu En-lai, o ministro do Comércio Exterior, Ye Jizhuang, também era favorável a aumentar muito as exportações, que poderiam ser usadas para pagar maquinaria e instalações industriais importadas. Mas, em 1957, Chu refreou o entusiasmo de seu delegado, fazendo soar uma cautelosa retirada do comércio externo. Em outubro de 1957, Ye teve que explicar a uma delegação de comércio exterior que a população sofrera com o volume de exportações de alimentos, em particular óleos comestíveis, que levara a sérias deficiências internas. Chu En-lai decidira que o volume de comércio com todos os países teria de ser cortado em 1958.[12]

A abordagem gradativa de Chu En-lai no planejamento econômico se chocava com a visão de Mao de um audacioso Grande Salto Adiante. Como vimos, Mao iradamente pôs de lado as reservas expressadas pelo premiê, silenciando seus oponentes na conferência de Nanning, em janeiro de 1958. Em lugar disso, Mao inclinou-se para Zhu De. Militar veterano de legendária reputação, o marechal Zhu De uniu-se às forças de Mao em 1928. Um se apoiava no outro: Zhu detinha habilidades militares, enquanto

JORNADA DE COMPRAS

Mao o sobrepujava na política partidária. Astuto político ele próprio, Zhu De sabia como apoiar a visão do presidente em um salto adiante para o comunismo. Em outubro de 1957, já sugerira: "Devemos lutar para expandir exportações e importações, para que gradualmente nos tornemos grandes importadores e grandes exportadores." Poucas semanas após, argumentou: "Se queremos construir o socialismo, precisamos importar tecnologia, equipamento, aço e outros materiais necessários."[13]

"Grandes importações e grandes exportações", política idealista que não levava em consideração a capacidade real do país de exportar gêneros alimentícios e outros materiais, tornou-se um importante lema em 1958. Isso convinha a Mao, que podia mostrar o sucesso de suas políticas no cenário internacional. Depois que Mao afirmou sua autoridade sobre seus camaradas e silenciou todos os críticos do Grande Salto Adiante, poucos líderes achavam sábio argumentar em favor da disciplina financeira. À medida que a projetada produção agrícola e industrial era revisada para cima ininterruptamente, a quantidade de importações se comportava da mesma forma. Em outras palavras, um endurecimento na política de comércio exterior só seria factível se Mao reconhecesse o fracasso do Grande Salto Adiante. A política estava no comando e exceder-se nas importações não era visto como indisciplina orçamentária e sim como fé ilimitada no poder das massas de transformar a economia. O propósito de gastar em bens de capital importados era criar capacidade para produzir maquinário e bens manufaturados e catapultar a economia a um nível muito mais alto de desenvolvimento, o que, em última instância, livraria a China de sua dependência econômica em relação à União Soviética.

Mao tinha poucos opositores em casa. Fora, no bloco soviético, líderes podem ter abrigado dúvidas sobre o Grande Salto Adiante, mas o aumento das quantidades de gêneros alimentícios enviados pela China era conveniente para eles. Kruschev, afinal, afastava a ênfase da economia soviética na indústria pesada e a aproximava das necessidades dos consumidores e prometia, desafiadoramente, superar os Estados Unidos na produção *per capita* de carne, leite e manteiga. Na Alemanha Oriental, Walter Ulbricht se desesperava para deter o fluxo de pessoas que votavam com os pés ao escapar para a Alemanha Ocidental. Ulbricht também fez afirmações extravagantes e anunciou, no 5º Congresso do Partido, em 1958, que a sociedade socialista estava em formação, pois a quantidade *per capita* de bens de consumo logo "alcançaria e superaria" a da Alemanha Ocidental, processo que se pensava completar em 1961.[14] Nesse meio-tempo, coletivizou o campo, causando sérios déficits de alimentos, o que só aumentou a dependência das importações chinesas. Na Alemanha Oriental, líderes podem ter tido dúvidas sobre o tamanho da safra chinesa de 1958, mas estavam muito interessados em obter mais gêneros alimentícios.[15] Não apenas o arroz se tornou alimento fundamental na Alemanha Oriental durante o Grande Salto Adiante, como a indústria de margarina passou a depender das importações alemãs de óleos comestíveis da China. Delegados pressionavam muito por maiores importações de forragem, tabaco e amendoim.[16] Tal era a pressão que, em junho de 1959, um representante comercial chinês foi forçado a explicar que a forragem exportada para os porcos na Alemanha era necessária para alimentar pessoas na China.[17]

A China não apenas exportou mais para os aliados do bloco soviético, como também começou a fazer liquidações de produtos na Ásia e na África. No quadragésimo aniversário da Revolução de Outubro em Moscou, Kruschev declarou, triunfante, sua intenção de alcançar os Estados Unidos em produtos de fazenda. Também anunciou uma ofensiva comercial. "Declaramos guerra a vocês no campo pacífico do comércio", ameaçou, e iniciou um avanço comercial em todo o mundo, projetado para enfraquecer o comércio exterior dos Estados Unidos e atrair as economias em desenvolvimento para a esfera soviética. A Rússia vendia estanho, zinco e produtos de soja a preços com os quais ninguém podia competir e entregava caminhões, carros e maquinário no Oriente Médio a preços menores que o custo de produção — frequentemente com empréstimos a baixas taxas de juros e termos preferenciais de pagamento.[18] Em uma economia planificada, que subordinava a economia à política, a União Soviética podia pagar mais por matérias-primas, ignorar os preços de mercado e suportar pesadas perdas para ganhar influência em todo o mundo.

A China estava aferrada à sua própria guerra comercial e baixava os preços dos bens como se fossem excedentes da demanda interna na idade da abundância trazida pelo Grande Salto Adiante. Bicicletas, máquinas

JORNADA DE COMPRAS

de costura, garrafas térmicas, carne suína enlatada, canetas-tinteiro: toda sorte de bens era vendida abaixo do custo para mostrar que o país estava à frente da União Soviética na corrida pelo verdadeiro comunismo. Na colônia britânica de Hong Kong, capas de chuva feitas na China eram vendidas por 40% menos que em Guangzhou.[19] Sapatos de couro custavam US$ 1,50 o par; codorniz congelada, oito centavos cada; violinos, US$ 5,20.[20]

Mas o principal inimigo na guerra contra o imperialismo era o Japão, e a China fez o melhor que podia para vender mais barato óleo de soja, cimento, aço estrutural e vidro para janela. Acima de tudo, os tecidos tornaram-se o campo de batalha em que a supremacia comunista tinha que ser afirmada, enquanto panos acinzentados para lençóis e algodão estampado inundavam o mercado. O preço a pagar por exportar bens abaixo do custo era imenso para um país que vivia no limite. Em 1957, cerca de 8,7 milhões de peças de tecido foram exportadas por mais de US$ 50 milhões. Só nos primeiros nove meses de 1958, 9,2 milhões de peças de tecido foram para o mercado internacional e carrearam para a China apenas US$ 47 milhões, ou 12% menos. No fim do ano, enquanto os camponeses pobres enfrentavam o inverno sem roupas de algodão acolchoadas, cerca de 14 milhões de peças do tecido eram vendidas no exterior abaixo do custo.[21] Tudo era feito para a China poder reclamar o título de terceiro maior exportador do mundo de roupas — em vez de quinto. Como reconheceu Ye Jizhuang em conferência do partido sobre comércio exterior no fim de 1958, inundar o mercado com bens abaixo do custo fora desastroso, pois se vendera mais do que antes, mas com receita muito menor: "Realmente nos machucamos, assustamos nossos amigos e despertamos nossos inimigos."[22]

"Tenho ouvido dizer que, no Ministério de Comércio Exterior, algumas pessoas assinam contratos de forma muito displicente. Quem permitiu que exportassem tanto?", inquiriu Chu En-lai, distanciando-se do caso.

"Pensamos que teríamos uma grande safra de algodão e que não encontraríamos problemas, então não pedimos permissão", interferiu Ma Yimin, um administrador do Ministério do Comércio Exterior.[23]

Mas nem a safra de algodão, nem a safra de grãos, nem, aliás, a produção industrial estavam sequer próximas das metas que tinham sido prometidas durante o Grande Salto Adiante. A China tinha um enorme déficit comercial. Entregas prometidas para aliados socialistas não eram cumpridas. Apenas um terço das 2 mil toneladas de frango congelado acordadas seria entregue à Alemanha Oriental em 1958, e Walter Ulbricht exigiu que o resto fosse entregue a tempo para o Natal. À Alemanha Oriental, eram devidos de 5 a 7 milhões de rublos; à Hungria, 1,3 milhão; à Tchecoslováquia, 1,1 milhão; e todos exigiram compensação em forma de arroz, amendoins ou peles de animais. Chu concordou em liberar até 15 mil toneladas de arroz e 2 mil toneladas de amendoim para Hungria e Tchecoslováquia. E também pôs de lado a política de Zhu De de "grandes importações, grandes exportações". Ao observar uma desvantagem de 400 milhões de yuans em exportações para o bloco socialista para 1958, declarou: "Somos contra grandes importações e grandes exportações, porque o comércio exterior tem que ser equilibrado."[24]

Como essa desvantagem seria compensada? Chu En-lai foi o primeiro a declarar em 1958: "Prefiro que não comamos, ou comamos menos e consumamos menos e honremos os contratos que assinamos com estrangeiros."[25] "Tomar bens sem nada em troca não é o estilo do socialismo", acrescentou, semanas depois.[26] Deng Xiaoping interferiu: se cada um pudesse poupar apenas alguns ovos, 1 libra de carne, 1 libra de óleo e 6 quilos de grãos, todo o problema de exportação simplesmente desapareceria.[27] Li Xiannian, Li Fuchun e Bo Yibo concordaram: "Para construir o socialismo e um futuro melhor, as pessoas vão concordar em comer um pouco menos se explicarmos as razões."[28]

A fim de honrar as obrigações externas, as exportações de 1959 foram substancialmente aumentadas, de 6,5 bilhões para 7,9 bilhões de yuans, enquanto as importações cresceram apenas 3%, para 6,3 bilhões de yuans.[29] Os grãos destinados aos mercados externos, por exemplo, dobraram para 4 milhões de toneladas.[30] Alguns leitores poderão pensar que essas eram apenas pequenas percentagens da produção total de grãos, mas, em um país pobre, alguns milhões de toneladas faziam a diferença entre a vida e a morte. Como Wang Renzhong apontou, amargamente, em 1961, quando o país procurava um caminho para fora da fome, a província de Hubei (da qual ele era o líder) recebeu 200 mil toneladas de Pequim para combater a inanição em massa em 1959, mas o Estado exportou mais de 4 milhões de toneladas no mesmo ano.[31]

JORNADA DE COMPRAS

A responsabilidade de alcançar as metas de exportações foi passada para os líderes provinciais, e a cada região foi dada uma proporção da meta nacional. Mas, no inverno de 1958-59, os chefes provinciais foram confrontados com déficits crescentes. Em janeiro de 1959, apenas 80 mil toneladas de grãos para exportação tinham sido requisitadas em todo o país. No mês seguinte, Hubei recusou-se a entregar mais de 23 mil das 48 mil toneladas previstas, enquanto Li Jingquan concordou em fornecer dois terços da cota de Sichuan e compor o resto com uma variedade de grãos inferiores. Em Anhui, Zeng Xisheng aprovou a entrega de apenas 5 mil das 23 mil toneladas planejadas. Fujian não entregou nada.[32] Para exportar *commodities* também, muitas províncias cumpriram apenas metade de sua cota de exportação, e regiões como Guizhou, Gansu e Qinghai caíram para um terço de suas obrigações.[33]

Queixas sobre falhas nas entregas chegaram a Pequim: hospitais e jardins de infância em Leningrado, por exemplo, estavam sem arroz no meio do inverno.[34] Enquanto fugia de controle, a questão do comércio externo foi discutida em uma reunião do partido em Xangai, em março/abril de 1959. Mao interferiu e recomendou o vegetarianismo como solução: "Devemos poupar roupa e comida para garantir as exportações. De outra forma, se 650 milhões de pessoas começarem a comer um pouco mais, nossos excedentes para exportação serão todos comidos. Cavalos, vacas, ovelhas, galinhas, cachorros, porcos: seis dos animais de granja não comem carne, e não estão todos vivos? Algumas pessoas não comem carne também e vivem até idade avançada. Ouvi dizer que Huang Yanpei não comia carne e viveu até os 80. Podemos aprovar uma resolução em que ninguém possa comer carne e que toda a carne deva ser exportada?"[35] Ao ouvir a ordem do presidente, Peng Zhen, prefeito de Pequim, ficou desejoso de avançar ainda mais e sugeriu que o consumo de cereais também fosse cortado para aumentar as exportações. Chu En-lai, agora encorajado, sugeriu: "Não devemos comer carne de porco durante três meses para garantir as exportações de carne."[36] Além da carne, o uso de óleo comestível também seria restringido. Em 24 de maio de 1959, uma ordem foi emitida para todas as províncias: no interesse do mercado de exportação e da construção do socialismo, não se deve mais vender óleo comestível no país.[37]

120 A GRANDE FOME DE MAO

Mas, enquanto a pressão para entregar os produtos aumentava, outro problema apareceu. Unidades locais começaram a cortar caminho para cumprir as metas e isso levou à queda dos padrões de qualidade das exportações. A União Soviética apresentou repetidas reclamações sobre a qualidade da carne, frequentemente contaminada por bactérias. Até um terço das latas de carne de porco estava enferrujado.[38] Também houve queixas sobre outros bens: cerca de 46 mil pares de sapatos enviados para a União Soviética tinham defeitos; o papel exportado para Hong Kong era imprestável; baterias compradas pelo Iraque vazavam; a Suíça descobriu que um terço do carvão entregue consistia em pedras. A Alemanha Ocidental descobriu salmonela em 500 toneladas de ovos e, no Marrocos, um terço de todas as sementes de abóbora compradas da República Popular estava infestado de insetos.[39] O custo de substituir mercadoria defeituosa entregue em 1959 chegou a 200 ou 300 milhões de yuans, enquanto a China também adquiria má reputação no exterior, o que, no futuro, se mostraria difícil de mudar.[40]

Ainda incapaz de superar o crescente déficit comercial, Pequim tomou medidas de emergência em outubro de 1959. O Conselho de Estado ordenou que todas as *commodities* que pudessem ser reduzidas ou eliminadas do consumo doméstico fossem requisitadas e quaisquer déficits remanescentes fossem substituídos por outros bens que pudessem ser obtidos.[41] Para apoiar o reajuste, um escritório especial de exportação foi criado a fim de monitorar tanto a qualidade quanto a quantidade de todas as *commodities* de exportação.[42] Acordos comerciais foram feitos com base em calendários, e os novos arranjos fizeram parte de um esforço de fim de ano para assegurar o cumprimento das metas. Isso significou que mais pressão foi feita exatamente quando o país entrava no inverno. O volume de carne de porco, por exemplo, estava abaixo da cota e, em novembro, uma campanha foi organizada para requisitar 9 milhões de porcos extras antes do fim do ano.[43]

Enquanto 1959 findava, a extorsão impiedosa significou que 7,9 bilhões de yuans tinham sido exportados, em linha com a meta de Chu En-lai. Grãos e óleos comestíveis chegaram a 1,7 bilhão de yuans. Dos 4,2 milhões

JORNADA DE COMPRAS

de toneladas de grãos exportados naquele ano, 1,42 milhão foi para a União Soviética, 1 milhão para a Europa Oriental e quase 1,6 milhão para "países capitalistas".[44] Mas, a despeito de tudo, esses esforços simplesmente não foram suficientes. Só o déficit comercial com a Europa Oriental em 1958 e com a União Soviética em 1959 aumentou para 300 milhões de yuans.[45] As tensões ferveriam no verão de 1960.

11

Tontos de sucesso

Mao havia pressionado, bajulado, intimidado seus camaradas para o Grande Salto Adiante e lançou o país em uma corrida de equiparação aos países mais desenvolvidos por meio de uma industrialização precipitada e da coletivização do campo. Os líderes precavidos em relação ao ritmo do desenvolvimento econômico foram publicamente degradados e humilhados, enquanto, no local de produção, os críticos do Salto tinham sido suprimidos em um turbilhão de terror. Depois, como o frenesi para mostrar produtividades mais altas se tornou rapidamente uma bola de neve fora de controle e as provas do prejuízo se acumulavam no local de produção, Mao deu meia-volta e começou a responsabilizar todos os demais pelo distúrbio que sua campanha criara. Político inteligente, com instinto para a autopreservação afiado por décadas de purgas políticas, desviou a responsabilidade pelo caos não apenas para os funcionários locais do partido, como também para seus camaradas mais próximos, e conseguiu traçar um autorretrato de líder benigno preocupado com o bem-estar de seus súditos. Durante o processo, que durou de novembro de 1958 a junho de 1959, a pressão diminuiu temporariamente, embora o alívio se revelasse de curta duração.

A desinformação proliferava na ordem política implantada por Mao. O presidente não era nenhum tolo e compreendia que o sistema de partido único em que ele próprio contribuíra para construir poderia gerar falsos informes e estatísticas infladas. Em todos os regimes comunistas, existiam mecanismos de monitoramento elaborados para contornar a burocracia oficial. Líderes supremos, em especial, tinham todo interesse em descobrir problemas que funcionários de escalões inferiores do partido preferiam manter para si mesmos: o fracasso em atualizar-se poderia levar a um golpe. Organismos de controle supervisionavam os trabalhos formais dos órgãos do governo e dos líderes do partido, executando checagens nas finanças, nomeações, procedimentos e informes. A segurança do Estado, ao lado das tarefas usuais de impedir crimes, administrar prisões e manter o país seguro, regularmente pesquisava a opinião pública e aferia a extensão do descontentamento popular. Nesse âmbito, o ministro do Departamento de Segurança Pública era vital para Mao e não surpreende que ele tenha apontado Xie Fuzhi para o cargo em 1959: afinal de contas, ali estava um líder em quem o presidente poderia confiar para lhe dizer a verdade. Em todos os níveis da maquinaria do partido, relatórios confidenciais eram regularmente emitidos sobre uma ampla variedade de tópicos, embora, naturalmente, também pudessem ser tendenciosos. Isso, por sua vez, poderia ser contornado por meio do envio de funcionários de confiança em missões de apuração dos fatos. E foi isso o que Mao fez em outubro de 1958, pondo-se ele próprio a caminho para enfrentar diretamente os problemas nas comunas do povo com os oficiais que eram líderes nas províncias. À medida que as provas sobre inflação estatística aumentavam, Mao se preocupava cada vez mais. Em Wuchang, confrontado com um relatório crítico em que seu aliado próximo Wang Renzhong mostrou que a província poderia produzir 11 milhões de toneladas de grãos, em vez dos 30 milhões projetados, sua confiança foi golpeada e ele ficou deprimido.[1]

Zhao Ziyang, secretário da província de Guangdong, forneceu uma tábua de salvação. Em relatório para Tao Zhu, seu chefe, Ziyang revelou, em janeiro de 1959, que muitas comunas haviam escondido grãos e acumulado reservas de dinheiro. Em um só condado, cerca de 35 mil toneladas foram descobertas.[2] Seguindo a pista, Zhao lançou uma campanha contra a ocultação que descobriu mais de 1 milhão de toneladas de grãos.[3] Tao Zhu elogiou o relatório e enviou-o para Mao.[4] Então, notícias vieram de Anhui, sob a liderança do radical Zeng Xisheng: "A questão das assim chamadas deficiências de grãos no campo não tem que ver com falta de grão, nem está ligada a requisições excessivas do Estado: é um problema ideológico, em particular entre oficiais locais." O relatório explicava que os líderes de equipe no local de produção tinham quatro apreensões. A principal delas era que as comunas não lhes fornecessem grãos suficientes; que outras equipes propositadamente não pressionassem o bastante e escondessem parte da colheita; que o excedente de grãos pudesse ser confiscado durante uma fome de primavera e que, se declarassem a produção real de grãos, cotas ainda mais pesadas seriam impostas.[5] Mao mandou circular esses relatórios imediatamente e comentou: "O problema dos líderes de brigadas que escondem grãos e secretamente os dividem é muito sério. Preocupa as pessoas e tem efeito sobre a mentalidade comunista de oficiais locais, a safra de primavera, o entusiasmo pelo Grande Salto Adiante em 1959 e a consolidação das comunas do povo. O problema se espalhou pelo país e precisa ser resolvido imediatamente!"[6]

Mao assumiu a pose de rei sábio benevolente, protetor do bem-estar de seus súditos. O vento do comunismo varrera o campo, explicou. Como oficiais ultrazelosos levaram a coletivização longe demais, apropriando-se aleatoriamente de bens e do trabalho em nome das comunas do povo, os aldeões começaram a esconder os grãos. Em março de 1959, Mao até falou com admiração das estratégias que os agricultores adotavam para escapar das requisições do Estado e ameaçou juntar-se a eles se o partido não mudasse seus métodos.[7] "Eu agora apoio o conservadorismo. Fico do lado do desvio de direita. Sou contra o igualitarismo e o aventureirismo de esquerda. Eu agora represento 500 milhões de camponeses e 10 milhões de oficiais locais. É essencial ser oportunista de direita, devemos persistir com o oportunismo de direita. Se vocês, junto comigo, não forem para a direita, então serei sozinho um direitista e sozinho enfrentarei a expulsão do partido!"[8] Somente Mao poderia ter usado o rótulo de "direitista" — que teria significado a morte política para qualquer outra pessoa — com tanta petulância, enquanto se colocava como o herói solitário que ousava dizer a verdade ao poder. Quanto aos oficiais locais que censurava por excessos, 5% deveriam ser expurgados. "Não é necessário atirar em todos eles."[9] Poucos meses depois, quietamente, aumentou a cota para 10%.[10]

126 A GRANDE FOME DE MAO

Mao também repreendeu seus camaradas. O imperador, parece, tinha sido enganado por conselheiros próximos: havia uma grande safra, mas nada como as afirmações fantásticas feitas mais cedo na campanha. Mao confrontou os chefes do partido, repetidas vezes mostrando desprezo pelas previsões excêntricas e exigindo que as previsões para a produção econômica fossem reduzidas para níveis mais realistas. Quando um cauteloso Bo Yibo fracassou em reduzir os projetos industriais em março de 1959, Mao manifestou desdém: "Que espécie de pessoas está administrando a nossa indústria: os filhos mimados de família rica! O que precisamos na indústria, neste momento, é um tipo de imperador Qin. Vocês que estão na indústria são moles demais, sempre falando em justiça e virtude, a tal ponto que não realizam nada."[11]

A culpa estava reservada particularmente para os amigos íntimos que tão fielmente haviam implementado os desejos dele. Diante de líderes reunidos em Xangai em abril, Mao lembrou: "Quando reuni um pequeno grupo na conferência de Beidaihe em agosto, ninguém objetou quando discutimos as metas para 1959. Na época, estávamos ocupados principalmente com o bombardeio de Quemoy. A questão das comunas do povo não era realmente minha, era Tan Zhenlin o responsável — apenas escrevi algumas linhas." Sobre a resolução tomada acerca das comunas do povo, Mao pensou o seguinte: "Essa ideia foi de outra pessoa, não minha. Dei uma olhada, mas não entendi, tive apenas uma leve impressão de que as comunas são boas." Documentos incompreensíveis contribuíam para metas infladas: "Devíamos proibir todos esses documentos incompreensíveis de sair daqui. Vocês são estudantes universitários, professores, grandes mentes confucionistas. Sou meramente um estudante comum, então vocês deveriam escrever em linguagem simples." E, no caso de alguém ter qualquer dúvida sobre sua liderança, alertou seus companheiros: "Alguns camaradas ainda não reconheceram que sou o líder [...]. Muitas pessoas me odeiam, em particular [o ministro da Defesa] Peng Dehuai, ele tem ódio mortal a mim [...]. Minha política com Peng Dehuai é a seguinte: Se você não me atacar, eu não atacarei você, mas se você me atacar, com certeza eu atacarei você." Depois, se lançou em um discurso tortuoso em que cada líder do partido que discordara dele no passado foi mencionado pelo nome, incluindo Liu Shaoqi, Chu En-lai, Chen Yun, Zhu De, Lin Biao, Peng Dehuai, Liu Bocheng, Chen Yi e até Ren Bishi, que morrera fazia muito tempo. Todos os líderes presentes foram citados, à exceção de Deng Xiaoping.[12] O motivo da explosão foi mostrar que Mao esteve certo o tempo todo, enquanto aqueles que se opuseram a ele em um momento ou outro do passado do partido tinham estado errados. Ao ficar ao lado da história, Mao não tinha que prestar contas a ninguém.

E ninguém foi deixado em dúvida sobre a correção em geral de sua linha e a primazia do sucesso. Mao nunca perdia uma chance de louvar o Grande Salto Adiante: "Não importa quantos problemas tenhamos, na análise final não chega a um dedo em dez."[13] Confundir um décimo com o todo era um erro. Até pensar que uma campanha de natureza tão importante pudesse ter sido lançada sem que nenhum equívoco fosse cometido era um erro. Duvidar do Grande Salto Adiante era um erro e ficar de lado e observar de uma distância crítica era um erro.[14] Mao não podia perder o domínio de sua estratégia global.

* * *

Na primeira metade de 1959, o plantio denso e a lavra profunda continuaram sem pausa, os planos para irrigação seguiram velozmente e a coletivização foi em frente. Em um momento de redução da atividade após um esforço total de coletivizar o campo, Stalin permitira que os agricultores deixassem as fazendas coletivas depois que ele publicou um artigo intitulado "Tontos de sucesso", em 1930. À diferença de seu antigo patrono, Mao fez muito pouco em relação às comunas do povo. Meramente indicou que a brigada devia ser a unidade básica de prestação de contas em lugar da comuna. Historiadores têm interpretado esse período como de "recuo" ou "esfriamento", mas este, simplesmente, não foi o caso. Deng Xiaoping deixou isso claro para os tenentes no campo de batalha em fevereiro de 1959: "Precisamos esquentar, não esfriar."[15]

As requisições ao campo para alimentar as cidades e satisfazer os clientes externos aumentaram drasticamente nesse período. Nas minutas altamente confidenciais distribuídas apenas aos participantes de um encontro no

Hotel Jinjiang, em Xangai, em 25 de março, Mao ordenou que um terço de todos os grãos fosse requisitado, muito acima dos índices anteriores: "Se vocês não ultrapassarem um terço, as pessoas não se rebelarão." As regiões que falhassem em cumprir as cotas de requisição deveriam ser denunciadas: "Isso não é desumano, é realista." O país tinha uma safra abundante e os oficiais deveriam seguir o exemplo de Henan e elevar as requisições: "Quem ataca primeiro, prevalece; quem ataca por último, falha." Mao disponibilizou 16 mil caminhões extras para executar a tarefa. Em relação à carne, elogiou a decisão tomada por Hebei e Shandong de banir o consumo no campo por um período de três meses: "Isso é bom, por que todo o país não pode fazer o mesmo?" Óleos comestíveis deveriam ser extraídos ao máximo. Mao repeliu a intervenção de um colega que sugeriu que o Estado deveria garantir 8 metros de tecido por pessoa por ano: "Quem ordenou isso?" E, como vimos no último capítulo, Mao também reverteu a prioridade dada ao mercado local. As exportações superavam as necessidades locais e tinham que ser garantidas: "Deveríamos comer menos." Uma abordagem firme (*zhuajin*) e cruel (*zhuahen*) era permitida em tempos de guerra quando em confronto com problemas práticos. "Quando não há o bastante para comer, as pessoas morrem de fome. É melhor deixar metade das pessoas morrerem para que a outra metade possa se saciar."[16]

A palavra de Mao era a lei. Mas qual era o significado de alguns de seus mais obscuros pronunciamentos, por exemplo: "Quem ataca primeiro, prevalece; quem ataca por último, falha"? Tan Zhenlin, que o secretariado do partido pôs a cargo da agricultura, esclareceu isso em junho de 1959, em conferência telefônica sobre requisições. Explicou que os grãos deveriam ser tomados antes que os agricultores pudessem comê-los: a rapidez era essencial, pois cada lado tentava chegar primeiro à colheita. "Mas esse ditado de 'quem ataca primeiro, prevalece' deveria ser usado apenas por secretários regionais do partido e dos condados; se fosse utilizado abaixo desse nível, poderia facilmente criar mal-entendidos."[17] Wang Renzhong, o homem que dissera a Mao como os oficiais inflavam os números da safra, tinha a seguinte recomendação: "Tentaremos meios pacíficos antes de recorrer à força. Se ainda fracassarem em cumprir com o planejamento unificado do Estado, então aplicaremos as medidas necessárias, da advertência formal à dispensa ou até à remoção do partido."[18]

TONTOS DE SUCESSO

Sinais de fome tinham aparecido em 1958. Na primeira metade de 1959, a inanição se espalhou, enquanto aldeões eram atingidos por requisições crescentes do Estado. Até um fanático como Tan Zhenlin estimou que, no início de janeiro, cerca de 5 milhões de pessoas sofriam do edema da fome, 70 mil tinham morrido de inanição. Chu En-lai colocou o último número em 120 mil. Ambos os números estavam muito abaixo da marca, mas os dois homens tinham pouco incentivo para investigar mais.[19] Mao estava ciente da fome, mas a subestimava e fazia circular relatórios que mostravam que os aldeões das regiões afligidas obtinham comida suficiente, até meio quilo por dia na província-modelo de Henan.[20] No local de produção, os oficiais locais estavam inseguros de como responder, desnorteados pela sinalização inconstante e contraditória de Pequim. Na cúpula, a liderança tinha sido surpreendida pela explosão de Mao em Xangai: era um presságio das coisas que viriam.

12

O fim da verdade

Uma vasta cadeia de montanhas corre pelo norte da província de Jiangxi com cumes e picos escarpados que se elevam 1,5 mil metros acima do nível do mar. O próprio monte Lushan é uma área de rochas sedimentares e pedra calcária nas quais valas, gargantas, cavernas e formações rochosas têm sido esculpidas pela água e pelo vento, dando-lhe uma aparência agreste e sulcada muito admirada por visitantes. Florestas de abetos, pinheiros, canforeiras e ciprestes, aferradas a penhascos e fendas, competem por atenção com as cachoeiras, enquanto templos e pagodes oferecem vistas tão distantes quanto as dunas de areia às margens do lago Boyang, no vale do Yang-Tsé. O clima temperado dá um alívio muito necessário no calor sufocante do verão. Antes da revolução, europeus também trilhavam a região durante os meses de inverno para andar de tobogã e esqui. Em 1895, um missionário inglês comprou o vale Guling e, durante as décadas seguintes, várias centenas de bangalôs, construídos com granito trazido do vale, transformaram Lushan em um sanatório e residência de verão para estrangeiros. Chiang Kai-shek, líder do dominante Kuomintang, adquiriu uma atraente vila onde ele e sua mulher passaram muitos verões nos anos 1930. Mao reservou o lugar para si, certificando-se de que o nome "Meilu Villa", escavado em uma pedra pelo próprio generalíssimo, fosse preservado.

O presidente abriu o encontro de Lushan em 2 de julho de 1959. Os líderes do partido se referiram à reunião como "encontro de imortais". Imortais viviam muito acima dos meros humanos, sentados nas nuvens do céu, deslizando alegremente através da neblina, desimpedidos das restrições terrenas. Mao queria que seus colegas se sentissem livres para falar sobre qualquer tópico que quisessem e tinha em mente dezoito pontos iniciais para discussão. Mas ele ouvira por acaso comentários críticos feitos pelo ministro da Defesa, Peng Dehuai, naquele mesmo dia e acrescentou um décimo nono ponto à sua pauta: a unidade do partido.[1] Mao definiu o rumo ao elogiar as conquistas do Grande Salto Adiante e louvar o entusiasmo e a energia do povo chinês.

Uma forma de Mao descobrir o que os líderes do partido pensavam do Salto era fazê-los discutir problemas em pequenos grupos divididos geograficamente: cada um analisava as questões específicas de sua própria região durante uma semana, enquanto o presidente detinha a visão geral e era o único a receber um relatório diário acerca da reunião de cada grupo. Apesar de suas suspeitas de que Peng Dehuai tramava algo, Mao parecia de bom humor a princípio, cheio de planos de visitar as cavernas de pedra, templos budistas e muitos pontos de referência confucianos pelos quais Lushan era tão famosa. Os líderes locais também organizavam entretenimentos para a noite, com apresentações de grupos musicais e de dança em uma antiga igreja católica, invariavelmente seguidas de bailes, nos quais Mao se via rodeado de enfermeiras jovens. Mao as receberia em seu quarto, rigorosamente protegido por segurança especial.[2]

Mao não intervinha, mas era informado por relatórios apresentados por chefes provinciais confiáveis sobre como cada grupo abordava a questão do Grande Salto Adiante. Muitos dos participantes da conferência acreditavam que a reunião de Lushan faria avançar mais a reforma econômica, uma vez que os problemas com o Grande Salto Adiante já haviam sido discutidos em reuniões prévias e algumas medidas foram tomadas para enfrentar uma situação que fugia de controle. À medida que os dias se passavam, a ausência de intervenções do presidente e a intimidade dos pequenos grupos foram chamariz para alguns líderes falarem cada vez mais abertamente da fome, dos falsos números da produção e dos abusos de oficiais no campo. Peng

Dehuai, designado para o grupo noroeste, era franco, e em várias ocasiões censurou Mao pela direção tomada com o Grande Salto Adiante: "Todos temos uma cota de responsabilidade, inclusive Mao Tsé-tung. A meta de aço de 10,7 milhões de toneladas foi fixada pelo presidente, então como poderia ele esquivar-se à responsabilidade?"[3] Mas o silêncio do presidente não era de aprovação e Mao ficava cada vez mais perturbado à medida que percebia que os limites dentro dos quais pensava que a discussão aconteceria estavam sendo ignorados e alguns líderes começaram a focalizar não apenas as falhas da coletivização, como também seu papel pessoal nelas.

Mao falou novamente em 10 de julho, quando convocou um encontro dos líderes regionais e argumentou que as conquistas dos últimos anos excediam em muito os fracassos. Usou a metáfora consagrada no encontro de Nanning, em janeiro de 1958: "Todo mundo não tem dez dedos? Podemos contar nove desses dedos como conquistas e apenas um como fracasso." O partido podia resolver esses problemas, mas apenas por meio da unidade e ideologia compartilhadas. A linha geral, disse, estava completamente correta. Liu Shaoqi interveio e explicou que os poucos problemas surgidos eram resultado da falta de experiência: não havia sempre um preço a pagar por lições valiosas? Chu En-lai acrescentou que o partido era rápido em descobrir problemas e especialista em resolvê-los. O presidente concluiu: "A situação é excelente em geral. Há muitos problemas, mas nosso futuro é brilhante!"[4]

O silêncio seguiu-se ao discurso de Mao. Mas nem todos estavam desejosos de se conformar. O ministro da Defesa, Peng Dehuai, era bem conhecido pela teimosia. Quando Peng voltara ao seu lar, em Xiangtan, Hunan, a mesma região em que Mao crescera, encontrou violência e sofrimento por toda parte, de agricultores forçados ao plantio denso até oficiais determinados a derrubar casas na campanha do ferro e do aço. Ao visitar um asilo e um jardim de infância, não viu nada exceto miséria, crianças em farrapos e idosos acocorados em esteiras de bambu no inverno rigoroso. Mesmo após a visita, continuou a receber cartas de sua cidade natal sobre inanição disseminada.[5] Peng ficou abalado com o que testemunhou no campo e tinha muitas esperanças de falar em Lushan sobre as falhas do Grande Salto. Agora receava que o encontro se transformasse em mera formalidade em que, por deferência a Mao, a questão da fome seria evitada.[6]

Nenhum dos líderes, acreditava, tinha coragem de falar: Liu Shaoqi acabava de se tornar chefe de Estado, Chu En-lai e Chen Yun haviam sido silenciados um ano antes, Zhu De tinha algumas ideias críticas, o marechal Lin Biao estava doente e tinha uma compreensão limitada dos problemas, e Deng Xiaoping relutava em expressar qualquer crítica.[7] Peng decidiu escrever a Mao e deixou uma longa carta no alojamento do presidente enquanto este dormia, em 14 de julho.

Com o corpo de um touro e a cara de um buldogue, homem vigoroso de cabeça raspada, Peng Dehuai era conhecido como líder que não hesitava em falar abertamente com Mao.[8] Mao e Peng se conheciam desde os dias iniciais da luta de guerrilha em Jinggangshan, mas se chocaram em várias ocasiões, notadamente durante a Guerra da Coreia, quando um furioso Peng empurrou para o lado um guarda do quarto de dormir de Mao para confrontar o presidente sobre estratégia militar. O presidente detestava o velho marechal.

A carta de Peng começava como um memorial: "Sou um homem simples e, de fato, sou cru e não tenho tato. Por essa razão, se esta carta tem valor ou não, você é quem decidirá. Por favor, me corrija onde quer que eu esteja errado." Peng teve o cuidado de fazer o devido elogio às conquistas do Grande Salto Adiante, pois a produção industrial e agrícola tinha decolado, e as fornalhas de fundo de quintal levaram novas habilidades técnicas para os camponeses. Peng até previu que a Grã-Bretanha seria ultrapassada em meros quatro anos. Quaisquer que fossem os problemas surgidos, escreveu, eles se deviam à má compreensão das ideias do presidente. Na segunda parte da carta, Peng insistiu em que o partido podia aprender com os erros do Grande Salto Adiante, que incluíam considerável desperdício de recursos naturais e mão de obra, informações infladas sobre produção e tendências esquerdistas.

A carta foi equilibrada e prudente, ainda mais à luz do que viria nos dias seguintes, mas conseguiu enraivecer Mao. A menção de Peng de "fanatismo pequeno-burguês que levava a erros de esquerda" tinha tocado um nervo exposto do presidente. Tão ofensivo quanto isso era uma afirmação irônica, segundo a qual "cuidar da construção econômica não é exatamente tão fácil quanto bombardear Quemoy ou lidar com o Tibete."[9]

O FIM DA VERDADE

De acordo com seu médico, Mao não dormiu a noite inteira. Dois dias depois, convocou uma reunião do Conselho Permanente do Politburo em sua vila e recebeu os líderes de roupão de banho e chinelos.[10] Elementos direitistas de fora do partido tinham atacado o Grande Salto Adiante, explicou Mao, e agora pessoas de dentro das fileiras estavam minando o movimento também, ao afirmar que ele, Mao, fizera mais mal do que bem. Peng Dehuai era uma dessas pessoas e sua carta seria distribuída a todos os 150 participantes do encontro de Lushan para discussão em pequenos grupos. Depois, pediu a Liu Shaoqi e Chu En-lai que mandassem vir reforços de Pequim: Peng Zhen, Chen Yi, Huang Kecheng e outros deveriam unir-se ao encontro o mais rápido possível.[11]

A essa altura, a maioria dos antigos oficiais entendeu o quanto a situação se tornara séria e começou a falar contra Peng. Zhang Zhongliang, o líder de Gansu, afirmou que os sucessos em sua província ilustravam a sabedoria do Grande Salto Adiante. Tao Zhu, Wang Renzhong e Chen Zhengren, todos que tinham interesse no Salto, concordaram.[12] Mas vários não concordaram. Huang Kecheng, chefe do Estado-Maior do Exército, chegou no dia seguinte de Pequim e inesperadamente falou em favor de Peng Dehuai. Como Huang admitiria nas duas semanas seguintes, não conseguira dormir por causa do tamanho da inanição no campo.[13] Tan Zhenlin, com quem sempre se podia contar, explodiu: "Você comeu carne de cachorro [significando: você está de miolo mole]? Está com febre? Que absurdo! Você devia saber que o chamamos a Lushan para nos ajudar."[14] Outros hesitaram também. Zhou Xiazhou, o primeiro-secretário da província de Hunan, elogiou a carta, embora concordasse que continha algumas farpas. O momento decisivo foi uma bomba jogada por Zhang Wentian em um espantoso ataque a Mao e ao Grande Salto Adiante em 21 de julho.

Zhang Wentian desafiara a liderança de Mao no início dos anos 1930, como membro da facção opositora, mas depois se unira à causa do presidente. Como vice-ministro das Relações Exteriores, tinha considerável influência, e Mao só viu seu apoio a Peng como uma aliança entre o Ministério da Defesa e o Ministério das Relações Exteriores.[15] Zhang falou durante várias horas em 21 de julho, apesar das frequentes vaias de apoiadores de Mao. Contrariamente aos rituais estabelecidos do partido, negligenciou as conquistas em um curto parágrafo de abertura e entrou direto em uma análise detalhada dos problemas causados pelo Grande Salto Adiante. As metas eram altas demais, as afirmações sobre a safra eram falsas e, em consequência, as pessoas morriam de fome. O custo das fornalhas de fundo de quintal era de 5 bilhões de yuans, para não dizer nada da safra perdida porque os aldeões estavam ocupados demais derretendo ferro para fazer a colheita nos campos. Zhang denunciou slogans como "que todo o povo vá fundir aço" como absurdos. Paradas na produção eram frequentes. Estrangeiros se queixavam da baixa qualidade dos produtos feitos na China, o que prejudicava a reputação do país. Acima de tudo, o Grande Salto Adiante não fez diferença para o campo: "Nosso país é 'pobre e infrutífero', e o sistema socialista nos dá condições de mudar isso rapidamente, mas ainda somos 'pobres e infrutíferos'." Mao estimulou os líderes a derrubar o imperador de seu cavalo, reconheceu Zhang, embora ninguém ousasse abrir a boca por medo de perder a cabeça. Em conclusão, inverteu a metáfora de Mao dos dez dedos: "As deficiências superam as realizações por um fator de nove para dez."[16]

Mao certamente se perguntou se esse era um ataque organizado à sua liderança. Peng Dehuai comandava o exército, Zhou Xiaozhou chefiava uma província, Zhang Wentian estava em assuntos externos. Poderia haver mais opositores escondidos atrás dos panos? Peng tinha sido designado para o grupo noroeste por causa de sua experiência na província de Gansu, que percorrera nos meses anteriores, e os dois, Peng e Zhang, discutiam repetidamente os problemas que surgiram nessa parte do país.[17] Enquanto o encontro de Lushan se desenrolava, aconteceu um golpe na província de Gansu. Depois que Zhang Zhongliang, o homem responsável por Gansu, deixara Lanzhou para participar do encontro em Lushan, o comitê provincial do partido foi dominado por Huo Weide, rival de Zhang. Em 15 de julho, o comitê mandou uma carta urgente ao centro com o anúncio de que milhares haviam morrido de fome e mais de 1,5 milhão de agricultores sofriam uma fome que acossava meia dúzia de condados. O principal responsável por essa fome era Zhang Zhongliang, que, como líder da província, ratificara os números das safras, aumentara as requisições do Estado, perdoara abusos dos oficiais no local da produção e falhara em agir

O FIM DA VERDADE

quando a inanição aparecera em abril de 1959. Ante os próprios olhos de Mao, no meio do encontro de Lushan, um de seus mais zelosos seguidores era solapado por um comitê provincial do partido.[18]

Outras más notícias chegaram a Mao. Em abril, Peng Dehuai visitara a Europa Oriental em uma turnê de boa vontade e se encontrou brevemente com Kruschev na Albânia. Logo depois de seu retorno, durante uma rápida sessão de relato com Mao, Peng emitiu uma observação desastrada que fez o rosto de Mao ficar vermelho: dúzias de líderes próximos de Tito, observou, tinham voado para a Albânia. Tito era o implacável líder da Iugoslávia que ousara opor-se a Stalin e atraíra alguns dos mais próximos colaboradores do líder soviético. Mao deve ter interpretado o comentário como crítica velada ao seu próprio domínio.[19] Poucas semanas depois, em 20 de junho, a liderança soviética renegou o acordo para ajudar a China a desenvolver armas nucleares.

Então, em 18 de julho, Kruschev condenou publicamente as comunas quando visitava a cidade polonesa de Poznań. Acusou os que haviam feito pressão em favor de comunas na Rússia, nos anos 1920, de ter entendimento limitado do que era o comunismo e de como deveria ser construído. A divulgação inicial de seu discurso na rádio polonesa não mencionou as comunas, mas, alguns dias depois, uma versão completa foi impressa no *Pravda*, o que, para observadores próximos, só podia ser visto como um ataque cuidadosamente planejado a Mao. Uma tradução para o chinês apareceu poucos dias depois em um folheto reservado para a liderança chinesa,[20] mas já em 19 de julho Mao fez circular um relatório compilado pela embaixada em Moscou que mostrava como alguns oficiais soviéticos discutiam abertamente o fato de pessoas estarem morrendo de fome na China como resultado do Grande Salto Adiante.[21] Poderia haver um conluio entre inimigos dentro do partido e revisionistas de fora? Era uma coincidência que Kruschev tivesse feito seu discurso precisamente quando Peng Dehuai e Zhang Wentian atacavam o Grande Salto Adiante?

Ke Qingshi, chefe do partido em Xangai, ficou tão enraivecido com o discurso de Zhang Wentian que abordou Mao e o incitou a enfrentar seus inimigos imediatamente. Li Jingquan também falou com Mao. Liu Shaoqi e Chu En-lai conferenciaram com o presidente na noite de 22 de julho, embora os detalhes do que foi dito naquela noite não sejam conhecidos.[22] De modo bastante falso, mas inteligente, que implicava Liu Shaoqi, Mao afirmaria semanas depois que ficara intrigado com os pedidos de maior liberdade de expressão por alguns camaradas: Liu foi quem lhe indicara que não se tratava de vozes isoladas, mas de uma facção em luta contra a linha do partido.[23]

Em 23 de julho, Mao fez um discurso longo e sinuoso que durou três horas, em que metáforas obscuras se misturavam com ameaças diretas destinadas a assustar seus opositores. Abriu seu discurso assim: "Vocês falaram muito, então o que acham de me deixar dizer algumas palavras — o que acham?" Depois, refutou a carta de Peng Dehuai, recapitulou todos os ataques ao partido desde sua fundação e advertiu os líderes a não titubear em um momento de crise — alguns camaradas estavam a meros 30 quilômetros de se tornarem direitistas. Repetiu a ameaça que fizera em um encontro do partido três meses antes: "Se você não me atacar, eu não atacarei você, mas se você me atacar, com certeza eu atacarei você." Se todo problema pequeno em toda brigada tivesse que ser relatado ao *Diário do Povo* à custa de qualquer outra notícia, disse, o problema levaria um ano para aparecer impresso. E qual seria o resultado? O país entraria em colapso, a liderança seria derrubada. "Se nós merecemos perecer, irei para o campo liderar os camponeses para derrubar o governo. Se o Exército de Libertação Popular não me seguir, então irei buscar um Exército Vermelho. Mas acho que o Exército de Libertação vai me seguir." Mao admitiu a responsabilidade geral pelo Grande Salto Adiante, mas também implicou uma série de camaradas, desde Ke Qingshi, o chefe de Xangai que primeiro propôs a campanha do aço, Li Fuchun, responsável pelo planejamento geral, Tan Zhenlin e Lu Liaoyan, que supervisavam a agricultura, até os líderes provinciais que Peng rotulava de esquerdistas, fossem eles da província de Yunnan, Henan, Sichuan ou Hubei. Mao deu um ultimato: os líderes teriam de escolher entre Peng e ele, e a escolha errada traria enormes consequências políticas para o partido.[24]

Sua audiência ficou em estado de choque. Quando Mao saiu com seu médico, esbarrou em Peng Dehuai. "Ministro Peng, vamos ter uma conversa", sugeriu Mao.

O FIM DA VERDADE

Peng Dehuai ficou lívido. "Não há nada para conversar. Chega de conversa", respondeu, baixando a mão direita em um movimento de golpe cortante.[25]

* * *

Em 2 de agosto, Mao abriu a conferência do comitê central com um discurso curto, mas feroz, que definiu o rumo das duas semanas seguintes. "Quando chegamos pela primeira vez a Lushan, existia algo no ar, algumas pessoas diziam que não havia liberdade para falar abertamente, havia pressão. Na época, não entendi direito o que falavam. Para mim não tinha pé nem cabeça e eu não podia ver por que não havia liberdade suficiente. De fato, nas primeiras duas semanas, parecia um encontro de imortais e não existia tensão. Apenas mais tarde se tornou tenso, quando algumas pessoas queriam liberdade para falar. A tensão apareceu porque elas queriam liberdade para criticar a linha geral, liberdade para destruir a linha geral. Elas criticaram o que fizemos no ano passado e criticaram o trabalho deste ano, dizendo que tudo que fizemos no ano passado foi ruim, fundamentalmente ruim [...]. Que problemas temos agora? Hoje, o único problema são os direitistas oportunistas que lançam um ataque furioso ao partido, ao povo e à grande e dinâmica empresa socialista." Mao advertiu seus colegas de que havia uma escolha inflexível a fazer. "Ou vocês querem unidade ou querem dividir o partido."[26]

Na semana seguinte, pequenos grupos de trabalho foram encarregados de interrogar severamente Peng Dehuai, Zhang Wentian, Huang Kecheng, Zhou Xiaozhou e outros sobre todos os detalhes da conspiração contra o partido. Em uma série de tensas confrontações e interrogatório cruzado, o "grupo antipartido" teve que se submeter a autocríticas sempre mais detalhadas em que todos os aspectos de seu passado, suas reuniões e suas conversas eram verificados. Afirmações sobre fome haviam lançado uma sombra sobre chefes provinciais como Li Jingquan, Zeng Xisheng, Wang Renzhong e Zhang Zhongliang, e eles não precisaram de estímulo para atacar os homens que tinham solapado sua credibilidade. Lin Biao mostrou--se tão feroz quanto eles. Um general esquelético, careca, que destruíra as melhores divisões do Kuomintang na Manchúria, na guerra civil, Lin fora discretamente promovido por Mao a uma das vice-presidências do partido alguns meses antes. Vítima de toda sorte de fobias em relação à água, ao vento e ao frio, frequentemente faltava ao trabalho por doença, levando vida reclusa, mas, em Lushan, tomou a defesa do presidente e acusou Peng Dehuai de ser abertamente "ambicioso, conspiratório e hipócrita". Em sua voz aguda, gritou que "só Mao é um grande herói, um papel a que ninguém mais deveria ousar aspirar. Todos nós ficamos muito atrás dele, então nem sequer pensem nisso!"[27]

Liu Shaoqi e Chu En-lai também tinham papéis a cumprir. Ambos tinham muito a perder e cada um podia ser censurado pelo que dera errado no país se Mao decidisse recuar. Liu Shaoqi apoiara entusiasticamente o Grande Salto Adiante e fora recompensado pela lealdade com uma promoção a chefe de Estado em abril. Ele também se via como o herdeiro em potencial da liderança do partido e não tinha desejo de virar o barco. Depois da explosão de Mao, Liu ficou tão nervoso que exagerou no uso de suas pílulas de dormir. Em determinado momento, tomou comprimidos demais e desmaiou no toalete.[28] Mas se recompôs e, em 17 de agosto, último dia do encontro, deu uma demonstração de adulação servil e exaltou as muitas qualidades de Mao.[29]

Chu En-lai, como premiê, estivera envolvido na administração do dia a dia do país e teria que responder pelas desastrosas circunstâncias se Peng Dehuai conseguisse se impor. Também tinha razões para se sentir ameaçado pelo velho marechal. Huang Kecheng, em uma das sessões de interrogatório, revelou que, anos antes, Peng descrevera Chu como um político fraco que deveria abdicar de todos os postos importantes.[30] Mas acima de tudo, Chu apoiou Mao porque tomara uma decisão, desde um longo tempo antes, de nunca se opor a Mao: lealdade a Mao, como descobrira em décadas de feroz luta política interna, era a chave para ficar no poder. Sua posição já fora enfraquecida pelo venenoso ataque que Mao lhe fizera em Nanning, um ano antes, e não desejava incorrer na ira do presidente de novo. Assim, Mao estava no centro de uma coalizão de líderes que se sentiam ameaçados por Peng Dehuai. Sem o apoio deles, o presidente não teria prevalecido.

O FIM DA VERDADE

À medida que os encontros progrediam e as críticas se intensificavam, os homens que haviam falado contra Mao foram gradativamente demolidos até confissões completas serem obtidas. Peng admitiu que sua carta e os comentários que fez nas primeiras sessões não eram incidentes isolados, mas "erros antipartido, antipovo, antissocialistas e de natureza oportunista".[31]

Mao falou novamente em 11 de agosto e recordou a Peng Dehuai: "Você disse, no encontro no norte da China, que fodi sua mãe por quarenta dias e, aqui em Lushan, você só fodeu minha mãe por vinte dias, então ainda lhe devo vinte dias. Agora, faremos a sua vontade, e até acrescentei cinco dias, além dos quarenta que tivemos até agora, para que você insulte o quanto quiser; de outra forma, ficaremos lhe devendo." No jargão mais padronizado do socialismo, Mao afirmou que Peng e seus apoiadores eram "democratas burgueses" que tinham pouco em comum com a revolução proletária socialista. Portanto, tirava-os de suas posições e os jogava nas fileiras da burguesia.[32]

No último encontro da conferência, cinco dias depois, uma resolução foi aprovada, em que os oponentes de Mao foram considerados culpados de conspirar contra partido, Estado e povo.[33] Nos meses seguintes se desataria uma caça nacional às bruxas contra elementos "direitistas".

13

Repressão

O Exército foi expurgado. Lin Biao, em quem se podia confiar para desentocar qualquer oposição ideológica entre os militares, foi recompensado por seu desempenho em Lushan com a empreitada Peng Dehuai. Lin sabia que falar a verdade sobre as condições no campo era uma abordagem ingênua destinada a falhar e, em vez disso, despejou lisonjas sobre o presidente. Mas, em privado, era muito mais crítico que Peng e confidenciava em seu diário — desencavado pelos Guardas Vermelhos anos depois — que o Grande Salto Adiante estava "baseado na fantasia, uma confusão completa".[1] Raramente a distância entre os pensamentos íntimos de um líder e suas declarações públicas foi tão grande, mas, em todo o país, funcionários do partido brigavam para provar sua lealdade ao presidente e ao Grande Salto Adiante, e um novo expurgo se desenrolou.

O sinal foi dado na cúpula. Em linguagem que augurava a Revolução Cultural, Peng Zhen conclamou ao expurgo nas fileiras: "A luta deve ser profunda e levada adiante segundo nossos princípios, seja contra velhos camaradas em armas, colegas ou até maridos e esposas." Tan Zhenlin, o zeloso vice-premiê responsável pela agricultura, indicou que os inimigos estavam entrincheirados na própria cúpula: "Essa luta deve separar-nos de alguns de nossos velhos camaradas em armas!"[2] Só em Pequim, milhares de altos funcionários foram atingidos no fim de 1959, incluindo quase trezentos em cargo tão elevado como membro do comitê central, ou 10% do escalão superior. Mais de sessenta foram rotulados de direitistas. Muitos eram antigos veteranos, mas, como explicou a liderança, eles tinham que ser esmagados resolutamente, ou, de outra forma, a "construção do socialismo" estaria em perigo.[3]

Ao largo do país, qualquer um que expressasse reservas sobre o Grande Salto Adiante era perseguido. Em Gansu, a luta começou assim que Zhang Zhongliang voltou para Lanzhou. Huo Weide, Song Liangcheng e outros que "lançaram uma flecha envenenada em Lushan" foram denunciados como membros de um "grupo antipartido". Bem mais de 10 mil oficiais foram caçados em toda a província.[4] Enquanto seus rivais revelaram a propagação da fome em uma carta a Pequim, Zhang escreveu, em vez disso, para o presidente: "O trabalho avança em todos os departamentos em nossa província, as mudanças são importantes, incluindo as relacionadas aos grãos. Esperamos uma grande colheita."[5] Depois, em 1960, como sua província se transformasse em um inferno em vida, escreveu novamente para explicar as mortes por inanição e jogou a culpa em Huo Weide, o líder do grupo antipartido. Zhang minimizou o que mais tarde se revelaria como morte em escala maciça, chamando novamente o fato de problema de "um dedo em dez".[6]

Qualquer um que ficasse no caminho do Grande Salto Adiante era removido. Em Yunnan, o vice-encarregado do Departamento de Comércio foi demitido por fazer comentários críticos sobre a escassez de comida e as comunas do povo — e por haver roncado enquanto gravações dos discursos do presidente estavam sendo ouvidas.[7] Em Hebei, o vice-diretor do Departamento de Conservação da Água foi expurgado por expressar dúvidas sobre a sabedoria de desmantelar os sistemas de aquecimento central durante a campanha do aço.[8] Líderes de condado que começaram a fechar alguns refeitórios foram perseguidos por abandonar o socialismo e "retroceder a uma política independente".[9] Em Anhui, o vice-governador Zhang Kaifan e alguns de seus aliados foram demitidos, pois Mao suspeitava de que "essas pessoas são especuladores que se esgueiraram para dentro do partido [...]. Planejam sabotar a ditadura do proletariado, dividir o partido e organizar facções".[10] Demissões similares na cúpula também ocorreram em Fujian, Qinghai, Heilongjiang e Liaoning, entre outras províncias.

REPRESSÃO

Os líderes provinciais que conseguiram suavizar o impacto do Grande Salto Adiante foram removidos. Sob o fogo constante de Mao e seus acólitos por sua precaução, Zhou Xiaozhou, o relutante líder da província de Hunan, havia mudado de atitude e inflado as projeções da safra em 1958. Mas raramente perdia oportunidade de amortecer o entusiasmo dos oficiais locais durante viagens de inspeção. Em Changde, zombou abertamente de toda a bazófia sobre produção de cereais e questionou o sistema de suprimento. Abordado por uma mulher que se queixava do refeitório local, sugeriu que ela, simplesmente, saísse e cozinhasse uma refeição em casa. Recusou categoricamente que alguém em Hunan seguisse o exemplo de Macheng, vendo os campos de *sputnik* como desvio perigoso das urgentes tarefas da agricultura. Em Ningxiang, onde descobriu que só mulheres trabalhavam nos campos, exigiu que os homens fossem retirados das fornalhas de fundo de quintal. Sua resposta ao programa trabalho-estudo, que requeria a participação de todos os alunos das escolas primárias no trabalho produtivo, tinha sido uma mera exclamação: "Besteira!"[11] Apesar de todo o seu esforço, muitos oficiais locais tomaram a dianteira, aderindo ao Salto Adiante com uma mistura de convicção e ambição, que levou ao mesmo tipo de violência no local de produção encontrado em qualquer outro lugar.

Mas, de modo geral, Hunan estava em melhores condições que a vizinha Hubei, administrada por Wang Renzhong, sicofanta de Mao. Quando o trem especial de Mao parou em Wuchang, em maio de 1959, pouco antes do encontro de Lushan, a cidade estava em terrível estado. Até na casa de hóspedes organizada para Mao não havia carne, cigarros ou vegetais. Changsha, em Hunan, província natal de Mao, era diferente, com restaurantes ao ar livre que ainda atendiam os fregueses. Zhou Xiaozhou ficou muito consciente do contraste e cutucou seu rival Wang, que acompanhava Mao a Changsha: "Hunan foi criticada por não ter trabalhado tão duro. Mas olhe agora para Hubei. Não se encontram nem cigarros velhos ou chá. Vocês usaram todas as suas reservas no ano passado. Hoje, podemos ser pobres, mas ao menos temos suprimentos armazenados."[12] Em retrospecto, talvez Zhou tenha feito inimigos demais para sobreviver no feroz contexto de um regime de partido único. Como membro-chave do grupo antipartido, foi expurgado imediatamente após a Conferência de Lushan e pavimentou o caminho para líderes como Zhang Pinghua, desejosos de seguir cada palavra de Mao — e esfomear a população local em consequência.

Quaisquer que fossem os remanescentes de razão que conseguiram sobreviver à loucura do Grande Salto Adiante, eles foram varridos pelo frenesi da caça às bruxas que deixou os agricultores mais vulneráveis que nunca ao poder nu do partido. Em cada nível — província, condado, comuna, brigada — expurgos ferozes foram feitos, substituindo-se oficiais comuns por elementos duros, inescrupulosos, que desfraldavam as velas para beneficiarem-se dos ventos radicais que sopravam de Pequim. Em 1959–60, cerca de 3,6 milhões de membros do partido foram rotulados de direitistas ou expurgados, embora o número de oficiais tenha aumentado de 13,96 milhões em 1959 para 17,38 milhões em 1961.[13] Em um universo moral em que os meios justificavam os fins, muitos se preparariam para se tornar instrumentos da vontade do presidente e rejeitar toda ideia de certo e errado para atingir os fins que contemplavam. Se a liderança tivesse revertido o curso no verão de 1959, em Lushan, o número de vítimas reclamadas pela fome teria sido contado em milhões. Em vez disso, enquanto o país mergulhava na catástrofe, dezenas de milhões de vidas se extinguiam por exaustão, doença, tortura e fome. A guerra contra o povo estava prestes a assumir uma dimensão totalmente nova, enquanto a liderança olhava para o outro lado, encontrando no crescente racha com a União Soviética um pretexto perfeito para fingir que não via o que estava acontecendo no local de produção.

14

O racha sino-soviético

Mikhail Klochko recebeu um telegrama para retornar em 16 de julho de 1960. Junto com cerca de 1.500 conselheiros soviéticos e 2.500 dependentes, recebeu ordens de arrumar as malas e deixar a embaixada em Pequim. Seus anfitriões foram corteses até o fim, instruídos para prestar-lhe assistência — bem como obter, por todos os meios, a informação técnica que os russos ainda não haviam entregado.[1] Em um banquete para os conselheiros que partiam, o ministro das Relações Exteriores, Chen Yi, agradeceu-lhes calorosamente pela imensa ajuda e lhes desejou boa saúde. Em um tom mais azedo, um delegado soviético queixou-se: "Fizemos tanto por vocês, e vocês não estão felizes."[2]

Depois que Mao iniciou uma crise internacional ao bombardear Quemoy e Matsu dois anos antes, Kruschev começou a reconsiderar sua oferta de entregar uma amostra de bomba atômica à China. As conversações sobre desarmamento nuclear entre a União Soviética e os Estados Unidos o levaram a adiar o cumprimento de sua promessa e, em junho de 1959, finalmente a renegou por completo.[3] Em setembro de 1959, em uma reunião de cúpula entre Estados Unidos e União Soviética, Kruschev concordou em reduzir para um milhão o total de soldados soviéticos, buscando uma aproximação maior com os Estados Unidos. As relações com a China se deterioraram mais ainda quando Kruschev visitou Pequim meses depois para comemorar o 10º aniversário da República Popular. A delegação soviética entrou em choque com seus anfitriões em uma série de questões, inclusive a disputa de fronteira entre China e Índia, quando Moscou tentou agir como mediadora entre os dois países em vez de apoiar sua aliada Pequim. Na primavera de 1960, Pequim começou a desafiar Moscou abertamente pelo direito de liderar o campo socialista e denunciou Kruschev em termos crescentemente injuriosos por seu "revisionismo" e sua busca de "paz com imperialistas".[4] Irado, o líder soviético retaliou, retirando todos os conselheiros soviéticos da China.[5]

A retirada foi um golpe para Mao. Ela levou ao colapso das relações econômicas entre os dois países, ao cancelamento de muitos projetos de grande escala e ao esfriamento das transferências de tecnologia militar de alta capacidade. Como Jung Chang e Jon Halliday destacam em *Mao: a história desconhecida*, a população deveria beneficiar-se desses cancelamentos, pois menos comida teria de ser exportada para pagar projetos dispendiosos.[6] Todavia, embora os acordos permitissem que o pagamento da dívida fosse feito em mais de dezesseis anos, Mao insistiu em pagar antes do prazo: "Os tempos ficaram realmente pesados em Yan'an [durante a guerra]; comíamos pimenta vermelha e ninguém morreu, e agora que as coisas estão muito melhores que naqueles dias, queremos apertar o cinto e tentar pagar em cinco anos."[7] Em 5 de agosto de 1960, até mesmo antes de ser completada a partida de todos os especialistas soviéticos, líderes provinciais foram advertidos por telefone de que o país não estava exportando o suficiente e rumava para um déficit no balanço de pagamentos de 2 bilhões de yuans. Todo esforço deveria ser feito para honrar a dívida com a União Soviética em dois anos, e isso teria que ser realizado por um aumento ao máximo possível da exportação de grãos, algodão e óleos comestíveis.[8]

A verdadeira escala dos pagamentos antecipados para a União Soviética só veio à luz com a abertura dos arquivos no Ministério das Relações Exteriores em Pequim, onde um exército de contadores mantinha registros detalhados de como as mudanças na taxa de câmbio, as alterações na relação rublo/ouro, as renegociações de acordos comerciais e o cálculo das taxas de juros afetavam os pagamentos para a União Soviética. Eles mostram que Moscou emprestou cerca de 968,6 milhões de rublos a Pequim entre

O RACHA SINO-SOVIÉTICO

1950 e 1955 (sem incluir juros). Quando os especialistas foram chamados de volta, ainda eram devidos 430,3 milhões.[9] Mas, como consequência do déficit comercial, mais empréstimos foram contratados nos anos seguintes e, por volta do fim de 1962, o total devido por Pequim estava em 1,407 bilhão de rublos (1,275 bilhão em empréstimos, mais juros estimados em 132 milhões). Cerca de 1,269 bilhão desse total estava amortizado em 1962.[10] Em outras palavras, apesar de a dívida total aumentar de 968 milhões para 1,407 bilhão de rublos, a China conseguiu pagar mais ou menos meio bilhão entre 1960 e 1962, enquanto dezenas de milhões de chineses morriam de fome. Pode ser que esse volume seja, na realidade, menor, pois o número para 1960 não incluiu os juros presumivelmente pagos além do capital, mas, mesmo que se permita uma correção de 10%, permanece o fato de grandes somas de dinheiro terem sido pagas à União Soviética. Em 1960, cerca de 160 milhões de rublos foram enviados para quitar parte da dívida, enquanto, em 1962, cerca de 172 milhões de rublos foram devolvidos (falta o número para 1961, mas é provável que seja semelhante).[11] Grandes volumes de exportações também foram usados para amortizar a dívida, o que significou que, no fim de 1962, a China devia à União Soviética apenas 138 milhões de rublos: a China insistiu em pagar 97 milhões em 1963 e quitou a dívida em 1965.[12]

Mas os russos nunca pediram pagamento acelerado. Ao contrário, fizeram acordo, em abril de 1961, de que 288 milhões de rublos em saldo credor deveriam ser refinanciados como crédito novo, com pagamento em quatro anos. A primeira parcela, de não mais de 8 milhões, seria paga em 1962.[13] Como a moratória do déficit comercial funcionava como empréstimo não planejado, isso, na realidade, significou que a China recebeu mais ajuda econômica da União Soviética do que qualquer outro país recebeu em um só ano até o presente.[14]

O dano real para a economia pela retirada dos especialistas foi pequeno, pois poucos especialistas civis trabalhavam na agricultura. E, mesmo que alguns projetos industriais se atrasassem por causa da retirada dos especialistas, a economia, a essa altura, já estava em sérios problemas. Mas Mao, convenientemente, culpou a União Soviética pelo colapso econômico da China e iniciou um dos mais duradouros mitos sobre a fome, ou seja, que a fome era causada pela pressão soviética pelo pagamento da dívida. Já em novembro de 1960, a China invocou catástrofes naturais, assim como o imenso dano causado a toda a economia pela retirada soviética, para explicar atrasos na entrega de alimentos para a Alemanha Oriental.[15] Em 1964, Mikhail Suslov, o principal ideólogo em política externa em Moscou, observou que a China culpava a União Soviética pela fome.[16] Até o dia de hoje, quando pessoas comuns, sobreviventes da fome, são perguntadas sobre o que, na opinião delas, causou a inanição em massa, a resposta invariavelmente aponta para a União Soviética. Assim explicou a fome um agricultor de Shajing, perto da fronteira com Hong Kong, em entrevista recente: "O governo devia à União Soviética uma imensa soma de dinheiro e precisava pagar os empréstimos. Uma grande soma em empréstimos. Então, toda a produção do campo tinha que ser entregue. Todo o gado e os grãos tinham que ser entregues para o governo pagar os empréstimos com a União Soviética. A União Soviética forçou a China a pagar os empréstimos."[17]

A retirada dos técnicos apressou a adoção de políticas na China destinadas a enfrentar a fome? Poucos observadores, até hoje, veem isso por esse ângulo. Kruschev é redondamente censurado por ter dado um tiro no pé: da noite para o dia, o líder soviético jogou fora qualquer influência que tivesse sobre a China. Especialmente sarcásticos com seu líder, foram os diplomatas russos que serviam em Pequim na época; por exemplo, Stepan Chervonenko e Lev Deliusin, que prezavam a "relação especial" de seu país com a China — e assim suas próprias posições como mediadores entre os países.[18] O próprio Kruschev certamente não tinha nenhum objetivo em mente. Provavelmente, esperava que a China, humilhada, voltasse à mesa para renegociar em termos mais amenos para a União Soviética. Mas, fosse ou não intenção dele, o movimento de Kruschev contribuiu para isolar Mao ainda mais e atingi-lo exatamente quando os relatórios vinham de todas as partes do país sobre os efeitos da inanição em massa. Na verdade, Mao ficou tão deprimido no verão de 1960 que caiu de cama, aparentemente incapaz de confrontar as notícias adversas.[19] Estava recolhido e tentava encontrar uma solução para o impasse.

15

Grão capitalista

Quase imediatamente após a "debandada" dos especialistas soviéticos em julho de 1960, um triunvirato formado por Chu En-lai, Li Fuchun e Li Xiannian foi posto a cargo do comércio exterior.[1] Sua resposta à ação de Kruschev foi mudar a direção do comércio chinês com a União Soviética para o Ocidente. No fim de agosto, o ministro do Comércio Exterior, Ye Jizhuang, instruiu seus representantes no exterior a reduzir as importações do bloco soviético. Todas as negociações para novos acordos comerciais com a URSS deveriam cessar, com a exceção de alguns projetos estratégicos, como o aço da União Soviética para a ponte de Nanquim. Nenhum novo contrato de importação seria assinado, sob o pretexto de que o preço ou as especificações dos bens não eram satisfatórios.[2] Alguns observadores estrangeiros na época falaram de um cruel bloqueio à China pelo campo socialista,[3] mas a separação da economia da União Soviética de seus aliados foi inteiramente iniciada por Pequim.

No entanto, a China não podia livrar-se para sempre de parceiros comerciais com mesquinharias sobre especificações inadequadas. Em dezembro de 1960, com Mao recolhido, uma explicação mais plausível finalmente foi oferecida. A versão oficial foi que a China sofria catástrofes naturais sem precedentes que haviam devastado grande parte do campo e não podia mais exportar alimentos para a União Soviética. Todo o comércio com o campo

152 A GRANDE FOME DE MAO

socialista, à exceção da Albânia, tinha que ser reduzido.[4] Além de desviar a atenção das dimensões da fome causada pelo homem, invocar a força da natureza tinha outra vantagem. Os acordos comerciais em geral têm uma cláusula padrão, o artigo 33, estipulando que, no caso de circunstâncias imprevistas, fora do controle humano, uma parte ou todo o contrato podiam ser encerrados.[5] O artigo 33 agora seria usado não apenas para diminuir o comércio, como para cancelar uma série de acordos.[6]

Os quadros estatísticos apresentados no capítulo 10 mostram que as exportações para a União Soviética caíram de 761 milhões de rublos em 1960 para 262 milhões em 1961. Queda similar marcou as importações da Europa Oriental. Somente quando todos os atrasos de pagamento aos parceiros comerciais tivessem sido quitados, acordos comerciais para 1961 seriam contemplados, explicou Ye Jizhuang aos parceiros em Berlim Oriental.[7] Mas a Alemanha Oriental não somente se habituara a usar arroz, como também dependia da China para óleos comestíveis. Tão grande foi o déficit que Walter Ulbricht foi forçado a se voltar para Kruschev em busca de ajuda em agosto de 1961.

A China se afastou do bloco socialista não como punição pela retirada de especialistas soviéticos, mas porque estava falida. A melhor medida do valor financeiro do país era o valor do yuan no mercado negro. O yuan iniciou um declínio espetacular em 1960. Em janeiro de 1961, enquanto notícias da falta de alimentos vazavam para o resto do mundo, o yuan mergulhou de cabeça na maior baixa de todos os tempos, de cerca de US$ 0,75 por dez yuans, ou cerca de um sexto do valor oficial da moeda. No geral, em junho de 1961, o yuan caíra em 50% do valor em relação ao ano precedente.[8]

Parte do declínio do yuan foi causada pela necessidade de levantar moedas fortes para pagar pelos grãos nos mercados internacionais. Uma forma de enfrentar a inanição tinha sido movimentar os grãos das áreas com excedente para áreas esfomeadas, mas, no outono de 1960, quando novo fracasso na colheita piorou a fome, a estratégia teve efeito muito pequeno. Chu En-lai e Chen Yun conseguiram convencer Mao de que os grãos tinham que ser importados de países capitalistas. Como fizeram isso permanece obscuro, mas, provavelmente, venderam a ideia afirmando que

GRÃO CAPITALISTA

153

as importações de grãos eram um meio de reforçar as exportações para obter dinheiro. Os primeiros contratos foram negociados em Hong Kong no fim de 1960.[9] Cerca de 6 milhões de toneladas foram compradas em 1960-61 por US$ 367 milhões (ver tabela 4). Os termos de pagamento variavam: os canadenses pediram entrada de 25% conversíveis em libras esterlinas, ao passo que os australianos permitiram 10% de entrada e concederam crédito para o restante. Mas, em geral, cerca da metade tinha que ser paga em 1961.[10]

Tabela 4: Importações de grãos pela China em 1961

País exportador	Milhões de toneladas
Alemanha	0,250
Argentina	0,045
Austrália	2,74
Birmânia	0,3
Canadá	2,34
França	0,285
Total	5,96

Fonte: BArch, Berlim, 1962, DL2–VAN–175, p. 15; ver também Allan J. Barry, "The Chinese Food Purchases", *China Quarterly*, nº 8 (out.–dez. 1961), p. 21.

Para cumprir esses compromissos, a China tinha que ganhar um excedente em moeda conversível e isso só poderia ser feito com a redução das importações de bens de capital e o aumento das exportações para o mundo não comunista. Durante a fome, até então, Chu En-lai se certificara de que entregas de ovos e carne chegassem a Hong Kong todos os dias.[11] Agora, no outono de 1960, apesar dos protestos de um desapontado Kruschev que se queixava da falta de entrega de gêneros alimentícios para a União Soviética, Chu resolveu redirecionar todos os gêneros alimentícios disponíveis para Hong Kong, aumentando grandemente o comércio com a colônia da coroa.[12] Algodão e produtos têxteis também partiam para Hong Kong, saltando de HK$ 217,3 milhões em 1959 para HK$ 287 milhões no ano seguinte.[13] No geral, o comércio com Hong Kong foi a maior fonte de moeda estrangeira para Pequim durante a fome, produzindo cerca de US$ 320 milhões em um ano.[14] Assim como em 1958, os mercados asiáticos foram inundados de produtos baratos. Têxteis, por exemplo, embora muito necessários à população chinesa, eram vendidos a preços abaixo do custo, o que competidores como Índia e Japão não podiam de forma alguma igualar.

Pequim também esvaziou suas reservas, mandando barras de prata para Londres. A China tornou-se exportadora de barras de ouro e prata no fim de 1960, enviando cerca de 50 a 60 milhões de onças *troy* em 1961, das quais 46 milhões, avaliadas em £ 15,5 milhões, foram compradas pela Grã-Bretanha.[15] No total, se formos confiar em um relatório de Chu En-lai, por volta de US$ 150 milhões foram arrecadados pela venda de ouro e prata no fim de 1961.[16] Em desesperada tentativa de levantar mais moeda estrangeira, a China iniciou um comércio sombrio pelo qual chineses que viviam fora podiam comprar cupons especiais em troca de dinheiro vivo nos bancos de Hong Kong: esses cupons podiam ser enviados pela fronteira aos parentes famintos, para serem trocados por grãos e cobertores.[17]

* * *

Por que a China não importou grãos dos aliados socialistas? Orgulho e medo foram os principais obstáculos. Como vimos, a liderança nunca hesitou em colocar a reputação do país acima das necessidades da população e saqueou o campo para cumprir acordos de exportação com parceiros estrangeiros. No entanto, o orgulho sempre vem antes da proverbial queda e, em março de 1961, Chu En-lai teve que executar uma humilhante mudança de rumo ao explicar aos aliados comerciais que a China não estava mais na posição de exportar gêneros alimentícios para cumprir seus acordos comerciais de longo prazo ou honrar vários contratos para grandes instalações industriais. A entrega de mais de 1 milhão de toneladas de grãos e óleos comestíveis ainda estava pendente com a União Soviética apenas para o ano de 1960, e a China não seria capaz de atualizar os embarques de alimentos em futuro próximo. Como explicou Chu, diplomaticamente, como poderia seu país pedir grãos quando falhara tão feio com os aliados socialistas?[18]

GRÃO CAPITALISTA

Pequim também temia que um pedido de ajuda pudesse ser recusado por Moscou: o Grande Salto Adiante não tinha sido destinado a mostrar que a China era mais capaz que a União Soviética? Esse medo era, provavelmente, justificado, embora, inicialmente, a União Soviética mostrasse boa vontade. Os russos, por exemplo, ofereceram entregar 1 milhão de toneladas de grãos e meio milhão de toneladas de açúcar em base de troca, livre de juros, e o custo seria reembolsado ao longo de vários anos. Pequim recusou os grãos, mas pegou o açúcar.[19] Kruschev repetiu a oferta de grãos durante encontro com Ye Jizhuang no Kremlin, em abril de 1961. O líder soviético disse ao ministro do Comércio Exterior chinês que tinha toda simpatia pela situação aflitiva da China, ainda mais que a Ucrânia sofrera fome terrível em 1946. Em lembrança crua e dita de forma bastante impensada, que só poderia ofender, acrescentou que haviam acontecido casos de canibalismo. Depois, mudou o tema da conversa e mencionou, como se por casualidade, que a União Soviética estava a ponto de superar os Estados Unidos na produção de aço. Ye Jizhuang polidamente declinou da oferta.[20]

Poucos meses após, quando a fome se recusou a desaparecer com a chegada do verão, Chu En-lai abordou os russos. Em encontro com uma delegação de Moscou em agosto de 1961, explicou por que, pela primeira vez na história da República Popular, os grãos estavam sendo importados do campo imperialista. Depois, Chu, de maneira bem indireta, perguntou sobre o desejo da União Soviética de trocar 2 milhões de toneladas de cereais por soja, cerdas e estanho, possivelmente até arroz. Apenas um terço seria pago de entrada, e o restante nos dois anos seguintes. A ocasião do pedido foi mal escolhida, pois veio logo após a delegação ter empacado em um déficit comercial de 70 milhões de rublos. "Vocês têm alguma moeda estrangeira?", inquiriu o lado soviético abruptamente, forçando Chu a admitir que a China não tinha nenhuma e estava vendendo prata.[21] A delegação deixou o assunto no ar e nada mais aconteceu durante vários meses, até que alguém, finalmente, deu uma pista ao informar Deng Xiaoping de que a União Soviética enfrentava dificuldades e não estava em posição de ajudar. A perda de prestígio da China deve ter sido tremenda.[22]

Táticas de adiamento no meio da calamidade também foram adotadas por Moscou quando Chu En-lai pediu 20 mil toneladas extras de petróleo

A GRANDE FOME DE MAO

em julho de 1961: Kruschev esperou quatro meses, até depois do 22º Congresso do Partido Soviético, para atender ao pedido de Pequim.[23] Vantagem política também foi extraída de uma troca de grãos acordada em junho de 1961. De todo o trigo que Pequim comprava do Canadá, 280 mil toneladas eram destinadas à União Soviética, que, em troca, exportava volume similar para a China. Depois que o trigo foi embarcado diretamente do Canadá para a Rússia, os soviéticos agiram como se a importação viesse dos Estados Unidos e listaram, ao mesmo tempo, sua exportação de grãos para a China nas estatísticas de comércio publicadas em 1961. Aos olhos do mundo, com especialistas estrangeiros debruçados sobre estatísticas publicadas em busca de sinais de um racha entre os dois gigantes socialistas, parecia que a União Soviética estava alimentando a China.[24]

* * *

Nem todos os grãos comprados no exterior se destinavam ao consumo doméstico. O arroz comprado da Birmânia, por exemplo, era embarcado diretamente para o Ceilão a fim de cumprir compromissos importantes. Cerca de 160 mil toneladas também seguiram para a Alemanha Oriental com o propósito de corrigir o déficit comercial com aliados socialistas. E a China, no meio da fome, continuou a ser generosa com os amigos. Dois carregamentos de trigo de cerca de 60 mil toneladas foram embarcados em portos canadenses diretamente para Tirana, como presente. Uma vez que a Albânia tinha cerca de 1,4 milhão de habitantes, aquele volume cobria um quinto da demanda doméstica.[25] Pupo Shyti, o negociador chefe de Tirana em Pequim, recordou mais tarde que podia ver sinais de fome em Pequim, mas "os chineses nos davam tudo [...]. Quando precisávamos de alguma coisa, era só pedir aos chineses [...]. Senti-me envergonhado".[26] Outros países, além da Albânia, também receberam arroz grátis no auge da fome: por exemplo, a Guiné, recebedora de 10 mil toneladas em 1961.[27]

A China nunca deixou de cultivar sua imagem internacional com ajuda liberal e empréstimos baratos para nações em desenvolvimento da Ásia e da África. Uma razão pela qual a China aumentou as doações externas durante o Grande Salto Adiante foi provar que havia descoberto a ponte

GRÃO CAPITALISTA

para o futuro comunista. Mas a principal consideração era a rivalidade com Moscou. Em uma era de descolonização, Kruschev começou a competir pela lealdade de nações em desenvolvimento, tentando afastá-las dos Estados Unidos e atraí-las para a órbita soviética, mediante o fornecimento de abundante ajuda a projetos prestigiosos, como usinas hidrelétricas e estádios. Mao queria desafiar a liderança de Kruschev na Ásia e na África. Desprezando a noção do Kremlin de "evolução pacífica" em que se baseavam suas relações com o mundo em desenvolvimento, Mao estimulava, em vez disso, uma teoria militante de revolução, e, em competição decidida com Moscou, ajudava comunistas revolucionários em países como Argélia, Camarões, Quênia e Uganda.

Quanta ajuda foi dada em tempos de fome? No cômputo geral, a China forneceu 4 bilhões de yuans a países estrangeiros de 1950 a julho de 1960, dos quais 2,8 bilhões foram ajuda econômica gratuita e 1,2 bilhão livre de juros ou com baixas taxas de empréstimo.[28] A maior parte dessa ajuda foi concedida de 1958 em diante. Em 1960, um novo organismo em nível de ministério, chamado Departamento de Relação Econômica Exterior, foi criado para lidar com doações crescentes, e a ajuda a países estrangeiros foi fixada em 420 milhões de yuans.[29] No ano seguinte, Pequim recusou novos empréstimos ou até mesmo o adiamento de pagamentos oferecidos por aliados socialistas cientes dos apuros da China, mas cerca de 660 milhões de yuans foram reservados para ajuda externa.[30] Os beneficiários incluíram a Birmânia, em US$ 84 milhões, e Camboja, em US$ 11,2 milhões; ao Vietnã foram concedidos 142 milhões de rublos, e à Albânia, 112,5 milhões de rublos.[31] As somas ficaram disponíveis enquanto a renda global do Estado encolhia em 45%, para 35 bilhões de yuans, com cortes em diversas áreas, inclusive 1,4 bilhão de yuans em saúde e educação.[32]

Tal generosidade significava que, no local de produção, onde as pessoas morriam de fome, os grãos continuaram a ser exportados em 1960, parte deles gratuitamente. De fato, com uma política de "exportação acima de tudo o mais" (*chukou diyi*), quase todas as províncias tinham que exportar mais que nunca. Hunan foi instruída a exportar bens no valor de 423 milhões de yuans, ou 3,4% do valor total da produção da província, e o produto a ser exportado incluía 300 mil toneladas de arroz e 270 mil porcos.[33]

Nos cinco meses seguintes à decisão de Chu En-lai, em agosto de 1960, de restringir a exportação de comida para o campo socialista, bem mais de 100 mil toneladas de grãos foram requisitadas de Guangdong e enviadas a Cuba, Indonésia, Polônia e Vietnã, o que representou cerca de um quarto das 470 mil toneladas confiscadas da província naquele período. Como explicou o chefe provincial, Tao Zhu, após o estabelecimento de relações diplomáticas formais com o regime de Fidel Castro, em setembro de 1960, entregar grãos ao povo de Cuba, sitiado pelo imperialismo americano, era uma questão de "reputação internacional".[34] Trabalhadores de fábrica em Guangzhou eram menos entusiasmados acerca da assistência abnegada ao mundo em desenvolvimento: já amargados pela falta de algodão, exportado e posto em liquidação em lojas de Hong Kong, perguntavam abertamente: "Por que exportar para Cuba quando não temos o suficiente para comer?"[35] Até em lugares distantes como Gansu, aldeões protestavam por ter que passar fome porque Mao embarcava arroz para Cuba.[36] Em uma festa em Beidaihe, no mês seguinte, a liderança decidiu enviar para Castro mais 100 mil toneladas de arroz, no valor de 26 milhões de yuans em troca de açúcar.[37]

* * *

A China poderia ter aceitado ajuda em vez de gastar todas as suas divisas estrangeiras em importações de grãos? O presidente John Kennedy observou friamente que Pequim mandava alimentos para África e Cuba mesmo em tempo de fome e acrescentou: "Não temos nenhuma indicação dos chineses comunistas de que receberiam bem qualquer oferta de alimentos."[38] A Cruz Vermelha tentou realmente dar assistência, mas abordou Pequim de forma desastrada ao inquirir primeiro sobre fome no Tibete — onde uma grande rebelião acabara de ser esmagada pelo Exército de Libertação Popular. A resposta foi rápida e previsível. O país testemunhara uma colheita ineditamente rica em 1960, absolutamente não havia fome e os rumores em contrário eram difamações. Henrik Beer, o desajeitado secretário-geral da Liga das Sociedades da Cruz Vermelha, jogou gasolina ao fogo ao enviar um segundo telegrama de Genebra para perguntar se isso também era verdade para a China. Seguiu-se uma resposta furiosa em que Pequim destacava que Tibete e China não eram entidades separadas e sim um só país, no qual o governo se apoiava nas muitas vantagens das comunas do povo para superar as calamidades naturais dos dois anos anteriores.[39]

Mesmo que a Cruz Vermelha tivesse puxado o assunto de forma mais diplomática, é muito provável que a ajuda estrangeira fosse recusada. Quando o ministro das Relações Exteriores do Japão teve uma conversa sossegada com seu colega, Chen Yi, sobre um presente discreto de 100 mil toneladas de trigo a ser embarcado fora da vista do público, o pedido foi rejeitado.[40] Até doações de roupas escolares de crianças de Berlim Oriental, oferecidas para ajudar Guangdong, varrida por um tufão em 1959, foram vistas como desmoralização, e as embaixadas foram instruídas a não mais aceitar donativos.[41] A China queria apadrinhar o mundo em desenvolvimento, mas não aceitava ajuda de ninguém.

16

Saída do pesadelo

Confrontados com uma economia falida, Chu En-lai, Li Fuchun e Li Xiannian, o triunvirato de plantão, começaram em agosto de 1960 a afastar da União Soviética a estrutura de comércio da China e direcioná-la para o Ocidente. Nos meses seguintes, Chu En-lai e Chen Yun conseguiram convencer Mao de que importações de cereais eram necessárias para pôr a economia de pé novamente após as perdas na agricultura atribuídas a desastres naturais. Os planejadores do partido também começaram discretamente a idealizar uma reviravolta e a remendar, com extrema prudência, as diretrizes políticas. Li Fuchun iniciou o trabalho com um novo lema que enfatizava o "ajustamento" em vez de grandes saltos adiante em agosto de 1960. Em um Estado de partido único, onde o governo, segundo a palavra de ordem, segurava as rédeas, a própria noção de "ajustamento" teria sido impensável apenas seis meses antes. Chu En-lai acrescentou, cautelosamente, o termo "consolidação" para torná-lo mais palatável para Mao.[1] Li Fuchun teria que navegar cuidadosamente para que o novo mantra fosse aprovado por um presidente caprichoso.

Então, em 21 de outubro de 1960, um relatório do Ministério da Supervisão aterrissou na mesa de Li Fuchun. Era sobre inanição em massa em Xinyang, região da província-modelo de Henan, de Wu Zhipu. Uma investigação anterior mencionara 18 mil mortes só no condado de Zhengyang, mas, agora, o número quadruplicara para 80 mil mortes. Em Suiping, onde se localizava a consagrada comuna de Chayashan, um em cada dez aldeões morrera de fome.[2]

Quando Li Fuchun entregou o relatório três dias depois a Mao Tsé-tung, o presidente ficou visivelmente perturbado: ali estavam contrarrevolucionários que haviam tomado o poder em uma região inteira, levando adiante atos horríveis de vingança contra classes inimigas. Após encontro urgente com Liu Shaoqi e Chu En-lai, uma equipe foi despachada sob a liderança de Li Xiannian, a quem se juntaram no caminho Tao Zhu e Wang Renzhong.

Em Xinyang encontraram um pesadelo. No condado de Guangshan, marco zero da fome, ouviram discretos soluços de desespero de sobreviventes esfomeados, amontoados no frio severo entre os destroços de seus lares destruídos, cercados de campos infrutíferos marcados por túmulos. As lareiras estavam frias como gelo, pois tudo o mais, de portas, janelas e esquadrias a telhados de palha, tinha sido arrancado para servir de combustível. Não havia mais comida. No reinado de terror após a Conferência de Lushan, as milícias locais promoveram desordens pelas vilas em busca de grão escondido, confiscando tudo para compensar a queda na produção. Em um condado que antes fervia de atividade, duas crianças de membros finos e cabeças esqueléticas, deitadas ao lado da avó cadavérica, eram os únicos sobreviventes.[3] Uma em cada quatro pessoas de uma população local de meio milhão havia perecido em Guangshan.[4] Túmulos coletivos eram cavados. Dez bebês que ainda respiravam tinham sido jogados no chão gelado em Chengguan.[5] No total, em 1960, mais de um milhão de pessoas morreram na região de Xinyang. Dessas vítimas, 67 mil tinham sido espancadas com porretes até morrer.[6] Li Xiannian chorou: "A derrota do Exército da Rota Ocidental foi cruel e não derramei uma só lágrima, mas, depois de ver esse horror em Guangshan, até eu sou incapaz de me controlar."[7]

"Pessoas más tomaram o poder, causaram espancamentos, mortes, escassez de cereais e fome. A revolução democrática não foi completada, pois forças feudais, cheias de ódio ao socialismo, criam problemas e sabotam as forças produtivas socialistas": sem poder mais negar a extensão do desastre, Mao, líder paranoico, que via o mundo em termos de tramas

SAÍDA DO PESADELO

e conspirações, culpou as classes inimigas pelo problema.[8] Fazendeiros ricos e elementos contrarrevolucionários tiraram vantagem da campanha antidireitista para rastejar de volta ao poder e executar atos de vingança de classe. Em nenhum momento, o presidente reconheceu que o regime de terror que modelara na cúpula se reproduzia em todos os níveis da hierarquia do partido.

Mao ordenou que o poder fosse tomado de volta. Em todo o campo desenvolveu-se uma campanha, frequentemente apoiada por delegações enviadas de Pequim, para descobrir e remover pela raiz os "inimigos de classe". Li Xiannian e Wang Renzhong supervisionaram um expurgo em Henan em que líderes do condado foram derrubados e milhares de oficiais investigados, alguns imediatamente presos.[9] Um general com uma equipe de quarenta homens foi despachado de Pequim para limpar a milícia.[10] Em Gansu, uma delegação enviada pelo Ministério de Inspeção, liderada por Qian Ying, supervisionou um grande expurgo, que resultou no rebaixamento de Zhang Zhongliang a terceiro-secretário do comitê provincial do partido. Outras regiões se seguiram, pois uma ordem urgente atrás de outra pressionava pela derrubada de "oficiais abusivos" nas comunas do povo. Em 3 de novembro de 1960, uma diretriz de emergência foi finalmente posta em circulação, permitindo que os aldeões mantivessem hortas privadas, se engajassem em outras atividades, trabalhassem oito horas por dia e restaurassem os mercados locais, entre outras medidas destinadas a enfraquecer o poder das comunas sobre os aldeões.[11]

Foi o começo do fim da inanição em massa. Ao sentir a mudança do vento, Li Fuchun fez com que fosse aceita sua política de ajustamento para o ano de 1961.[12] Fora ele o primeiro planejador a apoiar Mao no lançamento do Grande Salto Adiante. Agora, era ele o primeiro a recuar e a conduzir, prudentemente, uma política de renascimento econômico com o conhecimento do presidente.

Nesse estágio, Liu Shaoqi ainda observava a cena dos bastidores. Compartilhava o ponto de vista do presidente de que o campo se tornara solo fértil para a contrarrevolução. Como outros líderes, preferira ignorar o que acontecia no local de produção depois de Lushan e, em vez disso, devotava grande parte de sua energia a denunciar estridentemente o caminho revisionista tomado pela União Soviética. Não era indiferente à fome. A falta de alimentos era evidente até dentro das paredes vermelhas de Zhongnanhai, o complexo que servia de quartel-general do partido em Pequim. Carne, ovos e óleo de cozinha eram escassos, e o edema da fome e a hepatite eram endêmicos.[13] Mas era politicamente mais seguro interpretar os sinais de inanição como resultado de desastres ambientais. Em 20 de janeiro de 1961, Liu Shaoqi fez um discurso bombástico a uma audiência de Gansu sobre os perigos do feudalismo que tinham levado à calamidade testemunhada em Xinyang: "Isto é uma revolução: a chave é mobilizar as massas. Deveríamos mobilizar as massas e permitir que elas se libertassem."[14]

Apenas dias antes, Mao expressara surpresa com a extensão da reação burguesa no campo: "Quem pensaria que o campo abrigava tantos contrarrevolucionários? Não esperávamos que a contrarrevolução usurpasse o poder ao nível da aldeia e levasse adiante atos cruéis de vingança de classe."[15] Em vez de se apoiar nos relatórios das zonas rurais, que, Mao afirmava, haviam desinformado a liderança, o presidente decidiu despachar várias equipes de alto nível para investigar o campo. Deng Xiaoping, Chu En-lai e Peng Zhen foram mandados para visitar as comunas em torno de Pequim. O próprio Mao passou várias semanas em Hunan. Na esperança de que os agricultores falassem com ele sem inibição, Liu Shaoqi dirigiu-se ao seu lar, em Huaminglou, Hunan. Seria uma experiência reveladora com repercussões de longo alcance.

* * *

Determinado a evitar o grande séquito de guarda-costas e funcionários locais que inevitavelmente acompanhavam a visita de um alto dignitário, Liu partiu em viagem de Changsha, em 2 de abril de 1961, em dois jipes, na companhia de sua mulher e de alguns assistentes, tigela e pauzinhos de comer em sua bagagem leve, pronto para um regime espartano no campo. Logo, o comboio encontrou sinais de uma grande fazenda de porcos. Uma olhada mais de perto revelou que a fazenda consistia em não mais que uma dúzia de porcos esqueléticos que procuravam alimento na lama. Liu decidiu passar a noite no armazém de rações e seus acompanhantes

SAÍDA DO PESADELO

vasculharam em vão o lugar em busca de palha de arroz para forrar as camas de tábua. Liu notou que excremento humano seco, empilhado para servir de fertilizante, consistia em nada mais que fibra crua, outro indicador de fome disseminada. Perto dali, crianças vestidas de andrajos cavavam o solo em busca de ervas silvestres.[16]

Os temores de Liu Shaoqi se confirmaram nas semanas seguintes, por mais difícil que fosse conseguir que agricultores desconfiados falassem a verdade. Em uma aldeia onde parou a caminho de casa, descobriu que o número de mortes fora ocultado pelos líderes locais, enquanto um relatório oficial pintava um quadro da vida diária que nada tinha a ver com o desamparo que Liu via no local de produção. Ele se atritou com o chefe local, que tentou impedir a equipe de falar com os aldeões. Liu foi atrás de um oficial demitido como direitista em 1959: Duan Shucheng falou e explicou como a brigada ganhara uma bandeira vermelha durante o Grande Salto Adiante. Para proteger seu status privilegiado, explicou Duan, os líderes locais perseguiram sistematicamente qualquer um que ousasse expressar um ponto de vista divergente. Em 1960, a magra colheita de 360 toneladas de grãos foi aumentada para 600 toneladas. Depois dos confiscos, os aldeões foram deixados com irrisórios 180 quilos, dos quais sementes e forragens tinham que ser tiradas, deixando um punhado de arroz por dia.[17]

Na cidade natal de Liu Shaoqi, Tanzichong, amigos e parentes foram menos relutantes em falar. Negaram que tivesse havido seca no ano anterior e culparam os oficiais pela escassez de alimentos: "Desastres provocados pelo homem são a principal razão, não calamidades naturais." Na cantina, os utensílios de cozinha, tigelas sujas e pauzinhos estavam atirados em uma pilha sobre o chão. Algumas folhas de aspargos eram o único vegetal disponível, que devia ser preparado sem óleo de cozinha. Liu ficou abalado com o que viu. Poucos dias depois, desculpou-se com seus vizinhos em um comício com muitas pessoas: "Não vinha à minha casa há quase quarenta anos. Eu realmente queria voltar para casa para fazer uma visita. Agora vi como suas vidas são amarguradas. Não fizemos bem o nosso trabalho e imploramos o seu perdão." Naquela mesma noite, a cantina foi dissolvida por ordem de Liu.[18]

Homem comprometido com o partido, Liu Shaoqi ficou genuinamente chocado com o estado desastroso em que encontrou sua cidade natal. Dedicara cada minuto de seu tempo ao partido e descobrira que o partido trouxera abuso generalizado, desastre e inanição para as pessoas que pretendia servir. O que também descobriu foi uma completa falta de conexão entre pessoas e partido: ele tinha sido deliberadamente mantido no escuro — ou isso afirmava.

Embora os detalhes de sua viagem ao campo sejam bem conhecidos, seu choque com os funcionários locais não são. Primeiro, Liu desviou a culpa para o chefe do partido Zhang Pinghua, que tomava conta da província após a queda do poder de Zhou Xiaozhou: "Minha cidade natal é uma enorme confusão, mas ninguém me mandou um relatório, nem mesmo uma simples carta ou reclamação. No passado, as pessoas costumavam me mandar cartas, mas depois tudo parou. Não acho que não queriam mais me escrever, ou se recusassem a escrever, temo que não tinham permissão para escrever, ou escreviam e suas cartas eram inspecionadas e confiscadas." Com o Departamento de Segurança Pública foi áspero e acusou o aparato de segurança de estar "completamente podre". Como podia a polícia local ter permissão para ler e reter cartas pessoais e como podia se safar com investigação e espancamento de pessoas por tentar levar malfeitos ao conhecimento dele? Mais tarde, Liu confrontou Xie Fuzhi, o poderoso ministro da Segurança Pública e estreito aliado de Mao, perguntando-lhe por que era permitido que a violência prosseguisse sem controle em sua cidade natal. Liu, o paciente construtor do partido, se fora: em seu lugar ficara um homem abalado em sua fé que havia prometido falar em nome dos conterrâneos aldeões.[19]

* * *

De volta a Pequim, Liu continuou a falar com franqueza. Em 31 de maio de 1961, em uma reunião de líderes, fez um discurso emocional, no qual, de forma direta, pôs a culpa pela fome nos ombros do partido. "Os problemas que apareceram nos últimos anos realmente se devem a desastres naturais ou a deficiências e erros que tivemos em nosso trabalho? Em Hunan, os camponeses têm um ditado de que '30% se devem a desastres naturais, 70% a desastres artificiais'." Liu rejeitou a tentativa de disfarçar a escala da calamidade por meio da insistência dogmática em que a política geral do partido era um grande sucesso e magoou Mao ao ridicularizar um de seus aforismos favoritos: "Alguns camaradas dizem que esses problemas são meramente um dedo em dez. Mas agora temo que isso não seja mais uma questão de um em dez. Sempre dizemos nove dedos contra um dedo: a proporção nunca muda, mas isso não combina de fato com a realidade. Deveríamos ser realistas e falar das coisas como realmente são." Sobre a linha do partido, não mediu as palavras. "Houve muitas fraquezas e erros, até fraquezas e erros muito sérios em levar adiante a linha do partido, em organizar as comunas do povo, em organizar o trabalho para o Grande Salto Adiante." E ele não tinha dúvida sobre onde estava a responsabilidade. "O centro é o principal culpado. Nós, líderes, somos todos culpados, não vamos culpar uma só pessoa, ou um departamento."[20]

Liu se separava de Mao. Escapou das consequências por sua crítica porque o horror, àquela altura, era tão evidente, em todo lugar, que não podia mais ser ocultado. Pagaria caro por seu desafio durante a Revolução Cultural, mas, por enquanto, os outros líderes se inclinaram cautelosamente na direção de Liu Shaoqi e mudaram, muito levemente, o equilíbrio do poder, afastando-o de Mao. Chu En-lai, sempre circunspecto, reconheceu alguns erros cometidos na esteira da Conferência de Lushan e, depois, para ajudar o presidente a manter as aparências, abertamente aceitou a culpa por tudo que dera errado.[21]

Liu Shaoqi aproveitou a chance de levar ao limite o debate crítico, mas foi Li Fuchun quem usou a mudança para montar um recuo estratégico em relação ao Grande Salto Adiante. Homem de ares modestos que gostava de ler, Li desconfiava de visões dissidentes, mas também mudou de tom, fazendo uma análise sincera e vigorosa da economia em um encontro de planejadores do partido em Beidaihe, em julho de 1961. Apenas poucos meses antes, atento às mudanças de humor do presidente, suavizara a escassez geral, afirmando que uma sociedade socialista nunca se desenvolvia em linha reta, pois até a União Soviética passara por períodos de redução da produção de grãos.[22] Mas, na esteira do ataque de Liu Shaoqi, não mais se esquivou da questão. Em Shandong, Henan e Gansu, observou, dezenas de milhões de agricultores lutavam para sobreviver com um punhado de cereais por dia, e a fome tinha pouco a ver com calamidades naturais. As pessoas morriam de fome por causa de erros do partido. Li tinha sete adjetivos para descrever o Grande Salto Adiante: alto demais, grande demais, igual demais (o que significava que todos os incentivos tinham sido anulados), disperso demais, caótico demais, rápido demais e inclinado demais a transferir recursos. Uma prolongada análise se seguiu, assim como propostas concretas destinadas a reduzir todas as metas de produção e recolocar a economia nos trilhos. Estreito seguidor de Mao, Li teve um modo astuto de absolvê-lo de toda a culpa: "As diretrizes do presidente Mao são inteiramente corretas, mas nós, incluindo os órgãos centrais, cometemos erros ao executá-las."[23]

Li recebeu o endosso do presidente. No mês seguinte, fez relatório semelhante em um encontro de alto nível do partido em Lushan e novamente isentou o presidente de qualquer responsabilidade. Foi o momento crítico da fome. Li falava suavemente, era despretensioso e sua lealdade a Mao dificilmente seria posta em dúvida. À diferença de Peng Dehuai, encontrou um meio de apresentar os fatos sem incorrer em sua ira. Mao, líder paranoico que suspeitava de traição à mais leve desaprovação, elogiou o relatório.

Uma série de cáusticas análises seguiu-se ao discurso de Li Fuchun. Li Yiqing, antigo secretário do partido, relatou que, em 1958, mais de 140 mil toneladas de ferramentas agrícolas tinham sido lançadas nas fornalhas de fundo de quintal na província-modelo de Henan. Wu Jingtian, vice--ministro de Ferrovias, explicou como uma em cada cinco locomotivas estava fora de circulação por causa de defeito na máquina. Peng De, vice-ministro de Transportes, anunciou que menos de dois em cada três veículos sob seu comando trabalhavam realmente. O vice-ministro da Metalurgia, Xu Chi, observou que as forjarias de aço de Angang tinham sido obrigadas a parar durante semanas a fio no verão por causa da escassez de carvão.[24]

Mao raramente ia aos encontros, seguindo-os em vez disso por meio de relatórios compilados todas as noites. Ele estava em retiro, abstendo-se estrategicamente de fazer julgamentos e descobrindo em que pé estavam seus colegas. Mas não estava satisfeito. Desabafou com seu médico, Li Zhisui: "Todos os bons membros do partido morreram. Os únicos que restaram são um bando de zumbis."[25] Mas não tomou nenhuma atitude. Finalmente, os líderes do partido começavam a discutir entre eles a extensão do dano trazido por três anos de coletivização forçada. O que descobriram foi uma destruição em escala que poucos teriam imaginado.

PARTE TRÊS

DESTRUIÇÃO

17

Agricultura

A expressão "economia planificada" vem do alemão *Befehlswirtschaft*. Originalmente aplicada à economia nazista, foi mais tarde usada para descrever a União Soviética. Em vez de permitir aos compradores e vendedores dispersos determinar sua própria atividade econômica de acordo com as leis da oferta e da demanda, uma autoridade maior poderia emitir ordens e determinar o rumo geral da economia de acordo com um plano mestre. O princípio do comando requeria que todas as decisões econômicas fossem centralizadas para o bem maior, enquanto o Estado determinava o que deveria ser produzido, o quanto deveria ser produzido, quem produziria o quê e quando, como os recursos deveriam ser alocados e quais preços deveriam ser cobrados por matérias-primas, bens e serviços. Um plano central substituía o mercado.

Quando os planejadores assumiram a economia chinesa, os agricultores perderam o controle da safra. Em 1953, foi introduzido o monopólio do cereal e decretado que todos os agricultores deveriam vender todo o excedente para o Estado a preços por ele determinados. O objetivo por trás do monopólio era estabilizar o preço do grão no país, eliminando a especulação e garantindo o necessário para alimentar a população urbana e a expansão industrial. Mas o que era o "cereal excedente", em um país onde muitos agricultores mal plantavam o bastante para sobreviver? Foi

174 A GRANDE FOME DE MAO

definido como semente, forragem e uma ração básica de grão em cerca de 13 a 15 quilos mensais por cabeça. No entanto, 23 a 26 quilos de grão com casca eram necessários para fornecer entre 1.700 e 1.900 calorias diárias, uma quantidade que organizações de ajuda internacional consideram o mínimo indispensável para a subsistência.[1] A noção de excedente, em outras palavras, foi uma construção política destinada a dar legitimidade à extração de grão do campo. Ao forçar os aldeões a vender grão antes de satisfazer suas próprias necessidades de subsistência, o Estado também os tornava mais dependentes do coletivo. Grão extra, acima da ração básica, tinha que ser comprado de volta do Estado por aldeões com pontos pelo trabalho, distribuídos com base em seu desempenho no trabalho coletivo. Os agricultores tinham perdido o controle não apenas de suas terras e safras, como também de seus próprios horários de trabalho: os oficiais determinavam quem deveria fazer o quê e por quantos pontos de trabalho, de colher esterco a cuidar dos búfalos nos campos. Como o mercado foi eliminado e o dinheiro perdeu seu poder de compra, o grão se tornou a moeda de troca. A maior parte dele estava nas mãos do Estado.

Mas um problema mais insidioso espreitava por trás da noção de excedente de grão: a enorme pressão aplicada nos líderes locais para prometer sempre vendas maiores de cereais. O montante vendido ao Estado era determinado em uma série de encontros que começavam na aldeia, quando um líder de equipe passava uma cota para a brigada, onde as promessas eram ajustadas e combinadas em uma proposta passada para a comuna, que então negociava o quanto entregaria ao condado. Quando uma promessa chegava ao nível da região e da província, o volume tinha sido revisado para cima diversas vezes, como resultado da pressão do grupo. Um número muito distanciado da realidade finalmente aterrissava na mesa de Li Fuchun, o responsável por planejar a economia e estabelecer metas nacionais de produção. Ele, por sua vez, inflava a meta de acordo com as últimas mudanças políticas acordadas pela liderança: aquele novo número era a ordem do partido.

A pressão para mostrar ganhos sensacionais na produção de grãos chegou ao clímax durante o Grande Salto Adiante. Em um frenesi de lances competitivos, funcionários do partido, da aldeia até a província, tentavam

AGRICULTURA

superar uns aos outros, enquanto recordes sucessivos eram anunciados pela máquina de propaganda, o que, por sua vez, incitava até mesmo os oficiais mais cuidadosos a inflar os números. Mesmo depois de o partido ter tentado controlar algumas das afirmações mais extravagantes no início de 1959, o fracasso em projetar um salto substancial na produção era interpretado como "conservadorismo direitista", em particular durante os expurgos que se seguiram à Conferência de Lushan. Em clima de medo, os líderes da aldeia seguiam ordens em lugar de discutir as cotas. Frequentemente, um secretário do partido ou assistente da comuna simplesmente ia até uma faixa de terra, dava uma olhada em volta e determinava a meta de produtividade. Um líder de equipe explicava o processo do seguinte modo: "Em 1960, recebemos uma cota de 260 toneladas. Isso foi aumentado em 5,5 toneladas poucos dias depois. Então, a comuna fez uma reunião e acrescentou mais 25 toneladas. Após dois dias, a comuna nos telefonou para dizer que a cota havia subido para 315 toneladas: como tudo isso aconteceu, não temos ideia."[2]

Quanto mais alto o funcionário, maior o poder de aumentar a cota, o que repercutia em cada unidade subordinada, e cada uma tinha que manipular os números para obedecer. Quando Xie Fuzhi, o chefe em Yunnan, foi informado por Pequim de que a meta nacional para a produção de grãos tinha sido elevada para 300 milhões de toneladas, ele imediatamente fez uma conferência telefônica para explicar aos líderes de condado que isso realmente queria dizer 350–400 milhões de toneladas. Yunnan, calculou rapidamente, tinha 1/30 avos da população total, o que significava uma cota de 10 milhões de toneladas. Como Yunnan não queria ficar atrás do resto do país, Xie elevou isso para um total belamente arredondado de 25 bilhões jin, equivalente a 12,5 milhões de toneladas.[3] Todos, da região ao condado, comuna, brigada e aldeia, tinham que se mobilizar e ajustar as cotas locais de acordo com isso.

Com safras infladas, vinham cotas de confisco elevadas demais, e isso provocava escassez e, imediatamente, a fome. Mas, se os números eram inventados, como sabermos qual era a verdadeira colheita e a proporção da safra confiscada pelo Estado? Kenneth Walker, um especialista em economia agrária da Universidade de Londres, reuniu cuidadosamente durante uma década dados estatísticos de uma ampla variedade de jornais locais, estatísticas publicadas e diretrizes políticas. Walker mostrou que o Estado impôs os confiscos mais altos em 1959-62, em um tempo em que a produção média por pessoa estava, na verdade, em seu nível mais baixo.[4]

Exatamente quando o estudo apareceu impresso em 1984, um anuário estatístico foi publicado pelo Departamento Nacional de Estatísticas da China com um conjunto de dados históricos que cobria os dados da fome. A maioria dos observadores se baseou nesses números oficiais. Mas por que confiaríamos em um conjunto de estatísticas publicadas por um partido notoriamente protetor de seu próprio passado? Problemas com as estatísticas oficiais apareceram quando Yang Jisheng, jornalista aposentado da agência Xinhua, publicou um livro sobre a fome baseado em arquivos do partido, em um conjunto de números compilados em 1962 pelo Departamento de Grãos. Mas isso meramente transferiu o problema de um conjunto de números para outro. O fato de um documento vir de um arquivo não o torna automaticamente certo. Cada arquivo tem uma série de números que competem entre si, reunidos de modos diferentes por agências diferentes em tempos diferentes. Como resultado da pressão política, o trabalho estatístico do Departamento de Grãos desintegrou-se de 1958 a 1962 a tal extremo que o próprio Estado não podia mais calcular um nível realista de produção de cereais. E a distorção era maior no alto, quando falsos relatórios e afirmações exageradas se acumulavam à medida que subiam na hierarquia do partido. Se os próprios líderes estavam perdidos em um pântano de invenção estatística, parece improvável que possamos magicamente extrair a verdade numérica de um simples documento dos arquivos do partido. Mao Tsé-tung, Liu Shaoqi, Deng Xiaoping e outros líderes sabiam muito bem que estavam olhando o mundo através de camadas de filtros distorcidos, e a solução encontrada foi gastar mais tempo investigando o que acontecia no local de produção em jornadas de pesquisa no campo.

Por outro lado, entre 1962 e 1965, escritórios locais de estatísticas tentaram reconstruir sua credibilidade e, com frequência, voltavam aos anos da fome para descobrir o que havia acontecido. Os números que encontraram indicam um grau muito maior de confisco que os fornecidos pelo Departamento de Grãos.

AGRICULTURA

Tabela 5: Estimativas diferentes para a produção de grãos e confiscos de grãos em Hunan (milhões de toneladas)

	Estimativas de produção total da colheita		Estimativas dos confiscos totais	
	Depto. de Grãos	Escritório de Estatísticas	Depto. de Grãos	Escritório de Estatísticas
1956	—	10,36	—	2,39 (23,1%)
1957	11,3	11,32	2,29 (20,2%)	2,74 (24,2%)
1958	12,27	12,25	2,66 (21,7%)	3,50 (28,5%)
1959	11,09	11,09	2,99 (26,9%)	3,89 (35,1%)
1960	8	8,02	1,75 (21,9%)	2,50 (31,2%)
1961	8	8	1,55 (19,4%)	2,21 (27,6%)

Fonte: Hunan, maio 1965, 1871–1432, p. 3–8; os números da colheita são de Hunan, 30 de junho de 1961, 194–1–701, p. 3–4, que tem números levemente diferentes das estimativas de 1965; os números do Depto. de Grãos são de Yang, *Mubei*, p. 540.

A tabela 5 compara os números compilados pelo Departamento em 1962 com os números locais calculados em 1965 pelo Escritório de Estatísticas provinciais em Hunan, em uma tentativa de determinar em quanto os agricultores tinham efetivamente contribuído com o Estado. A diferença em estimativas para a produção de grão é mínima, mas, quando se chega ao tamanho dos confiscos, as cifras fornecidas pela província revelam-se muito mais altas, indo de 28% a 35% do total da safra. Por que existe uma discrepância de 4% a 10%? Uma razão pode ser encontrada na natureza das provas estatísticas. Um exame mais acurado indica que os números fornecidos pelo Departamento de Grãos não foram cuidadosamente recuperados no período imediatamente posterior à fome, mas mecanicamente compilados dos gráficos que o Departamento entregara nos anos anteriores. Cada gráfico tinha dois conjuntos de números, um indicando os confiscos "realizados de fato" no ano corrente, o outro estabelecendo regras para o ano que entrava. Os números do confisco para 1958, por exemplo, vêm do gráfico para 1959, o que significava que eram avaliações grosseiras.[5]

A isso deveríamos acrescentar o fato de o Departamento de Grãos em Pequim estar sob muita pressão em 1962 para mostrar que não havia per-

178   A GRANDE FOME DE MAO

mitido confiscos excessivos para esgotar o grão do campo e, assim, adotar um conjunto de números baixos. Mas há outra razão para a divergência: grãos estavam sendo escondidos em todos os níveis da sociedade, da aldeia à comuna, até a província. Os números compilados em 1965 pelo Escritório de Estatísticas em Hunan foram baseados em cuidadosa pesquisa após a fome. O Escritório pôde voltar atrás para conjuntos completos de estatísticas da comuna e do condado para descobrir o quanto havia sido confiscado, na verdade, em contraste com os números da província oficialmente entregues ao centro. Em outras palavras, a discrepância corresponde ao volume de grãos requeridos que escapou ao olhar do Estado.

Outros exemplos confirmam que as taxas de requisição eram muito mais altas que as sugeridas pelo Departamento de Grãos. Em Zhejiang, por exemplo, Zeng Shaowen, um funcionário provincial de alto escalão, admitiu, em 1961, que cerca de 2,9 milhões de toneladas, ou 40,9% da safra, foram requisitados em 1958, seguidos de percentual ainda maior — 43,2% — no ano seguinte. O Departamento de Grãos dá percentagens muito mais baixas: 30,4% para 1958, seguida de 34,4%.[6] Uma história semelhante vem de Guizhou. Nos arquivos do partido provincial, que Yang Jisheng não pôde acessar, um documento do comitê provincial do partido mostra que uma média de 1,8 milhão de toneladas foi requisitada todos os anos de 1958 a 1960, o que representou 44,4% da safra, com um pico de 2,34 milhões de toneladas em 1959 — equivalente a enormes 56,5% da safra. Os números fornecidos pelo Departamento de Grãos são em média de 1,4 milhão de toneladas para os mesmos três anos, ou cerca de um quarto menos.[7]

Alguns desses cálculos podem parecer abstratos, mas são muito importantes. O grão não é apenas a moeda de troca em uma economia planificada; ele se torna a fonte de sobrevivência em tempos de fome. Quando Hunan ou Zhejiang aumentavam suas requisições em 8% a 10% e tomavam mais 750 mil toneladas de grãos do campo em meio à fome, o número de pessoas levadas à inanição crescia proporcionalmente. Vimos como um quilo de grão fornecia quantidade suficiente de calorias para uma pessoa a cada dia, o que significa que uma família de três membros podia viver com uma tonelada por ano. Mas a verdadeira questão é que muitos agricultores poderiam ter sobrevivido à fome se suas rações tivessem sido

AGRICULTURA

apenas marginalmente aumentadas em cerca de 400 a 500 calorias por dia, equivalentes a uma grande tigela à noite. Em resumo, para entender como as pessoas morreram em tal escala, é vital ver o papel desempenhado por requisições crescentes em tempos de colheitas decrescentes.

Tabela 6: Estimativas diferentes de requisição de grãos (milhões de toneladas)

	Produção total	Total de requisições		
		Estatísticas oficiais	Depto. de Grãos	Escritório de Estatísticas
1958	200	51	56,27	66,32
1959	170	67,49	60,71	72,23
1960	143,50	51,09	39,04	50,35
1961	147,47	54,52	33,96	—

Fonte: Walker, *Food Grain Procurement*, p. 162; Yang, *Mubei*, p. 539; Yunnan, 1962, 81–7– 86; os números de produção são de grãos com casca, ao passo que os números de requisições são de grãos processados, ocultando perda excedente de cerca de um quinto do peso total.

Quanto grão foi requisitado no total? A tabela 6 tem três conjuntos de estatísticas. Os dois primeiros mostram os números gerais a que chegou Kenneth Walker em 1983, pesquisando em estatísticas publicadas, assim como os números fornecidos por Yang Jisheng com base no Departamento de Grãos. Mas, como vimos, a palavra do Departamento de Grãos não é confiável, porque ele não tinha nem a perícia, nem a inclinação política para coletar os números reais. Um terceiro conjunto de estatísticas vem das anotações feitas pelo Escritório de Estatísticas de Yunnan em 1962, enquanto seus membros assistiam a uma das conferências nacionais periodicamente realizadas pelo Departamento de Estatísticas em Pequim. Nem um só conjunto de números verdadeiros será encontrado nos arquivos, uma vez que cada número era uma afirmação limitada pela política e pela utilidade em lugar da perícia. Mas parece que o Departamento de Grãos compilava números que estavam muito abaixo do que observadores estrangeiros conseguiam calcular com base em estatísticas regionais publicadas e do que o Departamento de Estatísticas compilou em 1962. Em resumo, provas de diferentes fontes mostram que o nível de requisição variava de 30% a 37% nacionalmente, muito acima dos mais comuns 20% a 25% extraídos até 1958. Como Mao indicou em 25 de março de 1959, em um encontro secreto de líderes do partido, "se vocês não forem além de um terço, as pessoas não se rebelarão". Ele próprio estimulava requisições maiores que o usual, em um tempo em que era bem sabido que os números das safras tinham sido inflados.[8] Em outras palavras, a ideia de que o Estado erradamente tomou grão demais do campo porque supôs que a safra era muito maior do que era é, em grande medida, um mito — quando muito, parcialmente verdadeiro apenas para o outono de 1958.

Uma parte do grão requisitado era vendida de volta para os fazendeiros — mediante ágio —, mas eles estavam no fim de uma longa lista de espera. Como vimos nos capítulos 10 e 15, o partido desenvolvera uma lista de prioridades políticas que ignorava as necessidades do campo. A liderança decidiu aumentar as exportações de grão para honrar seus contratos estrangeiros e manter sua reputação internacional, a tal ponto que uma política de exportar "acima de tudo o mais" foi adotada em 1960. O partido escolheu aumentar a ajuda estrangeira aos aliados e embarcou carregamentos de grãos gratuitamente para países como Albânia. Prioridade também foi dada às crescentes populações de Pequim, Tianjin, Xangai e à província de Liaoning — área central da indústria pesada —, seguida de requisições de moradores urbanos em geral. A consequência dessas decisões políticas não foi apenas o aumento da proporção de requisições, como também o aumento das requisições do volume total de grãos entregue ao Estado. No caso de Zhejiang, por exemplo, uma média anual de 1,68 milhão de toneladas deixou a província de 1958 a 1961, em contraste com 1,2 milhão de toneladas em cada um dos três anos precedentes. Apenas em 1958, isso significou que mais da metade dos grãos requisitados foi entregue a Pequim antes mesmo que a província começasse a alimentar os residentes urbanos.[9] Em geral, o volume de grãos tomado pelo Estado para alimentar Pequim, Xangai, Tianjin e a província de Liaoning e para manter o mercado de exportação subiu a cada trimestre, de 1,6 milhão de toneladas no terceiro trimestre de 1956 a 1,8 milhão de toneladas no mesmo período em 1957, a 2,3 milhões de toneladas em 1958, a 2,5 milhões de toneladas um ano depois e a uma alta de 3 milhões de toneladas em três meses em 1960.[10]

AGRICULTURA

O efeito direto dessas prioridades políticas foi a destruição da vida de muitos aldeões. Como colocou Wang Renzhong em um encontro de líderes de todas as províncias do sul, em agosto de 1961, "condições extraordinariamente difíceis demandam medidas extraordinárias", explicando que o grão seria fornecido apenas para as cidades, de forma que as aldeias nas garras da fome teriam que se virar sozinhas. Em seu modo de ver, algumas partes teriam que ser sacrificadas para manter o todo.[11]

Ele não estava sozinho. Chu En-lai, por exemplo, pressionava incansavelmente por requisições maiores. Era o homem responsável por garantir que grão suficiente fosse tomado do campo para alimentar as cidades e ganhar moeda estrangeira. Ele atormentava chefes provinciais pessoalmente, por telefone, por meio de seus representantes e de uma incessante linha de telegramas com a marca "urgente". Chu também tinha um agudo sentido de hierarquia, em que as necessidades do campo tinham que fazer concessões aos interesses do Estado — que ele representava. Sabia muito bem que as vastas quantidades de grãos que lhe haviam sido dadas por Li Jingquan, seguidor radical de Mao, só podiam levar a uma situação de fome em massa em Sichuan. Mas outros também se agarravam rigidamente ao ponto de vista de que a inanição de pessoas importava menos que as demandas do Estado. Deng Xiaoping pensava que, em uma economia planificada, as requisições tinham que ser implacáveis, "como em uma guerra": não importava o quanto um líder provincial tentasse defender o seu território, a linha do partido tinha que ser mantida, ou o Estado pereceria. Ao falar, no fim de 1961, quando a extensão da fome era bem conhecida entre a liderança, isso foi o que Deng Xiaoping teve a dizer sobre Sichuan, onde enormes requisições causaram a morte de muitos milhões de pessoas: "No passado, as requisições foram muito pesadas em certas regiões; em Sichuan, por exemplo, foram pesadas por um número regular de anos, incluindo este ano, mas não há alternativa. Eu aprovo o estilo Sichuan, eles nunca se queixam de provações, todos deveríamos aprender com Sichuan. E não estou dizendo isso porque eu mesmo sou de Sichuan."[12] Como vimos, Mao colocava de forma diferente: "Quando não há o bastante para comer, as pessoas morrem de fome. É melhor deixar metade das pessoas morrerem, para que a outra metade possa se saciar."[13]

* * *

A GRANDE FOME DE MAO

182

Os preços pagos pelo Estado pelas requisições de grãos variavam de província para província. No caso do milho, por exemplo, ia de 124 yuans por tonelada em Guangxi a 152 yuans por tonelada em Guangdong, logo depois da fronteira com Guangxi, no início de 1961. A diferença para o arroz podia chegar a 50%: por exemplo, 124 yuans por tonelada em Guangxi contra 180 yuans pela mesma quantidade em Xangai.[14] O Estado teve lucro substancial exportando arroz por 400 yuans a tonelada.[15]

Os preços eram periodicamente ajustados, mas os preços das requisições permaneciam tão baixos que, na maioria das vezes, os agricultores produziam grãos com prejuízo. Simplesmente por essa razão, ainda em 1976 não era lucrativo cultivar trigo, centeio, milho e sorgo. O lucro com o arroz era marginal.[16] Mas, em uma economia planificada, os agricultores não decidiam mais a safra que plantariam, pois tinham que seguir ordens dos oficiais locais — que, por sua vez, tinham que aplicar as ordens do partido. E os planejadores estavam fascinados pela produção de cereais, decidindo forçar proporções sempre maiores de agricultores a se concentrar no grão — em detrimento da economia em geral. Essa visão se traduziu em 1959 em uma política de estimular a produção de grão acima de tudo o mais e levou muitas províncias a estender a superfície cultivada com grão em cerca de 10%.[17] Os agricultores solicitados a abandonar safras mais lucrativas por milho, arroz ou trigo ficavam em desvantagem. Por exemplo, depois que receberam ordem de cultivar grãos em vez de melões, cana-de-açúcar e tabaco, que cultivavam habitualmente, algumas aldeias em Zhejiang viram sua renda despencar.[18]

Outro problema com a economia planificada era que funcionários no local de produção nem sempre sabiam o que estavam fazendo e impunham decisões que se revelavam desastrosas. Já vimos como o plantio denso e a lavra profunda foram martelados pelo regime no auge do Grande Salto Adiante. Isso foi combinado com caprichosas intervenções de quadros locais com pouco conhecimento de agricultura. Em 1959, na comuna de Luoyang, um líder local decidiu substituir a safra local por batatas-doces em metade da área disponível, mas mudou de ideia depois e substituiu as batatas por amendoins. Depois, os amendoins foram arrancados para abrir espaço para o arroz. No ano anterior, a comuna

AGRICULTURA

tinha tentado a lavra profunda, utilizando vastas concentrações de mão de obra para cavar sulcos profundos, a maior parte com as mãos. Grandes quantidades de fertilizantes foram aplicadas, em alguns casos até 30 toneladas por hectare. Tudo deu em nada.[19] No condado de Kaiping, Guangdong, milhares de aldeões foram repetidamente forçados a plantar uma safra no início da primavera de 1959, apesar do frio cortante: as sementes congelaram em três ocasiões e, no final, os campos renderam 450 quilos por hectare.[20]

Ainda mais desastrosa foi a ordem de plantar menos. Mao estava tão convencido de que o campo ofegava sob o peso de cereais que sugeriu que um terço da terra descansasse. "As pessoas na China cultivam em média três *mu*, mas acho que dois *mu* é o bastante."[21] Combinado com o êxodo de agricultores em direção às cidades, a área geral cultivada caiu. Em Hunan, em 1958, cerca de 5,78 milhões de hectares foram cultivados com grãos, mas, por volta de 1962, esse número diminuiu em 15%, chegando a 4,92 milhões de hectares.[22] Na província de Zhejiang, cerca de 65 mil hectares de terra cultivada desapareciam todo ano, o que levou a uma perda de aproximadamente um décimo da área total por volta de 1961.[23] Essas médias provinciais mascaravam profundas diferenças regionais. Na região de Wuhan, por exemplo, pouco mais da metade de 37 mil hectares disponíveis estava lavrada.[24] Tan Zhenlin, a cargo da agricultura, observou, em 1959, que cerca de 7,3 milhões de hectares eram deixados em descanso.[25] No início de 1961, Peng Zhen estimou a área total semeada em 107 milhões de hectares: se for verdade, significaria um desperdício de 23 milhões de hectares desde 1958.[26]

A essa perda tinha que ser acrescentada a mudança na proporção dos grãos cultivados. A população urbana preferia, em grande parte, grãos refinados — arroz, trigo, soja — embora, no norte, consideráveis volumes de grãos rústicos — sorgo, milho e painço — fossem consumidos. Mas batatas-doces eram vistas como alimentação de camponeses e, em geral, não eram consumidas em volumes significativos.[27] Além disso, batatas-doces eram uma mercadoria perecível, e o Estado tinha limitado interesse nelas: a maior parte das requisições era de grãos refinados. Mas a proporção de batata-doce cresceu durante os anos de fome, quando os quadros respondiam à pressão para aumentar a produtividade por meio da mudança para o tubérculo, fácil de cultivar. Mais frequentemente, os agricultores eram deixados apenas com as batatas.

* * *

Ao impor o monopólio na venda de cereais, o Estado assumiu tarefa de proporções gigantescas. Empregados do Estado tinham que comprar o grão, estocá-lo, transportá-lo para diferentes destinações pelo país, estocá-lo novamente e distribuí-lo em troca de cupons de rações — tudo de acordo com um plano mestre, em lugar de incentivos criados pelo mercado. Até um país rico teria hesitado diante da enormidade da tarefa, e a China era uma nação pobre e extremamente grande para isso. A estocagem do Estado — em oposição a pequenos estoques distribuídos entre uma ampla variedade de produtores privados e públicos, varejistas e consumidores — contribuiu em grande medida para a destruição de grãos. Insetos eram comuns, ratos abundavam. Uma detalhada investigação do Congresso Provincial do Povo de Guangdong mostrou que, no condado de Nanxiong, espantosos 2.533 de todos os 2.832 celeiros locais tinham ratos. Insetos infestavam um terço de todos os 123 armazéns do Estado e uma proporção ainda maior dos 728 celeiros comunais no condado de Chao.[28] Em Yunnan, no primeiro semestre de 1961, cerca de 240 mil toneladas foram contaminadas por bichos.[29] No condado de Zhucheng, Shandong, cada quilo de grão fervilhava de insetos.[30]

Além disso, o apodrecimento. Condições precárias de estocagem contribuíram para isso, assim como a prática, nem sempre bem-sucedida, detectada por inspetores de grãos, de molhar os grãos com água para aumentar seu tamanho. Em Guangdong, cerca de um terço de 1,5 milhão de toneladas de grãos do Estado continham água demais, de forma que um celeiro atrás do outro sucumbiu ao apodrecimento.[31] Em Hunan, um quinto de todos os celeiros de grãos do Estado estavam infestados de insetos ou corrompidos por alto conteúdo de água. Em Changsha, a capital provincial, mais da metade de todo o grão estocado estava contaminada.[32] As temperaturas nos armazéns do Estado eram com frequência altas

AGRICULTURA

185

demais, acelerando a deterioração e, em troca, beneficiando os insetos, que aproveitavam o calor e a umidade. Em Yunnan, a temperatura em alguns armazéns chegava a 39-43° C.[33] Mesmo longe da umidade da China subtropical, o apodrecimento era comum no inverno frio da planície do norte. Logo fora da capital, no meio dos piores anos da fome, bem mais de 50 toneladas de batatas-doces apodreciam em uma dúzia de aldeias do condado de Yanqing. Outras 6 toneladas se putrefaziam em instalações de armazenagem no distrito de Haidian em Pequim.[34]

Perdas significativas também foram causadas por fogo, seja incêndio criminoso ou acidental. Só em Yunnan, 70 toneladas de comida transformavam-se em fumaça todo mês em 1961; mais de 300 toneladas foram completamente destruídas a cada mês em 1960 e 1961, em consequência de apodrecimento, insetos e fogo. O Departamento de Segurança calculou que a perda de grãos para o fogo naquela província, só em 1960, teria sido suficiente para alimentar adequadamente 1,5 milhão de pessoas durante um mês inteiro.[35] Yunnan não foi a que mais perdeu. Na região de Anshan, província de Liaoning, 400 toneladas foram destruídas a cada mês em 1960, embora nesse número somente se incluíssem perdas que podiam ser atribuídas a roubo e corrupção — assunto do qual trataremos adiante.[36]

O sistema de transporte foi desastrosamente afetado pelos programas do Grande Salto Adiante. O sistema ferroviário foi paralisado no início de 1959, sobrecarregado pelo volume de bens que o plano deslocava de uma extremidade para outra do país. Caminhões ficavam rapidamente sem gasolina. Em todo o país, o grão ia para o lixo às margens das ferrovias. Na pequena capital provincial de Kunming, cerca de 15 toneladas eram perdidas todo mês devido aos trens e caminhões.[37] Isso não era nada em comparação com o que acontecia no campo depois da colheita. Em Hunan, o sistema inteiro foi paralisado no verão de 1959 em consequência da falta de centenas de vagões de frete necessários todos os dias. Faltavam caminhões também, de forma que apenas metade de cereais podia ser transportada do campo para as principais estações ferroviárias. Cerca de 200 mil toneladas de grão se acumulavam à margem da estrada, embora apenas 60 mil toneladas pudessem ser carregadas todo mês.[38]

No final, não restavam nem sementes suficientes para os agricultores plantarem a safra. Ao viajar de trem de Pequim para Xangai, na primavera de 1962, visitantes estrangeiros notaram que, no máximo, faixas de terra ao longo dos trilhos estavam esparsamente plantadas, campo após campo sem semear.[39] Por todo o país, campos outrora muito bem cuidados apresentavam agora aspecto desolado, com moitas de trigo raquítico ou arroz mirrado, por falta de fertilizantes. Grandes lotes estavam abandonados porque os agricultores não tinham nada para plantar. Em toda parte, grandes volumes de sementes normalmente separadas para serem plantadas na estação seguinte tinham sido comidos por agricultores desesperados. Até em Zhejiang, relativamente protegida dos piores efeitos da fome, uma em cada cinco aldeias carecia das sementes necessárias para semear os campos.[40] Na subtropical Guangdong, normalmente iluminada em todos os tons de verde na primavera, 10% dos brotos apodreciam rotineiramente, a semente fraca e empobrecida, a terra lavada de todos os nutrientes. Em algumas comunas do condado de Zhongshan, metade dos campos murchou, as plantas florescentes ficaram amarelas e, depois, lentamente se decompuseram em um mingau marrom.[41]

* * *

Como os planejadores destinavam proporção sempre maior das terras agricultáveis para o cultivo de grãos, a produção de safras comerciais e óleos comestíveis desabou. Mas, à diferença do grão, não havia noção alguma de um limiar de subsistência abaixo do qual o Estado não deveria intervir, e as requisições aumentavam rapidamente em consequência disso.

O algodão é um bom exemplo. Já observamos como produtos têxteis da China inundaram o mercado internacional em 1958, quando o país declarou uma ofensiva comercial e exportou bens a preços abaixo do custo econômico. Essa estratégia foi um tiro pela culatra, mas as exportações de tecidos, apesar de tudo, cresceram para cumprir os acordos comerciais com parceiros estrangeiros. A China embarcou 1 milhão de metros de tecido de algodão para a União Soviética em 1957; depois, 2 milhões de metros em 1959 e imensos 149 milhões de metros em 1960.[42] O custo de

AGRICULTURA

importar 10 mil toneladas de algodão cru para alimentar as indústrias têxteis foi de US$ 8 milhões. A matemática era simples. Como exclamou o ministro das Finanças Li Xiannian, em novembro de 1961, ao calcular o custo equivalente de importação de 50 mil toneladas extras de algodão que tinham sido requisitadas ao campo naquele ano, "40 milhões de dólares americanos é realmente maravilhoso".[43]

Tabela 7: Produção de algodão e requisições de algodão em Hunan (toneladas)

	Produção	Requisição
1957	21.557	17.235 (80%)
1958	23.681	15.330 (64,7%)
1959	32.500	28.410 (87,4%)
1960	21.000	19.950 (95%)
1961	15.130	15.530 (102,6%)

Fonte: Hunan, 1962, 187–1–1021, p. 33; março 1964, 187–1–1154, p. 80 e 97.

A atração do papel-moeda era irresistível. A requisição aumentou de 1,64 milhão de toneladas em 1957 para 2,1 milhões de toneladas no ano seguinte. Embora apenas metade daquele volume tenha sido arrecadado em 1960, quando a safra de algodão caiu, isso ainda significou que entre 82% e 90% da produção total de algodão acabaram nas mãos do Estado.[44] Tome-se o exemplo de Hunan (tabela 7). Como a produção real desabou depois de um pico em 1959, o percentual tomado pelo Estado saltou de 80% para 95% em 1960. Em 1961, funcionários de Hunan conseguiram requisitar mais que a produção total de algodão, espalhando-se por toda a província e recolhendo todos os fardos de algodão, inclusive as reservas da safra precedente mantidas por equipes e comunas. Essa estratégia tinha sido adotada em Hebei em 1959 e era altamente recomendada pela liderança. Como o Conselho de Estado explicou, em fevereiro de 1959, Hebei conseguira aumentar as requisições em um terço, tirando à força as reservas encontradas em instalações coletivas de armazenagem e "tomando o algodão ainda nas mãos das massas".[45]

As massas eram deixadas sem muito tecido. Exatamente como o grão era distribuído de acordo com prioridades políticas que favoreciam o mercado de exportação acima das necessidades domésticas, uma grande proporção de algodão era dada às indústrias têxteis e vendida no mercado internacional. O que restava era racionado e distribuído em pequenas porções, segundo uma hierarquia social bem estabelecida que colocava partido e exército no alto, seguidos da população urbana, sendo cada uma dessas categorias mais ajustada a uma intricada hierarquia que tinha algo em comum: os produtores de algodão, principalmente pessoas do campo, eram, em geral, excluídos. Dos 3,5 milhões de peças de algodão (*jian*) produzidas em 1961, cerca da metade estava reservada para os uniformes do partido e do exército, e um milhão de peças foram separadas para o mercado de exportação, enquanto para uma população de 600 milhões eram deixadas 800 mil peças.[46] Em Guangzhou, cupons de racionamento eram requeridos para toalhas, meias, camisas, túnicas e capas de chuva. A peça de algodão era racionada em um metro por ano, os que viviam nos subúrbios recebendo um terço a menos que os habitantes da cidade. Antes do Grande Salto Adiante, em contraste, qualquer um podia comprar mais de sete metros de algodão por ano.[47]

Em 1960, a situação no campo se tornou tão desesperada que os agricultores comeram as sementes de algodão. No condado de Cixi, Zhejiang, cerca de 2 mil aldeões foram envenenados em um só mês por comer bolos feitos com sementes, uma indicação da extensão do desespero que atingira uma das mais protegidas províncias da China. Em Henan, os bolos de sementes envenenaram mais de 100 mil pessoas somente na região de Xinxiang, matando mais de 150.[48] Por todo o campo, aldeões desesperadamente famintos comiam tudo em que pudessem pôr as mãos, de cintos de couro e palha de telhado a estofo de algodão. Ao viajar durante um mês por algumas das regiões mais devastadas ao longo do rio Huai, em setembro de 1961, Hu Yaobang, um chefe do partido e colega de Deng Xiaoping que se tornaria importante décadas depois por afastar o país do marxismo ortodoxo, relatou ter visto mulheres e crianças completamente nuas. Muitas famílias de cinco ou seis compartilhavam um cobertor. "É difícil imaginar se não se vê

AGRICULTURA

com os próprios olhos. Há vários lugares onde deveríamos tratar com urgência essa questão para evitar que as pessoas morram congeladas."[49] Em todo o país, os que morriam de inanição frequentemente estavam nus, até mesmo em pleno inverno.

* * *

Embora abatidos em quantidades significativas durante o Grande Salto Adiante em 1958, com o passar dos anos aves domésticas, porcos e gado sucumbiam principalmente por negligência, frio e doença. Os números dão o sentido da devastação. Na província de Hunan, onde cerca de 12,7 milhões de porcos fuçavam a terra em 1958, meros 3,4 milhões de animais esqueléticos restavam vivos em 1961 (tabela 8). Hebei tinha 3,8 milhões de porcos em 1961, metade daqueles de que a província se gabava cinco anos antes. Um milhão de cabeças de gado também desapareceram.[50] Shandong perdeu 50% de seu gado durante a fome.[51]

Tabela 8: Porcos na província de Hunan (milhões)

1957	1958	1959	1960	1961
10,9	12,7	7,95	4,4	3,4

Fonte: Hunan, 1962, 187–1–1021, p. 59.

A negligência era generalizada, pois os incentivos para cuidar do gado foram removidos assim que todos os animais foram entregues às comunas do povo. Em Huaxian, nos arredores de Guangzhou, os porcos ficavam em trinta centímetros de excremento. Em algumas aldeias, os abrigos de porcos foram destruídos para serem transformados em fertilizantes, deixando os animais expostos às intempéries.[52] Medidas de quarentena de rotina fracassavam, pois os serviços veterinários estavam desorganizados. Peste bovina e febre suína se espalharam; gripe aviária era comum.[53] O inverno era o principal causador de morte. Dezenas de milhares de porcos morreram de fome no condado de Cixi, Zhejiang, em um só mês.[54] Só em dezembro de 1960, 600 mil porcos morreram na província de Hunan.[55]

Ainda mais reveladores eram os índices de doenças, que subiam com rapidez. Em Dongguan, Guangdong, o índice de mortes de porcos estava pouco acima de 9% em 1956. Três anos depois, um quarto de todos os porcos morreu, e, em 1960, bem mais da metade de todos os porcos pereceu. O condado ficou com um milhão de porcos, onde poucos anos antes existiam mais de 4,2 milhões.[56] Em Zhejiang, o índice de morte em alguns condados era de 600%, significando que, para cada nascimento, havia seis mortes; a vara inteira logo foi eliminada.[57] Em toda Henan, a situação do gado era melhor em 1940, em plena guerra com o Japão, do que em 1961 — segundo o próprio Chu En-lai.[58]

Antes de morrer, os porcos se voltavam uns contra os outros. Mais frequentemente, o gado não era separado por peso, ou seja, todos ficavam presos em um espaço comum, onde os menores eram rechaçados, pisados, agredidos até a morte e devorados. Em partes do condado de Jiangyin, por exemplo, muitos porcos morriam congelados, mas um número regular era canibalizado por porcos maiores.[59] Quando grandes números de porcos são jogados juntos em um ambiente hostil, aparentemente nenhuma hierarquia se desenvolve, e cada animal olha os outros como inimigos. Na comuna Estrela Vermelha em Pequim, onde a morte nos rebanhos era de 45%, os aldeões observavam que os porcos comiam filhotes, pois eram todos confinados juntos, indiscriminadamente.[60]

Uma pequena proporção de mortes era causada por inovações no acasalamento dos animais. Assim como acontecera com o plantio denso e lavra profunda, supunha-se que essas inovações impulsionariam o país para a dianteira de seus rivais. Toda sorte de experimentos foi tentada para aumentar o peso dos porcos, alguns deles inspirados nas teorias fraudulentas de Trofim Lysenko. Um protegido de Stalin, Lysenko rejeitava a genética e acreditava que a hereditariedade era modelada pelo meio ambiente (Lysenko, diga-se de passagem, expressou abertamente seu desprezo pelo Grande Salto Adiante em 1958, para grande irritação da liderança em Pequim).[61] Exatamente como sementes de variedades híbridas eram desenvolvidas para ganhar mais resistência, a procriação híbrida de gado era valorizada pelos líderes mais antigos. Jiang Hua, secretário do partido em Zhejiang, pediu aos líderes dos condados que tomassem medidas visando a "modelar

AGRICULTURA

ativamente a natureza": sugeriu o cruzamento de porcas com touros para produzir filhotes mais pesados.[62] Os quadros locais, ansiosos para cumprir cotas impossíveis de entrega de carne, também inseminaram artificialmente animais que ainda não haviam atingido a maioridade, incluindo alguns que pesavam apenas 15 quilos (um porco adulto saudável deve pesar entre 100 e 120 quilos). Como resultado, muitos animais ficaram aleijados.[63]

A despeito do precipitado declínio do rebanho, as requisições do Estado eram incessantes. Em Hebei e Shandong, foi imposta ao campo a proibição de abate de animais por um período de três meses, no início de 1959. Como vimos, Mao aplaudiu a proibição, indo a ponto de sugerir que se adotasse uma resolução para que ninguém comesse carne: toda ela deveria ser exportada para honrar os compromissos externos.[64] Mao não conseguiu exatamente o que queria, ainda que as rações para a população urbana fossem reduzidas diversas vezes. Até em Xangai, uma cidade onde, em média, cada pessoa consumia cerca de 20 quilos de carne por ano em 1953, meros 4,5 quilos em tíquetes de ração foram alocados pelo plano em 1960, embora, em realidade, muito menos estivesse disponível.[65] Mas os membros do partido continuaram a receber suprimento regular de carne. Assim, Guangdong teve ordem, em 1961, para entregar 2.500 porcos à capital, todos reservados para banquetes oficiais e convidados estrangeiros: isso foi um acréscimo às cotas regulares das requisições do Estado.[66]

A indústria da pesca também foi muito prejudicada pela coletivização, pois o equipamento foi confiscado ou malconservado. Em Wuxing, um distrito da próspera cidade da seda, Huzhou, situada no sul do lago Tai, um em cada cinco barcos não podia mais navegar no mar porque não havia óleo de tungue para reparar fissuras. O número de buracos aumentou constantemente, pois os pregos marinhos não eram mais feitos de ferro forjado.[67] O volume geral da pescaria desabou. No lago Chaohu, Anhui, uma única equipe de pescadores capturava rotineiramente cerca de 215 toneladas de peixe em 1958. Dois anos mais tarde, não mais de 9 toneladas eram puxadas para bordo, pois barcos e redes apodreciam sem que cuidado algum fosse tomado. Muitos pescadores abandonaram o comércio por falta de incentivo.[68]

* * *

Arados, ancinhos, foices, enxadas, pás, baldes, cestos, esteiras, carretas e ferramentas de toda espécie foram coletivizados, mas qual coletividade os possuía realmente? Um cabo de guerra começou entre equipes, brigadas e comunas, com recriminações mútuas e reintegrações de posse ao acaso, e o resultado foi que, no fim, ninguém se importava mais. Alguns aldeões simplesmente atiravam seus arados e ancinhos no campo no fim do dia. No passado, uma boa ferramenta podia durar até dez anos — alguns arados sobrevivendo por até sessenta anos com cuidadosos reparos — agora, não duravam mais que um ano ou dois. Esteira de secar painço, que, quando cuidadosamente mantida, só precisaria ser consertada após dez anos, com o advento das comunas do povo ficavam imprestáveis depois de uma estação. Alguns ancinhos, conforme relatado por uma equipe de investigadores de Xangai, tinham que ser consertados todos os dias.[69]

E essas eram as ferramentas que não tinham sido devoradas pelas fornalhas de fundo de quintal durante a campanha frenética do ferro e do aço em 1958. Na conferência de Lushan realizada no verão de 1961, Li Yiqing, secretário da região centro-sul, disse aos líderes do partido que 140 mil toneladas de ferramentas agrícolas tinham sido jogadas ao fogo na província de Henan.[70] Quando essas perdas foram somadas à destruição causada pela negligência, o total variava em cerca de um terço à metade de todo o equipamento. Em Shandong, um terço de todas as ferramentas estava inutilizado após um ano do Grande Salto Adiante.[71] Na região de Shaoguan, Guangdong, 40% de todo o equipamento necessário já não existia em 1961, significando perda de aproximadamente 34 milhões de ferramentas. Um terço do que restou estava danificado.[72] Numerosos moinhos movidos a água em Hebei estavam partidos, enquanto as carretas também tinham sido reduzidas em 50%.[73] Na província de Zhejiang, metade de todas as bombas-d'água, mais da metade de todas as máquinas de semeadura e mais de um terço de todas as debulhadoras estavam tão danificados que não tinham mais conserto.[74]

Além de haver poucos incentivos para reparar ferramentas que pertenciam a todos em geral e a ninguém em particular, outras razões se colocavam no caminho da recuperação. A escassez generalizada de recursos naturais, especialmente madeira, significou inflação galopante — apesar

AGRICULTURA

dos preços fixos da economia planificada. Em Zhejiang, por exemplo, o bambu estava 40% mais caro depois do Grande Salto Adiante, e o ferro destinado ao campo para a produção de ferramentas era de qualidade inferior.[75] Com os lares destituídos de utensílios de cozinha e implementos agrícolas para alimentar as fornalhas de fundo de quintal, aos aldeões foram entregues de volta lingotes inúteis de ferro quebradiço. Metade do metal alocado para aldeias em Guangdong em 1961 era defeituosa.[76] A produção de ferramentas em empresas do Estado, como veremos, não se saiu melhor.

18

Indústria

Produções sempre maiores eram designadas para fábricas, fundições, oficinas, minas e usinas elétricas em toda a China. A recompensa da unidade de produção era determinada pelo percentual da cota que a unidade conseguia cumprir. A produção total era o número mágico que definia a ascensão ou a queda de qualquer unidade fabril. E, exatamente como os quadros do partido nas comunas do povo prometiam volumes sempre crescentes de grãos, as fábricas em todo o país tentavam ultrapassar umas às outras no cumprimento das cotas. Listas de números de produção eram divulgadas diariamente pela máquina de propaganda, reproduzidas em mensagens escritas a giz no quadro-negro e em jornais murais para todos verem. Mapas e diagramas com projeções crescentes eram exibidos nos pontos de revenda das fábricas. Fotos de trabalhadores-modelo eram emolduradas em vidro em um "quadro de honra", enquanto cartazes, estrelas, faixas e palavras de ordem adornavam as paredes de cada oficina. Os que não atingiam as metas eram identificados em reuniões na fábrica, enquanto os trabalhadores que superavam as metas eram elogiados e alguns deles participavam dos comícios em Pequim inspecionados por Mao em pessoa. Acima do chiado do metal fundido, do tinido das caldeiras e do assobio do vapor, um vozerio incessante vinha dos alto-falantes, que despejavam propaganda e programas de rádio para estimular os trabalhadores a aumentar a produção.[1]

A GRANDE FOME DE MAO

Como a meta suprema da fábrica vermelha era a produção, o custo do insumo era frequentemente negligenciado. Na burocracia que se alastrava a cargo da indústria, dos ministérios da economia central aos diferentes departamentos administrativos dentro das fábricas, ninguém conseguia acompanhar exatamente os espantosos volumes de equipamento encomendados fora. Até Chu En-lai, que pressionava cruelmente pela extração de gêneros alimentícios do campo para cumprir as metas, parecia incapaz de limitar efetivamente a importação de maquinário. As empresas também tomavam empréstimos para financiar a expansão constante, construir prédios grandiosos e comprar mais equipamento. No caso da Fábrica de Maquinário de Mineração Luoyang, os juros mensais devidos ao banco igualavam a folha de salários da fábrica.[2]

Uma vez instalado, o equipamento ficava sujeito a manutenção deficiente e incessante maltrato. Em visita a um cais em Xangai, em 1961, a delegação da Alemanha Oriental, em outras circunstâncias simpática, se surpreendeu com o estado em que encontrou o maquinário importado. Materiais novos, como folhas de metal, tubos e perfis de ferro, enferrujavam ao ar livre.[3] A usina de ferro e aço em Wuhan, inaugurada com muita fanfarra por Mao no auge do Grande Salto Adiante, em setembro de 1958, deu impressão similar de negligência extrema: apenas duas das seis fornalhas Siemens-Martin operavam a plena capacidade em 1962.[4] Relatórios mais detalhados de equipes de investigação confirmaram que materiais, ferramentas e maquinário eram negligenciados ou até deliberadamente danificados. Na Companhia de Ferro e Aço de Shijiazhuang, por exemplo, metade de todas as máquinas quebrava com frequência.[5] Uma cultura de desperdício desenvolveu-se. Em Luoyang, apenas três fábricas acumularam mais de 2.500 toneladas de sucata que não ia para lugar algum.[6] Em Shenyang, córregos poluídos por cobre derretido e soluções de níquel corriam entre pilhas de sucata.[7]

O desperdício se desenvolveu não apenas porque matérias-primas e suprimentos estavam mal armazenados, mas também porque os chefes das fábricas deliberadamente desrespeitavam as regras para aumentar a produção. A novíssima usina de ferro e aço em Jinan, segundo uma equipe de auditores, desperdiçou um quinto do investimento do Estado, ou

INDÚSTRIA

12,4 milhões de yuans, em seus primeiros dois anos, adicionando areia a centenas de toneladas de minério de manganês, o que resultou em uma mistura inútil que teve de ser jogada fora.[8]

Como todos trabalhavam febrilmente na direção de maiores níveis de produção, montanhas de bens de padrão inferior se acumulavam. Muitas fábricas cuspiam bens inferiores enquanto buscavam atalhos na incessante perseguição da produção mais alta. A própria estrutura da cultura material foi atingida por bens de segunda, de moradias que se desmantelavam, ônibus periclitantes, móveis a ponto de desmontar e fiação elétrica defeituosa a janelas precárias. A Comissão de Planejamento do Estado descobriu que apenas um quinto de todo o aço produzido em Pequim era de primeira classe. A maior parte era de segunda ou terceira categoria, e mais de 20% classificados como defeituosos. Em Henan, mais da metade de todo o aço produzido nas fábricas era de terceira classe ou pior. O material inferior produzido continuamente pelos gigantes do aço tinha efeito indireto em uma variedade completa de indústrias relacionadas. Em Angang, o florescente complexo de aço e ferro em Anshan, os trilhos produzidos em 1957 eram, geralmente, de primeira classe em qualidade, mas, em 1960, só um terço correspondia aos padrões requeridos. Como a qualidade dos trilhos sofreu, várias seções da rede de ferrovias tornaram-se perigosas demais para tráfego pesado e tiveram que ser fechadas; algumas ruíram completamente.[9]

Não apenas o número de bens inferiores aumentou, como grandes quantidades deles acabaram sendo usadas pela população. Em 1957, em Henan, apenas 0,25% do cimento que não preenchia os critérios de produção foi retirado. Isso subiu para 5% em 1960, mas grandes quantidades de material abaixo do padrão eram usadas em canteiros de obras. Pesquisa feita em uma série de indústrias em Kaifeng, Henan, chegou a uma conclusão ainda mais espantosa: mais de 70% de toda a produção consistiam em produtos rejeitados.[10]

E, exatamente como trilhos defeituosos, vigas empenadas e cimento falso enfraqueciam perigosamente a estrutura material da vida diária; bens de consumo inferiores tornaram-se parte e parcela da cultura socialista. Em Xangai, relógios soavam o alarme ao acaso, bacias de esmalte eram vendidas com trincas e bolhas na superfície, e metade de todos os artigos de malha e algodão era defeituosa.[11] Em Wuhan, zíperes emperravam, facas se dobravam e lâminas se soltavam dos cabos das ferramentas agrícolas.[12] Às vezes, as fábricas cortavam custos por meio da produção rápida de bens sem rótulo de identificação. Este foi o caso de um quinto da carne enlatada vendida em Pequim. Às vezes, os rótulos estavam errados: por exemplo, quando fruta era substituída por carne de porco, ocasionando o apodrecimento de uma grande quantidade de bens.[13] Ainda mais preocupantes eram os problemas causados pela adição de produtos químicos à comida processada. Em um ano, uma fábrica de corante de Pequim vendeu 120 toneladas de pigmentos prejudiciais, especificamente designados como aditivos para alimentos. Muitos deles estavam proibidos: por exemplo, o amarelo sudão, corante usado em tinta para canetas. Procedimentos descuidados no controle de qualidade também significavam que comida e remédios contaminados tinham permissão para deixar o chão da fábrica. Um exemplo foi uma partida de 78 milhões de vidros de penicilina estragada. Um terço dessa partida foi enviado por uma fábrica de Xangai antes de o problema ser identificado.[14] Mao zombava da própria noção de produto defeituoso: "Não existe produto rejeitado. O que um homem refuga, outro aproveita."[15]

Mao pode ter descartado preocupações quanto à qualidade, mas a cultura de refugo lesou a reputação do país no mercado internacional. Como vimos, o preço de prosperar à custa de baterias que vazavam, ovos contaminados, carne infectada, carvão falso e outras mercadorias defeituosas que foram entregues chegou a 200 milhões ou 300 milhões de yuans só em 1959. Mas a cultura do refugo também corrompeu o trabalho da indústria militar. Como mostrou um relatório do marechal He Long, não apenas os rifles de assalto falhavam, como também os dezenove caças produzidos em Shenyang estavam abaixo do padrão. Na Fábrica 908, mais de 100 mil máscaras contra gás eram imprestáveis. Nie Rongzhen, que dirigia o programa de armas nucleares, queixou-se da qualidade inferior dos dispositivos sem fio e aparelhos de medição por causa das partículas de pó presas dentro deles. Até nas fábricas altamente secretas havia entulho

INDÚSTRIA

por toda parte. A menor brisa soprava sobre equipamentos sensíveis o pó que descansava nas faixas de propaganda penduradas nas paredes: "Os americanos duvidam de que possamos fazer mísseis dirigidos porque os chineses são sujos demais."[16]

* * *

As condições de vida dos trabalhadores eram apavorantes. Importações estupendas de maquinário estrangeiro se destinavam a lançar o país para a dianteira, enquanto instalações novas brilhantes, de fornos de secar cimento a refinarias de petróleo, eram compradas da União Soviética e Europa Oriental. Mas muito pouco era investido em moradia e alimentação dos trabalhadores comuns e suas famílias — a despeito do fato de a força de trabalho ter crescido explosivamente com a chegada de milhões do campo.

Tome-se a fábrica de ferro e aço em Jinan, a capital de Shandong. Estabelecida no auge do Grande Salto Adiante, em 1958, com o equipamento tecnológico mais avançado, deveria ser um refúgio para os novos recrutados. Mas as condições se deterioraram rapidamente. As instalações de toalete eram inadequadas, então os trabalhadores urinavam e defecavam diretamente no chão da fábrica. A sujeira e o fedor permeavam o local, piolhos e sarna eram comuns. O caos reinava no local de produção. Brigas eram ocorrências frequentes, as janelas estavam quebradas e as portas caíam. Uma hierarquia social emergiu em que os trabalhadores mais fortes pegavam as melhores camas nos dormitórios. O medo era difundido, em particular entre as mulheres, comumente assediadas, humilhadas e abusadas pelos quadros locais em seus escritórios, dormitórios ou, às vezes, no chão da fábrica, à vista dos outros trabalhadores. Nenhuma delas ousava dormir ou sair sozinha.[17]

Cenário similar podia ser encontrado em Nanquim. Quando a Federação de Sindicatos inspecionou a vida dos trabalhadores em ferro, aço e carvão em 1960, encontrou refeitórios imundos infectados por insetos e ratos. As filas eram intermináveis, até mil trabalhadores enfileirados à frente de uma janela de refeitório na Mina de Carvão de Lingshan. Como o refeitório ficava aberto por apenas uma hora, os trabalhadores discutiam e disputavam espaço, chegando ao confronto físico. Na Mina de Carvão de Guantang, os mineiros que se atrasavam eram privados da refeição e tinham que descer para trabalhar na mina em um turno de dez horas com o estômago vazio. Os dormitórios estavam superlotados. Em média, cada trabalhador tinha um espaço de 1 a 1,5 metro quadrado, embora alguns dormissem em tábuas imprensadas entre as camas ou contra as colunas. Muitos descansavam em turnos, tendo que compartilhar a cama. Os tetos de palha gotejavam, forçando alguns trabalhadores a movimentar as camas-beliche em torno das poças formadas pelas goteiras. Outros dormiam embaixo de guarda-chuvas. Equipamento de proteção não havia, ou era completamente inadequado. Muitos mineiros não tinham sapatos e a alternativa era trabalhar descalços nas minas. Aqueles que tinham que extrair carvão em buracos abertos ficavam ensopados quando chovia, os casacos encharcando-se de água. Nos dormitórios não existiam cobertores, e a umidade era tão alta que as roupas nunca secavam realmente. Alguns trabalhadores do aço que tinham que trabalhar em frente aos altos-fornos queimavam os pés porque não possuíam sapatos.[18]

Mais ao sul, na subtropical Guangzhou, os dormitórios estavam tão superlotados que uma cama-beliche não fornecia mais que meio metro quadrado por trabalhador. Trabalho de construção malfeito resultava em um local quente e úmido durante a estação chuvosa, levando o mofo a espalhar-se como erupção, infectando roupas e camas. A umidade era tanta que algumas instalações eram descritas como meros "tanques", com a água escorrendo das paredes para formar poças no solo.[19] Na Mina de Carvão de Quren, localizada perto de Shaoguan, os trabalhadores canibalizavam as estacas de sustentação das minas para construir móveis ou se aquecer. Um em cada sete trabalhadores sofria de silicose, "doença do oleiro", causada pela inalação de partículas de poeira, pois não eram fornecidas máscaras protetoras.[20]

A situação não era melhor no norte. Na própria capital, um estudo detalhado de quatro fábricas pela Federação de Sindicatos mostrou que havia quatro vezes mais trabalhadores que antes do Grande Salto Adiante, embora o espaço no dormitório não acompanhasse o ritmo do aumento. Em Changxindian, no distrito de Fengtai, uma fábrica de trilhos alocava apenas

INDÚSTRIA

pouco mais de meio metro quadrado para cada um de seus trabalhadores. Em toda Pequim, trabalhadores dormiam em depósitos, bibliotecas e até em abrigos antiaéreos, com frequência em camas-beliche dispostas em três camadas. Ficavam arrumados como sardinhas, tão apertados que não havia espaço para se virar à noite. Para passar pela porta, os trabalhadores tinham que fazer fila. Os toaletes eram permanentemente usados e, com frequência, bloqueados. Muitos embrulhavam as fezes em folha de jornal e atiravam o pacote por uma janela.

Poucas fábricas forneciam aquecimento suficiente: uma das quatro empresas inspecionadas não tinha nenhum aquecedor no rigoroso inverno de 1958-59. Os trabalhadores lançavam mão de queimar bolas de carvão em pequenos fogões, o que resultava em mortes por envenenamento a gás de carvão. A gripe era comum. Lixo se acumulava por toda parte; o roubo era generalizado. As ameaças eram comuns, especialmente no caso de trabalhadores novos. Na Fábrica de Cimento de Liulihe, inspecionada separadamente pela Federação de Sindicatos em março de 1959, três refeitórios designados para um total de mil pessoas tinham que fornecer comida para mais de 5.700 trabalhadores. Os mais velhos eram simplesmente afastados por jovens ansiosos para furar a fila, muitos nunca comiam nada a não ser comida fria.[21] Um ano depois, investigação similar anotou poucas mudanças e acrescentou que o vandalismo — delito criminal, tomado emprestado do código penal soviético que cobria uma ampla variedade de atos, como linguagem grosseira, destruição de propriedade e comportamento sexual ilegal — era comum em dormitórios. Trabalhadores usavam poder e influência para serem promovidos de uma cama para outra, encontrando espaço para os amigos e a família, apesar da superlotação.[22]

Em 1961, até metade da força de trabalho em Pequim sofria de edema da fome.[23] Doenças industriais eram comuns, cerca de 40 mil trabalhadores tinham sido expostos a pó de silicone. Um relatório escrito pelo Congresso do Povo da cidade estimou que um em cada dez trabalhadores sofria de doença crônica.[24] A situação real era provavelmente muito pior.

Muitas fábricas novas abertas durante o Grande Salto Adiante eram descritas como "operadas pelo povo" em lugar de "operadas pelo Estado". Elas não se saíram melhor. Em sua maioria, eram instalações mal construídas, rapidamente erguidas em edifícios confiscados e, frequentemente, inadequadas para a produção industrial. Uma oficina química em Nanquim, que funcionava em uma casa, tinha telhado de bambu e pintura descascada nas paredes de barro. Empregava 275 trabalhadores. O lixo radioativo saturava recantos e fissuras, acumulado no piso de um aposento, ou em tonéis abertos, de onde era espalhado pelo vento e pela chuva. Trabalhadores sofriam de irritação na garganta e no nariz, pois o equipamento de proteção não era usado apropriadamente. Máscaras e luvas frequentemente eram usadas ao contrário e levadas para o dormitório sem serem limpas. Das 77 trabalhadoras examinadas pelo médico, oito estavam grávidas ou eram lactantes, embora estivessem em contato com material radioativo diariamente e por várias horas. Não se tomava banho no inverno.[25]

Esse não era exemplo isolado. Nas 28 fábricas "operadas pelo povo" no distrito de Gulou, o velho centro da cidade, onde tambores eram usados para cadenciar a vigília noturna, encontrava-se sujeira por toda parte. A ventilação inexistente era a menor das preocupações. Muitos trabalhadores eram mulheres que começaram a trabalhar durante o Grande Salto Adiante. A maioria não tinha experiência de trabalho e recebia pouquíssimo equipamento de proteção, algumas só mesmo o chapéu de palha. A exposição aos componentes químicos e à poeira de silicone comumente causava olhos vermelhos, dores de cabeça, coceiras e erupções na pele. Em algumas mulheres, a inalação constante de produtos químicos destruía a cartilagem que separa as narinas. Com temperaturas que iam de 38° C a 46° C perto das fornalhas, a insolação era ocorrência frequente, mesmo no meio do inverno.[26] Um exame de saúde feito em 450 mulheres que trabalhavam em uma fábrica de válvulas eletrônicas revelou que mais de um terço sofria de falta de menstruação, sintoma de má nutrição. Na fábrica química de Nanquim, um quarto tinha tuberculose, enquanto uma em cada duas sofria de pressão baixa. Metade tinha vermes.[27]

Por piores que fossem as condições de vida, os trabalhadores fabris estavam em situação melhor que os agricultores que produziam a comida. Mas poucos tinham condições de sustentar a família ou remeter dinheiro para a aldeia deixada para trás. Seus salários eram corroídos pela inflação e exauridos pelas compras de alimentos necessários para complementar

INDÚSTRIA

as magras rações que recebiam nos refeitórios. Na Companhia de Ferro e Aço Shijiazhuang, os trabalhadores gastavam três quartos dos salários com comida.[28] Em Nanquim, muitos tinham que tomar dinheiro emprestado, incorrendo em dívidas que iam de 30 a 200 yuans. Dados os parcos salários que a maioria ganhava, as dívidas eram impagáveis. Um trabalhador de Grau Três ganhava 43 yuans por mês, embora só a comida para uma família custasse 46 yuans. Nenhuma economia era feita no refeitório, onde a comida era ruim e cara.[29] Poucas pessoas sequer conseguiam chegar ao Grau Três. A maioria dos salários ia de 12,7 yuans a 22 yuans por mês.[30] Nas fábricas mais pobres "operadas pelo povo", mais de um terço da força de trabalho recebia menos de 10 yuans por mês. Muitos tinham que pedir emprestado ou penhorar os poucos itens pessoais que haviam sobrado, vendendo a roupa de reserva durante o verão para tremer de frio durante o inverno.[31]

E ainda por cima havia os honorários médicos, que, com frequência, os trabalhadores tinham que pagar. Um exame na fábrica química de Pequim em 1960 mostrou que centenas de trabalhadores estavam endividados em consequência de tratamento médico. Chong Qingtian cuidava da mulher doente e devia 1.700 yuans quando ela morreu. Foi levado à Justiça, que determinou o pagamento de 20 yuans por mês, deixando-o com pouco mais de 40 yuans para viver. Ele era um excelente trabalhador, mas muitos estavam em posição menos invejável e acabavam arruinados pelos honorários médicos em que incorriam para tratar de doenças causadas por horríveis condições de trabalho.[32]

* * *

Quando todos os problemas inerentes à economia planificada eram levados em conta — gasto descontrolado de capital, enorme desperdício, produtos defeituosos, gargalos de transporte, deplorável disciplina de trabalho —, o desempenho das fábricas era desanimador. Os custos reais eram difíceis de calcular no caos financeiro criado pelo planejamento central. Não apenas os contadores adulteravam a contabilidade, como, às vezes, não sabiam como lidar com as somas de dinheiro. Em Nanquim, cerca de quarenta grandes unidades de produção tinham apenas catorze contadores, dos quais somente seis eram capazes de cuidar do dinheiro. Muitas fábricas sequer possuíam um livro para registrar entradas e saídas, e ninguém tinha a mais leve ideia dos custos incorridos.[33]

Algumas aproximações indicavam a extensão do dano, como mostra o exemplo do aço, que é basicamente ferro reforçado com carbono e metais endurecedores. Em Hunan, 2,2 toneladas de ferro eram usadas para produzir uma tonelada de aço, o que representava enorme desperdício. O custo de produção de uma tonelada de aço era de 1.226 yuans. Vendida a um preço estipulado pelo Estado em 250 yuans, havia uma perda de mil yuans por tonelada. Em 1959, a província perdeu cerca de 4 milhões de yuans por mês com o aço.[34] Mais preparadas para fazer aço a um custo/benefício aceitável, eram as fábricas e fornalhas tecnologicamente avançadas de Shijiazhuang. Fundada em 1957, a Shijiazhuang Ferro e Aço dava lucro antes do Grande Salto Adiante, mas custos muito altos a mandaram para o vermelho. Em 1958, uma tonelada de aço custava 112 yuans e dava à fábrica um lucro de cerca de 16 milhões de yuans. Em 1959, o custo por tonelada subiu para 154 yuans, empurrando a fábrica para um déficit de 23 milhões de yuans, seguido em 1960 por custos de 172 yuans por tonelada e perdas excedendo o limite de 40 milhões de yuans. Nessa época, a fábrica usava uma variedade de minérios de ferro pobres que vinham de minas distantes como ilha Hainan.[35]

À medida que as perdas aumentavam, a produção parava. Após vários anos de crescimento vertiginoso, a economia entrou em profunda recessão em 1961. O suprimento de carvão — o combustível da indústria moderna — se esgotou. Nas minas de carvão, o equipamento tinha sido tão maltratado durante o Grande Salto Adiante que a maior parte dele estava defeituosa. Com frequência, maquinário novo não durava mais de seis meses por causa do aço de baixa resistência usado em sua produção. Os próprios mineiros deixavam o trabalho aos montes, desgostosos com os preços crescentes da comida e da moradia, fartos da escassez de itens básicos como sabão, uniformes e sapatos de borracha.[36] E, mesmo que o carvão fosse retirado da mina, a escassez de combustível fazia com que boa parte dele ficasse empilhada sem uso. As quatro grandes minas de

INDÚSTRIA   205

carvão da província de Guangdong produziram cerca de 1,7 milhão de toneladas de carvão em 1959, mas conseguiram transportar menos de 1 milhão.[37] Em Gansu, a liderança radical de Zhang Zhongliang assegurou--se de que a produção de carvão subisse de 1,5 milhão de toneladas em 1958 para 7,3 milhões de toneladas em 1960, a um considerável custo humano. Depois que o petróleo acabou, cerca de 2 milhões de toneladas foram abandonadas nas minas.[38]

Tabela 9: Produção industrial da província de Hunan
(milhões de yuans)

1957	1958	1959	1960	1961	1962
1.819	2.959	4.023	4.542	2.426	2.068

Fonte: Hunan, 1964, 187—1—1260.

Enquanto a produção de carvão despencava, fábricas em todo o país paravam. Em Xangai, em dezembro de 1960, a Planta de Maquinário China trabalhava com um terço da capacidade por causa da falta de energia. A Fábrica de Algodão Número Um tinha 2 mil trabalhadores ociosos durante todo o dia.[39] No primeiro semestre de 1961, o volume de carvão entregue em Xangai foi reduzido em 15%, mas um terço desse volume nunca foi entregue, na verdade. Perto de metade do ferro e da madeira necessários para alimentar a indústria pesada da cidade estava em falta também.[40]

Por ser um centro industrial de importância estratégica, Xangai recebeu a mais alta prioridade dos planejadores. A situação era pior em outros lugares, à medida que as deficiências da economia fugiam de controle. Em Shaoguan, a cidade da indústria pesada de Guangdong, uma pesquisa em 32 empresas do Estado no verão de 1961 mostrou que a produção tinha mergulhado de ponta-cabeça, com o sabão em queda de 52% em relação ao ano anterior; tijolos, 53%; lingotes, 80%; fósforos, 36%; sapatos de couro, 65%. Na fábrica de sapato, cada trabalhador produzia um par por dia, quando três por dia eram feitos antes do Grande Salto Adiante.[41] A tabela 9 mostra o que aconteceu em toda a província de Hunan. Esses números se referem apenas à produção, que mais que duplicou de 1957 a 1960, mas caiu, novamente, nos dois anos seguintes. Se o custo dessa obsessão pela quantidade sobre a qualidade tivesse sido calculado, teria indicado um desastre de proporções gigantescas, inversamente proporcional à ambição do plano geral. Mas nenhuma fábrica foi à falência: esse era um fenômeno capitalista associado aos ciclos de crescimento e depressão que a economia planificada estava destinada a evitar.

19

Comércio

Muitos produtos nunca chegavam às lojas. O Banco da China calculou que cerca de 300 milhões de yuans desapareceram em Hunan em 1960 em consequência de recibos falsos, bens extraviados, vendas a crédito sem permissão ou simplesmente sonegação. Isso foi apenas em uma província. Em nível nacional, o Conselho de Estado estimou que cerca de 7 bilhões de yuans em recursos ficaram nas fábricas em vez de contribuir para a circulação de bens.[1] Em todos os níveis da rede de distribuição, a corrupção e a má administração tiravam a sua parcela, mordiscando o suprimento de bens que o plano havia alocado para o povo.

Quando os bens conseguiam deixar o chão da fábrica, a primeira escala era um depósito, onde companhias de armazenamento especial, credenciadas pelo Estado, faziam a separação de acordo com a destinação final. Na Companhia de Estocagem e Transporte em Xangai, centenas de objetos que valiam bem mais de 100 mil yuans — telefones, refrigeradores, equipamento médico, guindastes — se acumulavam em boxes por causa da burocracia lenta, de contabilidade incorreta e inventários ilegíveis. Cem tonéis de pasta de camarão apodreceram do lado de fora, na chuva, durante um mês, os documentos extraviados e a companhia esquecida dos tonéis. Mas, acima de tudo, os bens desapareciam porque a motivação do lucro nunca deixou de existir realmente: o que se "perdia" podia ser comercializado privadamente no mercado negro.[2]

Depois, havia a espera por trem ou caminhão. A China era agrária e pobre. Nunca tivera a capacidade de enviar bens e suprimentos de um canto a outro do país, e o fluxo era rapidamente desviado por um sistema de transporte que caía aos pedaços. Já no fim de 1958, a economia reduziu de ritmo e, depois, parou completamente, e montanhas de bens empilharam-se em todos os lugares próximos a estações e portos. A cada dia, cerca de 38 mil veículos de frete eram requeridos pelo plano, mas apenas 28 mil estavam disponíveis. Ao inspecionar somente áreas de embarque ao longo da costa de Xangai, os planejadores descobriram que 1 milhão de toneladas de material esperava por transporte.[3]

A falta de equipamento, de peças de reposição e de combustível apenas piorou as coisas nos três anos seguintes. Em 1960, em Tianjin, Pequim, Hankou, Guangzhou e outras cidades, os bens que entravam nas estações ferroviárias excediam os que saíam em um montante equivalente a 10 mil toneladas todo dia. Muitos eram simplesmente empilhados em instalações de armazenamento improvisadas, chegando a 250 mil toneladas em meados de outubro. Em Dalian, 70 mil toneladas de frete não recolhido se deterioraram na estação, enquanto centenas de toneladas de dispendiosa borracha importada ficaram paradas durante seis meses no porto de Qinhuangdao. No terminal de transporte de Zhengzhou, um fosso de seis metros de profundidade foi cavado para que nele se descarregassem bens, de sacos de cimento a maquinário. Boa parte estava estragada, um monte esquecido de sacos e fardos, caixotes, barris e tonéis.[4] Em Xangai, no verão de 1961, bens estimados em 280 milhões de yuans se amontoavam em refeitórios, dormitórios e até nas ruas, incluindo 120 milhões de metros do muito necessitado algodão. Boa parte desse estoque simplesmente apodreceu ou enferrujou.[5]

Tal era o desarranjo do sistema de transporte que trens tinham que fazer fila e aguardar a vez de entrar na estação. Não havia equipamento nem mão de obra para movimentar a carga. Equipamentos de descarga, novos em folha, apresentavam defeitos, problema complicado pelo fato de 100 mil carregadores e transportadores terem sido apressadamente dispensados para poupar salários. Logística e coordenação não estavam entre as forças da economia planificada.[6] A isso se acrescentava a falta de incentivos e, diretamente, a fome. Os motoristas de máquinas, normalmente mimados

COMÉRCIO

pelo regime, tinham, no passado, permissão pessoal para receber 25 quilos de grão por mês, mas isso foi reduzido para 15 quilos. Em Dahushan, Liaoning, o grão foi substituído por sorgo ou painço, enquanto em Shijiazhuang, Hebei, metade da ração do mês era entregue em batata-doce. Os trabalhadores faziam o mínimo, já enfraquecidos pela dieta pobre.[7] O caos também afetava o embarque internacional. Só a renda perdida como consequência de navios fretados que tinham que esperar dias a fio nos principais portos da China chegava a £ 300 mil.[8]

As redes locais também se desfizeram. Em Yunnan, antes de 1958, mais de 200 mil burros e mulas carregavam comida, roupa e suprimento para muitas aldeias escondidas nas colinas. Foram substituídos por carretas puxadas por cavalos, que aumentaram de 3 mil para mais de 30 mil. Mas os cavalos custavam muito mais em ração, mal administrada por empresas estatais, e muitos morreram durante a fome. Charretes, além do mais, não serviam para subir montanhas íngremes e terrenos acidentados da província sulista, e muitas aldeias pequenas ficaram isoladas.[9]

Caminhões paravam. Yunnan recebia apenas metade do petróleo de que necessitava em 1960 e, em setembro, cerca de 1.500 caminhões usavam combustíveis alternativos, de carvão fóssil a linhita, assim como açúcar de cana e etanol.[10] Em Hunan, óleo vegetal em lugar de óleo de máquina era colocado nos motores, causando perda generalizada.[11] Até em Xangai, riquixás motorizados foram tirados das ruas e muitos ônibus passaram a usar gás, em parte carregado em enormes sacos de aniagem improvisados em lugar de cilindros.[12] Negligência também sabotava entregas. A Companhia de Veículos de Transporte, de Guangzhou, por exemplo, gabava-se de quarenta carros, a maioria deles adquirida durante o Grande Salto Adiante. Desses, três já estavam arruinados em 1961, enquanto uma média de 25 carros estava sempre em reparo, deixando apenas uma dúzia em serviço.[13] Quando os veículos eram pressionados ao limite na corrida para cumprir um plano vacilante, os custos reais de operação aumentavam. Em 1957, segundo estimativa, um carro custava 2,2 yuans por 100 quilômetros em peças de reposição e substituições, e 9,7 yuans em 1961. A principal razão era uso constante e manutenção deficiente.[14]

* * *

Todo tipo de bens era entregue na porta de casa na China pré-revolucionária, carregados em cestas penduradas em varas levadas nos ombros, carrinhos de mão ou, ocasionalmente, cestos puxados por burros. Vendedores itinerantes chegavam até aldeias isoladas no interior, levando roupa, louça de barro, cestos, carvão, brinquedos, doces e nozes, assim como cigarros, sabão e loções. Nas cidades, vendedores apinhavam-se nas ruas, oferecendo todos os itens possíveis, de meias, lenços, toalhas e sabão até roupa íntima de mulher.

Quando mascates e comerciantes se reuniam a intervalos regulares em um lugar combinado no campo, um mercado periódico emergia: miríades de agricultores, artesãos e comerciantes, com seus produtos às costas, ou em carroças, fervilhavam em uma aldeia antes silenciosa, que, então, se transformava em cenário movimentado, com artigos vendidos à beira da estrada ou expostos em bancas temporárias. Nos vilarejos e cidades, centenas de butiques, lojas, bazares e lojas de departamentos disputavam atenção, de chapeleiros, sapateiros e vendedores de tecidos e roupas a fotógrafos, tudo misturado com videntes, mágicos, acrobatas e lutadores para oferecer diversão e comércio.

As lojas tradicionais eram baixas e os donos viviam no andar de cima, enquanto as novas lojas de departamentos eram torres de comércio, monumentos de comércio erguendo-se muito acima dos prédios vizinhos. Podiam ser encontradas em qualquer cidade grande, iluminadas à noite por fios de lâmpadas elétricas, e ofereciam bens locais e importados, de latas de sardinha americanas a motores pequenos de carro. O contraste notável entre as luxuosas lojas de departamentos e as tradicionais lojas de um andar, muitas vezes umas ao lado das outras, era típico da diversidade que permeava toda a estrutura da vida diária na era republicana.[15]

A maior parte desse mundo alvoroçado e barulhento desapareceu depois de 1949. O livre comércio foi substituído por uma economia planificada. Os mercados foram fechados. Encontros espontâneos eram proibidos. Mascates e vendedores ambulantes foram retirados das ruas e forçados a ir para empresas coletivas controladas pelo Estado. O comerciante itinerante e o outrora ubíquo ferreiro tornaram-se relíquias do passado. As lojas de departamentos foram estatizadas, o suprimento constante de bens

COMÉRCIO

de todo o mundo se esgotou e foi substituído por bens designados pelo Estado, produzidos em empresas do Estado, para serem vendidos a preços estipulados pelo Estado. Os donos de lojinhas foram obrigados a se tornar empregados do governo. Mikhail Klochko lembrava-se de ter ido a uma obscura lojinha quase sem produtos em Pequim. Comprou uma caixa de lápis por pena do abatido lojista e dos dois filhos doentes.[16] As únicas lojas prósperas eram as que ficavam perto dos hotéis de turistas em cidades como Pequim e Xangai, oferecendo peles, utensílios esmaltados, relógios, joias, imagens de paisagens bordadas em seda e retratos de Marx, Engels, Lenin e Mao. As Lojas da Amizade, como eram chamadas, eram exclusivas de visitantes estrangeiros e membros da elite do partido.

Para as pessoas comuns, a escolha era terrível. Veja o exemplo de Nanquim, cidade outrora florescente na margem sul do Yang-Tsé que servira como capital da república. Embora o governo reprimisse o livre mercado, ainda havia bem mais de setecentas lojas às vésperas do Grande Salto Adiante, vendendo artigos diretamente ao público. Em 1961, apenas 130 sobreviviam. Uma sofisticada rede de fabricantes, comerciantes e varejistas conectara a cidade a setenta condados e mais de quarenta cidades por todo o país, e o advento da coletivização rígida levou a uma volta para dentro, e somente seis condados e três cidades passaram a contribuir para a indústria de artesanato local. Enquanto o plano substituía o mercado, a variedade de produtos artesanais desceu à metade, 1.200. Até marcas tradicionais, de grampos de cabelo a fechaduras de mola, curvaram-se ao peso do Estado. A variedade do design sofreu. Antes de 1958 havia 120 fechaduras diferentes disponíveis; em 1961, apenas uma dúzia sobreviveu. A maioria era tão parecida que uma chave podia abrir várias fechaduras. Mas os preços de todos os produtos estavam mais altos, geralmente em cerca de um terço; em alguns casos, o dobro.[17] O mesmo poderia ser dito dos gêneros alimentícios. Desde o deslanche do Grande Salto Adiante, cerca de 2 mil mascates de comida tinham sido forçados a mudar de ocupação em Nanquim. Antes, mascates individuais tinham conhecimento das condições complexas do mercado e, eficientemente, transportavam as verduras para pontos-chave de entrega na cidade; agora, uma desajeitada e rígida economia planificada apenas complicava os problemas causados pela fome no campo.[18]

Também se desintegrou o comércio de bens excedentes e sobras de materiais, que proliferava antes de 1949. Ao louvar a prática disseminada de reciclar todos os objetos concebíveis, Dyer Ball observou que, antes da queda do império, a pobreza estimulava o cuidado das coisas mais insignificantes, transformando todos em mercadores.[19] Mas o exato oposto aconteceu durante a fome: a obsessão com um plano mestre produziu, na prática, montanhas de desperdício, pois a poucas pessoas eram concedidos incentivos para reciclar. Em Guangzhou, cerca de 170 toneladas de sobras — de óxido de ferro a pó de grafite — estavam empilhadas pela cidade no verão de 1959. Antes do Grande Salto Adiante, cada pedaço de metal ou tecido teria sido reciclado por um pequeno exército de vendedores ambulantes independentes, que se asseguravam de que trapos, latas, plástico, papel e pneus chegassem a um comprador em potencial. Muitos abandonaram o comércio depois de serem forçados ao alistamento em um coletivo grande e indiferente.[20]

Enquanto o refugo se acumulava, a escassez dos itens mais básicos se tornava endêmica. Em Nanquim, tudo era escasso no verão de 1959, até sapatos e panelas.[21] Filas — o marco do socialismo — eram parte da vida diária. À medida que a fome se estabelecia, elas aumentavam. Em Jinan, alguns trabalhadores faltavam dois dias ao trabalho para ficar na fila para comprar grãos. Li Shujun permaneceu na fila durante três dias, mas fracassou até em conseguir um tíquete, que tinha que ser trocado por um número, que, por sua vez, tinha que ser trocado por grão — tudo em filas diferentes.[22] Em Xangai, homens e mulheres trabalhadores também tinham que ficar na fila pelos poucos bens que chegavam às lojas. O ritual começava antes do nascer do dia, pois todos sabiam que à tarde as lojas já estariam vazias.[23] A paciência estava por um triz. Brigas explodiam quando pessoas usavam tijolos para marcar lugar na fila e os tijolos eram chutados pelos outros.[24] Em Wuhan, onde, no fim de 1960, até duzentas pessoas tinham que esperar em uma única fila durante toda a noite para comprar arroz, os temperamentos se inflamavam e as disputas proliferavam.[25]

* * *

COMÉRCIO

213

O Estado, mais que o mercado, determinava o preço dos bens. Supunha-se que isso estabilizaria os preços e reforçaria o poder de compra do povo. Mas os agricultores compravam bens manufaturados a preços inflacionados, embora fossem forçados a vender grãos e outros gêneros alimentícios para o Estado a preços ínfimos — frequentemente tão baixos que tinham prejuízo, como vimos. Houve uma colossal transferência de riqueza do campo para as cidades. Um indicador da escala dessa transferência foi descoberto por Lan Ling, funcionário que inspecionava Qingdao. Compilando e ajustando preços pagos por comida e bens desde 1949, descobriu que o preço do carvão subira 18,5%; sabão, 21,4%; sapatos, até 53%; corda, 55%; bens domésticos, até 157%; e ferramentas comuns, 225%. Ao contrário, o preço do grão pago pelo Estado na realidade diminuíra, variando de 4,5% para o trigo até 10,5% para o milho.[26]

Os preços fixados pelo Estado raramente eram respeitados, ainda mais porque todos os tipos de cobranças adicionais podiam ser feitos. Uma investigação detalhada pelo Congresso do Povo em Guangzhou descobriu que havia até quarenta preços diferentes para o mesmo tipo de barra de metal. Na indústria do ferro e do aço, muitos preços cobrados eram, na realidade, 50% mais altos que os ordenados pelo Estado. Em alguns casos, o preço foi multiplicado por dez, contribuindo para uma recessão na produção industrial, enquanto administradores da companhia se esforçavam para ajustar um orçamento rígido às violentas flutuações no custo dos suprimentos. O preço do carvão também era fixado, mas acordos privados fechados entre diferentes empresas levavam a uma incessante pressão para cima. O custo real da produção subia dessa forma e forçava o Estado a subsidiar ainda mais as indústrias, na tentativa de manter baixos os preços dos bens acabados. Isso também falhou. Quase tudo ficou mais caro, embora crescentemente de má qualidade, de garrafas de vidro a bolinhas de naftalina, de grampos de cabelo a tamancos de madeira.[27] Em Wuhan, como em todos os outros lugares, o custo de um balde, de uma chaleira de ferro ou de uma faca de frutas pequena dobrou em um ano, ou quase isso, a partir do lançamento do Grande Salto Adiante. Na capital da fundição da China, uma panela de ferro custava 22 yuans, enquanto 5 yuans teriam sido suficientes em 1957.[28] Como Li Fuchun reconheceu, no verão de 1961, a inflação anual estava em 10% para tudo, de comida e *commodities* a serviços, mas chegava a 40%–50%, em alguns lugares. Cerca de 12,5 bilhões de yuans foram esbanjados em bens que valiam apenas 7 bilhões.[29]

Outros efeitos colaterais da economia planificada apareceram porque a motivação do lucro, muito mais que a dedicação abnegada às necessidades do povo, espreitava logo abaixo da superfície do papel do plano. Em meio à maior fome da humanidade, toda uma variedade de produtos de luxo era vendida a preços altos, de vegetais a entradas de cinema, de folhas de chá a simples baldes. Empresas estatais usavam as deficiências generalizadas para valorizar alguns de seus bens e aumentar os lucros.[30] Quando o Congresso do Povo de Pequim resolveu inspecionar a Loja de Departamentos Pequim, a nau capitânia stalinista em Wangfujing, descobriu que as empresas respondiam à pressão inflacionária e não à demanda do consumidor. Em 1958, cerca de 10% das roupas no interior da loja estavam na faixa de preços mais alta. O grosso, 60%, consistia em produtos médios acessíveis à maioria dos habitantes da cidade. Em 1961, mais da metade era de itens de luxo e apenas um terço trazia etiqueta de preço médio. Essa mudança estrutural veio com a inflação, estimada em 2,7% ao mês.[31]

* * *

À medida que gigantes estatais substituíam lojas pequenas, a responsabilidade por bens defeituosos afastou-se da rua em direção a remotas e impenetráveis burocracias.[32] O plano, naturalmente, tinha uma resposta para esse problema, instalando "estações de serviços" (*fuwuzu*) para o benefício das grandes massas. Mas elas eram poucas e muito afastadas umas das outras, incapazes de dar conta do dilúvio de bens malfeitos e, acima de tudo, profundamente desinteressadas em prestar serviço ao povo. Então, em um país pobre, o custo de consertar um objeto com frequência superava o custo de substituí-lo. Em Wuhan, o gasto de mandar pôr sola no sapato, reparar panelas ou fazer chaves era o dobro do estipulado pelo Estado, pois as estações de serviços efetivamente tinham o monopólio do trabalho de reparação. Em Xiangtan, Hunan, o custo para reparar um braseiro era de 8 yuans, mas comprar um novo custava apenas 9 yuans; em algumas

COMÉRCIO

regiões, o custo de ter meias cerzidas era o mesmo que comprar um par novo.[33] No inverno de 1960-61, enquanto todo mundo tremia com a escassez de combustível e roupas inadequadas, centros de reparos na capital estavam enterrados sob pilhas de bens defeituosos. Empregados apáticos meramente empurravam as coisas de um lado para o outro, sem incentivo, ferramentas ou suprimentos para fazer o trabalho. Até simples pregos para uma sola nova não estavam disponíveis. Na comuna de Qianmen, no coração da capital, cerca de sessenta fogões jaziam jogados, enferrujando-se. Mobília quebrada espalhava-se no local, que não tinha serrotes, plainas, nem formões.[34]

Até mesmo quando as estações de serviço pegavam roupas para lavar, o que deveria ser tarefa relativamente descomplicada se tornava uma situação difícil, sem esperança. Uma burocracia embaraçada envolvia uma série de passos, desde o registro dos itens à emissão de recibo para entrega das roupas lavadas, operações feitas por pessoas diferentes, que envolviam um terço da força de trabalho. Aqueles que lavavam, de fato, raramente conseguiam lavar mais de dez itens por dia. Tudo era administrado com prejuízo e cobrado do Estado, apesar dos preços altos. Na Estrada Shantou, Xangai, uma pequena lavanderia pagava 140 yuans de salário por mês, embora tivesse receita mensal de apenas 100 yuans, sem contar os numerosos itens perdidos que tinham de ser indenizados.[35] Naturalmente, a maioria das pessoas comuns teria preferido consertar elas próprias suas roupas, sapatos e mobília, mas as ferramentas para isso tinham sido levadas durante a campanha do ferro e do aço. Lao Tian lembrou que, em Xushui — uma das comunas-modelo do país —, por vários anos, sua mãe teve que entrar na fila para pedir emprestada a única agulha não confiscada na vizinhança.[36]

20

Moradia

Todo ditador precisa de uma praça. Paradas militares estão no centro dos rituais do Estado nos regimes comunistas: o poder é demonstrado por um espetáculo de força militar, com os líderes reunidos na tribuna para saudar o ruído cadenciado da marcha de milhares de soldados e trabalhadores-modelo, enquanto jatos caças-bombardeiros guincham e assobiam acima. Stalin mandou demolir o Portão da Ressurreição e a Catedral de Kazan na Praça Vermelha para abrir espaço para tanques pesados passarem retinindo pelo túmulo de Lenin. Mao foi o convidado de honra de Kruschev no 40º aniversário da Revolução de Outubro, celebrado na Praça Vermelha em 1957, mas não tencionava ficar para trás do rival. A Praça Tiananmen tinha que ser maior, decidiu: a China não era a nação mais populosa da face da terra?[1] A praça foi expandida para conter 400 mil pessoas em 1959, enquanto um labirinto de muralhas medievais, portões e estradas foi nivelado para dar lugar a uma vasta área de concreto do tamanho de sessenta campos de futebol.[2]

A expansão da Praça Tiananmen foi uma das dez realizações gigantescas destinadas a intimidar Kruschev no 10º aniversário da Revolução Chinesa, a ser celebrado em outubro de 1959, na presença de centenas de convidados estrangeiros — um prédio para cada ano de libertação. Uma estação de trem novinha, capaz de receber 200 mil passageiros por dia, foi

218   A GRANDE FOME DE MAO

construída em questão de meses. Um Grande Salão do Povo apareceu do lado oeste da Praça Tiananmen, um Museu de História Chinesa, do lado leste. O Portão Zhonghua foi derrubado para dar lugar ao Monumento aos Heróis do Povo, obelisco de granito de 37 metros de altura, no centro da praça.

A liderança se gabava para a imprensa estrangeira, antecipando ansiosamente o aniversário, de que prédios novos em número suficiente tinham sido erigidos para dar à capital um total de 37 quilômetros quadrados de piso novo — mais de catorze vezes aqueles que tinham sido erguidos em Manhattan desde a Segunda Guerra Mundial.[3] Foi uma ostentação vazia, pois Pequim se tornou uma gigantesca aldeia Potemkin, destinada a enganar visitantes estrangeiros. Mas não havia como negar que o partido estava enfeitiçado por uma visão em que arrojados arranha-céus de vidro e concreto transformariam Pequim da noite para o dia, relegando ao esquecimento as vergonhosas choupanas de barro e casas de tijolos cinzentos amontoadas em becos estreitos. Planos foram feitos para a destruição sistemática de toda a cidade em dez anos. Em certo momento, até o Palácio Imperial foi ameaçado pela bola de demolição.[4] Dezenas de milhares de casas, escritórios e fábricas foram derrubados, enquanto a capital se tornava um gigantesco canteiro de obras, permanentemente coberta de poeira. O pessoal das embaixadas estrangeiras ficou espantado com a taxa de demolição, pois alguns prédios pulverizados tinham acabado de ser construídos. "O quadro geral é caótico", comentou um observador. Todo o trabalho foi concentrado na Praça Tiananmen, enquanto, em outros lugares, canteiros de obras antigos foram esquecidos.[5] Com frequência, colunas e vigas eram colocadas para o primeiro e segundo andares e depois abandonadas por causa da escassez de material, o que deixava esqueletos de obras abandonados como tantos monumentos à ilusão.[6]

Embora a maior parte dos edifícios de prestígio estivesse pronta a tempo para as celebrações de outubro de 1959, isso aconteceu a um custo considerável. Os planejadores foram eficientes em criar uma ilusão de ordem no papel, mas o caos reinava em campo. Em uma homenagem apropriada à loucura do Grande Salto Adiante, aço defeituoso foi incorporado ao novo centro nervoso do partido. Perto de 1.700 toneladas de vigas de aço defeituoso usadas no Grande Salão do Povo eram tortas, ou insuficientemente

MORADIA

espessas. Varas de aço providas de rosca, produzidas em Tianjin, eram tão fracas que tiveram que ser descartadas. Em toda a praça, milhares de sacos de cimento foram desperdiçados, enquanto um terço do equipamento usado no canteiro de obras estava rotineiramente quebrado. E, mesmo no coração do poder, o partido não conseguia convocar mais de três quartos da força de trabalho para chegar no horário pela manhã. Quando, finalmente, chegavam a seus postos, muitos relaxavam e trabalhavam mal. Uma equipe de vinte carpinteiros chamados de Wenzhou levou três dias para instalar quinze batentes de janelas. Apenas um batente serviu.[7]

Por todo o país, grandes volumes de dinheiro eram desperdiçados em edifícios de prestígio. Estádios, museus, hotéis e auditórios foram construídos especificamente para marcar o 10º aniversário da libertação em 1959. Em Harbin, 5 milhões de yuans foram gastos em um Hotel do Dia Nacional, mais que o custo total do Hotel Pequim. Mais 7 milhões de yuans foram jogados em um Estádio do Dia Nacional. Também em Tianjin foi projetado um Estádio do Dia Nacional, com cadeiras para 80 mil espectadores. Estádios foram erguidos em Taiyuan e Shenyang, entre outras cidades. Jiangsu decidiu alocar 20 milhões de yuans para projetos do Dia Nacional.[8]

Parecia que cada ditador local queria ter seus dez projetos favoritos, em uma submissa imitação da capital. Os acessórios do poder em Pequim eram amplamente imitados em níveis mais baixos, pois muitos líderes aspiravam tornar-se uma versão menor de Mao Tsé-tung. Outra razão era que os funcionários respondiam aos chefes superiores em Pequim, não ao povo abaixo deles. Estruturas imensas, tangíveis e projetos vistosos eram um modo seguro de alimentar a ilusão de governo eficaz. Em Lanzhou, a capital da empobrecida Gansu, o chefe provincial, Zhang Zhongliang, demandou insistentemente dez grandes prédios, embora esse número tenha espiralado rapidamente para dezesseis projetos, incluindo um Salão do Povo — destinado a ser exatamente a metade do Salão do Povo da Praça Tiananmen —, uma Praça do Povo, uma Estação Ferroviária do Leste, um Palácio da Cultura para Trabalhadores, um Palácio da Cultura para Minorias, um estádio, uma biblioteca e um hotel de luxo, assim como novos prédios para o comitê provincial, o Congresso do Povo provincial, uma torre de televisão e um parque central. O custo foi fixado em 160 milhões de yuans. Milhares de casas foram destruídas, deixando muitos habitantes sem teto no meio do inverno. Muito pouco foi realizado. Depois que o trabalho de construção foi paralisado na esteira da queda do poder de Zhang Zhongliang, em dezembro de 1960, nada, senão entulho, ficou no centro da cidade.[9] Dúzias de outros edifícios prestigiosos também foram iniciadas sem qualquer tipo de plano aprovado. Um exemplo foi o novíssimo Hotel da Amizade, para técnicos estrangeiros. O número de convidados foi multiplicado por três erradamente, de modo que, no fim, os 170 estrangeiros receberam, cada um, uma média de 60 m² quadrados de luxuosas acomodações, enquanto aldeões morriam de frio e fome perto de Lanzhou. Após a debandada dos técnicos soviéticos, o prédio ficou assustadoramente silencioso.[10]

Em degrau mais baixo da ladeira do poder, estavam as comunas, e não havia escassez de líderes radicais desejosos de transformá-las em modelos da utopia comunista. Em Huaminglou, onde Liu Shaoqi nascera, o secretário do partido, Hu Renqin, iniciou dez projetos de construção, que incluíam uma "cidade dos porcos", gigantesco abrigo para porcos que se estendia por 10 quilômetros ao longo da principal rodovia. Muitas centenas de casas recuadas ao longo da estrada foram destruídas para dar lugar ao projeto. Ao parar ali em uma viagem de inspeção, em abril de 1961, como vimos, Liu Shaoqi não encontrou nada, exceto uma dúzia de animais esqueléticos. Um pavilhão da água foi construído no lago, assim como um grande salão para funcionários visitantes. Nesse meio-tempo, meio milhão de quilos de grãos apodreciam nos campos. A taxa de mortalidade em algumas equipes chegou a 9% em 1960.[11] Em todo o país apareceram monumentos similares à extravagância do partido. Na comuna de Diaofang, Guangdong, onde milhares morriam de fome, cerca de oitenta casas foram demolidas para fornecer madeira e tijolos, tudo destinado a um Salão do Povo com espaço suficiente para abrigar um encontro de 1.500 pessoas.[12]

Em três anos até setembro de 1961, 99,6 bilhões de yuans foram gastos em construções na capital, acrescidos de mais 9,2 bilhões para projetos de moradia ostensivamente destinados às pessoas comuns. A maior parte do dinheiro terminou investida em edifícios prestigiosos e escritórios, sem benefício tangível para alguém, exceto membros do partido.[13] Mas

MORADIA

aqueles totais não levam em consideração todos os tipos de truques de contabilidade usados para financiar ainda mais construções. Em Guizhou, a região de Zunyi apropriou-se de cerca de 4 milhões de yuans em fundos do Estado, que incluíam assistência financeira aos pobres, para uma farra de construção, embelezando cidades importantes com novos edifícios, salões de dança, estúdios fotográficos, banheiros privados e elevadores. No condado de Tongzi, fundos reservados para seis escolas de ensino médio foram apropriados para a construção de um cinema novo.[14] Li Fuchun, ao revisar os muitos bilhões gastos em projetos prestigiosos sem aprovação do Estado, sentiu puro desespero: "As pessoas não têm o que comer e ainda estamos construindo arranha-céus — como podemos nós, comunistas, ter a coragem de fazer isso! Isso parece comunismo? Quando passamos o dia inteiro falando do interesse das massas não será conversa fiada?"[15]

* * *

Como a propriedade privada se tornou coisa do passado, unidades coletivas se mudaram para as mansões que, outrora, eram o orgulho e a alegria da elite endinheirada. Como o senso de propriedade se evaporou, sem que nenhum indivíduo fosse responsável por propriedade alguma, apareceu uma forma de destruição mais insidiosa que o barulho abafado da marreta. Outrora dos mais magnificentes imóveis em Xangai, os números 1.154 a 1.170 da Estrada do Meio Huaihai foram ocupados por uma unidade de maquinário elétrico em novembro de 1958. Em menos de um ano, as janelas estavam quebradas, assim como o mármore e as telhas de cerâmica, e o prédio foi despojado e estripado de todo o equipamento de cozinha importado e dispendioso, do sistema de calefação, do refrigerador e de todos os toaletes. O fedor permeava o local e a sujeira se espalhava em todo o complexo. O Exército foi igualmente descuidado. Depois de reclamar o controle de uma quinta ajardinada na Estrada Fenyang, o lugar ficou em ruínas. A escada desmoronou, as grades se quebraram, a chaminé caiu, toda a propriedade removível foi roubada, as árvores no jardim morreram e o lago de lótus se transformou em um pântano malcheiroso. Depois que um solar na Estrada Hongqiao foi ocupado pela força aérea, os assoalhos foram quebrados, as torneiras e os interruptores desmantelados e o banheiro transbordava de fezes. Havia muitos outros exemplos, "numerosos demais para serem enumerados", segundo relatório das autoridades habitacionais.[16]

A falta de manutenção se espalhava além das casas individuais. Em Wuhan, os cupins literalmente comeram muitos velhos prédios. Na Rua Station, metade de mil edifícios estava infestada. O número 14 da Rua Renhe simplesmente desabou sobre seus ocupantes. Marcos de arquitetura como o Banco Hong Kong e Xangai em Hankou estavam em perigo de serem assolados pelo cupim.[17]

Lugares religiosos não eram exceção. A religião não tinha lugar nas comunas do povo: igrejas, templos e mesquitas foram transformados em oficinas, refeitórios e dormitórios. Em Zhengzhou, dezoito de todos os 27 locais religiosos para católicos, protestantes, budistas e muçulmanos foram tomados e 680 quartos alugados por congregações religiosas foram confiscados. A cidade se orgulhou de anunciar em 1960 que o número de católicos e muçulmanos praticantes havia encolhido de 5.500 para apenas 377. Todos os dezoito líderes religiosos agora participavam do "trabalho produtivo" — exceto três que morreram.[18]

A destruição se estendeu aos monumentos históricos. Em Qujiang, Guangdong, a tumba de Zhang Jiuling, o famoso ministro da dinastia Tang, foi danificada por uma comuna do povo que escavava tesouros, enquanto um templo budista da dinastia Ming em Shaoguan foi derrubado para recuperação de materiais. Mais ao sul de Guangdong, um canhão construído por Lin Zexu para lutar contra os britânicos na Guerra do Ópio foi derrubado e usado como sucata.[19] Em Dujiangyan, Sichuan, um local de irrigação que datava do século III d.C. e uma série de templos antigos foram desmantelados e usados como combustível.[20] O templo Erwang, cheio de relíquias culturais e rodeado de árvores antigas, foi declarado monumento histórico em 1957 — e parcialmente demolido com explosivos alguns anos depois.[21] No norte, a Grande Muralha da China foi saqueada para aproveitamento do material de construção, e tijolos das tumbas Ming foram levados embora com a aprovação dos secretários locais do partido. Um trecho da muralha de 40 metros de comprimento e 9 metros de altura na tumba Dingling, onde o imperador Yongle estava enterrado, foi arra-

MORADIA

sado até o chão, enquanto centenas de metros cúbicos foram escavados da tumba Baocheng, também conhecida como "Salão Precioso". "Os tijolos pertencem às massas", era o argumento final.[22]

As muralhas da cidade também eram objeto da ira oficial. Seus parapeitos recortados, símbolo antigo de grandeza imperial, cheios de videiras e arbustos, eram agora vistos como símbolos de atraso. Mao Tsé-tung deu o tom ao indicar em uma conferência em Nanning, em janeiro de 1958, que as muralhas em torno de Pequim deviam ser destruídas. Grandes trechos dos portões e dos muros vermelhos seriam derrubados nos anos seguintes. Outras cidades seguiram o exemplo: partes da parede que emoldurava a velha cidade de Nanquim foram desmanteladas por unidades coletivas em busca de material de construção.[23]

* * *

A maior parte da devastação aconteceu no campo. A destruição vinha em ondas. Como vimos, os edifícios foram derrubados para fornecer nutrientes durante a campanha de fertilização no início de 1958. Para permitir que a revolução contínua se instalasse, os prédios eram usados como combustível: enquanto agricultores cavavam sulcos profundos, fogueiras queimavam e faiscavam durante a noite. Depois, quando as comunas do povo foram estabelecidas, os imóveis privados se transformaram em escritórios, salões de reunião, refeitórios, creches ou jardins de infância. Alguns prédios foram despojados do material de construção; outros, derrubados, para abrir caminho para a visão de modernidade que nunca conseguiu exatamente migrar do papel para a aldeia. Com a pressão para produzir mais ferro e mais aço, as esquadrias de metal de janelas e portas foram arrancadas, depois os assoalhos foram usados como combustível. Quando o Grande Salto Adiante ganhou uma segunda vida, no verão de 1959, a milícia saiu de casa em casa em busca de grãos escondidos, como se o cereal fosse uma arma de insurreição, arrebentou paredes, cutucou o solo atrás de cavidades ocultas e escavou porões, com frequência derrubando parte do prédio ou todo ele. Quando a fome se estabeleceu, os próprios agricultores começaram a canibalizar seus lares: negociavam tijolos por alimentos e queimavam a lã como combustível. Se ainda não tivesse sido consumida pelo fogo, a palha do telhado era retirada e comida com desespero. Os aldeões também comiam o emboço das paredes.

Na melhor das hipóteses, as pessoas eram compelidas a fazer uma contribuição "voluntária", como aconteceu em uma aldeia em Xinhui, Guangdong, onde a cada casa foram pedidos trinta tijolos para a construção de uma nova escola. Como quadros locais tomavam "emprestado" um volume cada vez maior de material de construção, nenhuma casa foi deixada de pé.[24] Às vezes, os aldeões eram compensados por suas contribuições. Um aldeão em Sichuan ousou pedir uma xícara de chá e uma toalha em troca da metade de um telhado de palha e recebeu a xícara de chá. Um vizinho recebeu uma bacia pequena em troca de quatro aposentos.[25]

Na maior parte do tempo, a coação imperava na aldeia. Em Guangdong, onde Zhao Ziyang foi pioneiro de uma campanha contra a ocultação no início de 1959, a milícia confiscou tudo, de uma simples noz a mansões inteiras.[26] Na comuna de Longgui, Shaoguan, o secretário do partido, Lin Jianhua, aboliu a propriedade privada e enviou a milícia em alvoroço pelas aldeias. Em um conjunto habitacional típico, de 85 casas, 56 aposentos e banheiros externos foram isolados. Os agricultores eram amarrados e espancados se não seguissem as ordens.[27]

É difícil estimar o quanto foi destruído. A situação variava tremendamente de um lugar para outro, mas, em geral, o Grande Salto Adiante constitui, de longe, a maior destruição de propriedade da história humana. Como aproximação tosca, entre 30% e 40% de todas as casas se transformaram em entulho. Eis o que escreveu Liu Shaoqi, chefe de Estado, a Mao, em 11 de maio de 1959, depois de passar um mês investigando a região onde nascera: "De acordo com camaradas do comitê provincial do partido, 40% de todas as casas em Hunan foram destruídas. Além disso, existe uma porção que foi apropriada por organismos do Estado, empresas, comunas e brigadas."[28] O número de pessoas por aposento em Hunan dobrou durante os anos do Grande Salto Adiante, com famílias inteiras apinhadas em um cômodo do tamanho de um guarda-roupa — apesar do espaço criado pela perda de vários milhões de pessoas que morreram de fome.[29] Em Sichuan, a situação era pior, com famílias

MORADIA

vivendo em toaletes ou sob o beiral do telhado de outra família. Em Yanyuan (perto de Xichang), uma área dominada pelos Yi, uma minoria que vivia espalhada em áreas montanhosas, a situação ficou horrível depois que milhares de casas foram entregues ao Estado: "De acordo com estatísticas, 1.147 famílias dividem um cômodo com outra família, 629 famílias dividem um cômodo com outras três ou quatro famílias, cem famílias compartilham um cômodo com cinco ou mais famílias."[30] Na província como um todo, a taxa de destruição variava de 45% a 70% em alguns dos condados mais afetados.[31]

Muitos não encontravam um novo lar, sobrevivendo como podiam à margem da sociedade, buscando acomodação temporária em cabanas feitas de restos, construídas com escombros, ou vivendo em abrigos para porcos. Em Huanggang, região de Hubei, onde as temperaturas caíam abaixo de zero, cerca de 100 mil famílias não tinham casa no inverno de 1960-61. Metade da população não dispunha de lareira para se aquecer, e as pessoas tinham que sobreviver ao duro inverno usando miseráveis farrapos.[32]

* * *

Um grupo especial de vítimas, vários milhões de pessoas, foi deslocado pela irrigação e pelos planos para reservatórios deslanchados durante o Grande Salto Adiante. Só em Hunan, bem mais de meio milhão de pessoas foram evacuadas.[33] Um terço de um milhão, senão mais, foi despejado à medida que cada um dos projetos gigantes era iniciado na Hidrelétrica de Três Gargantas, em Henan, Xin'anjiang, em Zhejiang, e Danjiangkou, em Hubei.[34] Na região de Zhanjiang, em Guangdong, eram necessárias cerca de 300 mil casas para famílias evacuadas no fim de 1961.[35]

A maioria foi deslocada sem muito planejamento e, geralmente, sem compensação. No condado de Yueyang, Hunan, cerca de 22 mil pessoas perderam seus lares durante a construção do Reservatório Tieshan. Tijolos, mobília, ferramentas e gado das aldeias que seriam inundadas pelo reservatório foram confiscados e usados para construir uma fazenda coletiva nas montanhas, para onde as pessoas deslocadas foram relegadas pelas autoridades do condado. Isoladas nas montanhas, sem terra arável para sobreviver e com todos os laços com as aldeias natais cortados, tais pessoas achavam a vida infeliz e muitas começaram a voltar para a planície. Depois, o projeto do reservatório foi abandonado. Os evacuados, em sua maioria, decidiram voltar para casa, mas ficaram encalhados em vilarejos fantasmas dos quais todos os objetos removíveis haviam sido levados. Buscavam refúgio em cabanas improvisadas, toaletes externos, abrigos para porcos e até cavernas, algumas das quais periodicamente desabavam e enterravam os ocupantes. Muitos tinham que esmolar ou roubar para continuar a viver, dividiam alguns utensílios de cozinha e sobreviviam com uma parca ração de 10 quilos de grão por mês. Poucos tinham roupas acolchoadas ou cobertores para o inverno.[36]

Muitas pessoas deslocadas vagavam pelos campos, algumas finalmente voltavam para casa, puxadas pelos laços com o lugar onde haviam nascido. Cerca de cem quilômetros a nordeste de Pequim, instalados em um vale pitoresco com castanheiras, pereiras e pomares de maçãs silvestres ácidas e, ao fundo, montanhas cobertas de florestas, os residentes de 65 aldeias foram arrancados para abrir lugar para o Reservatório Miyun, construído entre setembro de 1958 e junho de 1959. Cerca de 57 mil pessoas perderam suas casas. Como se isso não fosse ruim o bastante, quadros locais requisitaram todas as ferramentas e roubaram a mobília. Os agricultores que resistiam eram presos. Apenas um quarto dos aldeões foi realocado, mas os campos improvisados eram tão confinados que seus habitantes se referiam a eles como "abrigos de porcos".

Dois anos depois, muitos ainda vagavam pelo campo. Em março de 1961, um grupo de 1.500 famílias voltou para casa. Homens, mulheres e crianças se arrastavam à beira de estradas sujas, carregavam trouxas rasgadas e bolsas esfarrapadas com as roupas e os pertences que haviam conseguido salvar. Poucos retornavam às aldeias natais — o reservatório ainda não tinha água — e construíam cabanas de barro ou dormiam ao relento.[37] Milhões de refugiados como esses viviam em miséria semelhante em todo o campo.

* * *

MORADIA

Os mortos também eram despejados. E isso era abertamente contrário a uma preocupação profundamente arraigada com a vida após a morte, expressada em complexas práticas de luto, ritos funerários e rituais ancestrais. O enterro era o meio preferido de lidar com o cadáver, pois o corpo era visto como oferenda valiosa a ser colocada sob o solo perto da aldeia ancestral do falecido. Pensava-se que obrigações mútuas existiam entre seres ancestrais e seus descendentes. Os mortos tinham necessidades específicas a serem respeitadas. Nos funerais, dinheiro de imitação era queimado, assim como todo um conjunto de bens, mobílias e até casas, tudo feito de papel e destinado a ajudar o falecido a se estabelecer no além. O caixão tinha que ser impermeável. Os túmulos deviam ser varridos, e comida e presentes, regularmente oferecidos aos ancestrais.[38]

Algumas dessas práticas foram observadas durante o Grande Salto Adiante. Por muito que o partido desprezasse a religião popular como superstição, alguns quadros locais contribuíam para dispendiosos funerais. Para o enterro de sua avó, um funcionário em Hebei convocou uma banda funerária de trinta músicos. Um refeitório foi colocado à disposição para a ocasião, 120 convidados foram tratados a vinho e cigarros — no meio da fome. Como se isso não bastasse realmente para mitigar a dor, Li Jianjian fez com que os restos mortais de seus pais, enterrados cinco anos antes, fossem exumados, transferidos para novos caixões e enterrados novamente. Li Yongfu, assessor do secretário do partido de uma fábrica de tricô em Pequim, não apenas armou uma barraca com luz elétrica para receber uma banda funerária, como também queimou um carro de papel, uma vaca de papel e uma milícia de papel para ajudar a passagem de sua mãe para o outro mundo. Cinco monges cantavam escrituras sagradas.[39]

Mas muitas sepulturas foram destruídas para recuperar pedra, madeira ou até para servir de fertilizante. Em Hunan, por exemplo, as tumbas foram tomadas para construir uma represa, e ativistas do partido deram o exemplo ao destruir os lugares de descanso de seus próprios ancestrais. Em Yueyang, em centenas de túmulos profanados, os ossos apareciam para fora dos caixões.[40] Wei Shu relembrou em uma entrevista como fazia para tirar túmulos nos campos de Sichuan: "Você sabe, túmulos para pessoas mortas geralmente se parecem com colinas pequenas. Você tem que achatá-los, essa era uma das coisas que tínhamos que fazer em 1958. À noite, recebíamos ordens para voltar e destruir os túmulos e transformá-los em local de plantio."[41] Em muitas partes, a terra arável do país ocupada por túmulos ancestrais era sistematicamente requisitada. Em Pequim, os crematórios trabalharam em tempo integral durante o Grande Salto Adiante. Em 1958, mais de 7 mil corpos foram cremados, quase três vezes o número de 1956 e vinte vezes mais que em 1952. Um terço desses cadáveres tinha que ser desenterrado para abrir espaço para a agricultura.[42]

No campo, as autoridades nem sempre se incomodavam em cremar os corpos desenterrados na busca frenética por madeira. Como observou uma publicação de circulação restrita, editada pelo escritório do secretariado do Conselho de Estado, em Mouping, Shandong, os quadros locais usavam cadáveres para fertilizar a terra: "Eles jogaram alguns corpos, ainda não inteiramente decompostos, nas safras." Uma senhora idosa, enterrada apenas dias antes, foi despojada das roupas, o corpo desnudo atirado à margem da estrada.[43]

Isso não foi exceção, de maneira alguma. No relatório de um comissário da divisão militar em Shaanxi, onde ele trabalhava, o membro do partido Hou Shixiang disse que, quando voltou para sua aldeia, notou que muitos caixões tinham sido desenterrados e deixados espalhados pelo campo em frente à sua casa. As tampas estavam entreabertas e não havia corpos. Poucos dias depois, em uma tarde chuvosa, notou uma coluna de fumaça que saía da chaminé do subsecretário local. Dentro da casa existiam quatro grandes caldeirões em que os corpos estavam sendo cozidos para se transformar em fertilizante, o caldo deveria ser uniformemente distribuído pelos campos.[44]

21

Natureza

Em viagem extensa pelo império Qing, nos anos 1870, o Barão von Richthofen relatou que todo o norte do país estava sem árvores e as montanhas e colinas áridas ofereciam vista desolada.[1] Garantir combustível para invernos longos e frios sempre foi um problema na China imperial. Agricultores cultivavam grandes quantidades de milho e sorgo: as sementes eram usadas como comestível, enquanto os caules serviam de combustível para esquentar a *kang*, cama aquecida por dentro em que a família dormia à noite e se sentava durante o inverno, quando recebia o calor dos tubos colocados dentro dela.[2] Em um país exaurido de florestas, a falta de combustível era profundamente sentida: a escassez de madeira significava que cada graveto, galho, raiz ou raspa era zelosamente catado por crianças e mulheres idosas, que deixavam o chão despido.

A destruição da floresta — para abrir espaço, por combustível e madeira — piorou após 1949 com a estouvada intervenção no meio ambiente. Mao via a natureza como inimigo a ser dominado, adversário a ser submetido, entidade fundamentalmente separada dos humanos e que deveria ser remodelada e subordinada por meio da mobilização das massas. A guerra tinha que ser travada com a natureza por pessoas em competição com o meio ambiente, em uma eterna luta pela sobrevivência. Uma filosofia voluntarista afirmava que a vontade humana e a ilimitada energia das massas revolucionárias poderiam transformar radicalmente as condições materiais e superar quaisquer dificuldades lançadas no caminho de um futuro comunista. O próprio mundo físico poderia ser reformado, as colinas eliminadas, as montanhas niveladas, os rios levantados — balde por balde, se preciso fosse.[3] Ao lançar o Grande Salto Adiante, Mao declarou: "Existe uma nova guerra: deveríamos abrir fogo contra a natureza."[4]

O Grande Salto Adiante dizimou as florestas. No esforço para aumentar a produção de aço, as fornalhas de fundo de quintal que surgiam rapidamente por toda parte tinham que ser alimentadas, os agricultores espalhavam-se pelas montanhas para cortar árvores e usá-las como combustível. No condado de Yizhang, Hunan, as montanhas eram cobertas de luxuriantes florestas nativas. Uma grande derrubada se seguiu, algumas unidades abateram dois terços das árvores para alimentar as fornalhas. Em 1959, nada restava, salvo montanhas nuas.[5] Em Anhua, a oeste de Changsha, uma floresta inteira se transformou em vasta extensão de lama.[6] Conduzidos por espessas florestas ancestrais ao longo da estrada de Yunnan a Sichuan, especialistas soviéticos em florestas e preservação do solo observaram que árvores tinham sido derrubadas ao acaso, resultando em desmoronamentos.[7] Florestas eram brutalizadas por toda parte, às vezes sem esperança de recuperação.

Mas a derrubada de árvores ao acaso não parou com o fim da campanha do aço. A fome não era apenas uma questão de falta de alimento, mas, antes, de escassez de todos os bens essenciais, combustível em particular. Como estavam desesperados por lenha e madeira, os agricultores reproduziram hábitos adquiridos durante a campanha do aço e retornaram às florestas para derrubar e cortar. Roubar era mais fácil que nunca porque a hierarquia responsável pelas florestas tinha sido apagada pela coletivização: a floresta pertencia ao povo.[8] No condado de Wudu, na árida Gansu, havia cerca de 760 pessoas a cargo das florestas antes do Grande Salto Adiante; em 1962, restavam cerca de cem. A situação era a mesma em toda a China. Em 1957, a província de Jilin era coberta de densas florestas e bonitos bosques administrados por 247 estações florestais. Apenas oito sobreviveram à coletivização.[9]

NATUREZA

Não apenas as brigadas locais eram impotentes para deter a depredação de recursos naturais, como frequentemente eram cúmplices dela. Em março de 1961, quando atravessava os portões da comuna de Sihai, condado de Yanqing, no alto de montanhas próximas de Pequim, um visitante deu de cara com cerca de 180 mil tocos de árvores — tílias e amoreiras — cortadas a uma polegada ou duas do solo. Aquilo fora o trabalho de apenas duas unidades.[10] Os agricultores estavam tão desesperados por lenha que cortavam até árvores frutíferas no meio do inverno. Como relatou o Departamento Florestal em Pequim, 50 mil macieiras, nogueiras e árvores de damasco foram cortadas por uma aldeia em Changping, enquanto uma brigada usou um trator para arrancar 890 mil plantas e mudas para usar como combustível.[11] Com frequência, as comunas enviavam equipes para roubar a propriedade de vizinhos: de Huairou, cem agricultores foram despachados pela fronteira do condado para Yanqing, onde cortaram 180 mil árvores em menos de três semanas.[12] Mais perto da capital, árvores ao longo das ferrovias foram cortadas: 10 mil delas desapareceram no condado de Daxing.[13] Mais ao sul, até postes telefônicos eram derrubados para obtenção de lenha.[14] Bem longe, no interior, em Gansu, uma única brigada destruiu dois terços de todas as nogueiras-de-iguape, debilitando a economia local, enquanto outra equipe conseguiu derrubar 40% das melaleucas, de cujo óleo as aldeias locais dependiam para viver.[15]

As pessoas estavam desesperadas por gravetos. Alguns aldeões queimavam não apenas seus móveis, como também até suas casas depois de derrubar as árvores: "O que está embaixo da panela é ainda mais escasso que o que está dentro da panela", lamentavam agricultores.[16] Até em Panyu, Guangdong, cercado de vegetação, dois terços das casas não tinham combustível para acender o fogo, algumas nem fósforo. O fogo tinha que ser pedido aos vizinhos. Quando se acendia, o fogo era guardado como um produto precioso, e aldeias inteiras afundavam de volta em uma primitiva economia de escambo.[17]

As árvores também caíam nas cidades, mas por razões diferentes. Como vimos, várias companhias usaram o Grande Salto Adiante para expandir instalações, muitas vezes desproporcionalmente em relação às necessidades reais. Um braço do Departamento Comercial de Nanquim destruiu um pomar de 6 mil cerejeiras, pessegueiros, pereiras e romãzeiras. O campo remanescente permaneceu vazio. Tal destruição era comum em Nanquim. Como mostrou uma investigação no fim de 1958, dezenas de unidades foram responsáveis pela derrubada de 75 mil árvores. A maioria eram fábricas que necessitavam de madeira, mas algumas vendiam a madeira no mercado negro para levantar a muito necessitada receita.[18]

Embora houvesse campanhas periódicas para cobrir de verde o campo desnudo — desertos pelados seriam transformados em florestas luxuriantes —, a fome disseminada, o planejamento precário e o colapso mais geral da autoridade se combinaram para derrotar os esforços de reflorestamento. Árvores que acabavam de ser plantadas desapareciam instantaneamente. Em 1959, por exemplo, Pequim enviou milhares de pessoas para plantar 2.600 hectares de folhagem protetora no Reservatório das Tumbas Ming. A comuna local destruiu mais da metade em menos de um ano. Fora de Pequim, entre um terço e quatro quintos de todo o reflorestamento e os projetos de plantio se perderam. O dano a regiões mais afastadas do centro do poder deve ter sido ainda maior.[19] Em Heilongjiang, com suas montanhas cobertas de florestas densas que protegiam lariços, tílias púrpuras e freixos manchurianos, um terço de toda a semeadura de novas florestas abrigadas morreu porque era mal administrado.[20] Em Hubei, cerca de 15 mil árvores plantadas para estabilizar as barrancas de uma represa em E'cheng foram ilegalmente derrubadas assim que colocadas no solo. Foram replantadas, mas o trabalho foi tão malfeito que a maioria simplesmente tombou e secou.[21]

Às muitas causas do desflorestamento, devem acrescentar-se os incêndios, casos que se multiplicavam como resultado de atividade humana maior nas florestas, e o colapso da administração efetiva das florestas. Cerca de 56 mil hectares foram destruídos em milhares de incêndios em Hunan durante os primeiros dois anos do Grande Salto Adiante.[22] Nas áridas planícies do norte de Shaanxi e Gansu, onde as florestas já eram raras, 2.400 incêndios consumiram mais de 15 mil hectares na primavera de 1962.[23] O fogo podia ser acidental, mas, com frequência, a floresta era queimada de propósito para produzir fertilizante ou facilitar a caça à vida selvagem. À medida que o fogo avançava e a floresta retrocedia, os animais eram abatidos. Até espécies raras

NATUREZA

eram consideradas caça legal e algumas delas — o macaco dourado, o elefante selvagem e a zibelina — foram levadas à beira da extinção.[24]

Usava-se o fogo também para abrir clareiras para o plantio de cereais em grão, embora a maior parte dessa prática ocorresse em áreas de pasto. Em todos os lugares, a superfície cultivada encolheu, pois se supunha que a coletivização trouxesse ganhos tão espantosos da produtividade que um terço de todos os campos poderia ser abandonado. No corredor de Gansu e na planície de Ningxia, por exemplo, o trigo de inverno se introduziu nas estepes e apressou a desertificação. O condado de Yanchi — para tomar outro exemplo de Ningxia — dobrou sua área agricultável para 50 mil hectares durante o Grande Salto Adiante, cortando toda a grama das terras altas e levando os carneiros ao alto das montanhas para pastar: o condado agora enfrentava a areia. Mais para oeste, na árida bacia de Qaidam, uma extensão desolada, esburacada por pântanos salobros e cercada de montanhas tão frias que pouco podiam crescer ali, as comunas destruíram 100 mil hectares de arbustos e vegetação desértica para abrir caminho para o cultivo de cereais em grão. As fazendas coletivas tiveram que se mudar depois por causa do risco de serem cobertas pela areia.[25]

É difícil estimar a extensão da cobertura florestal perdida durante a fome.[26] Até 70% da cobertura florestal local foram destruídos em alguns condados da província de Liaoning. No leste de Henan, 80% de toda a cobertura florestal desapareceram; em Kaifeng, ela se foi completamente: perto de 27 mil hectares foram entregues ao deserto.[27] Em toda parte da imensa extensão do noroeste — de Xinjiang a Shanxi —, um quinto das árvores foi derrubado.[28] Em Hunan, metade da floresta foi derrubada.[29] Em Guangdong, pouco menos de um terço desapareceu.[30] Yu Xiguang, um especialista da fome, afirma que 80% da cobertura florestal viraram fumaça, mas isso pode estar superestimado.[31] O dano variava de lugar para lugar e até as estatísticas de arquivos são mais instrumentos políticos que reflexos objetivos da realidade. O certo é que nunca antes uma diversidade tão grande de florestas — dos bosques de bambus no sul aos prados alpinos e às fileiras de abetos e pinheiros no norte — sofreu ataque tão intenso e prolongado.

* * *

Depois que nuvens escuras encheram os céus, trovão e chuva explodiram sobre Hebei no início do verão de 1959. À medida que a chuva torrencial prosseguia sem se abater, o sistema de drenagem entupiu com lama, excremento e folhagem, os canais de irrigação desmoronaram, as ruas viraram rios e a região norte da capital foi inundada. As monções dissolveram as casas feitas de barro e destruíram os campos, inundando-os ou removendo a camada de cima do solo. As ruas ficaram cobertas de pó e lotadas de escombros. Um terço de todos os fazendeiros de Tongzhou foram atingidos, as casas caíram, as colheitas se perderam e os animais se afogaram.[32] Outras catástrofes sitiaram a China durante o verão. Chuva pesada açoitou Guangdong. Tufões golpearam a costa mais ao norte. Variações climáticas extremas tiveram consequências imprevistas e causaram a pior seca em Hubei em várias décadas.[33] O impacto da natureza sobre a economia foi muito bem explorado pela liderança, que desviava a atenção da política atribuindo as derrotas econômicas às calamidades. A exata proporção da culpa atribuída à natureza tornou-se ponto de disputa, e Liu Shaoqi mais tarde se envolveria em problemas ao afirmar abertamente que apenas 30% das "dificuldades de produção" eram causadas por desastres naturais; os restantes 70% se deviam a fatores artificiais.

Embora bastante comum, a explicação de Liu reproduzia, mais que desafiava, a noção que estava na raiz da degradação ambiental da China na época, isto é, que os humanos eram uma entidade completamente separada da natureza.[34] As duas explicações estavam entrelaçadas, como mostram estudos detalhados realizados na época sobre as "calamidades naturais". Quando uma equipe de investigação revisitou Tongzhou no verão seguinte, encontrou pobreza extrema, pois o Estado abandonara inteiramente os aldeões, que mal sobreviviam sem comida, roupa ou abrigo adequados.[35] Os mecanismos tradicionais para enfrentar tempos de desastre — caridade privada, assistência do Estado, ajuda mútua, poupanças familiares e migração — falharam em seus efeitos, e a inundação teve influência muito mais profunda e prolongada como resultado da coletivização. Mas nada disso explica por que Tongzhou foi tão atingida. Choveu mais naquela parte da região? A resposta veio um ano depois, após Liu Shaoqi destacar o papel marginal das catástrofes em um discurso ouvido por milhares de quadros

NATUREZA   235

de liderança. No clima político mais aberto de 1962, o Departamento de Conservação da Água começou a fazer um balanço de como o Grande Salto Adiante havia afetado o sistema de irrigação. E selecionou Tongzhou para receber atenção especial. A conclusão foi clara: projetos de irrigação mal concebidos, realizados apressadamente durante o movimento de conservação da água de 1957-58, perturbaram o sistema natural de água cuidadosamente equilibrado. Isso se combinou com uma enorme expansão agrícola, quando mais água que nunca foi forçada para dentro do subsolo. Quando as nuvens explodiram sobre Tongzhou em 1959, a água não tinha lugar aonde ir e inundou campos e aldeias.[36]

O mesmo aconteceu em todo o país. Em Hebei, a região de Cangzhou foi tão devastada por um tufão em 1961 que uma equipe de 24 homens foi imediatamente enviada pelo comitê provincial do partido. Eles passaram dez dias na região, onde perto da metade de todos os campos estava debaixo d'água. A equipe percebeu rapidamente que o sistema de drenagem natural tinha sido destruído pelo trabalho de irrigação empreendido desde o Grande Salto Adiante. Reservatórios mal desenhados, canais e diques contribuíram para o desastre, piorado pelo aumento da agricultura, pois campos grandes e quadrados substituíram os cultivos em terrenos pequenos e irregulares que tradicionalmente seguiam a topografia do solo. Até cidades que nunca tinham sofrido inundação agora estavam mergulhadas em água. Casas de barro encimadas por pesados telhados de pedra caíram sobre seus moradores. Como a equipe observou, a natureza e o povo pagaram o preço de políticas passadas: tudo estava "emaciado" (*shou*): "Pessoas estão macilentas, a terra está desnuda, animais estão pele e osso e as casas estão finas."[37]

Tongzhou e Cangzhou são dois exemplos bem documentados, mas cinturões ainda maiores de fome se encontravam nas planícies ao longo dos rios Huai e Amarelo: Hu Yaobang passou um mês viajando por cerca de 1.800 quilômetros de Shangqiu, em Henan, a Jining, em Shandong, de Fuyang, em Anhui, a Xuzhou, em Jiangsu, inspecionando a devastação causada por chuva torrencial em setembro de 1961. Como veremos, muitos dos lugares de horror onde a taxa de mortalidade era, no mínimo, de 10% estavam situados naquelas duas áreas. Alguns desses nomes — Fengyang,

Fuyang, Jining — se tornaram desde então símbolos de inanição em massa. A primeira coisa que Hu Yaobang observou foi que a chuva naquele outono dificilmente fora excepcional. Em alguns dos condados mais devastados, como Fengyang, "a chuva foi basicamente normal". Pesquisas adicionais revelaram que a principal razão para essas regiões terem sido devastadas por inundações de não mais de 700 milímetros foi a extraordinária extensão dos projetos de conservação da água executados desde o outono de 1957. As vastas redes de irrigação retinham água, que evaporava e se tornava "um dragão do mal, transformando a terra em mar". A situação era tão ruim que qualquer chuva que excedesse 300 milímetros podia causar devastação. Os aldeões locais se ressentiam profundamente dos canais e condutos construídos nos anos anteriores, vendo-os como a principal causa das inundações. Hu observou que "alguns dos quadros são honestos e estão aprendendo a lição, mas outros estão confusos, alguns até insistindo em que esta é uma catástrofe natural".[38]

Por todo o país, as obras de irrigação, feitas por centenas de milhões de agricultores a um grande custo humano e econômico, eram, em sua maior parte, inúteis ou claramente perigosas. Muitas violavam as leis da natureza, resultando em erosão do solo, deslizamentos e assoreamento dos rios. Vimos como Hunan, província abençoada com solo fértil, vales de rios e planícies, montanhas viçosas cobertas de florestas primitivas, foi desfigurada por comunas locais durante o esforço do aço. As montanhas foram desnudadas por torrentes, pois não havia mais cobertura para interceptar a chuva. Como a capacidade das florestas de reter água foi degradada, riscos naturais foram amplificados para desastres. Grandes projetos de irrigação que haviam interrompido o curso natural da água com diques, galerias, reservatórios e canais de irrigação apenas agravaram os problemas. Depósitos acumulados elevaram o leito dos rios locais em Hunan em até 80 centímetros, de forma que o excesso de água ameaçava derramar-se e inundar as aldeias vizinhas.[39]

Projetos locais de aterro pioraram as coisas. Lançados pelo Estado e pelas comunas locais em resposta à escassez de comida, mostravam pouco sentido de gerenciamento da natureza. Em Hunan, mais de 100 mil hectares foram abertos, grande parte nas encostas de montanhas. A chuva então

NATUREZA

lavava o solo e o levava para os novos reservatórios construídos, sufocando-
-os com sedimentos. Uma equipe de Longhui aterrou dez hectares em um
declive de montanha: o escoamento da chuva torrencial de maio de 1962
levou solo suficiente para assorear trinta represas e cinco estradas.[40]

A falta de diversos bens também tendia a se reproduzir em um círculo
vicioso de escassez. Uma vez que todo o fertilizante tinha sido gasto no
Grande Salto Adiante de 1958, os campos ficaram áridos. Os caminhos
entre os campos de arroz eram malconservados à medida que agricultores
perdiam o controle da terra e as safras eram plantadas ao acaso e frequentemente mudadas. O plantio denso e a lavra profunda despojavam mais
a terra, pois exauriam ainda mais o solo. No passado, um campo podia
reter água cuidadosamente irrigada por quatro a cinco dias, mas, em
1962, a água escoava terra adentro em menos de 72 horas. Isso significava
que era preciso duas vezes mais água, precisamente quando o sistema se
assoreava.[41] O Departamento de Conservação da Água e Eletricidade em
Hunan concluiu que cerca de 57 mil quilômetros quadrados sofriam de
erosão do solo, a maior parte da bacia do rio Yang-Tsé, e entre um terço e
um quarto do Xiang, do Zijiang e do Yuanjiang — três dos quatro maiores
rios da província. Até a metade de todos os esquemas para conservação da
água e do solo se assorearam e foram lavados. Na esteira de uma campanha
de irrigação, o volume de erosão do solo cresceu em cerca de 50%.[42]

O trabalho desgastado, executado por agricultores esfomeados sem
muito planejamento e frequentemente em desrespeito à opinião de especialistas, também arruinava novos projetos de irrigação. Em Hunan, no
fim da fome, menos da metade de todas as bombas d'água funcionava.
Muitas estavam quebradas, outras simplesmente paravam de trabalhar
na ausência de qualquer supervisão.[43] Na região de Hengyang, dois terços
de todos os reservatórios de médio porte e um terço de todos os pequenos
diques tinham problemas, e a água se perdia em vazamentos e infiltra-
ções.[44] Na província como um todo, 10% de todos os reservatórios médios
foram descritos como projetos completamente inúteis e abandonados a
meio caminho. Nenhum dos dez grandes teve muito impacto, porque
submergiram grandes superfícies cultivadas, mas, na verdade, irrigavam
muito pouco, causando grande ira entre as pessoas do lugar que tinham

sido forçadas a reassentar-se.[45] Em muitos casos, o material de construção estava tão quebradiço que o movimento das ondas nos reservatórios criava sulcos de 50 a 70 centímetros de profundidade dentro da represa.[46] O uso de dinamite para pescar por agricultores esfomeados perto de represas e eclusas não melhorava a situação.[47] Hunan não era exceção. Na vizinha Hubei, durante a seca de 1959, que parte da liderança do partido identificou como uma das catástrofes que devastavam o país, a água do poderoso Yang-Tsé não pôde ser desviada para os campos porque mais de três quartos de todas as novas eclusas eram altas demais. O rio passava ao longo de campos áridos, enquanto pessoas e gado sofriam sede.[48] Ao longo da extensão de 100 quilômetros entre Jianli e Jingzhou, no meio da seca, agricultores abriam buracos nos diques locais para irrigar os campos, mas estes eram inundados durante as chuvas fortes.[49] Em 1961, estimados 400 mil pequenos reservatórios estavam em mau estado; cerca de um em cada três estava inutilizado, ou assoreado ou seco.[50]

Mas, como em outras partes do país, grandes projetos se multiplicavam, presas do gigantismo. Em Hubei, aumentaram de poucas dúzias antes de 1957 para bem mais de quinhentos. Uma vez prontos, eram com frequência simplesmente abandonados às comunas locais, muitas das quais fracassavam em fornecer supervisão de qualquer espécie. Pedras eram levadas para longe dos diques, aquedutos eram abandonados ao assoreamento, buracos eram abertos em paredes de contenção, e estábulos, chiqueiros e até casas inteiras eram construídos sobre as represas. A borracha usada para selar hermeticamente as comportas era cortada, enquanto o equipamento de telecomunicação de postos de sentinela vazios era roubado.[51] Conclusão inescapável: apesar dos imensos esforços devotados aos planos de irrigação com o alistamento forçado de milhões de fazendeiros por toda a província, em 1961 menos de 1 milhão de hectares foram irrigados, em contraste com 2 milhões em 1957.[52] A posição em Hunan era só marginalmente melhor: depois do investimento maciço na conservação de água, a superfície irrigada de ponta a ponta na província cresceu de 2,66 milhões de hectares em 1957 para cerca de 2,68 milhões em 1962, ou menos de 1%.[53]

Represas em todo o país careciam de vertedouros, usavam material inferior e eram construídas sem atenção para a geologia local. Muitas se

NATUREZA

239

esboroavam. Em Guangdong, a represa de Fenghuang, no condado de Chao'an, explodiu em 1960, seguida por outra, em Huangdan, condado de Dongxing. Essas represas eram grandes reservatórios, mas médios e pequenos reservatórios também desmoronavam, por exemplo em Lingshan, Huiyang e Raoping.[54] Em todo o país, 115 grandes reservatórios, ou 38% do total, eram incapazes de reter as inundações durante a estação chuvosa.[55] De acordo com um relatório da liderança central, três grandes reservatórios ou represas, nove médios e 223 pequenos desmoronaram em 1960 porque haviam sido mal construídos.[56]

Enquanto muitos dos que foram erigidos com terra desmoronaram quase imediatamente, alguns eram perigosas bombas de tempo tiquetaqueando durante décadas. Isso aconteceu com as represas Banqiao e Shimantan, em Zhumadian, Henan, construídas como parte da campanha para "Domar o rio Huai", em 1957-59, como vimos em capítulo anterior. Quando um tufão atingiu a região em agosto de 1975, essas represas se romperam, liberando uma onda de maré que submergiu cerca de 230 mil pessoas.[57] Em 1980, 2.976 represas ruíram em Henan. Como disse mais tarde o chefe do Departamento de Recursos Hídricos, referindo-se ao Grande Salto Adiante, "a merda daquela era ainda não foi limpa".[58]

* * *

Interferir na natureza aumentou a alcalinização — também conhecida como salinização ou aumento do sódio no solo — de terras cultivadas, embora esse fenômeno fosse mais comumente associado às planícies semiáridas do norte. A alcalinização é com frequência vista como uma desvantagem da irrigação em regiões secas, quando a falta de chuvas permite que os sais solúveis contidos na água se acumulem no solo, reduzindo severamente sua fertilidade. Novos planos de irrigação tiveram efeito desastroso sobre a alcalinização da Planície do Norte da China. Em Henan, cerca de dois terços de 1 milhão de hectares de solo tornaram-se terra alcalina.[59] Em Pequim e nos subúrbios circunvizinhos, como o Departamento de Conservação da Água descobriu, a quantidade de solo perdida para a alcalinização dobrou para 10% durante o Grande Salto Adiante.[60] Também ao longo da costa

240 A GRANDE FOME DE MAO

a salinização aumentou, em consequência da intrusão de água do mar, causada por planos malfeitos de quadros locais que cortejavam a atenção dos superiores. Em uma comuna de Hebei situada a 20 quilômetros do mar, a tradição foi posta de lado na perseguição de uma visão de simetria: cavaram-se grandes canais para cruzar campos de arroz quadrados, reconstruídos a partir de terrenos irregulares que, costumeiramente, seguiam os contornos da terra. A safra despencou à medida que a proporção de terra alcalina dobrava.[61] Por toda a província, o volume de terra alcalina saltou em cerca de 1,5 milhão de hectares.[62]

Dificilmente Hebei foi uma exceção: em seu relatório sobre salinização, Liu Jianxun observou que, em muitos condados do norte de Henan, a extensão da salinização havia dobrado, chegando a 28%.[63] Hu Yaobang, inspecionando condados ao longo do rio Amarelo, descobriu que imensos esquemas de irrigação em alguns condados de Shandong haviam aumentado a proporção geral de solo alcalino de 8% para 24%.[64] Isso foi confirmado em um relatório mais detalhado sobre as regiões norte e oeste da província, onde a salinização média estava acima de 20% em 1962, tendo dobrado desde o Grande Salto Adiante. No condado de Huimin, estava perto da metade de toda a terra cultivada. Havia pouca dúvida sobre as razões para isso: "Nos últimos dois anos, o desenvolvimento de planos de irrigação perturbou o sistema de drenagem natural."[65] Não está claro como tantos milhões de hectares foram perdidos para o sal durante a grande fome, mas é provável que a área perdida tenha atingido entre 10% e 15% de toda a terra irrigada para a cultura de grãos.

* * *

Não existem dados numéricos sobre o país ou até sobre as províncias, mas evidências qualitativas sugerem que a poluição do ar e da água também contribuiu para uma crise ambiental de proporções consideráveis. A China não tinha usinas de tratamento e tanto o esgoto urbano quanto o lixo industrial eram descarregados diretamente nos rios locais. O esforço para transformar uma sociedade predominantemente agrária em uma casa de força industrial capaz de liderar o campo socialista em

NATUREZA

241

sua conquista do mundo aumentou o volume de poluentes como fenol, cianeto, arsênico, fluoreto, nitratos e sulfatos jogados no curso de riachos. O fenol é um dos contaminantes mais comuns: 0,001 miligrama por litro é o máximo suportável para a água potável e 0,01 para a criação de peixes. Nos derramamentos nos rios Songhua e Mudan, que correm pelo desolado coração industrial do norte, o volume de fenol ia de 2 a 24 miligramas por litro. Onde outrora abundavam carpas, peixes-gatos e esturjões, nada restava, exceto um fétido fluxo de material tóxico. Em uma extensão de 150 quilômetros do rio Nen, um grande tributário do Songhua, pescadores removeram cerca de 600 toneladas de peixes mortos em menos de um dia na primavera de 1959. Em Liaoning, o peixe desapareceu completamente dos rios perto das cidades industriais de Fushun e Shenyang. Ao longo da costa perto de Dalian não era incomum colher cerca de 20 toneladas de holotúrias por ano, mas a iguaria desapareceu durante o Grande Salto Adiante.[66] Mais ao sul, em Pequim, o Conselho de Estado reclamou da poluição: o poderoso complexo de ferro e aço de Anshan descarregava volumes tão altos de resíduos que os rios fediam a petróleo, com peixes mortos boiando de barriga para cima na superfície viscosa.[67]

Tão grande era o volume de refugo alcalino jogado fora pelas fábricas de papel em Jiamusi que até o fundo dos barcos se corroía. As próprias fábricas não podiam mais produzir papel de alta qualidade porque dependiam grandemente da água do rio que tanto poluíam. Esse foi o caso de todas as fábricas no cinturão que se estendia de Xangai a Hangzhou. As companhias petrolíferas também eram criminosas: uma única usina em Maoming liberava 24 mil toneladas de querosene nos rios por ano. Outros recursos escassos no meio da fome eram atirados na água: o Conselho de Estado calculou que as fábricas de fundição da suja e poeirenta Shenyang poderiam ter economizado 240 toneladas de cobre e 590 toneladas de ácido sulfúrico por ano simplesmente reciclando a água que usavam.[68]

Poucos estudos comparativos foram feitos na época para medir o aumento da poluição depois de 1957, mas um caso ilustra o impacto do Grande Salto Adiante. As fábricas de malha, couro, papel e produtos químicos em Lanzhou, o centro industrial do noroeste, geravam mais de 1.680 toneladas de águas servidas por dia em 1957. Isso saltou para 12.750

toneladas por dia em 1959. Lanzhou é a primeira grande cidade ao longo do rio Amarelo e tinha em suas águas oito vezes mais poluentes que o permitido pelo Ministério da Higiene. O rio seguia seu curso vagarosamente através dos desertos e pastos da Mongólia Interior antes de entrar na Planície do Norte da China, onde a água era desviada para irrigação através de infindáveis condutos e galerias, os poluentes embebendo profundamente o solo cultivado.[69]

Envenenavam-se também as pessoas, pois os rios com frequência eram a única fonte de água. Trabalhadores que viviam perto das fábricas de aço no norte sofriam de envenenamento crônico. Em Zibo, Shandong, cem agricultores ficaram doentes após beber água poluída com contaminantes de uma fábrica farmacêutica rio acima.[70] Em Nanquim, uma única fábrica, que empregava apenas 275 trabalhadores, produzia por dia de 80 a 90 toneladas de água de esgoto com material radioativo. Não existiam regras para o armazenamento do lixo e todo ele era atirado diretamente no ralo, terminando no rio Qinhuai, que se transformou em uma vala de detritos. Até o lençol freático foi envenenado: usada por pessoas locais para lavar o arroz, a água dos poços perto da fábrica se tornou vermelha ou verde.[71] Em Baoshan, Xangai, a água servida produzida pelas fábricas de aço vazava nos dormitórios dos trabalhadores. Do lado de fora, montes de ferro corrugado se acumulavam, de forma que trabalhadores tinham que galgar o entulho para ter acesso aos dormitórios.[72] A escória preocupava menos que a poluição causada pelas descargas de resíduos, mas, enquanto isso, um quarto de milhão de toneladas de escória acumulava-se todo dia na movimentada Xangai.[73]

A poluição também estava no ar, embora tenhamos menos exemplos específicos porque a água era um recurso muito mais precioso que o ar, sendo por isso monitorada em grande detalhe. Mas um estudo mostra que, em Xangai, diversas fábricas lançavam o equivalente a 20 toneladas de vapor de ácido sulfúrico, criado com a produção de fertilizantes fosfatados.[74]

* * *

NATUREZA

Algumas dessas fábricas também produziam pesticidas, o que contaminava animais, pessoas, solo e ar. Em Xangai, por exemplo, milhares de toneladas de Dipterex e DDT eram produzidas, assim como benzeno hexaclorídrico (BHC), um químico agrícola altamente tóxico chamado 666 que degradava lentamente o solo.[75] Os efeitos dos pesticidas no gado, na terra arável e nos produtos aquáticos são bem conhecidos, mas, em tempos de fome, o veneno químico encontrava novas aplicações, estendendo-se muito além da plantação. Desesperadas por comida, algumas comunas usavam pesticidas para pegar peixes, pássaros e animais. Em Hubei, inseticidas como Sistox e Demeton, comumente chamados pós 1605 e 1059, assim como um pesticida hipertóxico conhecido como 3911, eram deliberadamente espalhados para capturar patos, depois vendidos para as cidades. Só em Shakou, dúzias de clientes foram envenenados e vários morreram depois de comer as aves contaminadas. Agricultores esfomeados também partiam sozinhos em busca de comida, largando químicos em poças e lagos para matar a vida silvestre. Em alguns lugares, a água ficava verde e matava toda a vida silvestre.[76]

Mas a forma mais popular de controle das pestes era a mobilização das massas. Fascinado pelo poder das massas para conquistar a natureza, Mao lançara um chamado para eliminar ratos, moscas, mosquitos e pardais em 1958. Os pardais eram o alvo porque comiam sementes e privavam as pessoas dos frutos de seu trabalho. Em um dos episódios mais bizarros e daninhos ao meio ambiente do Grande Salto Adiante, o país foi mobilizado em uma guerra completa contra os pássaros. Com o rufar de tambores ou o estrépito de batidas em panelas ou gongos, um ruído gigantesco era levantado para manter os pardais em voo até ficarem tão exaustos que simplesmente caíam do céu. Quebravam-se ovos e destruíam-se os ninhos, também se alvejavam os pássaros no ar. O sincronismo era essencial, pois todo o país foi levado a marchar em fileiras cerradas na batalha contra o inimigo, certificando-se de que os pardais não tivessem para onde escapar. Nas cidades, as pessoas subiam nos telhados, enquanto, nos campos, os fazendeiros se dispersavam pelas montanhas e subiam em árvores, todos na mesma hora, para assegurar a completa vitória.

O especialista soviético Mikhail Klochko testemunhou o começo da campanha em Pequim. Foi acordado de manhã cedo pelos gritos horripilantes de uma mulher que corria de um lado para o outro em um telhado próximo ao seu hotel. Um tambor começou a soar enquanto a mulher freneticamente acenava com um grande lençol em uma vara de bambu. Por três dias, todo o hotel foi mobilizado na campanha para acabar com os pardais, dos mensageiros às empregadas e aos intérpretes oficiais. Crianças saíam com atiradeiras e miravam qualquer espécie de criatura alada.[77]

Acidentes aconteciam, pois pessoas caíam de telhados, postes e escadas. Em Nanquim, Li Haodong subiu no telhado de uma escola para chegar ao ninho de um pardal, mas pisou em falso e despencou de três andares. O oficial local He Delin, que agitava furiosamente um lençol para assustar os pássaros, tropeçou e caiu de um telhado, quebrando a espinha. Revólveres eram distribuídos para atirar nos passarinhos, o que também resultou em acidentes. Em Nanquim, cerca de 330 quilos de pólvora foram usados em apenas dois dias, indicando a extensão da campanha. Mas a vítima real foi o meio ambiente, pois as armas eram apontadas para qualquer tipo de criatura de penas. A extensão do dano foi exacerbada pelo uso indiscriminado de veneno agrícola: em Nanquim, iscas matavam lobos, coelhos, cobras, ovelhas, galinhas, patos, cachorros e pombos, alguns em grande quantidade.[78]

O humilde pardal suportou as maiores baixas. Não temos nenhum número confiável, pois os números eram parte de uma campanha em que a inflação retórica se combinava com uma ilusória precisão para produzir dígitos tão surreais quanto a própria campanha. Assim, Xangai informou triunfantemente que eliminara 48.695,49 quilos de moscas, 930.486 ratos, 1.213,05 quilos de baratas e 1.367.440 pardais em uma de suas guerras periódicas contra todas as pestes (imagina-se se as pessoas não criavam secretamente moscas e baratas para obter uma medalha de honra).[79] Os pardais foram provavelmente levados à beira da extinção e poucos eram vistos anos depois. Em abril de 1960, quando os líderes perceberam que os pássaros também comiam insetos, os pássaros foram removidos da lista de pragas daninhas e os piolhos os substituíram.[80]

NATUREZA

245

Mas a mudança veio muito tarde: infestações de insetos espalharam-se depois de 1958 e arruinaram uma proporção significativa da safra. O maior dano foi ocasionado antes da colheita, quando enxames de gafanhotos escureceram o céu e cobriram o campo com um cobertor eriçado, devorando a safra. Aproveitaram-se da seca em Hubei, no verão de 1961, e infestaram 13 mil hectares, só na região de Xiaogan. Na região de Jingzhou, mais de 50 mil hectares foram devastados. No geral, na província, perto de 15% da colheita de arroz foi perdida para o voraz gafanhoto. Tudo foi deixado despido, mais da metade de todo o algodão perdido na região de Yichang.[81] Em torno de Nanquim, onde uma feroz campanha contra os pardais fora desencadeada, cerca de 60% de todos os campos sofreram o dano de insetos no outono de 1960, o que levou à séria escassez de verduras.[82] Toda sorte de espécies daninhas proliferou: na província de Zhejiang, entre 500 mil e 750 mil toneladas de grãos, ou mais ou menos 10% da colheita, foram perdidas em 1960 para a mariposa oriental, o gafanhoto de folha, a lagarta-rosada e a aranha vermelha, entre outras pestes. Medidas preventivas foram prejudicadas por falta de inseticidas: os produtos químicos agrícolas tinham sido desperdiçados inicialmente no ataque à natureza de 1958-59; depois, a escassez de todas as *commodities* se estendeu em 1960 aos pesticidas, exatamente quando eram mais que nunca necessários.[83]

Na guerra à natureza, fatores diferentes se combinaram para ampliar dramaticamente o que a liderança descreveu como "catástrofes naturais". A campanha do aço causou o desflorestamento, o que levou por sua vez à erosão do solo e à perda de água. Os planos grandiosos de irrigação perturbaram ainda mais o equilíbrio ecológico, piorando o impacto das inundações e secas, ambas estimulantes de gafanhotos: a seca eliminava toda competição, enquanto as chuvas pesadas que se seguiam permitiam que os gafanhotos se reproduzissem mais rapidamente que outros insetos e dominassem uma surrada paisagem. Com o desaparecimento dos pardais e o mau uso dos pesticidas, os insetos desciam sem oposição sobre qualquer safra magra que os agricultores tivessem conseguido cultivar.

Mao perdeu a guerra contra a natureza. A campanha saiu pela culatra quando rompeu o delicado equilíbrio entre humanos e meio ambiente, dizimando a vida humana como resultado.

PARTE QUATRO

Sobrevivência

22

Banqueteando-se durante a fome

A igualdade pode ter sido um pilar da ideologia comunista, mas, na realidade, todos os Estados comunistas construíram elaboradas ordens hierárquicas. Uma razão para isso foi que a maioria desses regimes vivia no medo constante de inimigos reais ou imaginários, o que justificava a arregimentação da sociedade segundo linhas militares em que cada unidade subordinada devia executar ordens sem questionamento: "Cada funcionário é a bigorna de seus superiores e o martelo de seus subordinados."[1] Outra razão era que a economia planificada distribuía bens e serviços mais de acordo com a necessidade do que com a demanda. E às necessidades de diferentes grupos eram atribuídas prioridades diferentes pelo partido, estivesse ele defendendo seus domínios contra os poderes imperialistas ou ocupado na construção do futuro comunista. Na República Popular, o acesso à comida, aos bens e aos serviços era amplamente determinado por um sistema de registro de unidades familiares — o equivalente, *grosso modo*, ao passaporte interno instituído em dezembro de 1932 na União Soviética. Introduzido nas cidades em 1951, estendeu-se ao campo em 1955 e se tornou lei em 1958, exatamente quando os agricultores estavam sendo empurrados para as comunas. O sistema dividia pessoas em dois mundos diferentes ao classificá-las como "habitantes das cidades" (*jumin*) ou "camponeses" (*nongmin*).[2] O status conferido pelo sistema de registro

250 A GRANDE FOME DE MAO

era herdado através da mãe, o que significava que, se uma moça de aldeia se casasse com um morador da cidade, ela e seus filhos continuavam a ser camponeses.

O sistema de registro familiar era o eixo de apoio da economia planificada. Como estava a cargo da distribuição de bens, o Estado tinha que ter uma ideia esboçada das necessidades dos diferentes setores. Se grandes fluxos de pessoas se movimentassem pelo país em completa liberdade, isso perturbaria as cotas de produção e os gráficos de distribuição tão meticulosamente mapeados pelos planejadores centrais. Outra função desse sistema era fixar os cultivadores à terra e assegurar que trabalho barato estivesse disponível nas fazendas coletivas das quais se tirava um excedente para pagar pela industrialização. Os agricultores eram tratados como casta hereditária privada dos privilégios dados aos habitantes das cidades, que incluíam habitação subsidiada, rações e acesso à saúde, educação e benefícios para os incapazes. No meio da fome, o Estado deixou os agricultores se arranjarem sozinhos.

Uma parede foi criada entre as cidades e o campo, mas uma linha de separação corria entre as pessoas comuns e os membros do partido. E, dentro do partido — como no Exército —, uma elaborada hierarquia interna promovia, além disso, os privilégios a que cada um tinha direito, do volume de grãos, açúcar, óleo de cozinha, carne, ave, peixe e fruta à qualidade dos bens duráveis, da moradia, da assistência médica e do acesso à informação. Até a qualidade dos cigarros variava de acordo com a posição hierárquica. Em Guangzhou, em 1962, quadros das posições 8 e 9 recebiam dois pacotes de cigarros comuns por mês, quadros das posições 4 a 7, dois pacotes de melhor qualidade, ao passo que as três posições mais altas, reservadas para intelectuais de prestígio, artistas, cientistas e líderes do partido, recebiam três pacotes da melhor qualidade.[3]

No ápice do partido ficava a liderança, que tinha residências especiais, protegidas por muros altos, guardas dia e noite e carros com chofer. Lojas especiais com bens escassos a preços com descontos especiais estavam reservadas para eles e suas famílias.

Verduras de alta qualidade, carne, galinha e ovos, produzidos por fazendas dedicadas exclusivamente a isso, eram analisados previamente para

BANQUETEANDO-SE DURANTE A FOME

garantir que fossem frescos e testados para detectar veneno antes de serem experimentados por provadores. Somente depois se servia a comida aos líderes na capital e nas províncias.[4] Acima deles estava Mao, que vivia na opulência, perto da Cidade Proibida, onde imperadores outrora habitavam, tendo o seu quarto de dormir o tamanho de um salão de baile. Mansões suntuosas, com cozinheiros e serventes durante todo o ano, estavam às ordens dele em todas as províncias ou cidades grandes.[5] No fim da escala estavam os milhões de presos nos campos de concentração localizados nas regiões mais áridas do campo, desde as planícies terrivelmente frias da Manchúria aos desertos áridos de Gansu. Eles existiam para quebrar pedras, cavar para extrair carvão, carregar tijolos ou arar o deserto durante anos a fio sem qualquer assistência da lei.

* * *

À medida que a fome se ampliava, as posições de privilégio mudavam. Apesar dos expurgos contínuos, a filiação ao partido cresceu quase a metade, de 12,45 milhões de membros em 1958 para 17,38 milhões em 1961.[6] Os membros do partido sabiam como se cuidar. Uma forma de se regalar durante a fome era participar dos encontros frequentes, em que o Estado fornecia tudo. Cerca de 50 mil funcionários vieram a Xangai em 1958, número que dobrou para 100 mil em 1960. Ficavam em hotéis administrados pelo Estado e comiam em banquetes patrocinados pelo Estado. Um lugar favorito era o Hotel Donghu, antiga residência do famoso gângster Du Yuesheng: um dos poucos lugares que não cobravam por nada — fossem menus elaborados ou uma variedade de perfumes oferecida nos banheiros. Alguns encontros duravam mais de um mês. Em 1960, mais ou menos um encontro de alto nível realizava-se a cada dia do ano, com grande custo para a cidade.[7]

Os quadros de nível mais baixo regalavam-se em encontros locais. No condado de Nayong, na província de Guizhou, assolada pela fome, 260 quadros gastaram quatro dias lidando a seu jeito com 210 quilos de carne bovina, 500 quilos de carne de porco, 680 galinhas, 40 quilos de presunto, 210 litros de vinho e 79 pacotes de cigarros, assim como montanhas de açúcar e doces. A isso devem ser acrescentados bons cobertores, travesseiros de luxo, sabonetes perfumados e outros artigos especialmente comprados para o encontro. Em Pequim, uma fábrica de automóveis gastou mais de 6 mil yuans em oito visitas a hotéis de alto nível para receber visitantes no fim de 1960.[8] Outro truque era organizar sessões de "teste de produtos". Em Yingkou, Liaoning, mais de vinte quadros reuniram-se em uma manhã, em março de 1960, e lidaram sistematicamente com uma variedade de produtos locais, a começar por cigarros. Prosseguiram com carne enlatada, frutas e biscoitos, servindo-se durante todo o tempo de copiosas quantidades de vinho de arroz. No fim do dia, saciados e bêbados, três dos testadores vomitaram.[9]

Viagens de lazer eram organizadas. Em fevereiro de 1960, cerca de 250 quadros embarcaram em um navio de luxo para cruzar o Yang-Tsé, provando delícias culinárias a bordo enquanto admiravam penhascos de pedra calcária, paisagens de calcário e pequenas gargantas. Ocasionalmente deixavam o conforto de suas cabines para visitar atrações culturais ao longo do caminho. Cem rolos de filmes foram projetados. O aroma de óleos perfumados e bastões de incenso cuidadosamente posicionados por todo o navio flutuava no ar. Um fluxo permanente de garçonetes em uniforme e salto alto servia prato após prato de iguarias. Uma banda tocava ao fundo. Não se pouparam despesas. Só de combustível e pessoal, o custo do cruzeiro de 25 dias foi de 36 mil yuans, aos quais se devem acrescer 5 toneladas de carne e peixe, sem contar os incontáveis fornecimentos de cigarros e bebidas. Deve ter sido uma visão fascinante, pois o cruzeiro estava iluminado como um arco-íris, com luzes de todas as cores, brilhando na escuridão de uma noite de luar. O som das risadas, da conversa e dos copos que se tocavam em brindes viajava sobre as águas do Yang-Tsé, cercado por uma paisagem espantosamente bonita, arruinada pela inanição em massa.[10]

* * *

Durante a fome, os banquetes e a bebida (*dachi dahe*) nos encontros do partido que aconteciam nas cidades e no campo eram fonte comum de reclamações. Chamavam-se de "quadros porquinhos" os funcionários vorazes, em uma referência ao famoso personagem do romance da dinastia

BANQUETEANDO-SE DURANTE A FOME

Ming, *Viagem para o Ocidente*, metade humano, metade porco, e lendário por sua preguiça, glutoneria e luxúria.[11] Mas, fora do partido, algumas pessoas também tinham oportunidades de regalar-se. O pessoal das cantinas coletivas frequentemente abusava de sua posição para surrupiar provisões. Em uma fábrica de algodão em Zhengzhou, capital da esfomeada Henan, os chefes regularmente invadiam os recintos onde se estocavam alimentos, usando-os como despensa pessoal. Em uma ocasião, um cozinheiro devorou vinte ovos em um só dia, outros deram fim em quilos de carne enlatada. Comiam macarrão e bolos fritos à noite, enquanto carne, peixe e verduras destinados às cantinas eram divididos entre a equipe durante o dia. Trabalhadores comuns tinham que sobreviver com três tigelas de mingau de arroz por dia, ocasionalmente suplementadas por um pouco de arroz seco e bolinhos de massa cozidos ao vapor. Muitos estavam fracos demais para trabalhar.[12]

No campo, os aldeões nem sempre assistiam inertes à pilhagem. Em uma comuna de Guangdong, onde dois terços de todos os porcos tinham sido comidos por quadros locais em banquetes e festas para celebrar o advento da abundância, os agricultores advertiram: "Vocês, quadros, roubam abertamente; nós, membros da comunidade, roubamos secretamente."[13] Uma orgia de abates marcou o campo em 1958, quando agricultores mataram suas aves domésticas e gado como forma de resistência contra as comunas do povo. Impulsionados pelo medo, pelos rumores e pelo exemplo, optaram por comer os frutos de seu trabalho, ou estocar um suprimento de carne, ou vender seus produtos no mercado negro e guardar algum dinheiro em vez de entregar seus pertences. Hu Yongming, como vimos, comeu sistematicamente seu rebanho em uma aldeia no montanhoso nordeste da província de Guangdong, abatendo em rápida sucessão quatro galinhas, três patos, cachorros e filhotes, assim como um gato. Sua família deleitou-se com a carne.[14]

Mesmo após os dias de glória de 1958, aldeões continuaram a encontrar meios de se regalar ocasionalmente — às vezes com a conivência de líderes locais. Em Luoding, condado ensanguentado por uma liderança violenta e agressiva, uma brigada ainda conseguiu "celebrar o aniversário do Partido Comunista", desculpa para cada família engolir quatro patos em 1º de julho de 1959.[15] No Ano-Novo de 1961, milhares de cabeças de gado foram abatidas por agricultores descontentes na região de Zhanjiang — forma de protesto também observada em outras partes da província de Guangdong, pois não havia porcos disponíveis para os bolinhos sumamente importantes e tradicionalmente usados para celebrar o Ano-novo lunar.[16]

Outra razão para o ocasional banquete era que poucas pessoas viam qualquer motivo para poupar, uma vez que a expropriação e a inflação rapidamente corroíam quaisquer reservas pessoais. Chen Liugu, uma velha senhora de Panyu, que conseguira poupar 300 yuans, agora esbanjava, no início do verão de 1959, convidando dez pessoas a um restaurante, onde tigelas de sopa de peixe foram avidamente consumidas. "Não tem sentido economizar agora, e só tenho uma centena de yuans reservados para comprar um caixão."[17] Em Pequim, residentes estrangeiros notaram que alguns restaurantes normalmente tranquilos ficaram lotados em 1959, quando rumores sobre o advento de comunas urbanas fizeram com que residentes se apressassem a vender sua mobília em lojas do Estado. O que se ganhou foi gasto em uma rara refeição nos restaurantes.[18]

Às vezes, pessoas comuns comiam copiosamente porque tinham a sorte de serem cuidadas por quadros que usavam toda a habilidade política para transformar sua unidade em um bastião de abundância no meio da fome. Em Xuhui, Xangai, alguns refeitórios tinham o luxo relativo de portas de vidro e lâmpadas fluorescentes. Outros instalavam rádios, enquanto um refeitório em Putuo construiu um aquário com peixes dourados.[19] Por outro lado, a supervisão deficiente da cadeia de suprimentos em algumas unidades urbanas ocasionalmente significava que os trabalhadores tinham bastante para comer. Em Hebei, uma investigação mostrou que, às vezes, os trabalhadores iam de um refeitório para outro e comiam uma série de refeições. Em um salão de refeitório, as mesas ficavam rotineiramente lotadas de produtos que se derramavam no chão. As sobras varridas ao fim de cada refeição enchiam três ou quatro bacias, pesando 5 quilos cada. Em outro caso de embaraço criado pela riqueza, trabalhadores levavam comida para o dormitório, embora grande parte nunca fosse consumida. O assoalho ficava coberto de uma camada de mingau amarelo, quando as pessoas pisavam em bolinhos recheados jogados fora.[20] Em Shijingshan,

BANQUETEANDO-SE DURANTE A FOME

perto de Pequim, as ofertas abundavam o suficiente para os trabalhadores pegarem o recheio dos bolinhos de jujuba e jogarem fora a massa de farinha.[21] Nos refeitórios da poderosa Fábrica de Máquinas-Ferramentas de Xangai, lavava-se o arroz com tanta pressa que vários quilos eram retirados dos encanamentos de águas servidas em qualquer dia da semana e usados para alimentar os porcos. Supervisão deficiente durante os turnos da noite permitia que trabalhadores comessem e alguns se envolviam em concursos de alimentação: um verdadeiro campeão conseguia comer cerca de 2 quilos de arroz de uma sentada.[22]

23

Rodando e negociando

Qualquer que fosse a posição na hierarquia social, todos praticamente, de alto a baixo, subvertiam o sistema de distribuição e secretamente davam livre curso ao mesmo objetivo de lucro que o partido tentava eliminar. À medida que a fome se alastrava, a sobrevivência de uma pessoa comum passou a depender crescentemente da habilidade de mentir, seduzir, esconder, roubar, enganar, pilhar, saquear, contrabandear, negligenciar, trapacear, manipular ou defraudar de outra maneira o Estado.

Mas ninguém podia navegar por conta própria na economia. Em uma nação de guardiões do portão, os obstáculos estavam em toda parte, uma vez que qualquer um podia obstruir qualquer um, do intratável zelador de um bloco de apartamentos ao macambúzio vendedor de passagens do outro lado do vidro do balcão de uma estação ferroviária. Tão prolíficas e complexas eram as regras e os regulamentos que transpassavam o sistema, que até mesmo o mais baixo dos funcionários de departamento estava investido de um poder tirânico e discricionário. A mais simples das transações — comprar uma passagem, trocar um cupom, entrar em um prédio — podia tornar-se um pesadelo quando diante de um defensor de regras. Poder pequeno corrompia gente pequena, que proliferava nos níveis mais baixos da economia planificada, tomando decisões arbitrárias e caprichosas sobre bens e serviços de fornecimento escasso que coincidiam estar sob seu controle. E, mais acima na cadeia de comando, quanto maior o poder, mais perigoso o abuso.

Era preciso ter uma rede de contatos pessoais e ligações sociais para conseguir que fossem feitas as coisas mais simples. Pedir a um amigo proeminente que ajudasse era sempre mais fácil que se aproximar de um funcionário desconhecido que podia ser devotado aos detalhes do procedimento administrativo e não ver razão para conferir um benefício a um estranho. Qualquer ligação era preferível a não ter nenhuma, pois era mais provável que um antigo vizinho, um colega de outros tempos, um colega de escola ou até um colega de um colega recebesse bem uma solicitação, olhasse para o outro lado, resistisse à lei ou quebrasse uma regra. Nos níveis mais altos do poder, amigos influentes podiam ajudar a assegurar fundos estatais, evitar o pagamento de impostos ou ter acesso a recursos escassos. Em todos os níveis as pessoas expandiam suas redes sociais trocando favores, presentes e pagando propinas. E cuidando dos parentes. Mu Xingwu, chefe de uma unidade de estocagem em Xangai, recrutou dezenove parentes para trabalhar sob suas ordens. Metade da força de trabalho era aparentada: aqui estava uma base sólida para transacionar com os bens que ele deveria salvaguardar.[1] Em todo lugar, as pessoas pressionavam os que estavam abaixo delas para proteger e favorecer seus próprios interesses. A economia planificada, com sua dedicação a um bem maior, gerou um sistema em que o indivíduo e sua rede pessoal prevaleciam.

Mas as pessoas no partido estavam em posição melhor para usar o sistema em seu próprio benefício que aqueles que estavam fora do partido. E mostravam uma perspicácia empresarial sem fim para inventar modos de defraudar o Estado. Prática comum das empresas era contornar o plano e negociar diretamente entre elas. Em Wuhan, o Departamento Provincial de Transporte Rodoviário concordou em levar bens para o Escritório Comercial Número Dois do distrito de Jianghan em troca de alimentos. Operação que valeu bem mais que uma tonelada de açúcar, uma tonelada de álcool e mil pacotes de cigarros, assim como 350 quilos de carne enlatada nos primeiros meses de 1960. A Estação de Compra de Petróleo de Wuhan, por outro lado, negociou toneladas de petróleo, gás e carvão por lautos banquetes para seus quadros.[2] No norte, o Departamento Florestal de Qinghe trocou centenas de metros cúbicos de madeira por biscoitos e limonada de uma fábrica em Jiamusi. Outros trocaram porcos por cimento, ou aço por madeira.[3]

Essas práticas permeavam o país inteiro, à medida que uma economia paralela era criada por representantes enviados que viajavam para circum--navegar o rígido sistema de suprimento. Agentes de compra construíam contatos sociais, convidavam funcionários locais para jantar e negociavam a abertura do caminho com uma lista de compras fornecida pela empresa para a qual trabalhavam. Propinas eram comuns. O diretor do Departamento de Bens e Materiais de Xangai recebia presentes regularmente, de medicamentos para impotência feitos com extrato de veludo de chifres de veado a açúcar branco, biscoitos e cordeiros. Mais de 6 milhões de yuans em bens foram "danificados" ou "perdidos" sob seus auspícios em menos de um ano.[4] Em Guangzhou, o Departamento de Transporte foi acusado de "desperdiçar" mais de 5 milhões de yuans nos três anos seguintes ao Grande Salto Adiante.[5] Só na província de Heilongjiang, uma investigação estimou que cerca de 2 mil quadros compravam madeira em nome de suas unidades no fim de 1960, oferecendo em troca relógios, cigarros, sabão ou carne enlatada.[6] Dezenas de fábricas em Guangdong mandaram agentes em turnês de compras em Xangai que excluíam o Estado de seus acordos de negócios.[7] As comunas do povo não eram exceção: a Fazenda Gaivota em Guangdong vendeu cerca de 27 toneladas de óleo de citronela para uma fábrica de perfume de Xangai em vez de enviar a mercadoria para o Estado.[8] Ninguém sabia quantos negócios aconteciam nessa economia encoberta, mas uma equipe de investigação colocou a quantidade de bens embarcados em Nanquim para outras unidades, sem qualquer aprovação oficial, em 850 toneladas só em abril de 1959. Centenas de unidades estavam envolvidas. Algumas, de fato, falsificavam as permissões de embarque, usando nomes falsos, imprimindo certificados falsos e até embarcando em nome do exército a fim de ter lucro.[9]

O escambo, às vezes considerado uma forma muito primitiva de comércio, tornou-se um dos modos mais eficientes de distribuir bens onde eles eram necessários. E podia ser uma operação muito sofisticada movimentar--se paralelamente a uma rede nacional, canibalizando estruturas estatais, fazendo sombra à economia planificada e ainda assim manter-se invisível graças à contabilidade criativa. Bens se tornavam moeda. Em detalhado estudo de uma afamada loja de bolinhos de massa em Shenyang, investigadores mostraram que a comida era rotineiramente trocada por bens de mais de trinta unidades de construção na cidade, indo de canos de ferro a cimento e tijolos. Um suprimento contínuo e barato de ingredientes também estava assegurado pela troca direta de bolinhos com fornecedores do Estado. A Companhia Municipal de Produtos Aquáticos, que sofria como qualquer outro distribuidor severas deficiências no meio da fome, entregou para a loja um suprimento inteiro de camarões, normalmente destinado a consumidores dos subúrbios, pela promessa de bolinhos. Os quadros saíam em jornadas de compras nas melhores lojas de departamentos em Shenyang, pagando com cupons de bolinhos. Eles cuidavam dos empregados, que se banqueteavam com os bolinhos. A polícia do tráfego e a brigada de combate a incêndios foram subornadas, e até serviços como entrega de carvão, suprimento de água, limpeza de toalete e inspeções de higiene eram executados em troca de um volume acordado da especialidade da casa.[10]

A contabilidade criativa podia ocultar a apropriação de fundos. Contadores inventavam gastos que nunca haviam acontecido, em alguns casos reivindicando fundos de até 1 milhão de yuans. Outro truque consistia em desviar os investimentos estatais dedicados à indústria para capital fixo, enquanto unidades do Estado construíam para si novos edifícios, salões de dança, toaletes particulares e elevadores. Isso aconteceu na região de Zunyi, onde uma batida revelou que 5 milhões de yuans tinham sido desviados desde o Grande Salto Adiante.[11] Em Heilongjiang, um artifício de contabilidade criativa lançava todo o dispêndio de capital de escritórios, cantinas e até jardins de infância nos custos de produção, passando, assim, a conta para o Estado. Em muitas outras empresas, despesas administrativas e operacionais eram acrescentadas aos custos de produção. Só em Pequim, cerca de setecentas unidades administrativas completas, com salários e despesas, desapareciam em um buraco negro chamado "produção".[12] Outros custos podiam ser disfarçados e transferidos para o Estado. Em Luoyang, província de Henan, uma fábrica de rolamentos construiu uma piscina de 1.250 metros cúbicos, mandando a conta para cima como "dispositivo para reduzir o calor".[13]

RODANDO E NEGOCIANDO

261

Empréstimos sem fim dos bancos estatais eram também um truque comum. Como apontou Li Fuchun quando notou um déficit de 3 bilhões de yuans no verão de 1961, muitas unidades pediam emprestado aos bancos para banquetes.[14] E, quando uma cidade ou um condado ficavam no vermelho, simplesmente paravam de pagar impostos. Começou em 1960, quando inúmeras províncias aprovaram legislação que estipulava que todos os lucros fossem mantidos nas províncias. O Departamento Financeiro e o Departamento de Comércio da Província de Liaoning decidiram, assim, que o lucro das empresas sob seu controle deveria ser removido do orçamento e distribuído localmente. Em Shandong, o condado de Gaoyang determinou unilateralmente que os lucros deveriam cair fora do orçamento e ser retidos localmente. As perdas, por outro lado, entravam no orçamento e eram cobradas do Estado. Não apenas as empresas coletivas e as comunas urbanas rotineiramente fracassavam em elevar impostos, mas cidades inteiras decidiram renunciar à cobrança de impostos.[15]

E existiam aqueles que simplesmente roubavam do Estado com truques inteligentes de contabilidade. Fábricas locais ao longo da linha ferroviária Xangai–Nanquim surrupiavam, desviavam ou contrabandeavam bem mais de 300 toneladas de aço, 600 toneladas de cimento e 200 m^2 de madeira em menos de um ano. A fábrica de cadeados Nova China, de Xuzhou, por exemplo, alugava um caminhão sistematicamente para roubar dos depósitos ferroviários todo o material de que necessitava. Muitas dessas atividades eram dirigidas por quadros em altos cargos. Um grande salão de congressos na Estação Nanquim Leste, inteiramente construído com material roubado, sob a direção do gerente da estação, Du Chengliang, era um monumento ao roubo organizado.[16]

* * *

Outra forma de defraudar o Estado era inflar a lista de rações. Um comércio macabro de cadáveres floresceu no campo. Assim como famílias tentavam ocultar a morte de um parente para conseguir uma ração extra de comida, os quadros rotineiramente inflavam o número de agricultores e se apropriavam do excedente. Isso era comum também nas cidades, onde o Estado tinha a responsabilidade de alimentar os residentes urbanos. Quando uma equipe de investigadores estudou longamente as contas de um condado em Hebei, descobriu que o Estado entregava para cada um dos 26 mil trabalhadores uma média de 9 quilos de grãos por mês a mais que as rações prescritas. Todos aumentavam os números. Uma pequena olaria era ousada o bastante para declarar mais de seiscentos trabalhadores quando apenas 306 podiam ser encontrados no trabalho. Algumas fábricas classificavam todos os trabalhadores como envolvidos em trabalhos pesados porque isso os qualificava para receber uma porção maior de ração, mesmo que a maioria dos trabalhadores estivesse engajada em trabalho leve.[17] Na indústria de construção em Pequim, até 5 mil que haviam morrido ou retornado para o campo eram mantidos nos livros. Até mesmo na atmosfera mais elevada da Academia Chinesa de Ciências Sociais, dos 459 trabalhadores que reclamavam a ração diária no Instituto de Geofísica bem mais de um terço não era de membros regulares com direito a rações alimentícias.[18]

O reverso dessa prática era contratar pessoas fora do plano aprovado. Criou-se um mercado negro de trabalho em que a oferta e a demanda de trabalhadores determinavam o salário. Trabalhadores mais qualificados e aprendizes promissores eram atraídos com benefícios adicionais ou incentivos monetários. Milhares, segundo um relatório no verão de 1960, tinham sido contratados em Nanquim na primeira metade do ano.[19] Tal era a competição que, quando os chefes da fábrica se recusavam a deixar que bons trabalhadores procurassem oportunidades melhores em outros lugares, eles se queixavam de falta de "liberdade de emprego" e tentavam ser demitidos. Uns poucos explodiam de raiva violenta, dirigindo sua ira contra os quadros que ficavam em seu caminho. Cento e oitenta dos quinhentos aprendizes no setor comercial do distrito de Baixia se evadiram. Parte integrante do mercado negro de trabalho eram "fábricas subterrâneas" que surgiam em cada cidade, incluindo Nanquim. Algumas pessoas pegavam turnos à noite além dos empregos regulares, outras trabalhavam em dois turnos para fazer o dinheiro cobrir as despesas: caso de dois terços de todos os trabalhadores de uma unidade de construção perto do centro. Estudantes, médicos e até quadros abandonavam seus postos para fazer dinheiro no mercado negro, trabalhando nas docas ou transportando bens em triciclos de reboque.[20]

* * *

Um dos muitos paradoxos da economia planificada, portanto, era que todo mundo negociava. As pessoas especulavam comprando a granel, apostando que a escassez e a inflação puxariam o preço para cima. Uma operação inteira era conduzida na Universidade de Hubei, com telegramas que instruíam agentes a comprar ou vender mercadorias específicas de acordo com as demandas flutuantes do mercado negro. Um centro de pesquisa da Academia Chinesa de Ciências Sociais em Xangai empregou vinte estudantes da Universidade Normal do Leste da China para comprar bens que eram trocados por mercadorias escassas com outras unidades.[21]

Os membros do partido estavam bem situados para assumir operações especulativas, alguns em tempo integral. Li Ke, oficial da comuna de Jianguomen, a leste de Pequim, escreveu para si mesmo um certificado de licença para tratamento de saúde por nove meses e começou a negociar máquinas de costura, bicicletas e rádios, investindo o lucro em uma aquisição no atacado de lâmpadas elétricas e cabos. Vendeu as lâmpadas e os cabos em Tianjin e comprou em troca mobília que descarregou nos subúrbios, precisamente quando o mercado se contraiu: assim, agiu de um modo comercial astuto, enquanto constava o tempo todo na folha de pagamentos do Estado. Muitos outros faziam o mesmo.[22]

Mas grande parte dos quadros tinha negócios maiores, e o comércio pequeno era deixado para as pessoas comuns. Em Xangai, outrora porto autônomo, os hábitos de comércio demoraram a morrer. Zhao Jianguo, uma mulher empreendedora com pouco dinheiro, negociava principalmente mercadorias pequenas, como lâmpadas, mas também teve bom lucro com uma prestigiosa bicicleta Fênix. Li Chuanying, outro pequeno comerciante, comprava bens em Xangai e os vendia na província de Anhui. Hu Yumei viajava para Huangyan, Zhejiang, a fim de negociar chapéus de palha, esteiras, peixe desidratado e camarões, frequentemente duplicando seu dinheiro. Ma Guiyou faturou cerca de 100 yuans em um mês comprando joias e relógios de famílias ricas da cidade e negociando tíquetes de rações no campo: "Não sou contrarrevolucionária! Não furto nem roubo e não tenho emprego, então quem se importa se faço alguns negócios?" Os funcionários que elaboraram um relatório com a ajuda dos comitês vizinhos em agosto de 1961 ficaram espantados não apenas com a variedade de bens em oferta, como também com a qualidade da informação sobre as condições do mercado. Apesar de toda a informação econômica reunida pela maquinaria dos planejadores centrais, os pequenos comerciantes estavam mais atualizados com a demanda popular que o partido. O fenômeno era amplo e atraía participantes de todas as formações sociais, variando do velho puxador de riquixá Chen Zhangwu, que vendia frutas do campo para cobrir despesas pessoais, a gerentes influentes, que usavam viagens oficiais a lugares distantes como Mongólia Interior e Manchúria como disfarce para acordos particulares.[23]

Trabalhadores de fábrica também transacionavam bens. A Federação dos Sindicatos ficou alarmada com trabalhadores interessados em perseguir um "estilo de vida capitalista", rejeitando os princípios da economia planificada. Eles especulavam com produtos escassos, comparavam cuidadosamente os preços em lojas diferentes e os compravam para ter lucro. Alguns entravam em filas onde quer que vissem algo, sem se importar com o que estivesse à venda. Alguns levavam membros da família para fazer rodízio. Li Lanying, trabalhadora de fábrica, gastou 5 yuans em geleia de cenoura, que esperava revender depois. Uma colega adquiriu caquis em saco. Estas não eram exceções, mas um "estilo de vida", como o relatório colocou, porque os trabalhadores acreditavam amplamente que "poupar dinheiro não é tão eficiente quanto poupar bens". A poupança era corroída em vários pontos percentuais por mês.[24] Em Xangai, o medo da escassez levava as pessoas às filas e a armazenar todo e qualquer bem disponível nas lojas.[25]

Quando não tinham capital para especular, os trabalhadores ressuscitaram uma prática comum antes de 1949, chamada *dahui*. Pessoas carentes de um círculo de amigos fiéis pediam emprestado umas às outras, cada uma emprestando de 5 a 10 yuans por mês para um membro diferente todo mês, e cada um, por sua vez, agindo como banqueiro uma vez por ano. No distrito de Dongcheng, em Pequim, cerca de setenta desses acordos eram fechados todo mês entre trabalhadores de fábrica. Alguns gastavam em bens de luxo. Zhao Wenhua, um trabalhador dos correios, comprou para si um relógio, uma bicicleta, um casaco de pele e presentes de casamento, todos vistos como bens duráveis que manteriam seu valor. A prática se espalhou com o entendimento de que, em tempos de carência, os bens eram uma aposta mais segura que o dinheiro.[26] Até as crianças comerciavam. Mais ou menos uma em cada dez crianças de escola primária em Jilin especulava com bolos, carne, ovos, vegetais ou sabão.[27]

Alguns apostavam. Na comuna de Lantang, Guangdong, dois quadros apostaram mil quilos de grãos que pertenciam à cidade, assim como várias centenas de quilos de vegetais. A poucos quilômetros de distância, uma mulher que perdera 50 yuans em apostas vendia sexo para pagar as dívidas.[28] Apostar era um hábito arraigado que as autoridades fracassaram em suprimir em Guangzhou, onde trabalhadores de fábrica jogavam pôquer por comida em vez de dinheiro. Alguns arriscavam somas astronômicas, até 3.500 yuans.[29] Em Liuhe, pertinho de Nanquim, as apostas aconteciam em quase todos os lugares e envolviam grupos de até vinte pessoas.[30] A aposta era endêmica durante a fome, pois as pessoas arriscavam tudo o que tinham por puro desespero. No meio do catastrófico inverno de 1960-61, a aposta reinava em Hunan também e alguns jogadores literalmente perdiam as calças.[31]

* * *

À medida que o dinheiro perdia poder de compra, os cupons de racionamento se tornaram uma forma de dinheiro substituto. Eram requeridos para os bens mais essenciais, variando de combustível, grão, porco e tecido a garrafas térmicas, mobília e até material de construção. Destinados a assegurar a distribuição equitativa de mercadorias básicas, os cupons também vinculavam a população ao sistema de unidades familiares, através do qual eram distribuídos. A cada unidade familiar era emitido um certificado ou caderno de ração, no qual todos os membros da família estavam registrados, e esse documento, por sua vez, dava direito à família de receber um suprimento mensal de cupons de rações. Com frequência, os cupons eram válidos por apenas um mês. Seu uso, às vezes, se restringia ao lugar onde era emitido, que podia ser um refeitório local, uma comuna, um condado, uma cidade ou, ocasionalmente, províncias inteiras. Um cupom de arroz de um condado não tinha validade em outro, o que forçava as pessoas a ficar em seu lugar de residência.[32]

Negociavam-se cupons da mesma forma que bens eram trocados. Em algumas comunas, por exemplo, no condado de Jinghai, Hebei, os cupons se tornaram substitutos de salários, enquanto o dinheiro quase desaparecia. Uma grande variedade de cupons para bens e serviços, de sementes de abóbora a cortes de cabelo, foi emitida em lugar de pagamento, variando em valor de 1 *fen* (unidade monetária chinesa que valia um centésimo de yuan) a 5 yuans.[33]

Um dos propósitos dos cupons era evitar o armazenamento de bens. Mas como descobriu, em fevereiro de 1961, o Congresso Provincial do Povo de Guangdong, de todos os cupons distribuídos desde setembro de 1959, mais de um terço não tinha sido trocado, o que significava que papel com valor de cerca de 20 mil toneladas de grão estava circulando como dinheiro substituto.[34]

Falsificar cupons, com frequência impressos em papel de baixa qualidade, era muito mais fácil que falsificar dinheiro. No Instituto Hidráulico Leste da China, uma dúzia de máquinas de impressão circulava nos refeitórios.[35] O fenômeno deve ter sido comum. Uma batida policial em Shantou trouxe à luz cerca de duzentos casos distintos que envolviam pirataria de cupons. Como indicou um relatório ao Congresso Provincial do Povo, mais de um terço das infrações sociais se relacionava com cupons de rações; as forças de segurança até censuraram "especuladores inimigos" por causar uma inundação de cupons falsos em Qingyuan, no outono de 1960.[36]

* * *

Onde compradores e vendedores se encontravam, surgia um mercado negro. Enquanto o comércio se transferia da loja para a rua, mercados apareciam nas esquinas das ruas, fora das lojas de departamentos, nas estações ferroviárias, perto dos portões das fábricas. O mercado negro surgia e desaparecia em uma zona legal crepuscular, diminuindo a cada investida punitiva apenas para reaparecer tão logo a pressão ficasse mais fraca. Vendedores abordavam compradores furtivamente e puxavam bens de sacolas de papel ou dos bolsos do casaco, enquanto outros se sentavam nos meios-fios, espalhando os bens no chão, de gêneros alimentícios e quinquilharias de segunda mão a bens roubados. Os serviços de segurança pública faziam batidas regulares e afugentavam vendedores. Mas eles voltavam. E, quando as autoridades locais fingiam que não viam, mercados de faz de conta emergiam, com as pessoas se reunindo em horário combinado para trocar bens, até o negócio evoluir para um mercado mais permanente com compradores e vendedores acorrendo de aldeias vizinhas.

Em Pequim, o mercado negro apareceu em Tianqiao, Xizhimenwai e Dongzhimenwai, onde centenas de mercadores ofereciam bens cujo preço podia chegar a quinze vezes o estipulado pelo Estado. Isso não impedia uma multidão entusiasmada de donas de casa, trabalhadores e até quadros de fazer compras. Como notaram agentes confusos do Departamento de Segurança Pública, as pessoas de fato gostavam dos mercados negros.[37] Eles eram tolerados, mas não se permitia que florescessem na capital, à diferença de Guangzhou, onde compradores vinham de toda a região. Na cidade sulista, centenas de compradores só da província de Hunan podiam ser encontrados especificamente comprando batata-doce no verão de 1961, muitos deles mandados diretamente por suas unidades familiares.[38] O comércio era abertamente conduzido e muitos dos vendedores eram crianças, incluindo algumas que tinham apenas seis ou sete anos de idade e outras mais velhas que fumavam e pechinchavam com potenciais compradores.[39]

Em Tianjin, funcionários locais descobriram cerca de 8 mil casos de atividade de mercado negro nas primeiras semanas de janeiro de 1961. Em algumas ocasiões, mais de oitocentas pessoas vendiam bens em apenas um mercado, cercadas de milhares de clientes que examinavam os bens e geralmente bloqueavam o tráfego. "Não há nada que o mercado negro não tenha", segundo um investigador.[40] Os policiais que patrulhavam as ruas lutavam uma batalha perdida, e, em julho de 1962, as autoridades finalmente decidiram legalizar dúzias de mercados que nunca tinham conseguido erradicar de fato. No fim do ano, metade das frutas e um quarto da carne de porco vendida em Tianjin vinham de mais de 7 mil vendedores ambulantes. Eles ganhavam quase o dobro do que ganhava um trabalhador do Estado.[41] Milhares de pessoas viajavam de Pequim para Tianjin, tal era a reputação do mercado.[42]

* * *

À medida que a inanição ganhava terreno e a fome corroía o tecido social da vida diária, as pessoas se voltavam para dentro. Tudo estava à venda. Nada escapava ao domínio do comércio — tijolos, roupas e combustível eram trocados por comida. Em Hubei, um terço dos trabalhadores das grandes fábricas sobrevivia de empréstimos. Alguns estavam tão profundamente endividados que vendiam o sangue para sobreviver.[43] Em uma unidade de Chongqinq, Sichuan, um em cada vinte trabalhadores vendia seu sangue. A porcentagem era ainda maior em Chengdu, com homens e mulheres trabalhadores trocando o sangue por migalhas para alimentar as famílias. O trabalhador em construção Wang Yuting ficou conhecido em todos os hospitais após vender vários litros em um período de sete meses.[44]

Mas a situação era infinitamente pior no campo. Apenas no distrito de Huangpi, Hubei, 3 mil famílias pegaram suas roupas de reserva para vender em Wuchang, onde também mendigaram comida.[45] No condado de Cangxian, Hebei, um terço dos aldeões vendeu toda a mobília, alguns até o telhado sobre suas cabeças.[46] As pessoas trocavam tudo que tinham no condado de Changzhou, Jiangsu, incluindo as roupas do corpo.[47]

Antes de morrer, vendiam os filhos para casais que não podiam engravidar. Em Shandong, Yan Xizhi entregou as três filhas e vendeu um filho de 5 anos por 15 yuans para um homem de uma aldeia vizinha. Seu filho mais jovem, um bebê de dez meses, foi vendido para um oficial por uma ninharia. Wu Jingxi obteve de um estranho 5 yuans pelo filho de nove anos, soma que cobria o custo de uma tigela de arroz e 2 quilos de amendoim. Sua mulher, desesperada, segundo uma pesquisa, chorou tanto que seus olhos inchados estavam perdendo a visão. Wang Weitong, mãe de dois filhos, vendeu um deles por 1,5 yuan e quatro bolinhos assados. Muitos, é claro, nunca encontraram comprador para os filhos.[48]

24

Às escondidas

Sob o manto da coletivização, apoiados pelo poder nu da milícia, funcionários do partido começaram a despojar as pessoas de todas as suas posses concebíveis — em particular no campo, onde os agricultores com frequência eram indefesos perante quadros ávidos. Era uma guerra de desgaste travada contra o povo, à medida que cada nova onda de pilhagem matava no nascedouro até a mais débil esperança de possuir algo privado. Em Xiangtan, Hunan, as pessoas do lugar lembravam os seis "ventos do comunismo" soprando sobre as aldeias. O primeiro veio no inverno de 1957-58, quando dinheiro, porcelana, prata e outros bens de valor foram entregues para "acumulação de capital". O segundo aconteceu no verão de 1958, com o advento das comunas. Um terceiro "vento" soprou para longe panelas, caçarolas e utensílios de ferro quando a campanha do aço dominou o país. Então, em março de 1959, toda a poupança nos bancos foi congelada. No outono daquele ano, grandes projetos de irrigação foram novamente lançados e ferramentas e madeira requisitadas. Finalmente, na primavera de 1960, o projeto de um chiqueiro gigante foi organizado por um líder local, que agarrou porcos e materiais de construção.[1]

* * *

A maioria das pessoas tinha pouca defesa contra a pilhagem aberta. Mas não eram vítimas passivas e muitas inventaram toda uma variedade de estratégias de sobrevivência. A mais comum era relaxar no trabalho, deixando que a inércia natural predominasse. Os alto-falantes podiam berrar exortações ao trabalho, cartazes de propaganda podiam glorificar o trabalhador-modelo que excedesse o que se esperava dele, mas a apatia, com grande frequência, governava o chão da fábrica. Em uma típica oficina de quarenta trabalhadores em Pequim, meia dúzia habitualmente se encolhia em torno do fogão no intuito de se aquecer no inverno, enquanto outros saíam da fábrica durante o dia para entrar em filas a fim de comprar bens ou ir ao cinema. Os quadros simplesmente não tinham como controlar todos os trabalhadores e punir todas as transgressões disciplinares.[2] Um estudo mais amplo do Departamento de Propaganda mostrou que, em Xangai, até metade de todos os trabalhadores fracassava em prestar muita atenção à disciplina de trabalho. Alguns chegavam várias horas atrasados, outros passavam o tempo conversando uns com os outros. Alguns ociosos não faziam absolutamente nada e ficavam, simplesmente, à espera da próxima refeição.[3]

Quanto mais fundo o país mergulhava na fome, maior se tornava a vagabundagem. Em 1961, cada trabalhador em Xangai contribuía com 40% menos valor que em 1959, à medida que mais trabalhadores conseguiam produzir menos bens. O relaxamento, é claro, era apenas uma das várias causas pelas quais a produtividade desabava, como vimos no capítulo 18, mas, em 1961, os trabalhadores das fábricas tinham se tornado mestres em roubar tempo.[4]

No campo, em 1959, muitos aldeões tinham que trabalhar durante todo o dia sem comer. A apatia no trabalho, além de um resultado da má nutrição, era essencial para a sobrevivência, pois cada partícula de energia tinha que ser poupada para a pessoa atravessar o dia. Agricultores podiam arar a terra sob o olhar vigilante de um oficial que passava, mas, assim que o perdiam de vista, deixavam as ferramentas e se sentavam à beira da estrada, esperando o fim do turno. Em partes do campo, as pessoas dormiam durante toda a tarde, colocando sentinelas próprias em pontos-chave ao longo dos campos.[5] Quando os quadros eram tolerantes, até

Não se sabe da existência de outras fotos do período da fome além destas, tiradas com propósito de propaganda.

O presidente Mao parece refletir enquanto olha para o rio Amarelo em 1952. Uma grande represa foi construída entre 1958–60 para tentar domesticar o rio conhecido como "tristeza da China", mas, assim como o de muitas outras represas e diques construídos em todo o país durante o Grande Salto Adiante, seu projeto era tão deficiente que a barragem teve que ser reconstruída a um grande custo.

Mao e Kruschev no Kremlin em novembro de 1957. Mao via a si mesmo como o líder do campo socialista e acreditava que o Grande Salto Adiante permitiria à China desenvolver-se e fazer a transição do socialismo para o comunismo, deixando a União Soviética para trás.

O presidente Mao reanimou a nação em 25 de maio de 1958 ao aparecer no Reservatório das Tumbas Ming para ajudar na escavação (a foto original também mostra Peng Zhen, o prefeito de Pequim, mas ele foi apagado).

Construção de um compartimento estanque de palha e barro para desviar o rio Amarelo na garganta Qingtong, em Gansu, em dezembro de 1958. O trabalho forçado em projetos para conservação da água em todo o país provocou a morte de centenas de milhares de aldeões exaustos, já enfraquecidos pela fome.

O povo de Pequim coletando sucatas em julho de 1958. No frenesi para produzir mais aço, exigiu-se que todos oferecessem tachos, panelas, ferramentas e até maçanetas de portas e esquadrias de janelas para alimentar as fornalhas, que, em sua maioria, produziam pedaços inúteis de gusa.

Quebrando pedras para as fornalhas improvisadas no condado de Baofeng, em Henan, outubro de 1958. Para abastecer as fornalhas, as florestas foram despidas de árvores e a madeira de muitas casas no campo foi arrancada.

Carregando fertilizante para os campos em um espírito competitivo, no condado de Huaxian, em Henan, abril de 1959. Tentativas de bater novos recordes na agricultura estimularam uma disputa por fertilizantes, de forma que todo tipo concebível de nutriente foi jogado nos campos — de esterco animal a cabelo humano. Em todo lugar, construções feitas de barro e palha foram derrubadas para fornecer fertilizante para o solo, deixando muitos aldeões sem habitação.

O presidente Mao inspeciona um canteiro experimental com plantio denso no subúrbio de Tianjin em agosto de 1958. O plantio denso — onde as sementes eram jogadas muito mais perto umas das outras que o habitual — foi visto como um marco da inovação no cultivo, mas a experiência apenas contribuiu para uma fome de proporções sem precedentes.

Uma colheita recorde de cana-de-açúcar na província de Guangxi, novembro de 1959. Durante o Grande Salto Adiante, chegavam relatórios de todo o país sobre novos recordes na produção de algodão, arroz, trigo ou amendoim, embora a maioria das colheitas existisse apenas no papel.

À direita, Li Jingquan, líder da província de Sichuan — onde mais de 10 milhões de pessoas morreram durante o período da fome —, mostra uma fazenda--modelo no condado de Pixian, março de 1958.

O presidente Mao em visita a Wuhan em abril de 1958, com o líder provincial de Hubei Wang Renzhong, à direita na foto; o prefeito de Xangai Ke Qingshi, também um firme apoiador do Grande Salto Adiante, aparece à esquerda, atrás do filósofo marxista Li Da, no centro.

Peng Dehuai, que falaria em oposição ao Grande Salto Adiante na reunião plenária de Lushan, no verão de 1959, se encontra com ativistas do partido em dezembro de 1958.

Tan Zhenlin, fiel seguidor de Mao e responsável pela agricultura, discursa em uma conferência do partido em outubro de 1958.

Liu Shaoqi percorre o campo de sua província natal de Hunan e se dá conta da extensão da fome em abril de 1961.

Li Fuchun, o mais alto funcionário a cargo do planejamento econômico, se encontra com vários quadros nos subúrbios de Tianjin, outono de 1958.

Da esquerda para a direita, Chu En-Lai, Chen Yun, Liu Shaoqi, Mao Tsé-tung e Deng Xiaoping na conferência do partido em janeiro de 1962, apelidada de Assembleia dos Sete Mil Quadros, na qual Liu abertamente culpou os "erros humanos" — e não a natureza — pela catástrofe.

ÀS ESCONDIDAS

metade da população local conseguia evitar o trabalho.[6] Em aldeias sob liderança leniente, famílias inteiras eram reunidas e dormiam por dias a fio, literalmente hibernando durante os meses de inverno.[7]

Alguns historiadores interpretam o mercado negro, a obstrução, o relaxamento e o roubo como atos de "resistência", ou "armas dos fracos", colocando "camponeses" contra "o Estado". Mas essas técnicas de sobrevivência permeavam o espectro social a tal ponto que, se esses fossem atos de "resistência", o partido já teria caído. Nas condições de inanição criadas pelo regime, muitas pessoas tinham pouca escolha a não ser ignorar os padrões morais costumeiros e roubar o mais que pudessem.

O roubo era endêmico, sua frequência determinada pela necessidade e oportunidade. Os trabalhadores do transporte estavam em melhor posição para pilhar propriedade do Estado, pois milhões de toneladas de bens passavam por suas mãos. Na Doca Número Seis da baía de Wuhan, mais de 280 de seus 1.200 empregados sistematicamente furtavam os trens de carga enquanto fingiam executar trabalhos de manutenção e reparo.[8] Em Hohhot, Mongólia Interior, metade dos 864 porteiros da estação ferroviária roubava bens.[9] O roubo dos correios era comum e com frequência organizado por membros do partido. No posto de correio de Guangzhou, uma equipe de quatro foi responsabilizada por abrir mais de 10 mil pacotes vindos do exterior, pegando relógios, canetas, ginseng, leite em pó, abalone desidratada e outros presentes. Muitos dos produtos furtados eram depois vendidos em leilão para os trabalhadores postais. Toda a liderança do posto de correio, ou mais de cem quadros, estava envolvida na operação.[10]

Estudantes roubavam dos refeitórios, cinquenta casos por mês sendo revelados na Universidade de Nanquim em 1960.[11] No curso secundário de Hushu, no condado de Jiangning, próximo de Nanquim, o furto era norma entre estudantes, um modo de vida que começava com uma simples cenoura na cozinha.[12] Nas lojas estatais e lojas de departamentos, atendentes nos balcões alteravam sutilmente receitas médicas ou até as falsificavam, enquanto, por trás, assistentes inspecionavam os depósitos. Xu Jishu, assistente de vendas na Loja da Amizade em Xangai, negociava com receitas, acrescentando ao salário pequenas somas de dinheiro que chegaram com o tempo a cerca de 300 yuans. Li Shandi, empregada de uma farmácia, confessou que pôs de lado um yuan por dia, durante vários anos, quase dobrando o salário mensal.[13]

A oportunidade era grande nas cidades, mas a necessidade dominava o campo, onde muitos agricultores tinham que sobreviver à fome usando a inteligência. Em todos os estágios do ciclo de produção, aldeões tentavam preservar algum grão das requisições do Estado. Isso começava no campo, antes mesmo que o trigo ou o milho ficasse totalmente maduro. Voltando a uma prática tradicional, chamada *chiqing*, ou "comer verde", os aldeões silenciosamente arrancavam espigas do grão diretamente dos campos, debulhavam-nas e moíam-nas com as mãos e comiam as sementes cruas, verdes, quando fora da vista da milícia. Comer a safra antes que ela chegasse à maturidade era mais comum no norte, pois era mais fácil esconder-se entre as densas fileiras de milho ou em um campo cheio de trigo que em um arrozal. O milho também era uma colheita mais durável, ficando nos campos por um período de tempo maior, permitindo, assim, um número maior de roubos.[14]

A colheita do outono em 1960 quase desapareceu em algumas comunas em resultado dessa prática. Em Guangrao, na província de Shandong, várias brigadas pegaram até 80% do milho antes que ele amadurecesse, enquanto colheitas de painço e feijão-verde desapareceram completamente. No condado de Jiaoxian, também em Shandong, até 90% de todos os grãos sumiram. Milhares de incidentes semelhantes abalaram a província, pois muitos dos que foram descobertos comendo dos campos foram espancados até a morte pela milícia local.[15] Em Xuancheng, Anhui, campos inteiros foram completamente comidos, como se um bando de gafanhotos tivesse passado sobre eles.[16] Lembrando-se dos anos de fome, o fazendeiro Zeng Mu resumiu a importância do roubo: "Aqueles que não podiam roubar, morriam. Aqueles que conseguiam roubar alguma comida, não morreram."[17]

Depois de debulhado e ensacado, o grão era inchado com água e vendido para o Estado — com ou sem a cumplicidade de inspetores locais. Como já vimos, só em Guangdong, quase um terço de 1,5 milhão de toneladas de grão do Estado apresentava alto conteúdo de água, e as precárias condições de armazenagem contribuíam, sem dúvida, para o apodrecimento no sul

ÀS ESCONDIDAS

subtropical.[18] Uma vez vendido para o Estado, o grão transportado estava exposto a uma pletora de mãos que furtavam. No condado de Xinxing, Guangdong, perto de novecentos incidentes de roubo foram informados em 1960. Lin Si, um barqueiro de Xinhe, pegou metade de uma tonelada de grão em muitas ocasiões. Outros eram mais prudentes, substituindo gêneros alimentícios roubados por areia e pedras. Em Guangzhou, transportadores extraíam o grão com um tubo de bambu e colocavam areia de volta nos sacos.[19] Em Gaoyao, Jiangsu, quase todos os barqueiros se serviam de grão, cada qual pegando cerca de 300 quilos por ano.[20]

Guardas a cargo de celeiros estatais roubavam. Em Zhangjiakou, na fronteira de Hebei e Mongólia Interior, de cada cinco vigias, um era desonesto e, às vezes, roubava com a cumplicidade de membros do partido. Metade de todos os quadros em pontos de recebimento no condado de Qiuxian eram corruptos.[21] No final, se o grão passava por tantas mãos ávidas, pergunta-se o quanto, na verdade, chegava às mesas do refeitório. Investigadores locais em Suzhou estimaram que, de um quilo de arroz, apenas metade chegava ao destino final. O arroz era pilhado nos celeiros, tomado durante o transporte, embolsado por contadores, confiscado por quadros e, finalmente, gatunhado por cozinheiros antes que uma tigela de arroz fosse servida na cantina.[22]

Quando quadros locais entravam em conluio com fazendeiros, poderosas formas de roubo coletivo, subterfúgio e fraude podiam emergir e protegiam a aldeia dos piores efeitos da fome. Alguns quadros tinham dois conjuntos de livros de contabilidade, um com os números reais da aldeia e outro com números falsos para os olhos dos inspetores de grãos. Isso era comum em vários condados da província de Guangdong.[23] No condado de Xuan'en, Hubei, um em cada três guarda-livros falsificava a contabilidade. No condado de Chongyang, um secretário do partido tomou a iniciativa ao declarar 250 toneladas no livro da comuna, mas anotar 315 toneladas no livro de contabilidade local.[24] Em junho de 1959, o escritório do comitê provincial de Hebei concluiu, a partir de uma discrepância entre o volume de grão realmente estocado e o inventário oficial, que faltavam 160 mil toneladas, consequência muito provável de informação falsa e contabilidade criativa.[25]

Depois, o grão tinha que ser escondido, o que não era fácil, em meio a campanhas ferozes e frequentemente sangrentas para roubá-lo dos agricultores. Em Xiaogan, Hubei, um dos maiores esconderijos descobertos por inspetores de grãos tinha cerca de 60 toneladas de grãos. Na comuna de Yitang, 110 toneladas foram escondidas atrás de paredes falsas, dentro de caixões ou em guarda-roupas. Uma busca em Wuluo, em quinze unidades familiares, rendeu 26 toneladas. Em alguns casos, os líderes locais distribuíam o grão imediatamente após a colheita e pressionavam os agricultores a comer o mais que pudessem antes que a milícia desse uma batida.[26]

Em todo o país havia casos de líderes locais que distribuíam grão discretamente para os agricultores e ajudavam muitos a sobreviver à fome. No condado de Yixian, Hebei, de 150 a 200 quilos de grãos colhidos por hectare eram distribuídos em uma comuna. Em outros lugares, equipes de inspeção comumente encontravam "celeiros negros". No condado de Jiaohe, praticamente cada equipe tinha esconderijo para cerca de 750 quilos de grãos.[27] Perto de Tianjin, o líder da comuna Sunshi colocou esses fatos em termos simples quando reteve 200 toneladas de sementes: "O grão do Estado é também o grão do povo, e o que pertence às pessoas também pertence ao Estado."[28] Em Hunan, descobriu-se que 23 condados tinham entre 5% e 10% mais cereais do que haviam declarado, totalizando 36 mil toneladas. Um dos casos mais extremos aconteceu em Liuyang, onde 7.500 toneladas apareceram depois de uma minuciosa checagem de 30 mil celeiros.[29] Com demasiada frequência, no entanto, o contrário era verdadeiro. Em muitas aldeias, os líderes locais preferiam reduzir o consumo de grão em vez de pedir ajuda a um posto mais alto da cadeia de comando, porque temiam ser vistos como ociosos que preferiam implorar em vez de trabalhar por uma colheita mais abundante.[30]

Outro estratagema usado por quadros locais era tomar "emprestado" grãos dos celeiros do Estado. Em Hebei, cerca de 357 mil toneladas foram assim "emprestadas" até abril de 1959, frequentemente sob pressão de membros do partido colocados em cargos altos. Li Jianzhong, secretário do partido da comuna de Sungu, perto de Tianjin, telefonou para o celeiro pedindo um "empréstimo", que os empregados recusaram sem rodeios, mas foram visitados depois pelo chefe local, que exerceu o poder de sua

ÀS ESCONDIDAS

posição: "Quando lhes pedem um empréstimo, vocês deveriam emprestar; e, mesmo quando não lhes pedem um empréstimo, vocês deveriam emprestar. De agora em diante, se houver um problema, eu virei resolvê-lo." Um empréstimo de 35 toneladas foi feito ali mesmo. Unidades e instituições em cidades também foram sagazes em tomar emprestado sem sequer pagar pelo empréstimo. Uma escola médica pediu emprestados grãos para alimentar os estudantes, incorrendo em débito de 35 mil yuans.[31]

Mas, no fim, quando a comida acabou, as pessoas se voltaram umas contra as outras, roubando de aldeias vizinhas e até de parentes. Em Nanquim, metade de todos os conflitos entre vizinhos envolvia comida, uma vez que as pessoas roubavam umas das outras, e alguns incidentes levavam a brigas físicas.[32] Crianças e idosos eram os que mais sofriam: por exemplo, quando uma avó cega foi roubada do pouco arroz que tinha conseguido comprar com cupons de auxílio na cidade de Danyang.[33] No campo, a feroz competição pela sobrevivência gradualmente corroeu qualquer sentido de coesão social. Na aldeia de Liaojia, nos arredores de Changsha, o roubo era tão comum que quadros desesperados não faziam nada a não ser dizer aos agricultores para furtar de outras aldeias, pois não seriam punidos.[34] Enquanto os laços comunitários no campo se despedaçavam, a família se tornou arena de discórdia, ciúme e conflito. Uma mulher lembrava como a sogra dormia com os cupons de comida dentro de uma bolsa atada ao pescoço. Um sobrinho cortou a corda em uma noite fria de inverno e roubou os cupons, trocando-os por doces. A sogra morreu alguns dias depois.[35]

Comunas, vilarejos, famílias: todos fervendo de tensão e ressentimento à medida que a fome jogava antigos vizinhos, amigos e parentes uns contra os outros. Como observou um funcionário do partido em Hubei durante a distribuição da colheita de verão, "entre o Estado e os coletivos, entre brigadas, entre indivíduos, acima, abaixo, à esquerda, à direita e no centro: há disputas em todos os níveis".[36] A violência chamejava, as brigas em torno da colheita separavam unidades ou equipes. Porretes e facas eram produzidos enquanto aldeões se confrontavam em brigas pela comida.[37] No condado de Yingshan, Hubei, dois homens pobres foram enforcados em uma árvore depois de flagrados roubando painço.[38]

Em tempos de fome, o ganho de uma pessoa era a perda de outra. Mesmo quando parecia que o furto era praticado contra um Estado sem rosto, alguém em posição inferior na cadeia de distribuição sempre pagava o pato. No condado de Xuanwei, Yunnan, vários líderes de aldeias inflaram os números quando fizeram entregas de grãos em dezembro de 1958. Os grãos estavam destinados a alimentar 80 mil trabalhadores de ferrovias. O plano no papel havia previsto calorias suficientes para cada trabalhador, mas falhou em predizer que os volumes entregues pelas aldeias vizinhas estavam abaixo das requisições planejadas. Os trabalhadores das estradas de ferro — agricultores comuns alistados no campo — passaram fome durante vários dias e cerca de setenta morreram de fome antes do fim do mês.[39] Em todo o país, a coletivização radical criou condições de escassez extrema em que a sobrevivência de uma pessoa dependia da inanição de outra. No fim, por meio de uma combinação de políticas destrutivas iniciadas do alto e formas encobertas de autoajuda perseguidas embaixo, o país implodiu. Mas, se a autodefesa e a autodestruição no campo esfomeado eram frequentemente difíceis de deter, os fracos, os vulneráveis e os pobres eram os que mais sofriam.

25

"Querido presidente Mao"

A verdade encontrou seu fim em Lushan. Embora falar com franqueza nunca seja aconselhável em um Estado de partido único, o choque entre os líderes no verão de 1959 não deixou ninguém em dúvida sobre o perigo de dar opinião divergente da linha do partido. E, como Mao era frequentemente misterioso em seus pronunciamentos, era prudente se desviar para a esquerda em lugar de se inclinar para a direita. No meio da inanição em massa, ninguém realmente mencionava a fome, os líderes usavam eufemismos como "desastres naturais" ou "dificuldades temporárias". Mais abaixo na hierarquia, a fome era um tabu tão grande que quadros locais faziam de tudo para ocultar a inanição e a doença dos olhos vigilantes de equipes de inspeção. Quando o comitê do partido do condado de Longhua, Hebei, enviou um grupo de funcionários para investigar o campo, algumas aldeias arrebanharam os doentes e os esconderam nas montanhas.[1]

Uma corrente de visitantes estrangeiros — cuidadosamente filtrados pelo partido e levados a luxuosas turnês por comunas-modelo — estava muito disposta a saltar em defesa do maoismo.[2] François Mitterrand, político esquerdista que mais tarde se tornou presidente da França, sentiu-se privilegiado em transmitir as palavras de sabedoria do presidente para o Ocidente. Em sua opulenta casa de campo em Hangzhou, Mao, "um grande estudioso conhecido no mundo inteiro pela diversidade de seu gênio", lhe disse, em 1961, que não havia fome, apenas "um período de escassez".[3] No outro extremo do espectro político, o inglês John Temple, membro do Partido Conservador e representante de Chester no Parlamento britânico, fez uma turnê pelo país no fim de 1960 e declarou que o comunismo funcionava e que o país fazia "grande progresso".[4]

Mas nem todos estavam dispostos a ser enganados assim. Estudantes estrangeiros com conhecimento da China eram muito menos crédulos. A maioria dos 1.500 estudantes estrangeiros em Nanquim — a maior parte da Indonésia, outros da Tailândia, Malásia e Vietnã — expressava dúvidas sobre o Grande Salto Adiante e questionava abertamente a viabilidade das comunas e toda a ideia da coletivização. Já em março de 1959, um bom número deles estava de fato consciente dos efeitos da fome no campo.[5]

Alguns estudantes estrangeiros eram menos inibidos que os colegas locais, e opiniões críticas se disseminavam amplamente nas faculdades em todo o país — apesar das repetidas campanhas contra o "conservadorismo direitista". Como descobriu uma equipe de investigação despachada pela Liga da Juventude Comunista, eram comuns as dúvidas sobre o Grande Salto Adiante, o partido comunista e o socialismo em geral. Estudantes universitários perguntavam abertamente por que, se as comunas do povo eram uma forma superior de organização, a comida era escassa e os camponeses abandonavam as aldeias. Por que o suprimento de bens era tão ruim em um sistema socialista? Por que o padrão de vida era tão baixo, se a taxa de desenvolvimento era mais alta que nos países capitalistas? "A Indonésia pode ser uma colônia, mas o povo de lá vive bem", opinou um estudante.[6]

Nas cidades, as conversas sobre a fome eram abafadas pelo rugido da propaganda, mas claramente audíveis para muitos agentes do partido. Como notaram informantes que trabalhavam para um comitê de rua no distrito de Putuo, em Xangai, trabalhadores comuns, como Chen Ruhang, especulavam abertamente sobre o número de mortes causadas pela fome. A inanição em massa era o principal assunto de conversa em sua casa, com visitantes chegando do campo esfomeado em 1961.[7] Em Hubei, como descobriu a Federação de Sindicatos, metade dos trabalhadores criticava a fome no fim de 1961. Alguns desafiavam abertamente os líderes. Em um caso, um homem repreendido por ser relapso no trabalho, bateu no próprio estômago e depois olhou diretamente nos olhos do oficial e disse: "Está vazio!"[8]

No sul, mais perto de Hong Kong e Macau, conversas sobre o mundo livre que acenava logo do outro lado da fronteira eram comuns em 1962. No condado de Zhongshan, os jovens que trabalhavam nos campos trocavam histórias sobre a colônia da coroa britânica e centenas realmente tentavam atravessar a cada ano. Muitos eram presos e mandados de volta para suas aldeias, onde regalavam os amigos com histórias sobre sua odisseia.[9] Em Guangzhou, jovens trabalhadores admiravam abertamente Hong Kong, permitindo que voos da fantasia os levassem para um lugar mítico, onde a comida era abundante e o trabalho, fácil.[10] "Hong Kong é um mundo bom", alguém rabiscou na parede de uma escola primária.[11]

Outros rabiscos apareceram para deixar registrados traços mais permanentes de descontentamento. Mensagens de oposição eram escrevinhadas nas paredes de banheiros. Na cidade de Xingning, uma mão irada gravou uma palavra de ordem em um banheiro público com insulto a Mao.[12] Uma alentada diatribe contra a exportação de alimentos foi encontrada na parede de um banheiro na Fábrica de Automóveis de Nanquim.[13]

Mais ousados eram os que saíam à noite para afixar panfletos e cartazes críticos ao partido. Em Xangai, alguém afixou um cartaz de dois metros que incitava à rebelião.[14] Às vezes, centenas de folhetos eram distribuídos. Em Gaoyang, uma centena de panfletos, com palavras de ordem escritas à mão em papel cor-de-rosa ou vermelho, apareceu da noite para o dia, colados às paredes em lugares bem visíveis ou afixados em árvores por toda a cidade: "Por que as pessoas em nosso país estão morrendo de fome? Porque todo o cereal está sendo enviado para a União Soviética!" Outro soava como um aviso: "A colheita está chegando e devemos organizar um movimento para furtar o trigo: quem quiser unir-se a nós, por favor esteja preparado!"[15] Em Lanzhou, mais de 2.700 panfletos pregaram greve geral em maio de 1962.[16] Em Hainan, a grande ilha na costa de Guangdong, relatou-se que cerca de 40 mil folhetos antipartido foram distribuídos, alguns aparentemente jogados de aviões mandados por Chiang Kai-shek.[17] A extensão dessas atividades subversivas é difícil de estimar, na medida em que os indícios de oposição devem ter sido apagados assim que localizados. Mas, em Nanquim, em apenas três meses, cerca de quarenta palavras de ordem e panfletos diferentes sobre a fome foram relatados pela polícia.[18]

280 A GRANDE FOME DE MAO

Agricultores também usavam cartazes para buscar reparação, descarregar a ira ou denunciar um quadro. No condado de Ningjin, Hebei, Zhang Xirong teve coragem bastante para afixar um grande mural, chamado *dazibao*, em protesto contra as condições do refeitório local. Imediatamente atraiu a atenção do Departamento de Segurança Pública e foi levado embora. Sua opinião, de qualquer modo, foi solitária, perdida em um mar de 1,7 milhão de panfletos, cartazes e palavras de ordem que o condado distribuiu na campanha para aumentar a segurança pública.[19] Tão teimoso quanto Xirong, foi o camponês Wang Yutang. Sua resposta a uma campanha antidireitista, com seus milhões de cartazes de propaganda oficial e incessantes transmissões de rádio, foi afixar seu próprio *dazibao* no condado de Shishou. "O Grande Salto Adiante em 1958 foi só bravata, os trabalhadores sofrem muito e nossos estômagos ficam famintos", proclamou ousadamente.[20] Mas até mesmo quando o equilíbrio de poder se inclinava pesadamente a favor do partido, que usava um mar de propaganda para abafar os mais leves resmungos de descontentamento, os cartazes, às vezes, atingiam a meta. No condado de Dazhu, Sichuan, os aldeões efetivamente viraram algumas das próprias armas de propaganda do partido contra um líder local e o denunciaram em mais de vinte cartazes por roubar 6 yuans. A humilhação pública foi tanta que o homem se recusou a supervisionar a colheita e foi pescar. Os agricultores imediatamente se apossaram da safra.[21]

Mais populares eram os versos. Assim como exigia que cada um fosse um soldado, Mao proclamava que cada homem e mulher era um poeta. A população foi forçada a produzir milhões de versos no outono de 1958, quando festivais foram organizados e prêmios entregues às melhores canções folclóricas, que celebravam com extravagante entusiasmo safras abundantes, fábricas de aço ou medidas de conservação da água. Uma visão frenética do futuro socialista era conjurada em estrofes rimadas produzidas aos milhões. Só em Xangai afirmava-se que apenas 200 mil trabalhadores haviam composto 5 milhões de poemas.[22] Se grande parte da poesia oficialmente patrocinada era banal, um espírito verdadeiramente criativo apareceu, de fato, em cantigas espontaneamente criadas por aldeões em resposta à coletivização. Aqui, no meio da fome, havia um alegre senso de humor que ajudava as pessoas a atravessar os tempos de miséria. Em

"QUERIDO PRESIDENTE MAO"

Xangai, um ditado popular dizia "tudo está bem sob o camarada Mao, uma pena que ninguém possa comer até se saciar".[23] No condado de Jiangmen, Guangdong, os agricultores cantavam a seguinte canção:

> Coletivização, coletivização
> Ninguém ganha, alguém gasta,
> Membros ganham, mas equipes gastam,
> Equipes ganham, mas brigadas gastam,
> Brigadas ganham, mas comunas gastam,
> Apenas tolos se tornam ativistas do partido![24]

Um aldeão analfabeto apareceu com um poema sobre o mingau ralo servido na cantina:

> Entramos na cantina,
> Vemos uma grande panela de mingau,
> Ondas rolam em cada lado da panela,
> No meio as pessoas afundam.[25]

Oficiais locais recebiam apelidos satíricos que zombavam de sua cobiça, mau temperamento ou glutonaria. No condado de Kaiping, Guangdong, agricultores referiam-se a um oficial particularmente rotundo como "comida de cachorro cozida" (*yanhuogou*). "Mosca dourada" e "tia mastigadora de tijolos" também eram usados. Em outros lugares, "pança grande" era comum, e toda comuna parecia ter um demônio do submundo fantasmagórico. Muitos quadros eram chamados de "Rei Yan", Rei do Inferno.[26] Havia ironia também. Em Sichuan — onde, como vimos, o líder provincial Li Jingquan observou que as pessoas ficaram ainda mais corpulentas que Mao Tsé-tung graças à generosidade criada pela coletivização — alguns aldeões zombavam das cantinas, dizendo que "a vantagem do rancho é que todos estamos muito mais gordos", referindo-se ao inchaço dos corpos no edema da fome.[27]

* * *

Logo abaixo da superfície da propaganda oficial, se estendia um mundo sombrio de rumores. Eles viravam o mundo de cabeça para baixo e ofereciam uma alternativa, forma dissidente de verdade que subvertia a informação censurada que emanava do Estado.[28] Todos davam ouvidos aos boatos e tentavam dar sentido ao mundo mais amplo enquanto esperavam que tivesse fim a loucura da coletivização. Boatos questionavam a legitimidade do partido e desacreditavam as comunas do povo. Em Wuhan se temia que até esposas pudessem ser compartilhadas.[29]

Boatos estimulavam ações de oposição ao Estado. Eram comuns notícias não oficiais sobre camponeses que tomavam posse da terra ou pegavam grãos dos celeiros estatais. Em Chaoyang, Guangdong, uma mulher vidente proclamou que tomar comida em tempos de fome seria perdoado pelo partido.[30] Em Songzi, Hubei, cerca de sete brigadas decidiram, no inverno de 1959-60, dissolver os coletivos e dividir a terra.[31] Rumores sobre distribuição de terra também eram desenfreados em Anlu, Chongyang e Tongshan.[32] "Mao morreu, a terra será devolvida ao povo!" era a mensagem repetida por aldeões no meio da fome em Jiang'an, Sichuan.[33]

Divulgação ensurdecedora sobre déficit também contribuía para um estado de caos permanente no local de produção, o que, por sua vez, estimulava a máquina de propaganda a lançar slogans cada vez mais estrondosos. Povo e partido estavam presos em uma guerra de palavras, pois todo dogma encontrava seu reverso em um boato. Pânicos eram despertados quando se dizia, por exemplo, que cupons de racionamento para certos bens tinham sido anulados. Alguns trabalhadores da Fundições de Aço Angang compraram até 35 pares de meias em junho de 1960, quando longas filas apareceram espontaneamente do nada para estocar todos os bens de algodão.[34] Similarmente, em uma comuna em Changle, Guangdong, um boato de que o sal poderia ser retirado levou a um pânico local em janeiro de 1961, com pessoas tentando estocar cerca de 35 toneladas de sal em cinco dias, quarenta vezes mais que o normal.[35]

Boatos de guerra e invasão iminente engolfavam comunidades inteiras e espalhavam o medo ao virar a máquina de propaganda de cabeça para baixo. E o medo, por sua vez, provocava um senso de coesão, enquanto imagens apocalípticas uniam o campo desmantelado. Em Guangdong,

"QUERIDO PRESIDENTE MAO" 283

agricultores souberam que Guangzhou se levantara em armas e Shantou tinha sido tomada quando Chiang Kai-shek invadira o país. Estandartes que desejavam longa vida ao Kuomintang apareceram na estrada. A informação era precisa: "O Kuomintang chegou à aldeia de Dongxi no dia 14!", ou "Chiang Kai-shek voltará em agosto!"[36] Desafiando as suposições comuns sobre a vida paroquial que os agricultores supostamente levavam em aldeias isoladas, os rumores se espalhavam como incêndio na mata, saltando de condado em condado e pelas províncias, e chegavam a Hunan em questão de dias.[37] Em Putian, Fujian, a província em frente a Taiwan, uma sociedade secreta distribuiu estandartes amarelos para serem colocados em destaque após a queda do Partido Comunista. Aparentemente, os estandartes também protegiam contra os efeitos da radiação nuclear.[38]

* * *

Alguns agricultores prejudicados confiavam bastante na lei. Em Liuhe, perto de Nanquim, um oficial roubou e mais tarde comeu uma galinha que uma velha tentava vender. Encorajada, ela foi ao tribunal e fez uma queixa.[39] Com frequência, no entanto, o litígio não tinha significado, sobretudo porque o sistema judiciário desabara sob a pressão política, que levou até à abolição do Ministério da Justiça em 1959. A política estava no comando, cerceando a justiça formal — assim como o recurso formal. No condado de Ningjin, por exemplo, o número de quadros a cargo da polícia, da inspetoria e dos tribunais foi reduzido à metade em 1958. Os tribunais locais estavam inundados de casos cíveis trazidos por pessoas comuns.[40]

Em vez de procurar a Justiça, muitos se voltaram para a tradicional queixa na forma de cartas e petições. Como a informação incorreta proliferava na burocracia do partido, com todos os níveis a alimentar informes falsos e estatísticas infladas para os níveis imediatamente acima, a segurança do Estado tentava contornar os órgãos oficiais e chegar direto ao chão da fábrica. Prestava muita atenção à opinião popular e estimulava cartas anônimas de denúncia.[41] Afinal, os inimigos de classe podiam rastejar para dentro das fileiras do partido, enquanto espiões e sabotadores espreitavam entre as massas. A vigilância popular era necessária para afugentá-los: o povo monitorava o partido. Até o mais insignificante joão-ninguém tinha o poder de escrever e derrubar um oficial poderoso, um funcionário local negligente ou um burocrata abusador. Denúncia arbitrária podia atacar a qualquer momento os escalões superiores da escada do poder. E as pessoas escreviam furiosamente, enviando sacos de cartas todos os meses para pedir, protestar, denunciar ou queixar-se, às vezes tímida e humildemente, ocasionalmente vociferantes. Algumas denunciavam os vizinhos por ninharias, outras meramente buscavam ajuda para mudar de emprego ou de casa, e algumas faziam longa diatribe contra o sistema inteiro e apimentavam as cartas com slogans anticomunistas. Escreviam para os jornais, a polícia, os tribunais e o partido. Algumas escreviam para o Conselho de Estado e não poucas endereçavam cartas a Mao Tsé-tung pessoalmente.

Em Changsha, as autoridades provinciais recebiam cerca de 1.500 cartas ou visitantes por mês. Muitos escreviam em busca de reparação para uma injustiça visível e poucos se aventuravam a escrever cartas críticas o bastante para serem consideradas "reacionárias". Aqueles que apresentavam caso específico com pedido concreto tinham a chance de receber uma resposta. Afinal, dentro do imenso sistema de monitoramento da burocracia do partido, as autoridades locais tinham que mostrar que agiam em resposta aos "pedidos das massas".[42] Em março de 1961, em Nanquim, cerca de 130 mil cartas tinham sido recebidas desde o Grande Salto Adiante. A maioria das queixas dizia respeito a trabalho, comida, bens e serviços, mas uma análise mais detalhada de quatrocentas cartas "das massas" mostrava que uma em dez fazia uma acusação direta ou ameaçava com processo.[43] Em Xangai, o departamento que recebia cartas do público contabilizou bem mais de 40 mil missivas em 1959. As pessoas se queixavam de falta de comida, casas ruins e más condições de trabalho, e poucas atacavam o partido e seus representantes.[44] O objetivo da denúncia era provocar uma investigação, e algumas cartas mostravam convicção suficiente para levar as autoridades a agir. Depois que uma queixa foi mandada para o governador provincial de Guangdong com a alegação de que o Instituto das Nacionalidades incluíra dezenas de estudantes fictícios em sua lista para aumentar a alocação de cereais, uma equipe de segurança local foi enviada e conseguiu extrair várias confissões e uma desculpa dos líderes do Instituto.[45]

"QUERIDO PRESIDENTE MAO" 285

Alguns leitores mandavam cartas para o *Diário do Povo*. Poucas eram publicadas, mas seu conteúdo era resumido e circulava entre a liderança. Os mineiros de carvão da província de Guangxi, por exemplo, escreveram para queixar-se de que alguns desmaiavam no trabalho porque as rações tinham sido cortadas, embora as horas de trabalho tivessem aumentado.[46] O Conselho de Estado recebia centenas de cartas por mês. Alguns missivistas eram corajosos o bastante para atacar as políticas do Grande Salto Adiante e lamentar as exportações de grãos em meio à fome.[47] Alguns escreviam diretamente para os líderes da cúpula. Ao fazer isso, reproduziam uma tradição imperial muito antiga de peticionar ao imperador, mas também demonstravam sua crença de que o abuso de poder era local e não o resultado de uma campanha de coletivização iniciada pelo próprio Mao: "Se Mao soubesse disso." A justiça, certamente, sobrevivera na capital. Cartas criavam esperança. Xiang Xianzhi, garota pobre de Hunan, escondeu uma carta endereçada ao presidente, costurada por dentro do casaco, durante um ano inteiro, antes de entregá-la a uma equipe de investigação enviada pelo comitê provincial do partido.[48] "Querido presidente Mao" foi a abertura padrão de saudações, por exemplo, da carta de Ye Lizhuang sobre inanição e corrupção em Hainan. Seu apelo funcionou. Levou a uma extensa investigação da equipe da cúpula que trouxe à luz a "opressão do povo" por membros locais do partido.[49]

Muitas cartas jamais chegavam ao destino. Depois que Liu Shaoqi se queixou pessoalmente ao ministro de Segurança Pública, Xie Fuzhi, de que cartas enviadas a ele por vizinhos de sua aldeia tinham sido abertas pela polícia local (ver capítulo 16), todo o caso foi revelado. Em Guizhou, o posto de correios e o Departamento de Segurança Pública abriam rotineiramente as cartas, o que levou à prisão de autores das denúncias por atividades "antipartido" ou "contrarrevolucionárias". Quando um oficial do partido escreveu sobre a inanição em massa em Zunyi, foi interrogado durante diversos meses e mandado para trabalhar em uma fábrica de fornos.[50] Mais de 2 mil cartas eram abertas pela polícia todos os meses no condado de Gaotai, Gansu. O anonimato, aparentemente, oferecia pouca proteção. Em um caso, He Jingfang enviou oito cartas sem assinar, mas a polícia local conseguiu rastreá-lo, extrair uma confissão e mandá-lo para um campo de trabalho.[51] Em Sichuan, a carta de Du Xingmin que denunciava o secretário do partido Song Youyu levou a brigada a uma busca frenética, em que amostras de caligrafia foram comparadas. Du foi desmascarado e acusado de sabotagem. Antes de ser entregue ao Departamento de Segurança Pública, teve os olhos arrancados por um enraivecido Song. Du morreu poucos dias depois na prisão.[52] Não admira que algumas pessoas recorressem à violência em vez de escrever cartas.

26

Ladrões e rebeldes

A violência era o último recurso quando agricultores desesperados assaltavam celeiros, atacavam trens ou saqueavam comunidades. Depois que Cangzhou, Hebei, foi atingida por um tufão em 1961, alguns aldeões se armaram de foices para roubar o milho dos campos. Um secretário do partido assumiu uma brigada e organizou ataques contra aldeias vizinhas, apossando-se de dezenas de carneiros e várias toneladas de verduras.[1] Algumas incursões eram armadas: em uma ocasião, um líder em Shaanxi forneceu os rifles com os quais uma centena de aldeões saquearam uma comuna vizinha e levaram embora cinco toneladas de grãos. Outro líder local chefiou um grupo armado de 260 homens que dormiam de dia e pilhavam à noite.[2] Em partes do campo, grandes grupos se reuniam ao longo dos limites dos condados e das províncias e faziam incursões pelas fronteiras, deixando um rastro de destruição.[3]

Com frequência, o alvo da violência camponesa era o depósito de provisões do Estado. A escala dos ataques era espantosa. Só em um condado de Hunan, trinta dos quinhentos celeiros do Estado foram assaltados em dois meses.[4] Na mesma província, a região de Xiangtan testemunhou mais de oitocentos casos de roubos de grãos no inverno de 1960–61. Em Huaihua, agricultores arrombaram celeiros e se apossaram de toneladas de painço.[5]

Ataques aos trens também eram comuns. Agricultores podiam agrupar-se ao longo de uma ferrovia e roubar trens de carga, usando a pura pressão do número para sobrepujar os guardas. Isso se tornou cada vez mais comum do fim de 1960 em diante, à medida que o regime começou a perceber a extensão da inanição em massa e fez um expurgo dos membros do partido mais abusivos. Depois que o chefe provincial Zhang Zhongliang foi rebaixado na província de Gansu, cerca de quinhentos casos de roubo de trem foram informados pela polícia local só em janeiro de 1961. As perdas totais foram estimadas *grosso modo* em 500 toneladas de grão e 2.300 toneladas de carvão. E a cada assalto as massas se tornavam mais ousadas. Na estação ferroviária de Wuwei, algumas dezenas de pessoas causaram problema no início de janeiro; quando outros se uniram à rixa, o número subiu para centenas. No fim do mês, 4 mil aldeões se amotinaram e pararam um trem do qual foram arrancadas todas as partes que podiam ser removidas. Em outro lugar, perto de Zhangye, um celeiro foi pilhado da aurora ao crepúsculo por 2 mil agricultores enfurecidos, que mataram um dos guardas no processo. Em outro caso, uniformes militares foram roubados de um vagão. Nos dias seguintes à pilhagem, agricultores foram tomados por membros de forças especiais pelos guardas de um armazém e tiveram acesso ao grão sem oposição.[6]

Ao longo das linhas de trem, celeiros foram atacados, gado roubado, armas tomadas e livros de contabilidade queimados. Forças armadas e milícia especial foram enviadas para restabelecer a ordem.[7] Alguns roubos de trem tiveram repercussão diplomática: por exemplo, quando os assaltantes de um trem fretado queimaram os bens de uma exposição que estava em trânsito da República Popular Democrática da Coreia para a República Popular da Mongólia.[8] O Ministério da Segurança Pública não deu ordem de atirar contra as multidões, mas a polícia foi instruída a se concentrar nos "líderes de grupo".[9]

Violência gera violência: às vezes, rompia-se o escudo protetor que os observadores tomavam como passividade e submissão, e os agricultores explodiam em fúria cega. Em encontros polêmicos em que cotas mais altas eram introduzidas, agricultores acusavam os líderes de matá-los de fome, alguns dos mais decepcionados iam ao ponto de atacar e matar

LADRÕES E REBELDES

quadros locais com cutelos.[10] Outros armavam-se de paus e caçavam os quadros suspeitos de roubar dinheiro público. No condado de Yunyang, Sichuan, o povo desatou a ira coletiva contra seu líder, que pulou em um reservatório, junto com a mulher, e os dois morreram.[11] No montanhoso condado de Tongjiang, o líder da equipe local, Liu Funian, foi colocado de joelhos sobre pedras e surrado com um mastro de bandeira.[12] Mas tais exemplos eram raros. As pessoas comuns podem ter furtado, roubado, mentido e, em certas ocasiões, incendiado e pilhado, mas raramente apelavam para a violência. Eram as pessoas comuns que tinham de encontrar meios de "engolir a amargura" — a expressão chinesa para suportar as dificuldades —, absorver o sofrimento, aceitar a dor e conviver com a perda em escala devastadora.

Menos aberto, mas igualmente destrutivo, era o incêndio proposital, embora nem sempre fosse possível distinguir entre incêndios iniciados acidentalmente, por exemplo, por aldeões pobres que tentavam aquecer-se durante o inverno, e aqueles desencadeados deliberadamente como forma de protesto. O Ministério da Segurança Pública avaliou que, no mínimo, 7 mil incêndios causaram prejuízo equivalente a 100 milhões de yuans em 1958 — embora fosse incapaz de dizer em que proporção esses incidentes eram propositais.[13] Dúzias de incêndios propositais eram informados todos os anos pelos órgãos de segurança pública em Hebei.[14] No fim de 1959 houve três vezes mais incêndios em Nanquim que no ano anterior. Muitos eram provocados por negligência, mas não poucos atribuídos a incendiários. Zhao Zhihai, por exemplo, começou um incêndio no dormitório da fábrica como forma de protesto.[15] Xu Minghong queimou quatro montes de feno e foi morto a tiros pela milícia local.[16] Em Songzi, Hubei, a casa de um secretário do partido foi incendiada.[17] Em outro lugar da província, agricultores irritados jogaram petróleo em uma estátua de Mao e a incendiaram.[18] Em Sichuan, Li Huaiwen pôs fogo na cantina local, que antes fora seu lar, e gritou: "Caiam fora, esta cantina me pertence!"[19]

Em 1961, a piromania apoderou-se do país. Em torno de Guangzhou, centenas de incêndios tremeluziram à noite nas semanas seguintes ao Ano-Novo Chinês, muitos iniciados por agricultores que exigiam seu próprio pedaço de terra.[20] No condado de Wengyuan, os aldeões garatujaram uma mensagem na parede perto do celeiro que tinham acabado de queimar, proclamando que o grão que não era mais deles também podia ser queimado.[21]

* * *

À medida que a inanição se instala, pessoas esfomeadas frequentemente estão fracas demais e muito voltadas para sua própria sobrevivência para pensar em rebelião. Mas nas catacumbas dos arquivos do partido há bastante prova de organizações clandestinas que floresciam nos dois últimos anos de fome. Elas nunca representaram uma ameaça genuína ao partido e eram facilmente esmagadas, mas agiam, de fato, como um barômetro do descontentamento popular. Muitas dessas organizações jamais se firmaram. Em Hunan, por exemplo, 150 pessoas ao longo da fronteira armaram-se para uma rebelião no inverno de 1960-61, mas foram imediatamente varridas pelas forças de segurança locais. Perto da capital provincial, alguns agricultores decepcionados criaram o Ame o Partido Popular, em favor da liberdade de cultivo e comercialização de produtos agrícolas. Eles também nunca tiveram chance.[22]

Desafios mais convincentes vieram das províncias próximas do Tibete, onde um levante armado em março de 1959 foi sufocado com artilharia pesada e resultou na fuga do Dalai Lama para o exílio. Em Qinghai, em 1958, uma rebelião aberta durou meses a fio, em lugares que iam de Yegainnyin (Henan), perto da fronteira de Gansu no leste, até Gyêgu (Yushu) e Nangqen (Nangqian), no planalto tibetano. Alguns rebeldes eram inspirados por Lhasa, outros estimulados pelo Islã. As forças armadas da província foram insuficientes para lidar com os levantes, e o exército concentrou-se inicialmente em retomar o controle das rodovias vitais.[23]

A região continuou a ser sacudida periodicamente por levantes locais. No outono de 1960, aldeões do condado de Xuanwei, Yunnan, se rebelaram, um ato subversivo que rapidamente se espalhou para diversas comunas. O movimento foi apoiado por quadros locais, inclusive secretários do partido nos mais altos escalões do poder. Armas foram apreendidas e centenas de

LADRÕES E REBELDES

aldeões descontentes fizeram uma passeata com palavras de ordem que prometiam abolição das comunas do povo, mercado livre e devolução da terra para os agricultores. O Exército interveio rapidamente, capturando e eliminando todos os líderes, exceto um. Em seu relatório a Chu En-lai, o chefe da segurança, Xie Fuzhi, mencionou doze incidentes similares nas províncias do sudoeste naquele ano.[24] A isso tiveram que ser acrescidos mais de 3 mil "grupos contrarrevolucionários" detectados pelas forças de segurança pública: só Yunnan abrigava uma centena de grupos que se referiam a si mesmos como "partido" (*dang*).[25]

Sociedades secretas foram cruelmente esmagadas depois de 1949, mas uma longa história de repressão do Estado preparou-as para sobreviver contra todas as probabilidades. Pesquisa feita em uma província do norte indica a extensão de sua contínua influência — embora os números possam ter sido inflados por quadros ultrazelosos, desejosos de obter mais recursos para combater a contrarrevolução. Na província de Hebei, quarenta grupos tachados de "contrarrevolucionários" foram desmascarados nos primeiros meses de 1959. Metade deles pertencia a sociedades secretas que o partido tentara extirpar. Huanxingdao, Shengxiandao, Baguadao, Xiantiandao, Jiugongdao — havia cerca de uma dúzia de seitas religiosas populares e sociedades secretas ativas na província. Só no condado de Ningjin, pensava-se que perto de 4% da população local pertenciam a uma ou outra seita e muitos juravam fidelidade ao Yiguandao.[26] Algumas sociedades estenderam sua influência além dos limites das províncias. Apesar das restrições à movimentação de pessoas do campo, seguidores viajavam de Hebei a Shandong para rezar no túmulo do líder de uma seita de aldeia chamada Céu e Terra Ensinando à Sociedade.[27] Em todas as partes, pessoas se voltavam para a religião popular, apesar das críticas do partido à "superstição". Em Guangdong, onde uma cerimônia para marcar o aniversário da Mãe Dragão continuava popular, cerca de 3 mil devotos se reuniram para a ocasião em Deqing, em 1960. Até estudantes e quadros participaram.[28]

Nada pôde desestabilizar o regime em seus momentos mais sombrios. Como em outras fomes, de Bengala e Irlanda à Ucrânia, a maioria dos aldeões, na época em que se tornou claro que a inanição chegara para ficar, estava fraca demais para caminhar pela estrada até a próxima aldeia, que dirá encontrar armas e organizar um levante. De qualquer modo, todas as formas de oposição eram brutalmente reprimidas e severamente tratadas: líderes de tumultos ou levantes enfrentavam a execução, enquanto outros recebiam sentenças indefinidas em campos de trabalho. O que também impediu o país de implodir, mesmo quando dezenas de milhões pereciam, foi a ausência de qualquer alternativa viável ao partido comunista. Embora existissem religiões secretas dispersas ou partidos clandestinos mal organizados, ninguém, exceto o regime, podia controlar a imensa extensão de terra. E o potencial para o golpe dentro do exército havia sido evitado pelos expurgos extensivos levados a efeito por Lin Biao depois da Conferência de Lushan em 1959.

Mas algo ainda mais tenaz que a mera geopolítica impediu o surgimento de uma ameaça convincente ao domínio do partido. A técnica mais comum de autoajuda em tempos de inanição em massa é um artifício simples chamado esperança. E a esperança ditava que, por pior que fosse a situação na aldeia, Mao trazia no coração os melhores interesses do povo. Uma convicção comum nos tempos imperiais era que o imperador era benevolente, mas seus servos podiam ser corruptos. E, mais ainda na República Popular, a população tinha que conciliar a visão de utopia trombeteada pela mídia com a realidade diária da catástrofe. Era generalizada a crença de que quadros abusivos fracassavam em executar as ordens do presidente beneficente. Uma entidade distante chamada "o governo" e um semideus chamado "Mao" estavam do lado do bem. Se ao menos ele soubesse, as coisas seriam diferentes.

27

Êxodo

A estratégia mais efetiva de sobrevivência em tempos de fome era deixar a aldeia. Ironicamente, para milhões de agricultores, o Grande Salto Adiante significou partir para a cidade em vez de entrar para uma comuna. Uma vez que as metas de produção industrial eram incessantemente revisadas para cima, as empresas urbanas começaram a recrutar mão de obra barata no campo e criaram uma migração de proporções gigantescas. Mais de 15 milhões de agricultores mudaram-se para a cidade só em 1958, atraídos pela perspectiva de uma vida melhor.[1] De Changchun, Pequim, Tianjin e Xangai a Guangzhou, as cidades explodiram: de acordo com o censo oficial, a população urbana total cresceu de 99 milhões em 1957 para 130 milhões em 1960.[2]

O grande fluxo proveniente do campo aconteceu apesar das restrições formais ao movimento de pessoas. As regras de registro das habitações descritas no capítulo 22 foram postas de lado na pressa da industrialização. Mas poucos migrantes conseguiram oficialmente mudar seu local de residência da aldeia para a cidade. Uma grande subclasse foi criada, relegada aos empregos sujos, árduos e, às vezes, perigosos, nas margens da paisagem urbana, enfrentando barreiras discriminatórias contra a assimilação em seu local de trabalho. Trabalhadores migrantes eram privados das prerrogativas concedidas aos habitantes da cidade: por exemplo, subsídio à habitação, aos cupons de ração e acesso subsidiado a saúde, educação e aos benefícios para deficientes físicos. Acima de tudo, não tinham status seguro, viviam em uma zona de sombra da legalidade, com risco de serem expulsos de volta para o campo a qualquer momento.

Isso aconteceu no início de 1959, à medida que as reservas de comida se esgotavam e o país enfrentava seu primeiro inverno de fome. Em todas as grandes cidades, como vimos, as reservas de grãos caíram a baixos níveis históricos, a escassez em centros industriais como Wuhan era tão severa que a cidade poderia ficar sem comida em questão de semanas.[3] A crise em ascensão motivou a liderança a reforçar o sistema de registro de lares e se ergueu uma grande barreira entre o campo e a cidade. Como só podia prover comida, habitação e emprego para residentes urbanos, o sistema abandonou os agricultores à própria sorte. A fim de tornar a carga menos pesada, o Estado impôs um limite ao crescimento da população urbana. Severas restrições ao movimento de pessoas foram postas em vigor pelo Conselho de Estado em 4 de fevereiro de 1959 e, novamente, em 11 de março de 1959. Elas estipulavam que o livre mercado de trabalho não podia mais ser tolerado e os aldeões tinham que ser mandados de volta para o campo.[4] Quando a polícia começou a fazer cumprir o sistema de registro de casas em Xangai, revelou-se que, em alguns distritos, até um quinto de todas as famílias só tinha autorização para residência temporária,[5] sendo a maioria de agricultores da província de Jiangsu. Estimava-se que até 60 mil agricultores residiam na cidade ilegalmente e a maioria trabalhava nas indústrias de construção e frete. No rastro das repetidas diretrizes do Conselho de Estado, um quarto de milhão de agricultores foi arrebanhado e mandado de volta para o campo.[6] À deriva entre dois mundos, em meio à inanição, migrantes em todo o país tiveram que retornar à força para suas aldeias. No campo, por sua vez, as autoridades faziam tudo o que podiam para impedir que qualquer um partisse para a cidade, aprisionando as pessoas na fome.

A tentativa de impor um cordão sanitário em torno das cidades foi derrotada por uma miríade de fatores. O grande fluxo migratório de 1958 criara padrões de migração e redes de contato que foram usados pelos agricultores para voltar para a cidade. Em Hebei, no início de 1959, um em

ÊXODO

cada 25 agricultores vagava pelo país em busca de emprego. Aqueles que voltavam à aldeia para as comemorações do Ano-Novo Chinês estimulavam outros a segui-los e retornavam, na liderança de grupos, para empresas onde tinham estabelecido boas ligações e poucas perguntas lhes eram feitas. Cartas eram enviadas da cidade, com dinheiro e instruções detalhadas de como juntar-se ao êxodo. Em Xinyang, uma das regiões mais devastadas de Henan, cartas chegavam "incessantemente" de Qinghai, Gansu e Pequim, segundo funcionários locais, que abriam a correspondência. Li Mingyi mandou três cartas com 130 yuans para seu irmão, instando-o e quatro outros parentes a unir-se a ele no trabalho para o departamento de ferrovias em Xining.[7]

Na aldeia, histórias eram contadas sobre a vida na cidade, vista como um paraíso, onde o arroz era farto e os empregos abundavam. Algumas comunas de fato apoiavam uma forma de corrente de migração ao concordar em cuidar das crianças e dos idosos, enquanto remessas de dinheiro dos trabalhadores na cidade contribuíam para a sobrevivência de toda a aldeia. De Zhangjiakou, um grande centro ao longo da ferrovia para o oeste de Pequim, um terço de um milhão de pessoas desapareceu durante o inverno de 1958–59, o que representou cerca de 7% de toda a força de trabalho.[8]

Até em províncias relativamente protegidas, como Zhejiang, agricultores pegaram a estrada no inverno de 1958–59. Sabia-se que cerca de 145 mil pessoas estavam de mudança, embora muitas outras devam ter escapado à atenção das autoridades locais encarregadas de prendê--las. Como em outros lugares, a maioria se dirigia à cidade em busca de emprego, a maior parte com a intenção de viajar para longe, até Qinghai, Xinjiang e Ningxia, onde a fome era menos intensa. Mas a proximidade de uma cidade continuava a ser fator-chave para a fuga de agricultores. Em Longquan, por exemplo, um em cada dez de todos os agricultores aptos fisicamente cruzava para a província de Fujian, a apenas 40 quilômetros de distância, enquanto outros faziam uma viagem comprida e difícil para as cidades de Xiaoshan, Fenghua e Jinhua. Eram, em sua maioria, trabalhadores jovens, do sexo masculino; as mulheres eram deixadas para trás para cuidar da família e da aldeia. Na aldeia Buxia, 40 quilômetros ao sul de Xiaoshan, 230 trabalhadores partiram em vários grupos grandes, incluindo quadros locais e membros da Liga da Juventude. Proporção significativa deles já tinha experiência da cidade, pois as fábricas recrutaram avidamente das aldeias vizinhas durante o Grande Salto Adiante. Muitos se ocultavam na escuridão da noite, enquanto outros partiam em plena luz do dia, gritando que iam visitar um parente doente na vila. Em alguns casos, os próprios quadros escreviam cartas de referência e providenciavam autorização de viagem, e estimulavam os agricultores a mudar de serviço e tentar a sorte na cidade. Alguns lucravam com a venda de autorizações em branco com carimbo oficial.[9] Em outros lugares, por exemplo mais ao sul, em Guangdong, quadros locais adotavam atitude tolerante, sentindo que o movimento das pessoas podia aliviar a fome. Na comuna de Lantang, apenas um em cada sete trabalhadores de uma brigada participava do trabalho coletivo. Os outros faziam trabalho particular ou comerciavam com condados vizinhos, alguns indo até Haifeng, mais de 100 quilômetros ao sul pela costa marítima.[10]

Muitos partiam em grupo e abordavam trens de carga que iam para a cidade. Em um só dia de março de 1959, um grupo de cerca de cem agricultores conseguiu embarcar em um trem em Kongjiazhuang, Hebei, sem comprar uma única passagem. Poucos dias depois, número similar tomou um trem na estação de Zhoujiahe, uma pequena aldeia em Huai'an.[11] Em Hubei, no trecho de Xiaogan a Shekou, centenas de agricultores se congregavam na estação todos os dias e tomavam o trem em massa. Alguns queriam fugir da aldeia, mas muitos iam à cidade simplesmente para vender madeira ou visitar amigos. Quando perguntavam pela passagem, os cobradores enfrentavam agressão verbal e física. No caos da abordagem, aconteciam acidentes, quando os mais fracos que se evadiam de pagar a passagem caíam do trem, incluindo uma criança de 5 anos que teve a perna amputada devido à queda.[12]

Todos esses grupos somavam grande número de pessoas em movimento. Nos primeiros quatro meses de 1960, por exemplo, mais de 170 mil agricultores que fugiam do campo foram encontrados sem passagem em trens para Pequim, vindos principalmente de Shandong, Hebei e Henan. Uma vez a bordo, toda peça do trem disponível era usada na luta pela sobrevivência. Como um funcionário observou com desgosto, "deliberadamente

ÊXODO

estragavam e danificavam bens, alguns urinando e defecando neles, alguns usando meias de seda de alta qualidade como papel higiênico".[13]

Depois de chegar a seu destino, muitos migrantes tinham um amigo ou recrutador de mão de obra à espera.[14] Outros encontravam emprego no mercado negro. Em Pequim, os chamados "mercados humanos" (*renshi*) abriam de manhã cedo e uma multidão de desempregados pressionava, empurrava e se acotovelava para chamar a atenção assim que um possível empregador aparecia. Muitos viviam em abrigos temporários, poucos ficavam com os amigos e a família. Trabalhariam por quantia tão pequena quanto 1,3 yuan por dia, mas carpinteiros podiam chegar a 2,5 yuans, embora 4 yuans fosse a diária mais alta paga a um trabalhador qualificado. Alguns eram recrutados clandestinamente por companhias estatais, outros eram contratados por particulares para trabalhos subalternos ou serviços domésticos.[15]

O efeito cumulativo desse fluxo podia sobrepujar a cidade, a despeito do cordão sanitário destinado a manter a população urbana insulada da fome rural. Milhares chegavam a Nanquim todos os meses, e, na primavera de 1959, cerca de 60 mil a 70 mil refugiados chegaram ou transitaram pela cidade e lotaram abrigos temporários apressadamente erigidos pela municipalidade. Em um único dia de fevereiro de 1959, desembarcaram aproximadamente 1.500 refugiados. Dois terços eram homens jovens, provenientes sobretudo dos condados circunvizinhos, embora vários viessem de Anhui, Henan e Shandong, as três províncias mais afetadas pela fome. Poucos queriam visitar amigos e família, a maioria não tinha dinheiro e todos estavam em busca de emprego. Fábricas e minas os recrutavam secretamente e lhes pagavam ninharias, menos que aos trabalhadores com autorização de residência. Algumas empresas de fato falsificavam os papéis necessários para registrá-los localmente, mas a vasta maioria — cerca de 90% de todas as fábricas — simplesmente inflava o número oficial de trabalhadores a fim de assegurar comida suficiente para alimentar trabalhadores ilegais.[16]

Nem todo migrante encontrava emprego no mercado negro e alguns eram obrigados a viver uma existência marginal nas sombras da cidade, roubando, mendigando, catando comida no lixo ou se vendendo para sobreviver. Kong Fanshun, um homem de 28 anos de idade, foi descrito como vagabundo que subia pelas paredes à noite para roubar roupas e dinheiro. Su Yuyou foi pego depois que entrou em uma loja, agarrou um pão grande, enfiou-o todo na boca enquanto corria. Mulheres jovens podiam ser encontradas a solicitar clientes no centro da cidade. Por um cupom de ração que valia dez ou vinte centavos ou por meio quilo de arroz, podiam fazer um favor sexual em um canto tranquilo de um parque público. Aqueles que fracassavam enfrentavam a morte por inanição: cerca de vinte corpos eram recolhidos todo mês durante o inverno rigoroso.[17] Todos eram descritos como ameaça à ordem social pelas autoridades locais, o que reforçava a imagem negativa associada às pessoas do campo. Quando eram pegos, eram mandados de volta para as aldeias, apenas para retornar à cidade novamente depois de algumas semanas.[18]

Alguns refugiados, quando interrogados por funcionários, contavam suas histórias. Yu Yiming, entrevistada em maio de 1959, vinha sobrevivendo com duas tigelas de mingau por dia em sua aldeia, no condado de Anxian. Após os quadros entregarem todo o grão ao Estado, só restara repolho. Depois, toda a casca dos elmos e os bulbos de avelãs desapareceram, deixando a cidade exaurida. Wang Xiulan, um companheiro da aldeia, caiu em pranto, dizendo: "Não estamos mentindo, não comemos nada durante vários meses, tudo foi comido — o que podemos fazer?" Outros fugitivos disseram como tinham conseguido evadir-se com a cobertura da noite. Tao Mintang, do condado de Lishui, contou como ele e outros colegas fugiram juntos uma noite, atraídos por boatos de que, em Heilongjiang, trabalhadores jovens podiam ganhar até 70 yuans por mês.[19]

Nem todos os migrantes sobreviviam no lado sombrio da cidade, levando existência miserável à mercê de chefes de fábrica rapaces. Na corrida em direção à industrialização durante o Grande Salto Adiante, alguns dos homens mais hábeis recrutados no campo recebiam bons salários como incentivo para ficar.[20] Em Pukou, o movimentado porto de Nanquim, uma equipe de carregadores que trabalhavam nas docas não tinha direito a rações de comida, que eram reservadas aos residentes da cidade, mas eles ganhavam cerca de 100 yuans por mês, o bastante para comer em alguns dos melhores restaurantes. Alguns ganhavam dois salários e tinham vida melhor que a maioria dos trabalhadores registrados nas fábricas locais.[21]

ÊXODO

Poucos se especializaram em comerciar cupons de ração no mercado negro. Uma mulher foi pega com cupons que valiam 180 quilos de arroz, que ela comprara em Xangai para dobrar seu dinheiro em Nanquim, explorando uma das incontáveis brechas da economia planificada, pela qual a mesma *commodity* básica era vendida a preços que variavam enormemente em todo o país. Os migrantes nas fábricas e nos canteiros de construção eram, em sua maioria, homens, mas entre os agricultores que deixavam a área rural para comerciar predominavam as mulheres.[22]

Por outro lado, à medida que a fome continuava, simplesmente desaparecia qualquer vantagem que jovens migrantes podiam ter em um mercado negro desesperadamente escasso de mão de obra, substituída pelo desespero por uma migalha de comida. Em 1960, em Lanzhou, cerca de 210 mil migrantes trabalhavam em fábricas sem qualquer pagamento, não recebendo mais que refeição e alojamento. Zhang Zhongliang, o dedicado chefe de Gansu, endossou pessoalmente o arranjo. Mas fora da capital provincial, a cumplicidade dos líderes levou a condições de trabalho escravo. Em Tongwei, uma fábrica de aço trancafiou migrantes e forçou-os a trabalhar até morrer, recusando-se a alimentá-los: mil morreram naquele ano, pois os chefes da fábrica garantiram um suprimento contínuo de errantes e nômades em busca de trabalho.[23] Quem sabe quantas fábricas funcionavam nas mesmas condições?

Enquanto os anos de fome prosseguiam, as motivações por trás da migração mudaram. Em poucas palavras, a atração do emprego foi substituída pela compulsão da fome. O sentimento de desespero crescia, alguns roubavam nas montanhas, esperando sobreviver de sementes, insetos e, possivelmente, pequenos animais. Mas poucos de fato conseguiram isso e alguns eram forçados a voltar para a aldeia e emergiam da floresta com cabelos desgrenhados e roupas rasgadas, às vezes inteiramente nus, expressão selvagem no olhar, tão diferentes que não eram mais reconhecidos.[24] Por outro lado, quando o desastre golpeava, as pessoas partiam em massa e carregavam as crianças, as magras posses presas às costas; as autoridades locais só podiam ficar de lado e observar o êxodo. Depois que a região de Cangzhou em Hebei foi atingida por um tufão em 1961, massas apáticas de humanidade pegaram as estradas, caminhando em total silêncio, o único som era o arrastar dos pés. Brigadas inteiras partiram coletivamente — quadros, homens, mulheres e crianças, trocando as roupas por inhame ao longo do caminho, com muitos adultos e a maioria das crianças terminando completamente nus.[25] Em todo o país, pessoas morriam à beira das estradas.

* * *

Qual era o efeito do êxodo nas aldeias? Em muitos casos, aldeões e até quadros locais apoiavam a migração em massa, pois esperavam que, empregados nas cidades, os migrantes remetessem dinheiro que permitiria à aldeia sobreviver. Mas as incontáveis histórias da vida nas cidades, onde o emprego era fácil, o pagamento generoso e a comida ilimitada, devem ter contribuído para o sentimento geral de desmoralização. A revolução, afinal, fora feita por camponeses, mas se tornou demasiadamente óbvio que a vida no campo era inferior à da cidade. A imposição de um cordão para proteger as cidades das aldeias só pode ter piorado o sentimento penetrante de desvalorização; de fato, o campo estava de quarentena, como se fosse povoado por leprosos. Como os melhores trabalhadores eram caçados por recrutadores da cidade, as aldeias, às vezes, se dividiam, pois agricultores enciumados voltavam-se contra famílias que tinham migrantes na cidade e espancavam seus membros ou privava-os de comida.[26] E, mesmo que algumas comunidades possam ter saudado a migração, logo se viram incapacitadas pela escassez de mão de obra: aqueles que partiam eram homens jovens, em sua grande maioria saudáveis e empreendedores. A fuga organizada, por outro lado, tinha efeito dominó que podia privar algumas aldeias de todos os adultos capacitados para o trabalho. No condado de Huai'an, estrategicamente alcançado pela ferrovia Pequim–Baotou, uma aldeia tinha cerca de cinquenta trabalhadores, mas apenas sete permaneciam na primavera de 1959; até o chefe da aldeia e o secretário do partido se tornaram errantes em busca de trabalho na cidade.[27] De onde as pessoas partiam por causa da fome, nada sobrevivia, senão aldeias fantasmas; apenas os que estavam fracos demais para caminhar ficavam para trás.

Com os empregos implorando para serem preenchidos durante a corrida inicial do Grande Salto Adiante, funcionários de aldeias foram atrás dos migrantes, na tentativa de persuadi-los a voltar para casa na época da safra. Um grande número de pessoas cruzava a fronteira de Hunan para Hubei, segundo um padrão anterior de migração, estabelecido durante períodos de severa escassez em 1957.[28] Uma equipe de quadros foi enviada para encontrar os aldeões, mas enfrentou uma saraivada de agressões verbais: os migrantes recusaram-se a voltar para a aldeia, onde a comida era racionada. Os quadros, então, se voltaram contra as autoridades locais, acusando-as de caçar seu povo para ajudar a construir um reservatório. Eles, em lugar dos migrantes, foram atirados na prisão; depois de liberados, foram forçados a fazer uma humilhante retirada de volta para Hunan.[29] Abordagem mais sutil foi tentada em outro lugar, por exemplo em Hengshui, Hebei, onde a metade de todos os 50 mil migrantes da comuna de Qingliangdian foi estimulada a voltar para casa em 1960. Seus parentes receberam ordem de escrever cartas para implorar-lhes que voltassem para casa. Às vezes, as cartas eram entregues em mãos por quadros ansiosos para assegurar que chegassem a seus destinos.[30]

Na maior parte do tempo, no entanto, a força bruta era usada para impedir aldeões de partir. Como veremos em maior detalhe em um capítulo subsequente, quadros locais espancavam, esfomeavam e torturavam aqueles que tentavam escapar, ou exigiam que a punição partisse dos próprios membros da família. Em todo o campo, localizadas em entroncamentos estratégicos, "estações de dissuasão" (*quanzuzhan*) ou "estações de custódia e deportação" (*shourong qiansong zhan*) eram montadas pela milícia, encarregada de prender pessoas que fugiam e escoltá-las de volta para a aldeia. Essas estações podiam deter pessoas arbitrariamente, sem supervisão judicial ou acusação legal, mesmo que elas tivessem autorização de residência temporária. Tais estações sobrevivem até hoje e seu objetivo específico são mendigos e trabalhadores migrantes. Mais de seiscentas funcionavam no país no auge da fome. Somente oito cidades — de Guangzhou a Harbin — detiveram mais de 50 mil pessoas nessas estações, na primavera de 1961.[31] Em Sichuan, em 1960, cerca de 380 mil pessoas foram detidas e mandadas de volta.[32]

Isolados de uma rede social que poderia prover alguma proteção, vagando pela estrada com as coisas mais essenciais, os fugitivos eram presas ideais. Como informou o Ministério do Interior em maio de 1960, em Shandong as estações não apenas confiscavam cupons, rações e passagens de trem, como também amarravam errantes e migrantes e os espancavam até ficarem cheios de manchas roxas. As mulheres eram estupradas.[33] Em Tianshui, Gansu, um em cada oito guardas disse que violentara uma mulher, enquanto todos espancavam rotineiramente migrantes sob sua custódia. Uma "escola" especial foi montada para reformar fugitivos: eles eram insultados, escarrados, amarrados e forçados a se ajoelhar ou ficar de pé por horas a fio. Suas poucas posses eram roubadas, de facas pequenas, ovos, macarrão, vinho e corda a meias e calças. As mulheres eram ameaçadas, espancadas ou esfomeadas para conceder favores sexuais. Muitas tinham que cozinhar, lavar roupa, banheiros e os pés dos guardas. O fracasso em preparar corretamente o macarrão do guarda Li Guocang levou três prisioneiras a serem mandadas a uma "escola" onde foram espancadas durante o dia inteiro.[34]

Por brutal que fosse o tratamento aos refugiados, estes raramente desistiam e, com frequência, conseguiam se espremer pelas brechas do sistema. Quando um grupo de 75 aldeões foi mandado de volta de Xangai para Wuhu, sessenta conseguiram escapar.[35] Um mês depois, 150 em 250 refugiados escoltados de volta de Tianjin para o norte de Shenyang conseguiram fugir. Muitos eram o que oficiais do partido chamavam de refugiados "habituais" (*guanliu*), escapando da aldeia repetidamente.[36] A vida na estrada podia ser ruim, mas era melhor que esperar a morte na aldeia.

* * *

A maré mudou em 1961: cercada pela fome, sitiada por migrantes e enfrentando uma população crescente que não podia mais ser alimentada, a liderança em Pequim decidiu mandar de volta para o campo 20 milhões de pessoas que estavam nas cidades. A ordem veio em 18 de junho de 1961 e a meta era reduzir aquele número em 10 milhões antes do fim do ano, o que levaria a uma poupança de 2 milhões de toneladas de grãos. O resto se seguiria em 1962, e os nômades estariam totalmente varridos em 1963.[37]

ÊXODO

As autoridades foram rápidas. Em Yunnan, onde as cidades haviam inchado de 1,8 milhão de habitantes em 1957 para 2,5 milhões em 1961, cerca de 300 mil pessoas, muitas delas desempregadas, foram selecionadas para preencher a cota.[38] Os mandados de volta incluíram 30 mil prisioneiros de Kunming, realocados para campos de trabalho na área rural.[39] Nas cidades de Guangdong, perto de 3 milhões de pessoas estavam desempregadas: cerca de 600 mil foram mandadas para o campo no fim de 1961.[40] Em Anhui, onde 1,6 milhão tinha se somado à população urbana de 3,1 milhões após 1957, aproximadamente 600 mil pessoas foram removidas.[41] No fim do ano, o planejador do Estado, Li Fuchun, anunciou que 12,3 milhões de pessoas tinham sido removidas e mais 7,8 milhões estavam na mira para 1962.[42] No fim, o Estado provou ser mais resiliente que os aldeões e empregou sem misericórdia novos métodos de coerção para manter a população urbana em um histórico nível baixo durante os anos seguintes.

* * *

Os afortunados conseguiam cruzar a fronteira, mas isso tinha um preço. Em Yunnan, onde as minorias que viviam perto do Vietnã, do Laos e da Birmânia votaram com os pés assim que o Grande Salto Adiante começou, a punição era brutal. Em 1958, cerca de 115 mil pessoas deixaram o país de aldeias adjacentes à fronteira em protesto contra a falta de livre comércio, as restrições à liberdade de ir e vir, a coletivização forçada e o trabalho duro em sistemas de irrigação. Espancavam-se os que eram pegos em fuga. Uma mulher jovem com uma criança foi golpeada com baionetas até a morte em Jinghong; outros foram trancados em uma casa depois dinamitada. Até os que voluntariamente retornavam para suas aldeias eram torturados e executados, os corpos abandonados à margem da estrada. O fedor dos cadáveres em putrefação era penetrante.[43] É difícil obter números, mas, segundo o Ministério do Exterior britânico, cerca de 20 mil refugiados chegaram a muitos povoados da Birmânia em 1958, sendo a maioria mandada de volta pela fronteira com a China.[44] Uma vez que muitos entre os povos de minorias étnicas tinham parentes dos dois lados da fronteira, provavelmente o total de migrantes deve ter sido bem

304 A GRANDE FOME DE MAO

maior. Nas províncias do sul, as pessoas que viviam na fronteira fugiram para o Vietnã. Muitas eram contrabandistas, mas, quando a fome se tornou demasiado intensa, usaram seu conhecimento do terreno para cruzar a fronteira e nunca mais voltar.[45]

O êxodo teve lugar ao longo de todas as extensas fronteiras da China, em particular durante uma calmaria na pressão policial em 1962. O que começou como um filete de refugiados de Xinjiang tornou-se torrente e, em maio, cerca de 64 mil pessoas tinham cruzado a fronteira, frequentemente em grandes grupos, enquanto famílias com crianças e magras posses irrompiam na União Soviética.[46] Metade da população de Chuguchak (Tacheng), de quadros a crianças pequenas, caminhou ao longo da antiga rota da seda em direção à fronteira, deixando para atrás uma terra devastada.[47] Milhares cruzavam a fronteira todos os dias nos postos de controle de Bakhta e Khorgos, na fronteira do Cazaquistão com a China, sobrepujando as patrulhas da fronteira. Muitos estavam fracos e doentes e se voltaram para as autoridades soviéticas em busca de socorro.[48] Milhões de rublos foram disponibilizados para prover os refugiados de emprego e habitação temporária.[49] Em Kulja (Yining), o caos se seguiu depois que o consulado soviético foi invadido por uma multidão armada, ansiosa para levar embora todos os arquivos relativos à nacionalidade de povos de minorias, pois apenas os registrados como soviéticos podiam cruzar a fronteira. Os celeiros foram roubados e tiros disparados pela milícia.[50] De acordo com fontes soviéticas, rumores de que as autoridades locais na verdade vendiam passagens de ônibus para a fronteira causaram confusão. Enquanto se aglomeravam em torno dos escritórios do partido para exigir transporte, as multidões eram alvejadas, e alguns, mortos.[51]

Disputa similar para fugir aconteceu na fronteira em Hong Kong, em maio de 1962. Durante todo o período de fome, as pessoas conseguiram passar para a colônia britânica: em 1959, a imigração ilegal foi estimada em cerca de 30 mil.[52] Isso acontecia além da imigração legal, com o continente expedindo 1.500 vistos por mês para os que não eram mais necessários em casa.[53] Mas, em maio de 1962, quando o continente relaxou temporariamente os controles da fronteira, o fluxo regular se tornou uma inundação, chegando a um pico de 5 mil por dia. Da noite para o

ÊXODO

305

dia, Hong Kong se tornou a Berlim livre do oriente. O grande êxodo foi bem planejado e os que se iam eram em sua maioria jovens residentes urbanos recentemente enviados para o campo após o fechamento de fábricas: confrontados com severa escassez de comida e abandonados pelo sistema, alguns decidiram fugir. Muitos tinham dinheiro, biscoitos, comida enlatada e um mapa. Especuladores em Guangzhou até vendiam bússolas improvisadas chamadas Indicadores do Paraíso.[54] Passagens para a área da fronteira estavam em liquidação na estação ferroviária, embora choques ocorressem entre multidões e a polícia no início de junho durante um motim desbaratado pelas tropas.[55] Os sortudos que conseguiam uma passagem tomavam um trem, mas muitos faziam viagens árduas a pé ao longo da costa ou escalavam montanhas durante vários dias. Quando uma multidão grande o suficiente para dominar os guardas se juntava na fronteira, os refugiados corriam até ela, atravessavam a nado o rio que separava o continente de Hong Kong, embarafustavam-se pelos rolos de arame farpado e abriam caminho sob as placas de aço perfurado na cerca da fronteira. Acidentes aconteciam. Alguns refugiados se enganavam e mergulhavam em um reservatório que havia perto da fronteira pensando que era o rio e tentavam atravessá-lo a nado à noite: cerca de duzentos corpos foram encontrados mais tarde flutuando ou chocando-se contra as paredes de contenção do reservatório.[56] Outros eram contrabandeados em balsas por uma taxa, alguns sendo deixados em ilhas em frente à costa, os mais azarados afundavam em mares agitados e afogavam-se.[57]

Uma vez que chegavam a Hong Kong, os refugiados tinham que escapar das patrulhas de fronteira britânicas. A maioria era imediatamente presa, mas alguns fugiam para as montanhas, pobres, em andrajos, descalços, e vários com tornozelos quebrados. À diferença do que aconteceu em Berlim, eles não eram bem-vindos, pois a colônia britânica temia ser inundada pelos continentais. Ninguém mais se ofereceu para recebê-los, com Estados Unidos e Canadá limitando rigidamente as cotas. Até Taiwan aceitava muito poucos para reassentamento.[58] A agência de refugiados das Nações Unidas, por outro lado, não reconhecia a República Popular: "refugiados da China" não podiam existir em termos políticos e, portanto, não podiam ser ajudados dentro do sistema de Direitos Civis da ONU.[59] Como disse o secretário colonial Claude Burgess, o problema dos refugiados era tal que "na prática, nenhum país do mundo está desejoso de compartilhar conosco".[60] Somente os que recebiam o aval de parentes em Hong Kong tinham permissão para ficar, e a vasta maioria era finalmente recambiada para o continente. Os refugiados contavam com a simpatia da população de Hong Kong, que fornecia comida e abrigo, ou impedia a passagem dos veículos que os levavam de volta para o posto da fronteira em Lo Wu. Em junho, a China fechou novamente a fronteira e o fluxo cessou tão subitamente como havia começado.

PARTE CINCO

Os Vulneráveis

28

Crianças

No verão de 1958 havia creches e jardins de infância comunitários em todas as partes, o que permitia que as mulheres saíssem de casa para se juntar ao Grande Salto Adiante. Os problemas apareciam logo, quando as crianças ficavam separadas de seus pais durante todo o dia e, em alguns casos, por semanas a fio. No campo, mulheres aposentadas e moças solteiras recebiam cursos apressados de cuidado infantil, mas eram rapidamente sobrepujadas pelo número de bebês que os pais requeriam entregar aos cuidados do Estado. E, como a escassez de mão de obra se tornou aguda na corrida pela industrialização, até as "cuidadoras" foram trabalhar nos campos e nas fábricas, sendo as crianças largadas sem o menor cuidado. Os prédios das creches eram com frequência decrépitos, em alguns casos sem instalação alguma, improvisados em cabanas de barro ou galpões abandonados, e as crianças cresciam soltas.[1] Fora da capital, no condado de Daxing, apenas uma dúzia em 475 jardins de infância que recebiam crianças tinha equipamento rudimentar, e muitas vezes elas simplesmente dormiam no chão. Os telhados de vários prédios tinham goteiras, a alguns faltavam completamente portas e as janelas não tinham vidraças. Como as babás recebiam apenas treinamento elementar, acidentes aconteciam com frequência, com crianças que esbarravam em chaleiras ferventes e sofriam queimaduras. A negligência era tal que, em uma instalação, muitas crianças de 3 e 4 anos eram incapazes de andar. Nos subúrbios amontoados em torno de Pequim, um terço de todos os jardins de infância foi descrito pela Federação de Mulheres como "negligente".[2] Até na capital, o cuidado infantil era elementar ao extremo. Nas creches, todas as crianças choravam, relatou um informe: as crianças separadas de suas famílias caíam no choro primeiro, rapidamente seguidas pelas inexperientes babás que se sentiam profundamente pressionadas e, finalmente, mães relutantes em entregar os bebês ao Estado também começavam a chorar.[3]

A falta de pessoal qualificado levava ao uso do castigo físico para manter a aparência de ordem em jardins de infância lotados. Isso era comum até nas cidades. Um dos piores casos foi o de uma supervisora que usava um ferro em brasa para disciplinar crianças recalcitrantes, e queimou uma criança de 3 anos no braço.[4] Padrões deficientes de cuidado e instalações mal providas do necessário se associavam para gerar doenças. Talheres eram compartilhados e as crianças doentes não eram isoladas, o que permitia que os germes se instalassem no jardim de infância. Até no oásis relativo de Xangai, os bebês estavam sujeitos a passar o dia inteiro com fezes nas fraldas.[5] Os índices de infecção eram altos em Pequim. Na Fábrica de Algodão Número Dois, 90% das crianças estavam doentes, comumente com sarampo e varíola. Sarna e vermes também se propagavam amplamente. Os índices de mortalidade eram altos.[6] Nos subúrbios, as moscas abundavam e os jardins de infância fediam a urina. Envenenamento por comida era ocorrência comum e matava muitas crianças. A diarreia infectava quatro em cinco delas; algumas também sofriam de raquitismo.[7] Com o avanço da fome, o edema se espalhou à medida que os corpos começaram a inchar com líquido. Em Nanquim, duas em cada três crianças inspecionadas em um jardim de infância sofriam de retenção de líquido; muitas também tinham tracoma (doença infecciosa no olho) e hepatite.[8]

O abuso era numeroso. Roubava-se, normalmente, a comida dos jardins de infância. Insensíveis pilhavam as rações destinadas a crianças indefesas. Isso aconteceu em três quartos de todos os jardins de infância em Guangzhou, por causa do roubo escancarado ou sutil, mediante artifícios de contabilidade.[9] Em um caso em Nanquim, toda a carne separada para as crianças foi levada para casa pelo diretor Li Darao, que também

CRIANÇAS

311

se apropriou de toda a ração de sabão. Em outros lugares da cidade, toda a carne e o açúcar eram equitativamente divididos entre os funcionários.[10] No campo, o abuso era mais frequente, mas menos documentado. Em novembro de 1960, uma ou duas crianças morriam todos os dias no condado de Qichun, Hubei: os trabalhadores responsáveis pelas instalações comiam a maior parte da comida.[11] No fim, o Estado se retirou em meio ao caos, os jardins de infância foram simplesmente fechados e a tarefa de cuidar das crianças foi deixada para os aldeões. Um exemplo: o número de instituições que cuidavam de crianças em Guangdong declinou de 35 mil para 5.400 só em 1961.[12]

* * *

As crianças com idade suficiente para ir à escola eram postas a trabalhar. Um programa de estudo–trabalho, lançado pelo governo central no outono de 1957, exigiu que todos os estudantes participassem do trabalho produtivo, que, na prática, podia chegar à metade de todo o tempo gasto na escola. Isso foi antes de o Grande Salto Adiante sequer começar.[13] Quando o país estava mobilizado na campanha do aço, no outono de 1958, as crianças não apenas recolhiam sucata e tijolos velhos como, de fato, operavam as fornalhas, tarefa tão cansativa que algumas delas desmaiavam após longos turnos expostas ao calor. Centenas de escolas primárias em Wuhan abriram várias fábricas cada uma, em uma explosão de industrialização. Nas escolas, os alunos eram mantidos nas instalações durante todo o dia, dormindo em condições primitivas, às vezes três em uma só cama em prédios com goteiras. Suspendia-se o ensino durante semanas a fio, sendo o trabalho coletivo considerado o centro do desenvolvimento individual. Pais ansiosos não tinham alternativa a não ser esgueirar-se para dentro das escolas à noite para averiguar o bem-estar dos filhos.[14] Depois, a resistência passiva tomou corpo e, no início de 1959, alguns estudantes só assistiam às aulas de educação formal e optavam por omitir a experiência de trabalho; alguns abandonaram completamente a escola.[15] Em Nanquim, muitos gazeteiros simplesmente ficavam em casa, mas um quarto deles achou trabalho nas fábricas. Vários alunos trabalhavam para a polícia.[16]

Os escolares tinham que participar do trabalho produtivo, mas, com frequência, trabalhavam sem as medidas adequadas de segurança. Os acidentes eram comuns e centenas morreram ao longo do Grande Salto Adiante. Enquanto cavavam um canal em Gansu, sete estudantes morreram quando uma borda desabou. Em Shandong, oito alunos encontraram o fim, atingidos por um muro que caiu quando trabalhavam em um forno abandonado.[17]

No campo, a maioria das crianças não tinha o luxo de ir à escola. Esperava-se que trabalhassem no campo, carregassem esterco, cuidassem do gado ou pegassem lenha para a cantina. Grande parte disso seguia a prática tradicional, pois, nas famílias pobres, sempre se esperou que as crianças ajudassem. Mas, em seu despertar, a coletivização trouxe um regime muito mais árduo, em que o trabalho era propriedade do coletivo em lugar de ser do indivíduo ou da família. As crianças não eram mais chamadas para trabalhar por seus pais e recebiam ordens o tempo todo de quadros locais. Muitos tratavam as crianças como se fossem adultos. Tang Suoqun, uma garota de 13 anos de idade, foi mandada carregar um volume de 41 quilos de grama cortada. Não muito longe, um menino de 14 anos transportava esterco que pesava 50 quilos.[18]

Por todo o país, uma lógica inflexível governava as relações entre os governantes e os governados. Como não havia comida suficiente para distribuir, os trabalhadores mais capazes recebiam tratamento preferencial, enquanto os considerados ociosos — crianças, doentes e idosos — eram explorados. Os arquivos do partido fornecem longas e dolorosas listas de exemplos. Ailong, um menino de 13 anos que cuidava dos patos em Guangdong, foi pego cavando raízes para comer. Foi forçado a ficar sentado com a cabeça entre os joelhos, coberto de excremento, e enfiaram-se lascas de bambu debaixo das unhas dele. A surra que recebeu foi tão violenta que o garoto ficou aleijado para o resto da vida.[19] No condado Luoding, em Guangdong, o oficial local Qu Bendi espancou até a morte uma criança de 8 anos que roubara um punhado de arroz.[20] Em Hunan, Tang Yunqing, de 12 anos, foi afogado em um lago por ter furtado comida da cantina.[21] Às vezes, os pais eram forçados a infligir a punição. Quando um menino furtou um punhado de grãos na mesma aldeia em Hunan onde Tang Yun-

CRIANÇAS

qing foi afogado, o chefe local, Xiong Changming, forçou o pai do menino a enterrá-lo vivo. O pai morreu de pesar poucos dias depois.[22]

Represálias também eram praticadas contra crianças como forma de punição coletiva. Guo Huansheng, que sustentava os três filhos, teve recusada uma licença do trabalho para levar o filho de 5 anos ao hospital. Ela era uma mulher teimosa e foi até Guangzhou sem permissão, mas, assim mesmo, seu filho, doente, morreu no hospital. Quando voltou para casa, após uma ausência de dez dias, descobriu que seus dois outros filhos tinham sido ignorados por toda a aldeia. Cobertos de excrementos, vermes rastejavam em seus ânus e axilas. Ambos morreram logo. Então, o oficial local He Liming começou a aparecer em sua casa, para bater com força na porta e denunciá-la como fujona. A mulher ficou louca.[23] Na aldeia de Liaojia, perto de Changsha, um pai fugiu para a cidade, deixando para trás dois filhos. Os quadros locais trancaram-nos em casa e eles morreram de fome poucos dias depois.[24]

Crianças recalcitrantes também eram trancafiadas. Na Guangdong subtropical, crianças podiam ser colocadas dentro de uma gaiola de porco simplesmente por falar durante uma reunião.[25] A polícia ajudava e colocava crianças de 7 a 10 anos atrás das grades por roubar pequenas quantidades de comida, no condado de Shuicheng, Guizhou. Uma criança de 11 anos ficou presa por oito meses por ter roubado 1 quilo de milho.[26] Instalações correcionais maiores foram estabelecidas em nível de condado, destinadas especificamente a crianças consideradas incorrigíveis. No condado de Fengxian, sob a jurisdição de Xangai, cerca de duzentas crianças de 6 a 10 anos acabaram em um campo de reeducação sob o controle do Departamento de Segurança Pública: o castigo físico incluía ser chutado, ficar de pé, ajoelhado e a inserção de agulhas nas palmas; algumas eram algemadas.[27]

A pressão também vinha de dentro da família. Quando os pais estavam ocupados demais trabalhando nos campos ou doentes e confinados a suas camas, os filhos eram encarregados de buscar a ração alocada na cantina, que podia ficar a muitos quilômetros de distância. As crianças — às vezes de apenas 4 anos — tinham que enfrentar os empurrões dos adultos na cantina e depois levar a comida de volta para a família. A tensão era imensa e muitos dos entrevistados lembram-se hoje, vividamente, de como falharam com a família em uma ou outra ocasião. Ding Qiao'er era uma menina pequena de 8 anos quando teve que cuidar de toda a família. Seu pai adoeceu e a mãe tinha pedras nos rins e pés atados, segundo a tradição anciã de amarrar os pés de meninas para que não crescessem, o que significava que ela não podia trabalhar para a comuna e ganhar seu sustento. Todos os dias a menina tinha que ficar na fila da cantina por até uma hora, e durante todo esse tempo era empurrada e ameaçada por adultos famintos. A família inteira de seis pessoas dependia de uma tigela de mingau aguado que ela recebia. Um dia, depois de uma chuva pesada, a garota esquelética escorregou quando voltava para casa e derramou todo o conteúdo da tigela. "Eu chorei, mas depois me lembrei de que meus pais e toda a família ainda esperavam que eu levasse a comida para eles. Então, parei de chorar e raspei a comida do chão. Estava cheia de areia." Sua família ficou com raiva e a censurou por ter estragado a ração de que todos dependiam. "Mas, no fim, todos comeram devagar a comida, porque estava cheia de areia. Se não comessem, ficariam tão famintos que poderiam enlouquecer."[28]

Crianças brigavam umas com as outras por comida. Embora fosse Ding Qiao'er quem levasse para casa a ração da família, às vezes seus pais davam mais comida aos irmãos e menos a ela e sua irmã mais jovem. Elas protestavam, choravam e, às vezes, brigavam uma com a outra por causa das rações. Liu Shu, que cresceu no condado de Renshou, Sichuan, também se lembra de como seu irmão mais jovem enchia sua tigela primeiro e não deixava quase nada para os outros. "A cada refeição, ele gritava. Toda refeição era assim. Como gritava, apanhava frequentemente."[29] Li Erjie, mãe de três, recorda que seus dois filhos brigavam por comida todos os dias. "Eles lutavam ferozmente. Minha filha menor recebia a menor porção, embora sempre chorasse por mais. Ela chorava alto para conseguir o que queria. Meus outros filhos a maldiziam e ainda se lembram disso até hoje."[30]

A violência contra as crianças dentro da família podia ir muito mais longe, uma vez que os membros da família se tornavam concorrentes diante da pouca comida.[31] É difícil aparecer informação sobre isso, mas os relatórios policiais às vezes se aproximam da complexa dinâmica familiar em tempos de fome. Em Nanquim, cerca de dois casos de assassinato dentro da família eram relatados todos os meses em meio à fome. A maior parte

CRIANÇAS

da violência era cometida por homens contra mulheres e crianças, embora uma em cada cinco vítimas fosse idosa. Na maioria dos casos, a razão por trás do assassinato era que as vítimas se tornaram um fardo. Em Liuhe, uma garota paralítica foi jogada em um lago pelos pais. Em Jiangpsu, uma criança de 8 anos, muda e provavelmente retardada, roubava repetidamente tanto dos pais quanto dos vizinhos, pondo a família em risco: foi estrangulada durante a noite. Alguns casos mostram a esfomeação deliberada de um membro mais fraco da família. Wang Jiuchang, por exemplo, repetidamente comia a ração designada para sua filha de 8 anos. E também lhe tomou a jaqueta e as calças de algodão no meio do inverno. No fim, ela morreu de fome e frio.[32]

No campo, seguindo tradição estabelecida contra a qual o partido comunista pouco podia fazer, crianças eram vendidas ou dadas quando não podiam mais ser sustentadas pelas próprias famílias. No condado de Neiqiu, Hebei, Chen Zhenyuan estava estressado ao limite com a família de seis pessoas e deu seu filho de 4 anos a outro aldeão. O de 7 anos foi entregue a um tio no condado vizinho.[33] Em Chengdu, Li Erjie deu um dos três filhos à irmã. Mas outros membros da família não gostavam da criança, e a sogra era uma mulher feroz que favorecia abertamente o próprio neto: "Não temos comida para nós mesmos, por que temos que manter outra cadelinha?", queixava-se. E pegava toda a comida destinada à criança adotada. A menina, com apenas 4 anos de idade, também era mandada todos os dias para buscar verduras da cantina e tinha que lidar com adultos que se empurravam e se apertavam na fila. Desmaiava de fome com frequência. Maltratada pela família adotiva, foi encontrada meses depois coberta de piolhos e levada de volta pela mãe.[34]

Poucas famílias queriam assumir um encargo extra no país faminto, o que fazia com que algumas pessoas abandonassem as crianças. As sortudas eram deixadas para trás em uma cidade, onde haveria mais chance de serem acolhidas; algumas famílias faziam um grande esforço para transpor o cordão de cercas que isolava o campo. Em Nanquim, mais de 2 mil crianças foram abandonadas em 1959, quatro vezes mais que em uma década inteira de domínio comunista até o Grande Salto Adiante: seis em cada dez eram meninas e cerca de um terço com a idade de 3 anos ou mais; a maioria era doente, algumas cegas ou com alguma deficiência. A julgar pelo sotaque daquelas capazes de falar, muitas vinham da província de Anhui, outras de aldeias vizinhas a Nanquim. Famílias eram entrevistadas por trabalhadores da comunidade. A justificativa mais comum era a própria lógica da coletivização, pois alguns aldeões deturpavam a propaganda oficial com o argumento de que "as crianças pertencem ao Estado". As imagens utópicas de abundância além da aldeia, de riqueza e felicidade escondidas atrás dos muros da cidade, também eram importantes. Uma noção comum da gente do campo era que uma criança "podia entrar em uma cidade e ter uma vida feliz", pois seria criada na prosperidade.

Histórias mais trágicas espreitavam por trás de tais racionalizações: por exemplo, o caso de um menino de 13 anos chamado Shi Liuhong. Ele foi levado por uma trilha nas montanhas de sua cidade natal em Hujiang. Cansado e faminto, adormeceu à beira da estrada e descobriu ao acordar que sua mãe partira. Este era um dos meios mais comuns de "perder" uma criança. O verbo "perder" (*diu*) era empregado frequentemente como eufemismo para abandono. Como relatou uma menina de 13 anos, seu pai morrera três anos antes e não havia comida na aldeia. Sua mãe "perdera" seu irmão cego, de 14 anos; depois, o irmão mais novo e sua irmã tinham sido "perdidos" nas montanhas, antes de ela também ser deixada para trás.[35]

Como mostra o último exemplo, algumas crianças eram abandonadas em pares, talvez porque os pais esperassem que elas pudessem ficar juntas. Nas ruas de Nanquim, um menino de 6 anos foi encontrado chorando por sua mãe e segurando dois irmãos menores. Mas outras razões também contavam para o abandono dos filhos. Alguns eram deixados nas ruas porque mulheres do campo — desesperadas por comida e abrigo — se "recasavam" com homens da cidade que não aceitavam seus filhos.[36] Algumas crianças traziam a data de nascimento escrita em um pedaço de papel preso à roupa, outras carregavam uma nota escrita em um bolso. Em poucos casos, mães desesperadas levavam os filhos diretamente à delegacia de polícia.[37]

Não há estatísticas confiáveis sobre o número de crianças abandonadas, mas, em uma cidade como Nanquim, vários milhares foram encontrados em um só ano. Em Wuhan, a capital de Hunan, quatro ou cinco crianças

CRIANÇAS

eram recolhidas diariamente pelas autoridades durante o verão de 1959.[38] Na província como um todo, 21 mil crianças foram colocadas em orfanatos do Estado no verão de 1961, embora muitas mais nunca fossem registradas pelas autoridades.[39]

Na maioria dos casos, as crianças ficavam com os pais até o fim. Em todo o campo, em incontáveis cidades, crianças famintas com ventres dilatados e membros raquíticos, cabeças pesadas oscilando em pescoços magros eram deixadas para morrer em cabanas de aldeões, campos vazios ou à beira de estradas poeirentas. Em algumas cidades do condado de Jinghai, Hebei, crianças de 4 a 5 anos eram incapazes de andar. As que podiam usavam nada mais que uma peça de roupa amassada e arrastavam os pés descalços pela neve, no inverno.[40] Até em cidades como Shijiazhuang, metade dos bebês morria porque as mães não tinham leite.[41] Em alguns casos, as crianças eram quase as únicas a morrer. Em uma pequena cidade do condado de Qionghai, Guangdong, 47 pessoas, ou uma em cada dez, morreram no inverno de 1958-59: destas, 41 eram bebês e crianças, seis eram idosas.[42]

Apesar disso, contra todas as probabilidades, as crianças, às vezes, eram as únicas a sobreviver. Em Sichuan, foi estimado que de 0,3% a 0,5% da população rural era de órfãos — o que significava mais ou menos de 180 mil a 200 mil crianças sem pais. Muitas vagavam pelas aldeias em bandos andrajosos, sujas e despenteadas, sobrevivendo por suas habilidades — o que, na maior parte das vezes, significava roubo. Crianças sozinhas eram presas fáceis, seus poucos pertences tomados — canecas, sapatos, cobertores, roupas — por seus guardiões ou vizinhos. Descartada por conhecidos depois que roubaram dela tudo que tinha, Gao Yuhua, de 11 anos, dormia em uma cama de feno e tinha apenas uma tanga para se cobrir. Sobreviveu esmagando grãos de painço, que comia crus. Uma equipe de investigação descreveu sua aparência como a de uma "criança primitiva", da Idade da Pedra.[43] Xiang Qingping foi adotado por um fazendeiro pobre em Fuling, mas, depois que o garoto de 12 anos queixou-se aos vizinhos de que o homem o maltratava e lhe dava barro para comer, a cabeça dele foi esmurrada. Em outro lugar no condado, um órfão teve a coluna quebrada por aldeões violentos que o pegaram roubando dos campos.[44] Quando irmãos sobreviviam, não era incomum que se voltassem uns contra os outros. Entre os muitos casos registrados, Jiang Laosan, de 7 anos, foi agredido e roubado pelo irmão de 16 anos; morreu poucos meses depois de ficar órfão.[45]

Alguns órfãos mostravam extraordinária resiliência, como Zhao Xiaobai, uma mulher de voz suave e olhos tristes. Poucos anos antes do Grande Salto Adiante, sua família deixou a aldeia natal em Henan para se unir a um programa de migração que estimulava agricultores a se estabelecer na província de Gansu. Seu pai foi obrigado a quebrar gelo nas montanhas, mas morreu de fome em 1959. A mãe estava doente demais para trabalhar. Um dos quadros locais foi até a casa dela e bateu com força na porta para anunciar que os preguiçosos não receberiam comida. Outro valentão local veio à noite e importunou sua mãe para obter favores sexuais. No fim, exausta, a mãe parece ter desistido. No meio de uma noite gelada, em janeiro de 1960, levantou-se e foi ao banheiro. Sua filha, Zhao Xiaobai, de 11 anos, levantou-se e perguntou à mãe aonde ela ia. Então, adormeceu novamente, mas, duas horas depois, a mãe ainda estava no banheiro. "Eu a chamei e ela não respondeu. Apenas ficou sentada lá, com a cabeça virada para o lado, e não disse nada."

Cercada de estranhos que falavam um dialeto diferente, Zhao e a irmã de 6 anos terminaram vivendo com um tio, que também migrara para Gansu. "Ele era razoável comigo, porque eu tinha idade suficiente para sair para trabalhar. Mas não era bom para minha irmã. Você sabe, em Gansu era muito frio, -20°C. Ele pediu à minha irmã que saísse e catasse gravetos para acender o fogo naquele tempo gelado. Como era possível ela encontrar alguma madeira? Um dia, fazia frio demais e ela voltou de mãos vazias. Então, ele bateu na cabeça dela e ela sangrou muito." Para proteger a irmã dos maus-tratos do tio, Zhao levava a menina de 6 anos com ela quando ia trabalhar como um adulto, cavando canais e arando campos. Mas ali também ela não estava segura. "Uma vez, enquanto trabalhava, ouvi minha irmã chorar e vi alguém que a estava machucando. Alguém atirava bolas de areia em minha irmã e ela estava cercada de punhados de areia. Seus olhos estavam cobertos de areia, e ela só chorava e chorava." Zhao encontrou um casal que planejava voltar para Henan. Vendeu tudo o que as duas tinham e comprou duas passagens por 10 yuans. De volta a Henan, finalmente, encontraram a avó, que tomou conta das duas me-

CRIANÇAS

319

ninas. Quando perguntada como se tornou a mulher que é agora, Zhao Xiaobai respondeu sem hesitação: "Pelo sofrimento."[46]

Algumas crianças nunca encontraram alguém com vontade de tomar conta delas e eram colocadas em orfanato, onde as condições — muito previsivelmente — eram aterradoras. O castigo físico era comum. Uma dúzia de crianças morreram nas mãos de seus guardiões em uma comuna do condado de Dianjiang, Sichuan.[47] Em Hubei, os órfãos eram abrigados em prédios decrépitos, com telhados com goteiras, e largados para sobreviver no inverno sem roupas de algodão acolchoadas ou cobertores. O cuidado médico inexistia. Muitos milhares morreram de doença.[48]

* * *

Embora os bebês morressem em números desproporcionais, menos nascimentos foram registrados durante a fome. Especialistas em demografia se baseiam nos números dos censos de 1953, 1964 e 1982 para tentar reconstituir o declínio dos nascimentos durante a fome, mas números muito mais confiáveis estão disponíveis nos arquivos, pois em uma economia planificada as autoridades tinham que se manter informadas sobre a população. Na região de Qujing, Yunnan, onde a fome apareceu em 1958, os nascimentos caíram de 106 mil em 1957 para 59 mil no ano seguinte. Em Yunnan como um todo, o número de nascimentos desabou de 678 mil em 1957 para 450 mil em 1958.[49]

Outra forma de analisar o fato é encontrar estatísticas de idade compiladas depois da fome. Em Hunan, província que não estava entre as mais atingidas, uma defasagem muito clara aparece entre crianças de 3 anos de idade em 1964 que nasceram em 1961: havia cerca de 600 mil crianças a menos que entre as de 6 anos de idade, embora estas também devam ter sofrido. Por outro lado, existiam quatro vezes mais crianças de um ano de idade e quatro vezes mais crianças com menos de um ano.[50] Mas nenhuma dessas estatísticas apresenta os incontáveis casos de bebês que morriam semanas depois de nascer: quem teria qualquer incentivo para contar as mortes de recém-nascidos cujos nascimentos não tinham sido sequer registrados no meio da fome?

29

Mulheres

A coletivização, destinada em parte a libertar as mulheres dos grilhões do patriarcado, tornou as coisas piores. Embora os padrões de trabalho variassem imensamente de um extremo a outro do país, na maior parte do norte as mulheres raramente trabalhavam nos campos antes do Grande Salto Adiante. Até em regiões do sul, frequentemente só mulheres pobres juntavam-se aos homens fora de casa. Além de cuidar do trabalho doméstico, mulheres e até crianças normalmente se empenhavam em outras ocupações e faziam artesanato no tempo ocioso para aumentar a renda da família. Aldeias inteiras, às vezes, se especializavam em produzir uma variedade definida de *commodities* para mercados locais, de sombrinhas de papel, sapatos de tecido e chapéus de seda a cadeiras de ratã, cestos de vime e de cipó trançado, tudo na segurança do lar.[1] Mesmo nas aldeias mais isoladas, as mulheres por costume trabalhavam em casa: teciam, costuravam e bordavam para a família e por dinheiro.

Mulheres que nunca haviam trabalhado nos campos, mobilizadas na pressa de modernizar, tinham que se levantar todos os dias ao som de corneta e marchar em grupos para arar, semear, limpar, arrancar ervas daninhas e separar o grão da palha. Apesar do pleno emprego nas comunas, elas recebiam menos que os homens, não importava o quanto trabalhassem. O sistema de pontuação pelo trabalho inventado para as comunas desvalorizava sistematicamente a contribuição delas, pois apenas homens fortes eram capazes de alcançar o topo da escala. As mulheres se juntaram à força de trabalho coletiva, mas o Estado fez muito pouco para aliviar a carga de trabalho em casa, e as tarefas domésticas ainda precisavam ser cumpridas, desde remendar roupas até educar os filhos. Os jardins de infância, por exemplo, deviam ajudar com as babás, mas, como vimos, muitos estavam longe de ser adequados, o que significava que as mulheres com frequência tinham que fazer malabarismos para trabalhar em tempo integral e cuidar dos filhos.[2] Como a vida familiar era agredida por campanhas constantes, as exigências da mobilização pesavam muito sobre as mulheres e exauriam muitas, até mesmo antes que a fome começasse a morder. Nas aldeias drenadas de homens sãos que se juntavam ao êxodo para a cidade, as mulheres ficavam para cuidar de parentes e dependentes.

Acima de tudo, as mulheres eram vulneráveis porque, em um regime que trocava impiedosamente trabalho por comida, toda fraqueza levava à fome. No incessante impulso para conseguir taxas de produção cada vez mais altas, no forno, no campo ou no chão da fábrica, a menstruação era vista como falha. Os tabus menstruais da religião popular, que temiam o potencial de poluição das mulheres durante o período menstrual, foram deixados de lado, aparentemente da noite para o dia. Faltar ao trabalho no campo era punido, sendo a forma mais comum de retaliação a redução de pontos de trabalho por dia de ausência. Em alguns quadros, homens abusavam das posições de poder e humilhavam mulheres que requeriam licença do trabalho por doença. Xu Yingjie, secretário do partido da Comuna Popular de Chengdong, em Hunan, forçava as que pediam licença para repouso com base na menstruação a baixar as calças e passar por inspeção instantânea. Poucas mulheres queriam se submeter a essa humilhação e muitas ficavam doentes em consequência. Várias morreram sob a tensão de trabalhar enquanto sofriam severas dores menstruais ou problemas ginecológicos.[3] Mulheres grávidas também eram obrigadas a trabalhar, com frequência até o último estágio da gravidez, e comumente eram punidas. Só em um distrito de Sichuan, 24 mulheres abortaram depois de terem sido obrigadas a trabalhar nos campos. Chen Yuanming, que objetou, foi chutada entre as pernas por um oficial da chefia e ficou aleijada para o resto da vida.[4]

MULHERES

Quando quadros abusivos assumiam o poder sem oposição, as punições podiam ir muito além. Na mesma comuna de Hunan mencionada há pouco, mulheres grávidas que não apareciam para trabalhar eram obrigadas a se despir no meio do inverno e quebrar gelo.[5] Em Qingyuan, Guangdong, centenas de aldeões de uma só vez foram forçados a trabalhar no meio do inverno sem roupas acolchoadas de algodão; nenhuma exceção foi feita para mulheres grávidas ou com crianças pequenas, e as pessoas que protestavam ficavam sem comer.[6] No condado de Panyu, nos arredores de Guangzhou, um oficial agarrou pelos cabelos Du Jinhao, grávida de sete meses, e forçou-a a se abaixar até o chão por não trabalhar o bastante. Ele a manteve abaixada e gritou palavrões para ela até que ela desmaiou; seu marido gritou de medo, mas não tinha poder para intervir. Após recobrar a consciência, ela caminhou vacilante de volta para casa, parecendo tonta, depois caiu de joelhos, tombou no chão e morreu.[7] Algumas mulheres ficavam tão desesperadas que preferiam morrer: Liang Xianü, grávida, mas obrigada a trabalhar no inverno, suicidou-se saltando em um rio gelado.[8]

Exaustas e famintas, as mulheres ficaram tão fracas que pararam de menstruar completamente. Isso era comum em todos os lugares, até nas cidades, onde as mulheres recebiam cuidado médico. No distrito de Tianqiao, no sul de Pequim, metade das trabalhadoras de uma metalúrgica sofria de suspensão da menstruação, infecções vaginais ou prolapso uterino. Como o único banheiro disponível estava sempre ocupado, algumas mulheres passavam meses sem se lavar. Quando isso se combinava com horas infindáveis em um ambiente mal ventilado, até ativistas como Yuan Bianhua cuspiam sangue e, às vezes, ficavam sem forças para permanecer de pé sozinhas.[9] Outros estudos, feitos pela Federação das Mulheres, faziam observações similares. Na Fábrica de Válvulas Eletrônicas em Pequim, por exemplo, metade de todas as 6.600 mulheres tinha algum distúrbio ginecológico. Wu Yufang, de 25 anos, chegou à fábrica saudável, em 1956, mas, em 1961, sofria de dores de cabeça, menstruação irregular, insônia, irritabilidade e fraqueza. Casada há cinco anos, ainda não tinha filhos — um exame médico mostrou que ela, como muitas outras trabalhadoras, sofria de envenenamento por mercúrio.[10]

O declínio físico entre as mulheres do campo era tão extremo que muitas sofriam de prolapso uterino, o que significava que o útero, seguro dentro da pélvis por músculos e ligamentos, caíra dentro do canal vaginal. Mesmo sem sobrecarga de trabalho e falta de comida, a fraqueza pode levar o útero a cair ou escorregar para fora da posição normal. Isso acontece quando as mulheres têm parto difícil ou sofrem de falta de estrogênio. Mas o termo se refere a uma variedade de estágios diferentes, de um cérvix caído a um útero completamente fora da vagina: este último caso foi uma síndrome observada repetidas vezes por autoridades médicas. As estatísticas fornecidas — mesmo confidenciais — não refletiam a realidade e variavam de 3% a 4% das mulheres do campo nos arredores de Xangai a uma em cada cinco trabalhadoras em Hunan.[11] A incidência real deve ter sido mais alta, pois muitas mulheres podem ter sentido vergonha de informar seu estado, muitos quadros relutariam em informar distúrbios médicos associados à fome, e poucos médicos treinados existiam no campo para ter sequer uma ideia clara do que acontecia.

Um prolapso uterino era difícil de ser curado porque as causas subjacentes — falta de comida e repouso — eram difíceis de remediar em tempos de fome. Mesmo que tivessem dinheiro para pagar os honorários médicos, muitas mulheres simplesmente não tinham tempo para deixar os filhos e o trabalho e ir a um dos poucos e distantes hospitais, recorrendo, em vez disso, aos tratamentos locais. Em Hubei, curandeiras usavam uma série de receitas, algumas passadas de geração para geração, para assistir mulheres que sofriam de problemas ginecológicos. Aqueciam e moíam ingredientes até virarem pó, que depois era untado nas paredes vaginais, e misturavam ervas medicinais para curar distúrbios menstruais. Tia Wang, como era conhecida em uma aldeia do condado de Zhongxiang, ajudou centenas de mulheres e abrigou frequentemente em sua casa quatro ou cinco pacientes em tratamento, enquanto seu marido saía à cata de folhas e raízes na floresta.[12] Tais remédios tradicionais raramente eram tolerados sob a coletivização forçada e, na ausência de cuidado médico efetivo, a maior parte das mulheres simplesmente tinha que suportar sua condição e continuar a trabalhar.

* * *

MULHERES

As mulheres eram vulneráveis de outros modos. Socialmente marginalizadas em um mundo que, afinal, continuava duro e voltado para os homens, elas eram passíveis de abuso sexual. Enorme poder era dado aos quadros locais enquanto a fome corroía gradativamente o tecido moral da sociedade. Como se essa combinação não fosse suficientemente ruim, muitas famílias eram separadas ou rompidas na medida em que homens se uniam ao êxodo, se alistavam no Exército ou trabalhavam em projetos de irrigação distantes. Com as camadas de proteção social em torno da mulher gradativamente se esboroando, elas ficavam quase indefesas para confrontar o poder nu do mandão local.

O estupro se espalhou como um contágio em uma paisagem moral angustiada. Poucos exemplos irão bastar. Dois secretários do partido de uma comuna em Wengcheng, norte de Guangzhou, violentaram ou coagiram sexualmente 34 mulheres em 1960.[13] No condado de Hengshui, Hebei, três secretários do partido e um vice-secretário do condado eram conhecidos por abusar sexualmente de mulheres com frequência: um deles fazia sexo com várias dúzias.[14] Mais ao norte, um secretário da aldeia de Gujiayng violentou 27 mulheres, e uma investigação mostrou que "tomara liberdades" com quase todas as solteiras da aldeia.[15] Li Dengmin, secretário do partido de Qumo, violentou cerca de vinte mulheres, duas delas menores de idade.[16] Em Leiyang, Hunan, garotas de apenas 11 ou 12 anos eram abusadas.[17] Em Xiangtan, um oficial criou uma "equipe especial" (*zhuanyedui*) de dez garotas de que abusava a seu bel-prazer.[18]

Mesmo quando não eram violentadas, as mulheres sofriam humilhações sexuais específicas à medida que a coletivização varria os valores sexuais costumeiros de autocontrole e resguardo do corpo. A China passava por uma revolução e virava de cabeça para baixo os códigos morais de comportamento, passados de geração para geração, o que levava a perversões impensáveis antes de 1949. Em uma fábrica no condado de Wugang, Hunan, chefes locais obrigavam mulheres a trabalhar nuas. Em um único dia em novembro de 1958, mais de trezentas trabalharam despidas. As que se recusavam eram amarradas. Foi estabelecido até um sistema competitivo em que as mulheres mais rápidas em tirar a roupa recebiam uma recompensa: o prêmio mais alto consistia em dinheiro, 50 yuans, mais ou menos o equivalente a um mês de salário. Se algumas mulheres podiam abraçar a oportunidade de impulsionar a carreira, muitas, sem dúvida, resistiam, embora ninguém ousasse dizer o que pensava. Poucas, de fato, escreveram cartas de denúncia. Depois que algumas mulheres ficaram doentes — Hunan pode ser terrivelmente fria durante o inverno —, várias cartas anônimas foram enviadas a Mao Tsé-tung. Se ele realmente lia essas cartas, não sabemos, mas alguém, em alto posto em Pequim, telefonou para o comitê provincial em Changsha e exigiu um inquérito. Veio à luz, no curso de uma investigação, que os líderes da fábrica aparentemente "estimulavam" as mulheres a tirar as roupas em "espírito de emulação" que tinha por objetivo "quebrar tabus feudais".[19] Aparentemente, qualquer coisa poderia ser justificada em nome da emancipação.

Igualmente brutais e humilhantes eram as paradas desnudas, que aconteciam em todo o país: mulheres, ocasionalmente homens, deviam andar pela aldeia completamente nus. No condado de Suichang, Zhejiang, homens e mulheres acusados de roubo eram desnudados e desfilavam. Zhou Moying, uma avó de 60 anos de idade, foi forçada a se despir e liderar a procissão enquanto batia em um gongo — apesar de aldeões implorarem que ela fosse perdoada.[20] Algumas mulheres que sofriam abuso ficavam envergonhadas demais para voltar para casa. Zhu Renjiao, que foi obriga-da a se despir e desfilar por um pequeno roubo, "sentiu-se envergonhada demais para encarar as pessoas" e pediu para ser transferida para outra aldeia. Matou-se quando seu pedido foi negado.[21] Em outra pequena aldeia em Guangdong, a milícia despiu duas jovens, amarrou-as a uma árvore e usou uma lanterna para explorar as partes íntimas de uma das garotas e desenhar uma grande tartaruga — símbolo do órgão sexual masculino — no corpo da outra mulher. Ambas se mataram.[22]

O comércio do sexo é parte de uma tendência social que se pode distinguir bem em qualquer fome, embora mencionado com menos frequência nos arquivos ou em entrevistas. As mulheres concediam favores por quase nada, de um naco de comida e trabalho melhor a uma relação regular, mas ilícita, com um homem que oferecesse algu-ma sensação de segurança. A maior parte dessas transações acontecia

MULHERES

sem ser detectada, mas havia também um submundo de prostituição que as autoridades tentavam monitorar. Uma instalação correcional em Chengdu abrigava mais de cem prostitutas e crianças delinquentes do sexo feminino. Mais de uma dúzia eram trabalhadoras sexuais que tinham sido "reeducadas" depois da vitória comunista em 1949, mas se recusaram a se reformar. Wang Qingzhi, que tinha o apelido de "Mãe velha", introduziu outras mulheres no comércio. Algumas trabalhadoras sexuais novas formavam bandos com ladrões homens e vagavam pelo país, viajando para Xi'an, Pequim e Tianjin a fim de ganhar a vida. Poucas trabalhavam independentemente, uma ou duas até entregavam dinheiro regularmente aos pais — que fingiam não saber a fonte da renda.[23]

Mulheres da aldeia também se ofereciam em troca de comida depois de fugir para a cidade, como já vimos. A extensão lógica desse comércio do sexo era a bigamia, pois as garotas do campo mentiam acerca da idade ou do estado civil para conseguir marido na cidade. Algumas tinham apenas 15 ou 16 anos, bem abaixo da idade legal para se casar. Outras já eram casadas, mas cometiam bigamia para sobreviver. Poucas estavam preparadas para abandonar os filhos do casamento anterior e nem todas deserdavam a família: algumas voltavam para casa poucos dias depois de o casamento realizar-se.[24]

O comércio do sexo mal disfarçado por um pretenso casamento era ainda mais comum no campo. Em uma aldeia de Hubei atentamente estudada, o número de casamentos aumentou sete vezes em 1960, o pior ano da fome. Mulheres chegavam em grandes números à aldeia, vindas de áreas atingidas, e se casavam por bens, roupas ou comida para os parentes. Algumas tinham apenas 16 anos, outras partiam logo após o casamento. Poucas apresentavam outros membros da família ao noivo, o que resultou em meia dúzia de casos de bigamia.[25]

E havia ainda o tráfico de mulheres. Provenientes da Mongólia Interior, por exemplo, grupos se espalhavam por todo o país e levavam de volta todo mês centenas delas. A maior parte das mulheres vinha da faminta Gansu, poucas de Shandong. Algumas eram meramente crianças, outras viúvas, embora mulheres casadas também fossem traficadas. As vítimas eram de todas as categorias sociais, inclusive estudantes, professoras e até quadros. Poucas iam voluntariamente e algumas eram traficadas várias vezes. Em menos da metade de um ano, 45 mulheres foram vendidas para seis aldeias.[26]

* * *

Sempre marginalizadas, às vezes humilhadas, invariavelmente exaustas e frequentemente abandonadas pelos homens, as mulheres, no fim, eram as que tinham que tomar a decisão mais cruel, principalmente de como seria dividida a magra ração. Isso não era assim no início da fome, pois os homens em geral estavam na chefia do lar e exigiam ser alimentados primeiro. Da mesma forma que as mulheres recebiam sistematicamente menos pontos que os homens na coletivização, uma sociedade patriarcal esperava que a prioridade na alimentação fosse de todos os homens da casa. Como os homens proviam o alimento, as mulheres toleravam o costume, imperativo cultural que ditava que, mesmo em tempos normais, elas recebessem porção menor de alimento. Quando a fome dominou, as mulheres foram deliberadamente ignoradas no interesse da sobrevivência do homem, escolha que se justificava com base em que toda a família dependia, no final das contas, da habilidade deles para sair e encontrar alimento. Mas, quando os homens se foram, as mulheres tiveram que suportar a agonia de ver seus filhos passarem fome sem ter condições de ajudar. Nem todas podiam viver com o choro constante e os pedidos de comida das crianças, e isso se tornava ainda mais intolerável pelas escolhas cruas que tinham que fazer na distribuição de recursos escassos. Liu Xiliu, privada de comida por seis dias como punição por estar muito doente para trabalhar, finalmente sucumbiu às exigências da fome e devorou a ração alocada para seu bebê, que logo começou a chorar, faminto. Incapaz de sofrer o tormento, ela engoliu soda cáustica e pôs fim à vida.[27]

Não há dúvida de que o sofrimento emocional e a dor física — para não falar do rebaixamento e da humilhação que muitas tiveram que suportar — eram enormes, e muito disso era consequência direta da discriminação sexual. Mas historiadores mostram que, em outras sociedades patriarcais, as mulheres não morrem em número muito maior que os homens, por mais problemáticas que as taxas de mortalidade possam ser. Na fome em Bengala, a mortalidade dos homens até excedeu a das mulheres e levou a historiadora Michelle McAlpin a escrever que "as mulheres podem ser mais capazes que os homens para enfrentar as provações de um período de fome".[28] Como vimos em capítulos anteriores, elas se superavam em inventar estratégias diárias de sobrevivência, desde buscar alimento na floresta e preparar comidas substitutas até negociar no mercado negro. No fim, as maiores vítimas da fome eram os jovens e os idosos.

30

Idosos

A vida do campo na China sempre foi dura, e a obediência estrita às noções tradicionais de devoção filial estava simplesmente além do alcance de todos, exceto dos lares mais abastados antes de os comunistas assumirem o poder. Provérbios sugeriam o limite do respeito aos mais velhos na sociedade tradicional: "Com nove filhos e 23 netos, um homem ainda pode ter que cavar seu próprio túmulo."[1] Mesmo que as crianças fossem a pensão familiar, os mais velhos continuavam a contar, na maior parte, com seu próprio trabalho para suprir uma vida frugal. E, embora algum prestígio pudesse estar associado à idade avançada, em uma sociedade que colocava forte ênfase em adquirir poder, muitas pessoas devem ter sentido o declínio do respeito à medida que envelheciam. Como em qualquer outro lugar, os idosos temiam a solidão, o empobrecimento e o abandono, em particular os que eram mais vulneráveis — aqueles sem família. Mas, na maioria dos casos, antes de 1949, os idosos podiam contar com certa medida de cuidado e dignidade: sua mera sobrevivência despertava respeito.

Ainda assim, na época da Revolução Cultural, um conjunto de valores completamente diferentes pareceu dominar, visto que estudantes torturavam seus professores e Guardas Vermelhos atacavam idosos. Quando foi que o universo moral virou de cabeça para baixo? Embora o partido estivesse impregnado de uma cultura de violência, estimulada por décadas de guerra cruel e expurgos incessantes, o maior divisor de águas foi o Grande Salto Adiante. Como se queixaram aldeões de Macheng, as comunas do povo deixavam crianças sem suas mães, mulheres sem seus maridos e idosos sem seus parentes:[2] esses três laços familiares foram destruídos à medida que o Estado se tornou o substituto da família. Como se isso não fosse suficiente, a coletivização foi seguida da agonia da fome. Com a fome se aproximando e já afligindo a paisagem social, a coesão da família se esgarçou mais; a escassez testou todos os laços ao limite.

A perspectiva dos velhos sem filhos era particularmente sombria, tanto que muitos, tradicionalmente, tentavam entrar para monastérios ou conventos, enquanto outros estabeleciam laços fictícios de parentesco com crianças adotadas. Esses costumes antigos foram varridos com a coletivização. No verão de 1958, asilos para idosos sem filhos apareceram nas aldeias da China rural; no auge do Grande Salto Adiante, informou-se que mais de 100 mil asilos se haviam estabelecido.[3]

O abuso era comum. Alguns idosos eram espancados, até os que tinham poucas posses eram roubados e outros eram submetidos a uma lenta dieta de fome. Em Tongzhou, perto de Pequim, a chefia do asilo sistematicamente roubava comida e roupas destinadas aos idosos e condenava os internos a um inverno sem aquecimento ou casacos acolchoados de algodão. Muitos morriam logo que a geada aparecia, embora seus corpos ficassem insepultos por uma semana.[4] Mais ao sul, no condado de Qionghai, Guangdong, toda a aldeia foi obrigada a trabalhar na ausência de homens fisicamente aptos, todos alistados em um projeto de irrigação distante. Os idosos trabalhavam como escravos dia e noite; um homem de 70 anos ficou sem dormir por dez dias. Um terço da aldeia morreu no inverno de 1958–59, sendo os mortos, em sua maioria, crianças e idosos mantidos nos asilos.[5] No condado de Chongqing, Sichuan, o diretor de um asilo fazia os residentes trabalharem nove horas por dia, seguidas de duas horas de estudo à noite. Em outro caso, os idosos eram obrigados a trabalhar durante toda a noite, de acordo com as exigências de "militarização". Os preguiçosos eram amarrados e espancados ou privados de comida. Em Hunan, também eram rotineiramente amarrados e espancados.[6] Em Chengdu, no inverno, os internos de um asilo dormiam no chão barrento: não tinham cobertores ou roupas acolchoadas

IDOSOS   333

de algodão, nem chapéus de algodão ou sapatos.[7] Em Hengyang, Hunan, os remédios, ovos e carne reservados para os idosos iam para os quadros que chefiavam o asilo. O cozinheiro explicou resumidamente: "Para que alimentar vocês? Se alimentarmos os porcos, ao menos teremos alguma carne!" Na província como um todo, quando a fome acabou, apenas 1.058 conseguiram sobreviver nos sete asilos remanescentes.[8]

Muitos asilos fechavam logo depois de aparecer, acossados pelos mesmos problemas sistêmicos de recursos e corrupção que solapavam os jardins de infância. Os idosos sem filhos que eram abandonados ao cuidado de entidades coletivas tiveram que lutar pela sobrevivência no inverno de 1958-59. Mas a vida fora do asilo não era melhor. Do mesmo modo que as crianças eram tratadas como adultos, os idosos também tinham que provar seu valor para o coletivo, uma vez que as rações eram repartidas segundo pontos por trabalho. Fome nunca foi simplesmente uma questão de recursos, mas de distribuição: confrontados com a escassez tanto de trabalho quanto de comida, os quadros locais decidiam com demasiada frequência trocar um pelo outro e criavam, com efeito, um regime em que os impossibilitados de trabalhar com sua total capacidade eram vagarosamente levados à morte pela fome. Em resumo, os idosos eram dispensáveis. Assim como as crianças, que eram rudemente castigadas até por crimes menores, os idosos também estavam sujeitos a um regime exigente de disciplina e punição, do qual a família participava com frequência. No condado de Liuyang, Hunan, um velho de 78 anos que se queixou de trabalhar nas montanhas foi detido e sua filha adotiva recebeu ordem de bater nele. Ela foi terrivelmente espancada depois que se recusou a fazer isso. Então, ordenaram-lhe que cuspisse no velho, que também tinha sido violentamente espancado: ele morreu logo depois.[9]

Dentro da família, a sorte dos idosos dependia da boa vontade dos filhos. Todo tipo de briga acontecia em tempos de fome, mas novos laços também se desenvolveram. Jiang Guihua lembrou que a mãe dela não se dava bem com sua avó cega. O avô era incapacitado. Ambos dependiam dos outros para se alimentar e também para se vestir e usar o toalete. Jiang Guihua era quem ajudava, pois sua mãe com frequência perdia a calma e tentava suprimir as rações deles. Mas ela pouco podia fazer e, depois de algum tempo, seus avós morreram por comer terra. Foram enterrados sem caixão, embrulhados em palha e baixados em uma sepultura rasa.[10]

No final, quando todos deixaram a aldeia em uma busca desesperada por comida, apenas os idosos e os deficientes físicos ficaram para trás, frequentemente incapazes de andar. Em Dangyang, Hubei, sete pessoas foram tudo o que restou de uma aldeia, antes barulhenta, cheia de vida: quatro idosos, dois cegos e um deficiente. Eles comiam as folhas das árvores.[11]

PARTE SEIS

MODOS DE MORRER

31

Acidentes

Segurança deficiente era endêmica na economia planificada, a despeito da detalhada legislação trabalhista e das regras meticulosas em todos os setores do trabalho industrial, desde a provisão de roupa protetora até padrões de iluminação. Uma rede extensiva de inspetores do trabalho — da Federação de Sindicatos, Federação das Mulheres e Liga da Juventude Comunista, assim como do Ministério da Saúde e Ministério do Trabalho — periodicamente percorria oficinas, monitorava os riscos para a saúde e examinava o padrão de vida dos trabalhadores. Esses fiscais operavam sob uma enorme pressão política e, frequentemente, fingiam não ver o abuso disseminado, mas podiam encaminhar relatórios severos. Apesar desse vasto aparato, gerentes de fábrica e líderes de equipes, independentemente de simpatias pessoais por seus trabalhadores, permaneciam obcecados com aumentos da produção.

Na prática, fanáticos e preguiçosos davam o tom. Ativistas do partido buscavam atalhos, reduziam padrões, ignoravam a segurança e abusavam da força de trabalho, assim como de qualquer peça de equipamento, em sua busca incessante para corresponder às metas mais altas de produção. No chão da fábrica e nos campos, pessoas comuns tentavam opor-se ao golpe de cada novo impulso para aumentar a produção com a força da inércia coletiva. Mas a apatia e a negligência generalizadas, embora tornassem mais suportável a pressão de cima, também tinham efeito corrosivo sobre a segurança no local de trabalho, pois as pessoas abdicavam da responsabilidade por qualquer coisa que não lhes dissesse respeito diretamente. E, como a coletivização produzia crescente escassez de comida, roupas e combustível, técnicas muito mais arriscadas de autoajuda apareceram, desde acender um fogão em uma cabana de palha ao roubo de equipamento de segurança, o que, em troca, levava a mais acidentes. A fadiga de trabalho apenas piorava as coisas, pois as pessoas caíam no sono diante do alto-forno ou na condução de um veículo.

A isso se deve acrescentar um simples, se não apavorante, cálculo: o fracasso em preencher uma meta podia custar a um gerente sua carreira, enquanto a violação da segurança do trabalho provocava um mero puxão de orelhas. A vida era barata e custava muito menos que instalar equipamento de segurança ou observar a legislação trabalhista. Afinal de contas, o que eram algumas poucas mortes na batalha por um futuro melhor? Como vimos, o ministro das Relações Exteriores, Chen Yi, ao comparar o Grande Salto Adiante a um campo de batalha, foi inflexível ao observar que uns poucos acidentes industriais não deteriam a revolução: "Não é nada!", disse, e encolheu os ombros.[1]

Tome o exemplo do fogo. Vimos como o Ministério da Segurança Pública estimou que cerca de 7 mil incêndios destruíram 100 milhões de yuans em propriedades, em 1958, o ano do Grande Salto Adiante. Uma razão para a extensão do prejuízo foi a falta de equipamento contra incêndio. O país importava a maioria das mangueiras, bombas, extintores, chuveiros e outras ferramentas, mas as compras no exterior estavam suspensas em um esforço pela autossuficiência local. No final de 1958, no entanto, todas, exceto sete das oitenta fábricas nacionais que produziam o equipamento, haviam fechado as portas. Em alguns casos, os bombeiros tinham que ficar de mãos vazias e ver as chamas se espalharem, impotentes para intervir.[2]

A situação não melhorou nos anos seguintes. Trabalhadores em cortiços lotados, remendados com barro, bambu e palha amassados, improvisavam fogo, que, algumas vezes, fugia de controle. Centenas de incêndios grassaram em Nanquim em um único mês, em 1959.[3] Acidentes também aconteciam quando pessoas se esgueiravam na cantina para cozinhar re-

ACIDENTES

339

feições sorrateiramente. Quando uma jovem acendeu um fogo em tempo seco, o vento carregou uma fagulha e pôs fogo na cabana dela, e esse fogo se tornou um grande incêndio que destruiu vidas e propriedades.[4] Quando um lampião de querosene foi chutado durante uma obra de engenharia em Jingmen, Hubei, um inferno ceifou sessenta vidas.[5] Aldeões recrutados para trabalhar em grandes áreas de irrigação viviam em cabanas de palha erguidas às pressas que regularmente se incendiavam, quando trabalhadores exaustos tropeçavam em lampiões ou acendiam furtivamente um cigarro.[6] Existem poucas estatísticas confiáveis sobre o índice real de mortes, mas, em Jiangxi, apenas 24 incidentes queimaram ou asfixiaram 139 pessoas em um único mês.[7] Em Hunan, aproximadamente cinquenta pessoas morriam todo mês; o Departamento de Segurança Pública listou cerca de dez incêndios por dia no primeiro semestre de 1959.[8]

Os acidentes industriais disparavam, enquanto a segurança era considerada "preocupação direitista". Em Guizhou, o comitê provincial do partido estimou que, no início de 1959, o número de mortes acidentais se multiplicou por 17 em comparação com o ano anterior.[9] O número exato de baixas é desconhecido, pois poucos inspetores queriam jogar água fria no Grande Salto Adiante com conversa sobre mortes, e as empresas rotineiramente escondiam acidentes. Li Rui, um dos secretários de Mao expurgado no início da Conferência de Lushan, mais tarde estimou em 50 mil o total de acidentes fatais na indústria em 1958.[10] De acordo com o Ministério do Trabalho, cerca de 13 mil trabalhadores morreram nos primeiros oito meses de 1960, o equivalente a mais de cinquenta mortes por dia. Embora, provavelmente, isso seja apenas uma fração dos acidentes de fato ocorridos, o relatório trouxe à luz alguns dos problemas que assediavam a mineração e as indústrias de aço. Na Siderúrgica de Tangshan, mais de quarenta poderosos altos-fornos se agrupavam em um quilômetro quadrado, mas não havia cercas protetoras em torno dos tanques de resfriamento. Trabalhadores escorregavam e caíam na lama fervente. Nas minas de carvão pelo país, a ventilação inadequada permitia que gases asfixiantes e altamente inflamáveis se acumulassem. Explosões de gás de carvão rasgavam as minas provocadas, às vezes, por fagulhas provenientes de aparelhos elétricos defeituosos. As inundações eram outro perigo que reclamava numerosas vidas, enquanto escoras sem manutenção caíam e enterravam homens vivos.[11] Em março de 1962, uma explosão rasgou a mina de Badaojiang, no condado de Tonghua, Jilin, e tirou a vida de 77 pessoas, embora o pior caso acontecesse, provavelmente, na mina de Laobaitong, em Datong, onde 677 mineiros morreram em 9 de maio de 1960.[12]

Explosões também aconteciam comumente em sítios menores, apesar de tais casos serem, sem dúvida, excluídos das estatísticas reunidas pelo Ministério do Trabalho. Em Hunan, um relatório crítico observou como os acidentes nas minas aumentaram todos os trimestres desde o lançamento do Grande Salto Adiante. No início de 1959, dois mineiros em média morriam todos os dias em acidentes em algum lugar da província.[13] Na mina de Guantang, em Nanquim — aberta durante o Grande Salto Adiante —, três detonações pesadas ocorreram em um período de duas semanas, entre outros acidentes descritos como "evitáveis". Lampiões caíam dentro de poços, cintos de segurança eram postos de lado e trabalhadores inexperientes mandados para as minas sem treinamento apropriado, às vezes até descalços. Poços e túneis eram cavados de forma descrita como "caótica", em profundo descaso pela geologia local.[14]

As minas de carvão custavam mais vidas que qualquer outra indústria, mas em todos os lugares as mortes aumentavam. Sujeira e entulho amontoavam-se nas oficinas, lixo não recolhido e peças abandonadas espalhavam-se pelos corredores, e uma crônica falta de luz, aquecimento e ventilação transformava o chão da fábrica em um lugar intrinsecamente perigoso. Muitos trabalhadores não tinham sequer uniforme, que dirá roupa protetora. Em Nanquim, explosões letais ocorreram todos os meses de 1958 em diante, enquanto a preocupação com a segurança dos trabalhadores era descartada na perseguição por índices mais altos.[15] Muitas fábricas foram apressadamente erguidas e mal planejadas durante o Grande Salto Adiante: em vários casos, tetos inteiros desabavam sobre os trabalhadores.[16]

A situação não melhorava muito quando se tratava de transporte público. Motoristas inexperientes entravam na frota em expansão; peso e limite de velocidade eram ridicularizados, quando não denunciados como direitistas; caminhões, trens e barcos tinham manutenção ruim e eram usados além da margem de segurança. Ao se quebrarem, eram remendados

ACIDENTES

com equipamento de má qualidade e peças descartadas. Novamente, não há estatísticas, mas a extensão do problema é indicada por um relatório resumido de Hunan. Nas estradas e rios que cruzavam a província, mais de 4 mil acidentes foram registrados em 1958, causando 572 mortes. Em um caso, um homem cego e seu colega deficiente físico operavam uma balsa.[17] Na vizinha província de Hubei, os barcos com frequência navegavam no escuro, pois faltavam lampiões e iluminação. No lago Macang, Wuhan, um barco de passageiros superlotado e sem nenhum equipamento de segurança se incendiou e vinte passageiros se afogaram, em agosto de 1960. Acidentes similares aconteciam por toda Hubei.[18] Em Tianshui, Gansu, mais de cem pessoas, a maioria estudantes, morreram em dois acidentes distintos em menos de um mês, no inverno de 1961–62. As balsas que cruzavam o rio Wei estavam três vezes acima do limite de passageiros.[19] Os ônibus também circulavam congestionados. Nos de Guangzhou, as pessoas viajavam apertadas "como porcos", e veículos quebrados eram tão comuns que multidões de passageiros à espera dos coletivos dormiam durante dias a fio do lado de fora da estação. Acidentes fatais eram corriqueiros.[20]

Desastres de trem eram menos frequentes, mas, à medida que a fome piorava, os vagões da estrada de ferro também se tornaram condutores da morte. Em janeiro de 1961, passageiros ficaram parados à espera de trem no meio do campo gelado de Gansu e suportaram atrasos de até trinta horas enquanto as máquinas se quebravam ou não tinham combustível. Não havia comida ou água a bordo, urina e excremento espalharam-se pelos carros, e cadáveres de passageiros famintos se acumularam rapidamente. Como o sistema ferroviário se congestionou, multidões rebeldes também ficaram paradas em estações ferroviárias. Em Lanzhou, até 10 mil pessoas foram colocadas em acomodações temporárias por causa dos enormes atrasos. A própria estação estava lotada, com milhares de passageiros que esperavam sem provisões adequadas. Vários morriam todos os dias.[21]

Para cada morte acidental, várias pessoas mal escapavam com vida. Mas, no meio da fome, até o menor ferimento podia ser fatal. Os trabalhadores raramente recebiam compensação por um acidente industrial e com frequência eram arruinados pelas despesas médicas ou afastados do trabalho. No campo, a comida podia ser usada como arma por quadros ávidos. A falta ao trabalho, até por razão médica, era motivo de diminuição da ração. Infecções, má nutrição ou invalidez parcial reforçavam-se umas às outras, colocando pessoas doentes em desvantagem na luta pela sobrevivência e, com demasiada frequência, arrastando-as para um vicioso círculo de pobreza.

32

Doença

Nem todas as pessoas que morrem em tempos de fome morrem de desnutrição. Doenças comuns como diarreia, disenteria, febre e tifo reclamam muitas vidas antes disso. O impacto preciso de cada doença na China nesse tempo é extremamente difícil de apurar, não apenas por causa do tamanho do país e da diversidade das condições em campo, como também porque alguns dos arquivos mais problemáticos pertencem aos serviços de saúde. Em um clima de medo, em que milhões de membros do partido eram expurgados ou rotulados de direitistas, poucos assuntos eram mais sensíveis que a doença e a morte. Quando a má nutrição atingiu os recessos interiores do poder em Zhongnanhai e Li Zhisui disse ao presidente que a hepatite e o edema estavam em todos os lugares, Mao retrucou: "Vocês, médicos, só perturbam as pessoas ao falar em doença. Estão criando dificuldades para todos. Eu, simplesmente, não acredito em você."[1]

Naturalmente, funcionários do partido continuaram a produzir relatórios danosos sobre todos os tipos de tópicos ao longo do Grande Salto Adiante, frequentemente a um grande risco pessoal, mas pesquisas de condições médicas confiáveis são muito difíceis de encontrar. Primeiro, os serviços de saúde foram golpeados pela coletivização, depois sobrecarregados por vítimas da fome e, por fim, simplesmente deixaram de funcionar. Hospitais,

344 A GRANDE FOME DE MAO

até mesmo nas grandes cidades, não tinham recursos e, por volta de 1960, médicos e enfermeiras lutavam por sua própria sobrevivência. Em Nanquim, por exemplo, até dois terços de todas as enfermeiras e médicos estavam doentes, porque os hospitais se tornaram catalisadores na disseminação da doença e da morte. Como um relatório indicou, moscas e outros vermes podiam ser encontrados "com frequência" na comida e causavam diarreia entre a equipe médica e os pacientes. Até mesmo nos melhores hospitais, reservados para os membros do partido, o sistema de aquecimento estava quebrado e a equipe médica vestia retalhos e farrapos sujos, remendados. Poucos uniformes eram sequer lavados.[2] As severas carências de Wuhan se combinavam com negligência criminosa, pois médicos e enfermeiras dos Hospitais do Povo pareciam carecer do que um relatório chamou de "senso de responsabilidade": lucravam com a diluição de remédios na água, roubavam os pacientes, espancavam os doentes. Médicos abusavam das pacientes. As finanças dos hospitais eram uma desordem.[3]

Nessas condições, não é surpresa que poucos, ou talvez nenhum dos especialistas médicos, estivessem inclinados a gastar tempo em aldeias famintas, armados de bisturis e tubos de ensaio para tentar definir as causas da mortalidade. O campo, onde morria a maioria das pessoas, foi abandonado. Quando a extensão da fome foi finalmente reconhecida no inverno de 1960–61, centros de emergência foram instalados em currais abandonados, ou fazendas sem uso, para ajudar os famintos. No condado de Rongxian, Sichuan, os levados para esses centros eram colocados em cima de uma fina camada de palha diretamente sobre o solo. Não havia cobertores, apesar do inverno cruel. O fedor era avassalador. Patéticos gemidos de dor ecoavam pelo ar. Alguns eram deixados sem água durante dias a fio — sem mencionar comida e remédios. Em Tongliang, vivos compartilhavam camas com mortos; ninguém parecia se importar.[4] Em Guanxian, as coisas, às vezes, funcionavam ao contrário: os vivos eram trancados com os mortos, pois os encarregados não podiam esperar algumas pessoas morrerem. Yan Xishan, um mecânico que sofria de epilepsia, foi amarrado e levado para morrer no necrotério. Ratos já haviam comido olhos e narizes de seis cadáveres no aposento.[5]

* * *

DOENÇA   345

Um dos mais surpreendentes aspectos da fome é a baixa incidência de epidemias. Tifo, também chamado de febre do cárcere, febre de hospital ou febre da fome, era mencionado, mas não parecia matar em grande quantidade. Transmitido pelas fezes das moscas, aparecia em condições de superlotação, antissanitárias, e era associado à fome, à guerra ou ao tempo frio. O tifo era comum em centros de detenção para migrantes em fuga do campo, mesmo em cidades como Pequim e Xangai.[6] Cerca de 10% a 15% das vítimas sucumbiam ao tifo, à febre tifoide e à recaída da febre em tempos de fome, mas esse pode não ter sido o caso na China. A propagação do uso do DDT, eficiente no controle da peste, poderia ter ajudado? Não é provável, uma vez que outros insetos haviam sobrevivido ao massacre da guerra do país contra a natureza. Na verdade, como vimos, os gafanhotos, assim como outras pragas, vicejavam em uma paisagem destruída. A população de ratos — que carregavam a pulga — foi destruída pela erradicação lançada no início do Grande Salto Adiante. Mas ratos procriam ferozmente e não são comedores exigentes.

Uma razão mais convincente para o tifo, com sua erupção de pele e febre alta que termina em delírio, não ter se propagado amplamente é que as epidemias eram rapidamente isoladas. Ali estava um regime militar que negava abertamente a existência da fome, mas reagia imediatamente em relação a eclosões suspeitas de doenças infecciosas. Isso aconteceu, por exemplo, no caso da cólera-morbo, que apareceu em Guangdong, no verão de 1961. A epidemia começou no início de junho, quando vários pescadores caíram doentes após ingerir comida do mar contaminada. Em questão de semanas, milhares mais tinham sido infectados e, logo, bem mais de cem pessoas estavam morrendo por causa da doença. As autoridades locais usaram o Exército para criar um cordão sanitário em torno da região infectada. Embora a quarentena não pudesse impedir a cólera de propagar-se a regiões tão distantes quanto Jiangmen e Zhongshan — o pânico chegou a surgir em Yangjiang —, o número geral de mortes permaneceu baixo.[7] A praga também se espalhou por uma área do tamanho da província, em março de 1960, mas parece ter sido controlada.[8]

Outras grandes epidemias que os historiadores costumam associar à fome também são notáveis pela ausência dos arquivos. Houve grandes incidências de varíola, disenteria e cólera, mas há poucas evidências nos arquivos, até agora, de milhões varridos por grandes epidemias. E os boletins oficiais publicados décadas após a fome por comitês locais do partido tampouco mencionam as epidemias com frequência. Ao contrário, onde a doença é mencionada, a sentença é invariavelmente que "as mortes por edema causadas por nutrição inadequada foram altas".[9]

O quadro que emerge dos registros é o de um país nas garras de uma variedade de doenças, em lugar de sofrer o impacto de duas ou três epidemias historicamente associadas apenas com a fome. E aquele amplo aumento se devia tanto aos efeitos destrutivos da coletivização em praticamente todos os aspectos da vida cotidiana — desde jardins de infância superlotados, cantinas imundas e oficinas perigosas a hospitais mal equipados, superlotados e com equipe insuficiente — quanto às consequências da fome disseminada. Em Hunan, cerca de 7.500 crianças morreram de sarampo em 1958, duas vezes mais que no ano anterior, quando as famílias foram forçadas a deixar os filhos em jardins de infância congestionados. Casos de pólio foram quinze vezes mais altos em 1959 que em 1958. A incidência de meningite duplicou, atribuível, novamente, a desastrosas condições disponíveis nos jardins de infância.[10] Fragmentos de informação de outras regiões confirmam essa tendência. Milhares de casos de meningite, por exemplo, também apareceram em Nanquim, no inverno de 1958-59, e custaram 140 vidas.[11] O índice de disenteria também aumentou enormemente e causou sete vezes mais mortes em Nanquim, em 1959, que no ano anterior.[12]

A hepatite disparou, mas tendeu mais a afetar os residentes privilegiados das cidades do que as massas empobrecidas do campo. Na cidade de Hubei, uma em cada cinco pessoas sofreu da doença em 1961. Apenas em Wuhan, cerca de 270 mil habitantes, em um universo de 900 mil, fizeram testes que deram positivo para a doença.[13] Também em Xangai o número de infecções era alto o bastante para levar empresas estatais a requerer instalações médicas especiais para tratar os doentes.[14]

A malária era endêmica. No verão de 1960, um quarto de todos os aldeões em áreas de Wuxi sofriam da doença.[15] A febre do caracol, ou esquistossomose, causada por um verme parasita que ataca o sangue e o fígado, era prevalecente. Houve milhares de casos em muitos condados de

DOENÇA

Hubei, onde as pessoas entravam em contato com caracóis de água doce quando atravessavam descalças os campos de arroz irrigados ou quando estavam pescando. Em Hanyang, trabalhadores de fábrica famintos desciam para os muitos lagos que cercavam a cidade para cortar cevada no verão de 1961. Três mil pessoas foram infectadas, uma dúzia morreu.[16] A tênia, que suga sangue com tanta voracidade que leva o hospedeiro à anemia, era comum, embora estatísticas confiáveis continuem enganosas. Mas o problema era sério em Hunan, o bastante para as autoridades sanitárias estipularem a meta de curar 3 milhões de pessoas infectadas em 1960 — em apenas oito condados.[17]

Em todos os lugares, os efeitos da coletivização levavam a taxas mais altas de doenças. Vimos como pessoas morreram pelo calor das fornalhas de fundo de quintal durante a campanha do ferro e aço em 1958, mas, nos anos seguintes, as doenças cardíacas continuaram a custar vidas. Trabalhadores exaustos e mal alimentados ficavam expostos a altas temperaturas durante todo o dia e, em Nanquim, vários casos de ataques do coração, alguns fatais, ocorreram em apenas dois dias no verão de 1959.[18] Em Hubei, faltavam até simples chapéus de palha, mas os camponeses eram obrigados a trabalhar ao meio-dia, sob sol abrasador. Milhares sofriam com o calor, cerca de trinta casos foram fatais.[19]

Até mesmo a lepra estava em aumento. Provocada por uma bactéria que causa dano permanente à pele, aos nervos, membros e olhos, ela se espalhou devido ao cuidado inadequado, à água contaminada e à dieta insuficiente. Os hospitais, que já não davam conta do volume de trabalho acima de sua capacidade, recusavam pacientes leprosos. Em Nanquim, cerca de 250 casos estavam hospitalizados, mas a falta de recursos significava que eles não podiam ser separados de outros pacientes.[20] Sabia-se que bem mais de 2 mil leprosos existiam em Wuhan, mas uma severa escassez de leitos condenou-os a vagar pela cidade e catar comida no lixo.[21] Os leprosos do campo podiam ter menos sorte. Na comuna de Qigong, Guangdong, um rapaz de 16 anos e um adulto que sofriam de lepra foram escoltados até as montanhas e mortos com um tiro na nuca.[22]

Doença mental, por difícil que seja de definir, também estava aumentando, sem dúvida devido aos incessantes ataques predatórios do Estado, combinados com a perda disseminada, a dor e a tristeza, que levavam as pessoas à loucura. Poucos estudos significativos foram produzidos, mas um, da comuna de Huazhou, em Guangdong, afirmava que mais de quinhentos aldeões sofriam de doença mental em 1959.[23] Em um caso curioso de histeria em massa, dos seiscentos estudantes de uma escola de ensino médio, no condado de Rui'an, Zhejiang, um terço começou a chorar e a rir sem razão aparente, em maio de 1960.[24] Informes semelhantes vieram de Sichuan, onde centenas de aldeões de vários condados ficaram furiosos, tagarelando e explodindo em gargalhadas convulsivas.[25] Uma estimativa colocou a taxa nacional de doença mental em um por mil, mas, como mostra o caso de Huazhou, bem mais pessoas devem ter sido incapazes de suportar a violência crua da coletivização e o horror da fome (isso fica bem claro com as altas taxas de suicídio, como veremos no próximo capítulo). De qualquer maneira, muitos nunca recebiam qualquer cuidado, pois as autoridades tinham outras prioridades. Em Wuhan, por exemplo, cerca de 2 mil casos conhecidos não tinham acesso a um especialista, pois apenas trinta leitos estavam disponíveis para casos psicóticos na cidade inteira.[26]

Até quando eram maltratados, os loucos tinham uma vantagem: como o bufão da corte, nada lhes acontecia por falar a verdade. Como lembra um sobrevivente da região de Xinyang, apenas um homem ousava mencionar a fome em sua aldeia, andando durante todo o dia sem parar, repetindo para quem quisesse ouvir um refrão popular: "Homem come homem, cachorro come cachorro, até os ratos estão tão famintos que mordiscam pedras." Ninguém jamais o incomodou.[27]

* * *

Grandes epidemias normalmente associadas à fome não afligiam o campo na China. Em lugar disso, os efeitos destrutivos da coletivização aumentavam uma grande variedade de doenças, inclusive envenenamento, pois as pessoas se voltavam para quaisquer alimentos para matar a fome. Alguns podiam ser bastante nutritivos — algas marinhas comidas na Irlanda, durante a fome da batata em 1846–48, ou bulbos de tulipa na Holanda, durante a fome do inverno de 1944–45, mas muitos levavam a doenças do aparelho digestivo.

DOENÇA   349

Mesmo antes de as pessoas começarem a procurar raízes comestíveis e ervas silvestres, problemas digestivos podiam aparecer, causados por severos desequilíbrios na dieta. Os habitantes das cidades recebiam, às vezes, proporção bem mais alta de picles, vegetais salgados e feijão fermentado, como substitutos para verduras frescas. Em Nanquim, por exemplo, muitos trabalhadores de fábricas ingeriam uma quantidade de sal de 30 a 50 gramas por dia, quase dez vezes a quantidade recomendada hoje. Eles colocavam molho de soja na água quente para quebrar a monotonia da dieta. Em um caso, descobriu-se que um homem havia ingerido cerca de 5 litros de molho de soja em menos de um mês.[28] Mas grandes quantidades de vegetais com folhas, sem os carboidratos suficientes, também prejudicavam a saúde. Quando as rações de grãos acabavam no fim do mês e pessoas famintas recorriam, então, a vegetais frescos, a pele delas ficava de cor púrpura e elas morriam, vítimas de envenenamento por fosfito. Dúzias de casos fatais foram registrados no campo em torno de Xangai, em 1961.[29]

A falta de higiene na indústria de alimentação causava surtos de diarreia que vitimavam os fracos e os vulneráveis. O caos semeado pela coletivização era sentido em todos os níveis da cadeia de produção de alimentos, visto que o Estado assumiu a produção, o armazenamento, o processamento, a distribuição e o abastecimento. A comida se tornou apenas outro número para ser manipulado, distorcido e falsificado pelos chefes de fábrica, enquanto a apatia, a negligência e a sabotagem eram comuns entre os trabalhadores. Em Wuhan, o envenenamento por comida foi frequente no verão de 1959, com centenas de incidentes registrados a cada dois dias. O calor do verão abafado também influenciava, mas uma investigação detalhada de seis produtores de comida identificou a negligência generalizada como a responsável. As moscas estavam em toda parte: um inspetor zeloso contabilizou cerca de vinte insetos por metro quadrado. Jarros e tonéis destinados ao mercado tinham o selo rompido, seu conteúdo ondulava com a infestação de vermes. Em uma fábrica foram encontrados vermes em 40 toneladas de geleia e malte. Ovos podres eram usados na confecção de bolos e doces. Não havia água em muitas instalações, então os trabalhadores não lavavam as mãos; alguns urinavam no chão. Quando chegava ao mercado, a comida apodrecia devido ao tempo úmido.[30]

Outro problema era que muitos ingredientes não vinham mais dos subúrbios, mas transportados de longas distâncias. Um lote de cenouras da província de Zhejiang, por exemplo, apodreceu durante o transporte para Wuhan. Além disso, o material humano e os equipamentos para manusear a comida eram grandemente inadequados. Os vendedores ambulantes, que antes chegavam a todos os cantos do mercado com produção fresca, tinham sido absorvidos em um coletivo desajeitado, enquanto um sexto de todas as verduras apodrecia nas ruas simplesmente porque não havia cestas de bambu suficientes para distribuí-las.[31]

Nas cantinas, a situação não era melhor. Moscas eram encontradas na comida e até utensílios básicos faltavam. Em um caso, trezentos trabalhadores tiveram que compartilhar trinta pares de pauzinhos para comer durante o café da manhã. Os pauzinhos eram rapidamente lavados em uma bacia cheia de água suja. Os restaurantes não ofereciam escapatória a esse ciclo de negligência. As cozinhas eram descritas como caóticas, governadas pelas moscas, mais que por pessoas. Quando as moscas eram espantadas, caíam dentro da comida. Em um local, as verduras eram servidas cobertas de sujeira. Insetos eram encontrados nos recipientes de vinagre e molho de soja.[32]

Esses são exemplos de todas as cidades — onde as pessoas são relativamente privilegiadas em comparação com as péssimas condições do campo. Uma vez que toda a comida estava concentrada em grandes cantinas, aldeias inteiras eram afetadas por surtos de diarreia causada por comida envenenada. No condado de Jintang, Sichuan, o mingau ralo servido a duzentos camponeses em uma cantina continha dúzias de vermes. A razão era que o poço usado pela cantina era adjacente a um banheiro e a drenagem era mal dividida, em particular após chuva pesada. Aqueles que se recusavam a comer o mingau ficavam sem comida alguma durante três dias. Os poucos que conseguiam engolir a mistura sofriam fortes dores de estômago. Dúzias ficavam doentes. Dez morreram.[33] Quatro tonéis com excremento humano e urina, o conteúdo derramando-se no chão, foram encontrados numa cozinha no condado de Pengxian. A água usada para lavar a comida e os pratos vinha de um lago de água estagnada que ficava à porta da cozinha. Um quarto dos aldeões estava doente. Moscas reina-

DOENÇA

351

vam sobre as pessoas.[34] Em Jinyang, também em Sichuan, "excremento de galinha está em todas as partes, fezes humanas empilham-se, os canais estão bloqueados e o fedor é espantoso": os moradores referiam-se à cantina como "beco de merda".[35] Até quando havia comida, as cantinas podiam ficar sem combustível ou água. Em Chengdu, onde vários afluentes do Yang-Tsé se encontravam, alguns cozinheiros tinham que caminhar 700 metros para encontrar água, e o grão, às vezes, era servido cru.[36] Mas em muitos casos, naturalmente, as cantinas não funcionavam. Depois de esgotadas as provisões de água e combustível, as portas eram fechadas e os aldeões tinham que se safar sozinhos.

A coletivização foi cheia de acidentes, como vimos no capítulo anterior. As pessoas não apenas recebiam produtos contaminados ou comida podre, como também caíam vítimas de acidentes de envenenamento. Em menos de um mês em 1960, cerca de 134 casos fatais foram informados ao Ministério da Higiene, embora isso fosse um pálido reflexo da realidade. Às vezes, pesticidas eram estocados em cantinas e celeiros, e os utensílios usados para preparar a comida ou manipular os químicos nem sempre eram mantidos separados. No condado de Baodi, Hebei, um cilindro contaminado com pesticidas foi usado para moer o grão e mais de cem aldeões foram envenenados. Nada foi feito, a farinha foi vendida dias depois e mais 150 pessoas caíram doentes. Em Wenshui, um vaso usado para guardar veneno foi parar na cozinha de um jardim de infância, onde mais de trinta crianças terminaram com graves dores intestinais. Em Hubei, bolas de fertilizante foram tomadas por bolos de feijão. Mil pessoas adoeceram e 38 morreram.[37]

* * *

Quando a comida acabou, o governo começou a promover novas tecnologias de comida e comidas substitutas. A maioria era bastante inofensiva. O "método do cozimento duplo", proclamado como uma "grande revolução na tecnologia de cozinha", obrigava os cozinheiros a cozinhar o arroz no vapor duas vezes, adicionando água a cada vez para aumentar o volume da comida.[38] Algumas comidas substitutas consistiam meramente em sabugos de milho, talos ou resíduos de soja e de outros grãos. Mas o governo também introduziu novas comidas sucedâneas. A clorela foi anunciada no início dos anos 1950 por especialistas em alimentos em todo o mundo como uma forma milagrosa de alga que poderia converter vinte vezes mais energia solar em proteína que outras plantas. Mas a sopa de plâncton, que prometia tirar milhões da fome, revelou-se impossível de produzir e tão desagradável ao paladar que a loucura pela novidade finalmente se acalmou. Na China, o lodo aquático foi elevado a status de alimento miraculoso durante a fome. Podia ser cultivado e colhido em lagos pantanosos, mas, com mais frequência, era cultivado em tonéis de urina humana, e o material verde era recolhido, lavado e cozido com arroz.[39] Provavelmente contribuiu muito pouco em termos de nutrição. Cientistas descobriram nos anos 1960 que os nutrientes estavam encapsulados em paredes de células tão fortes que a digestão humana não conseguia rompê-las.[40]

Prisioneiros eram usados como cobaias. Além do plâncton verde, que fazia os presos adoecerem, eles também eram alimentados com serragem e polpa de madeira. Bao Ruowang — também conhecido como Jean Pasqualini, autor de memórias sobre a vida em um campo de trabalho na China — lembra-se de como folhas marrons do plâncton eram moídas com polpa de madeira e misturadas com farinha. Prisão de ventre em massa seguia-se e matava os presos mais débeis.[41] Mas até nas cidades a disseminação de comidas substitutas causava obstrução dos intestinos ou ruptura do esfíncter. Trabalhadores da fábrica de Liangma em Pequim tiveram que puxar suas fezes com a mão.[42]

Aldeões percorriam a floresta buscando plantas, bagas e nozes. Eles varriam as montanhas à procura de raízes comestíveis e gramas silvestres. Em desespero, cavoucavam em busca de carniça de animais, reviravam lixo, raspavam casca de árvores e, no fim, voltavam-se à lama para encher os estômagos. Até em Pequim, estrangeiros testemunharam pessoas baterem com paus nas acácias para que as folhas caíssem em bolsas e pudessem depois ser transformadas em sopa.[43] Yan Shifu, homem delgado com grande sorriso, era um garoto de 10 anos quando o Grande Salto Adiante se desenvolveu em Sichuan. Ele agora trabalha como *chef* e tem boa memória para comida. Yan recorda como folhas de rami eram cortadas em pedacinhos e se tornavam panquecas; talos

DOENÇA 353

de colza eram cozidos até tornarem-se sopa espessa, enquanto folhas de mostarda eram fervidas. Talos de ervilha eram moídos, coados e transformados em pequenas panquecas. Caules de banana eram despelados e comidos crus, como cana-de-açúcar. Rabanetes eram raros o bastante para serem vistos como petiscos. Insetos eram estalados vivos na boca, mas minhocas e sapos eram grelhados. Apesar da engenhosidade de sua família, o pai e a irmã mais nova de Yan Shifu morreram de desnutrição.[44]

Algumas gramas, cogumelos e raízes catados pelos aldeões eram tóxicos. Poucas pessoas sabiam de fato o que comiam, pois as crianças se encarregavam de se esgueirar à noite e buscar ervas selvagens. "Naqueles dias", um sobrevivente recorda, "não era possível sair para buscar remédios de ervas conhecidos. Comíamos de tudo. Comíamos qualquer planta que fosse verde. Não nos importávamos, contanto que soubéssemos que a planta não era venenosa. Comíamos quase qualquer coisa".[45] Mas os acidentes eram comuns. Em Hebei, cerca de cem mortes causadas por comida contaminada, animais doentes e raízes e ervas tóxicas eram informadas todo mês.[46] Mandioca, um tubérculo duro que pode ser moído e se transformar em tapioca, é excelente fonte de carboidratos, mas as folhas são altamente tóxicas e não podem ser comidas cruas. Na província de Guangxi, cerca de 174 pessoas morreram em um único mês após comer a mandioca sem socar e cozinhar da forma apropriada. Na província de Fujian, número similar sucumbiu a uma doença de paralisia neurológica causada pelo tubérculo — entre milhares de casos de envenenamento.[47] Carrapicho, uma erva daninha, era outro perigo. As sementes são altamente tóxicas e matam porcos soltos que fuçam em busca de comida. Em humanos, provoca náusea e vômito, assim como repuxões nos músculos do pescoço, aceleração do batimento cardíaco, dificuldade de respirar e, finalmente, morte. Em dez dias, a erva causou 160 vítimas em Pequim.[48]

Em uma estranha reviravolta da sorte, as pessoas politicamente mais marginalizadas às vezes estavam em posição melhor para sobreviver porque haviam desenvolvido mecanismos contra a fome por muitos anos antes do Grande Salto Adiante. Filhos de um "malvado dono de terras", Meng Xiaoli e seu irmão foram expulsos de sua casa ancestral em Qianjiang,

Hubei, imediatamente depois de os comunistas assumirem o poder, em 1949. Não lhes deram tempo nem de pegar seus pertences. Embora fosse apenas um menino, Meng teve seu pulôver arrancado. Vagaram pela cidade com a mãe, repelidos por todos, e terminaram à beira do lago, cavando a terra em busca de verduras silvestres. Dormiram sobre palha seca com os cachorros da aldeia na primeira noite e, mais tarde, lhes foi alocada uma velha cabana de barro. Primeiro tentaram esmolar, mas ninguém ousava lhes dar um pouco de comida. "Depois, tentamos pescar peixes no lago, mas não conseguíamos pegar o bastante para comer porque não tínhamos os utensílios certos. Ainda assim, conseguimos sobreviver, porque podíamos escavar raízes de lótus e pegar sementes. Depois de alguns meses, meu irmão e eu aprendemos a pegar peixes no lago. Embora não tivéssemos nenhum arroz, realmente conseguíamos comer bastante bem." Quando a fome engolfou a aldeia anos depois, essa família era a única preparada para sobreviver.[49]

Palha e talos eram comidos dos telhados. Zhao Xiaobai, a garota órfã de 11 anos que tinha que trabalhar como um adulto para cuidar da irmã menor, lembrou-se de um dia em que, torturada pela fome, subiu em uma escada até o telhado. "Eu ainda era bem jovem. Estava com muita fome, então quebrei um pedaço de talo de milho [usado para cobrir o telhado] e comecei a mastigá-lo. O gosto era delicioso! Mastiguei um pedaço atrás do outro. Estava com tanta fome, que até talos de milho tinham gosto bom."[50] Couro era amaciado e comido, lembrou Zhu Erge, que testemunhou metade de sua aldeia morrer de fome em Sichuan, mas conseguiu sobreviver porque sua mãe era cozinheira na cantina: "Molhávamos as cadeiras de couro em que as pessoas se sentavam. Depois que estavam molhadas, cozinhávamos o couro e o cortávamos em pedacinhos para comer."[51]

Animais infectados eram comidos pelos famintos, até na periferia da capital. No condado de Huairou, ovelhas contaminadas com antraz eram regularmente devoradas por aldeões famintos.[52] Centenas se envenenaram após comer pedaços de gordura malcheirosa, misturada com chumaços de pelo, arrancada da pele de animais em uma fábrica de couro em Chengdu e depois trocada por verduras com uma cantina

DOENÇA

do povo. Até as carcaças contaminadas de gado doente, rejeitadas por um matadouro no condado de Guanxian, eram discretamente vendidas para uma comuna local.[53] Quando as pessoas não eram comidas por ratos, os ratos eram comidos pelas pessoas; os mortos, às vezes, tirados de suas covas.[54]

Quando não havia mais nada, as pessoas se voltaram para uma lama suave, chamada terra Guanyin — o nome da Deusa da Misericódia. Uma equipe enviada por Li Jingquan ficou espantada com o que viu no condado de Liangxian, Sichuan. Era uma visão do inferno: grupos cerrados de aldeões fantasmagóricos enfileiravam-se diante de buracos profundos, os corpos murchos porejando suor sob o clarão do sol, enquanto esperavam a vez de descer no buraco e escavar alguns punhados da lama branca como porcelana. Crianças, os quadris apontando sob a pele, desmaiavam de exaustão, seus corpos sujos pareciam esculturas de lama sombreando a terra. Mulheres velhas em andrajos queimavam amuletos de papel e se curvavam, de mãos dadas, murmurando estranhos encantamentos. Um quarto de milhão de toneladas foi escavado por mais de 10 mil pessoas. Só em uma cidade, 214 famílias de um total de 262 haviam comido lama, vários quilos por pessoa. Alguns aldeões enchiam a boca de lama enquanto cavavam. Mas a maioria adicionava água e trabalhava a terra depois de misturá-la com resíduos de cereais, flores e ervas, assando bolos de lama que tinham recheio, mesmo que representassem pouco valor nutritivo. Uma vez comida, a mistura agia como cimento, secava o estômago e absorvia toda a umidade dentro do trato intestinal. Defecar se tornava impossível. Em todas as aldeias, várias pessoas morriam dolorosamente, os intestinos bloqueados pela lama.[55] Em Henan, como lembrou He Guanghua, muitas pessoas deram para comer uma pedra local chamada *yanglishi*, que era moída e transformada em bolos. Os adultos ajudavam uns aos outros a tirar as fezes com gravetos.[56] Em toda a China, de Sichuan, Gansu e Anhui a Henan, pessoas atormentadas por fome voraz se voltavam para o barro.

* * *

As pessoas realmente morreram de desnutrição — ao contrário de tantas outras fomes, em que as doenças foram a causa da morte. A desnutrição, no sentido estritamente clínico, significa que o desgaste da proteína e dos depósitos de gordura no corpo faz com que os músculos se enfraqueçam e finalmente parem de funcionar, inclusive o coração. Adultos podem sobreviver por semanas sem comida, se puderem beber água. A gordura depositada no organismo fornece a principal fonte de energia e se esgota primeiro. Uma pequena quantidade de proteínas também está guardada no fígado como glicogênio e geralmente é convertida em um dia. Mas, assim que os depósitos de gordura se exaurem, as proteínas são retiradas dos músculos e de outros tecidos usados pelo fígado para produzir os açúcares necessários ao cérebro — a primeira prioridade do corpo. O cérebro, de forma muito literal, começa a canibalizar o corpo e tira pedaços deste ou daquele tecido para conseguir a glicose de que precisa para sobreviver. A pressão sanguínea cai, o que significa que o coração tem que trabalhar mais. O corpo se enfraquece e se torna progressivamente emaciado. À medida que as proteínas se esgotam, os líquidos começam a escapar dos vasos sanguíneos e dos tecidos em desintegração e se acumulam embaixo da pele e nas cavidades do corpo, produzindo edema. O inchaço aparece primeiro no rosto, nos pés e nas pernas, mas os fluidos também podem gravitar em torno do estômago e do peito. Joelhos inchados tornam doloroso o caminhar. Comer mais sal ou adicionar água à refeição para fazer com que dure mais piora a condição. Alguns famintos não sofrem de edema e, em vez disso, se desidratam, a pele se torna apergaminhada, murcha e escamosa, e, às vezes, se cobre de pontos marrons. À medida que os músculos da garganta se enfraquecem e a laringe se resseca, a voz engrossa antes de silenciar. As pessoas tendem a se encolher para poupar energia. As faces encovam, as maçãs do rosto saltam e os globos oculares salientes são de um branco horrível, o olhar fixo e vago e, aparentemente, sem emoção. As costelas apontam sob a pele, que se pendura em dobras. Braços e pernas parecem gravetos. Cabelos pretos perdem a cor e caem. O coração ainda tem que trabalhar mais, pois o volume de sangue de

DOENÇA 357

fato aumenta em relação ao peso do corpo que declina. No fim, os órgãos estão tão danificados que falham.[57]

A fome pode ter sido um tema tabu, mas os arquivos estão repletos de relatórios sobre edema (*shuizhongbing*) e morte por desnutrição (*esi*). Wu Ningkun, professor de literatura inglesa, descreveu o que aconteceu à medida que passava fome: "Fui o primeiro a aparecer com um caso sério de edema. Tornei-me emaciado, meus tornozelos incharam e minhas pernas ficaram tão fracas que eu, com frequência, caía quando andava para os campos, para o trabalho forçado. Não sabia com o que eu parecia, pois não havia espelhos em volta, mas poderia dizer pelos olhares pálidos de outros presos que eu devia estar com uma aparência e tanto."[58] Poucas vítimas foram tão eloquentes, mas os sintomas eram observados em toda parte. Em uma comuna em Qingyuan — antes considerada o celeiro de Guangdong — 40% dos aldeões sofreram de edema em 1960.[59] Até nas cidades era comum. Temos visto como a força de trabalho sofreu de edema em Pequim. Entre os estudantes do curso secundário em Xangai, o edema se difundiu em 1960-61.[60] Na Universidade de Nankai, a melhor instituição de ensino superior de Tianjin, um em cada cinco estudantes sofria de edema.[61] A doença era tão comum que, quando os famintos não a desenvolviam, permitia-se uma explicação. Hu Kaiming, um funcionário corajoso apontado como primeiro-secretário de Zhangjiakou em 1959, observou como, no inverno de 1960-61, aldeões famintos subitamente caíam mortos em consequência da baixa incidência de açúcar no sangue, sem os sinais comuns de edema.[62]

Por que os aldeões não sucumbiram a epidemias em números maiores antes que a desnutrição terminal se instalasse? Uma razão, sugerida acima, é que o partido monitorava atentamente as doenças infecciosas. Mas a coletivização também trouxe caos organizacional e o colapso do serviço de saúde rural, que era rudimentar, no melhor dos casos. Uma explicação mais plausível é as pessoas no campo morrerem de desnutrição bem mais rápido que em outros lugares, reduzindo a janela de oportunidade em que os germes poderiam atacar devido à baixa imunidade. A única comida disponível estava nas cantinas coletivas, e o acesso a elas era controlado pelos quadros locais. Sob imensa pressão para aparecer com resultados tangíveis, muitos funcionários usavam a comida como arma. No capítulo sobre violência, veremos que os aldeões que não trabalhavam não recebiam comida alguma. E aqueles que não podiam mais trabalhar frequentemente estavam exaustos. A morte se seguia prontamente.

33

O *gulag*

Shen Shanqing, um homem de 54 anos que trabalhava em uma fazenda coletiva de Xangai, cometeu um erro fatal num dia de verão de 1958. Em vez de acrescentar água ao adubo para dissolver os sólidos, ele jogou o fertilizante sem dissolver sobre uma fileira de cenouras. As folhas murcharam. Shen estava obviamente mais interessado em coletar pontos de trabalho que em uma abnegada devoção ao Grande Salto Adiante na agricultura. E ele foi insolente também. Em vez de mostrar arrependimento depois de ser preso, afirmou desafiadoramente que a comida era escassa e a prisão ao menos lhe proveria cama e mesa. Um exame mais atento revelou que Shen também havia difamado o partido dois anos antes. Foi prontamente enviado a um campo de trabalho por dez anos nas planícies varridas pelo vento em Qinghai, 2 mil quilômetros ao norte de Xangai. Os arquivos sobre ele mostram que foi libertado em 1968, doente e alquebrado, desejoso de escrever as mais humilhantes confissões. Elas abrangiam desde seu "deliberado ato de sabotagem", dez anos antes, até o que parecia ser sua maior infração durante uma década de trabalho forçado: a quebra acidental de "propriedade do governo" sob a forma de vidraça.[1]

A sentença que recebeu foi severa, mas muitas pessoas comuns enfrentaram um período de um a cinco anos em um campo por falhas bem mais leves. A maior parte das provas está seguramente trancada em arquivos

360   A GRANDE FOME DE MAO

fechados pertencentes aos departamentos de segurança pública, mas relatórios sobre crime e punição copiados ocasionalmente para outros órgãos
do partido detalham, por exemplo, que até ladrõezinhos em Nanquim eram
sentenciados a penas de cinco a dez anos no verão de 1959.[2] Em Pequim,
um registro interno de prisão com detalhes de quatrocentos prisioneiros
homens mostra que uma sentença de cinco a dez anos por um delito menor não era nada de extraordinário. Ding Baozhen, um fazendeiro que se
unira ao Exército de Libertação Popular em 1945 e foi desmobilizado uma
década depois, furtou dois pares de calças que valiam no total 17 yuans.
Foi preso em 11 de fevereiro de 1958 por doze anos. Chen Zhiwen, um
aldeão analfabeto que roubou viajantes na estação de ônibus de Qianmen,
na capital, pegou quinze anos. Outro miserável que mal ganhava a vida
como vaqueiro antes de ir para a cidade em 1957 foi preso por roubo em
frente à Loja de Departamentos de Pequim: ele também foi trancafiado
por quinze anos.[3]

Menos pessoas, no entanto, foram fuziladas que nos anos anteriores —
ao menos depois de 1958. A política era "prender menos, matar menos e
supervisionar menos", explicou Xie Fuzhi, ministro de Segurança Pública,
à sua equipe, em abril de 1960. A morte por execução, como tudo o mais
na economia planificada, era um número, uma meta a ser preenchida,
um quadro estatístico no qual os números tinham que se somar: 4 mil
deveriam ser mortos em 1960, anunciou Xie Fuzhi. Isso era menos que no
ano anterior. Em 1959, 4.500 pessoas foram mortas (o termo era sempre
matar, *sha*, porque os regimes comunistas raramente sentiam necessidade
de disfarçar o assassinato judicial com eufemismos como "pena de morte",
ou "punição capital"), enquanto 213 mil pessoas eram presas e mais 677
mil eram publicamente humilhadas.[4]

Nenhum desses dados sensíveis é fácil de ser encontrado, mas um
documento de segurança pública de Hebei mostra que isso funcionava
em nível provincial. Na província em torno da capital, cerca de 16 mil
"contrarrevolucionários" foram presos em 1958, três vezes mais que nos
dois anos anteriores, assim como 20 mil criminosos comuns, o número
mais alto desde 1949, à exceção de 1955. Esses números caíram drasticamente em 1959, quando foram presos 1.900 "contrarrevolucionários"

O GULAG

361

e 5 mil criminosos comuns. Pouco mudou em 1960 e 1961, exceto o número de criminosos comuns, que caiu para pouco mais de mil.[5] Cerca de oitocentos foram fuzilados em 1959.[6]

Poucos podem ter sido mortos, mas até um curto período em um campo de trabalho podia trazer doença e morte. Uma constelação de campos de trabalho se estendia pelas regiões mais inóspitas do país, desde as "grandes regiões selvagens no norte", como eram chamadas as vastas extensões pantanosas de Heilongjiang, até as montanhas e desertos áridos de Qinghai e Gansu, no noroeste. A vida era miserável, se não débil, fora do sistema de *gulag*, mas, dentro das minas de sal e urânio, das fábricas de tijolos, das fazendas do Estado e dos campos de trabalho, um regime brutal se combinava com a ampla desnutrição para enterrar um em cada quatro ou cinco prisioneiros. Em Huangshui, Sichuan, mais de um terço de todos os prisioneiros morreu de fome.[7] Em Jiabiangou, uma área de dunas de areia perto do deserto de Gobi, em Gansu, o primeiro lote de 2.300 prisioneiros chegou em dezembro de 1957. Quando os prisioneiros foram removidos para outra fazenda em setembro de 1960, mil haviam morrido em condições abjetas. Isso foi seguido de 640 mortes em novembro e dezembro, quando o campo foi finalmente fechado, no rastro da queda do poder de Zhang Zhongliang.[8] Em geral, em toda a província, cerca de 82 mil prisioneiros estavam em centenas de campos de trabalho em junho de 1960.[9] Em dezembro de 1960 restavam apenas 72 mil prisioneiros, perto de 4 mil tendo morrido só naquele mês.[10] Os índices de morte anuais mais baixos nos campos de trabalho registrados nos arquivos consultados para este livro foram de 4% a 8% ao ano entre 1959 e 1961 em Hebei, que tinha apenas poucos milhares de prisioneiros.[11]

Qual era o tamanho da população do *laogai*, ou campos de reforma pelo trabalho? Xie Fuzhi colocou o total — excluindo o Tibete — em 1,8 milhão em 1960. Os prisioneiros trabalhavam em 1.077 fábricas, minas e pedreiras, assim como em 440 fazendas.[12] Uma taxa de mortalidade aproximada de 5% em 1958 e 1962 e de 10% ao ano de 1959 a 1961 atingiria 700 mil mortes por doença e desnutrição. Não admira que alguns quisessem escapar. Mas a vigilância geralmente era rígida, mesmo porque os campos de trabalho davam uma contribuição crucial para a economia do país — estimada por Xie Fuzhi, em 1960, em 3 bilhões de yuans por ano, sem contar as 750 mil toneladas de produtos das fazendas.[13]

* * *

Os campos de reforma pelo trabalho eram apenas uma parte de um sistema bem mais amplo de *gulag*. As pessoas submetidas a sessões de humilhação pública ou colocadas sob vigilância formal — pouco menos de um milhão em 1959 — eram despachadas com demasiada frequência para uma prisão local.[14] E, mais importante: de 1957 a 1962, a justiça formal era abreviada. Isso começou, como sempre, no alto, na pessoa de Mao Tsé-tung. Em agosto de 1958, ele declarou que "cada uma das nossas resoluções do partido é uma lei. Quando fazemos uma conferência ela se torna lei [...]. A grande maioria das regras e regulamentos (90%) são traçados pela administração judiciária. Não devemos nos apoiar nessas regras e regulamentos, devemos nos apoiar, principalmente, nas resoluções e conferências, quatro [conferências] por ano em vez de lei comum e lei criminal para manter a ordem."[15]

A palavra do presidente era, de fato, a lei, e os comitês do partido — "com a ajuda das massas" — se encarregavam das questões judiciais. Foi essa pressão política que trouxe à baila a abolição do Ministério da Justiça em 1959. No campo, isso significou que o poder passou das autoridades judiciárias locais para as milícias locais. Em todo o condado de Ningjin, Hebei, com uma população de 830 mil pessoas, apenas oitenta quadros estavam no comando da polícia, da inspetoria e dos tribunais. Isso era metade do que existia antes do advento das comunas do povo.[16]

A milícia local se apoiava em uma dimensão completamente nova, acrescentada ao mundo das prisões a partir de agosto de 1957: os campos de reeducação pelo trabalho, chamados *laojiao*. Criminosos comuns, como Shen Shanqing, recebiam uma sentença de um tribunal do povo, mas os prisioneiros dos campos de reeducação não estavam sujeitos a nenhum procedimento judicial e poderiam ser mantidos indefinidamente — até estarem completamente "reeducados". Ao contrário dos campos de reforma

O *GULAG* 363

pelo trabalho, os novos campos eram organizados pelas províncias, cidades, condados, comunas do povo e até por aldeias, e não pelo Ministério da Segurança Pública. Qualquer pessoa suspeita de roubar, vagabundear, caluniar o partido, escrever slogans reacionários nos muros, obstruir o trabalho ou cometer um ato visto como contrário ao espírito do Grande Salto Adiante podia ser trancafiada em campos de reeducação. Estes eram tão duros quanto os campos de trabalho mais formais e brotaram em toda parte depois de 1957. Xie Fuzhi mencionou 440 mil prisioneiros em campos de reeducação em 1960, mas o que ele via a distância de seu escritório em Pequim não era mais que a ponta do iceberg.[17]

Somente quando equipes de trabalho foram enviadas ao campo do fim de 1960 em diante, para supervisionar um expurgo de quadros locais, a dimensão real do encarceramento local finalmente veio à luz. Era difícil encontrar um coletivo que não administrasse seu próprio *gulag*, apoiado na poderosa milícia criada no verão de 1958. Relatório após relatório mencionam como esta ou aquela unidade — repartições de polícia local, equipes de aldeia, comunas do povo — tinham estabelecido um "campo de punição privado" (*sili xingchang*). Para cada criminoso como Shen Shanqing, formalmente entregue aos tribunais, vários contornavam o sistema judicial e terminavam em uma prisão local. O tamanho desse mundo na sombra nunca se saberá. Na comuna-modelo de Xushui, como vimos, Zhang Guozhong construiu um elaborado sistema de *gulag*, estendendo-o do condado a cada brigada. Ele continha 1,5% da população local.[18] Em Fengxian, próximo de Xangai, aldeões eram rotineiramente levados para campos de trabalho especiais, um dos quais instalado especificamente para prender crianças recalcitrantes.[19] No condado de Kaiping, uma única brigada se gabava de não ter menos que quatro campos, aos quais as pessoas eram mandadas por dois dias ou por períodos mais longos, de até 150 dias. Uma vez dentro dos campos, muitas eram espancadas e torturadas; algumas ficavam aleijadas para toda a vida.[20] Às vezes, as pessoas não eram nem trancadas em uma prisão formal. Para dar um exemplo, um oficial de Kaiping acorrentou uma anciã, acusada de roubo, durante dez dias, na cantina, usando de 4 a 5 quilos de algemas. Um jovem miliciano acendia fósforos para queimar os pés dela.[21]

Inventavam-se campos e sanções especiais em todo o país, enquanto à justiça local era permitido agir sem freios. No condado de Yinjiang, Guizhou, os internos de um campo tinham o sinal de "ladrão" impresso na testa em tinta vermelha. Em toda a província, as comunas do povo instalaram "centros de treinamento" (*jixundui*), para onde aqueles que expressavam críticas severas ou se recusavam a participar de reuniões eram enviados para "reeducação" e compelidos ao trabalho pesado.[22] Vários "campos de treinamento" também foram criados pelo Departamento de Segurança Pública em Liuzhou em 1959, para cuidar dos elementos subversivos que objetavam à coletivização.[23] No condado de Yanqing, no norte de Pequim, a mais leve suspeita de preguiça resultava em detenção: uma mulher de 62 anos ficou um mês no confinamento por não ter apanhado quantidade suficiente de pardais.[24]

Se para cada criminoso entregue ao sistema formal de justiça, cerca de três ou quatro pessoas eram trancadas em um campo local de reeducação, o total da população prisioneira deve ter chegado de 8 milhões a 9 milhões em qualquer ano durante o Grande Salto Adiante (1,8 a 2 milhões em campos de trabalho, 6 a 8 milhões em campos de reeducação). O número total de mortes devido à doença e à desnutrição, conservadoramente estimado antes em cerca de um milhão em campos de trabalho formais, teria de ser multiplicado por três ou quatro, significando que pelo menos 3 milhões morreram no *gulag* durante a fome.[25] A taxa de morte era alta, mas, comparada à da União Soviética nos anos 1930, a taxa de encarceramento era relativamente baixa. Isso aconteceu porque comparativamente poucas pessoas, de fato, cumpriam tempo por crime. Em vez disso, eram espancadas e sujeitadas à fome.

34

Violência

O terror e a violência eram a base do regime. O terror, para ser eficaz, havia de ser arbitrário e impiedoso. Tinha que ser difundido o bastante para alcançar todo mundo, mas não precisava custar muitas vidas. Esse princípio era bem entendido. "Mate uma galinha para assustar o macaco" era um dito tradicional. Quadros que forçavam aldeões em Tongzhou — próximo da capital — a ajoelhar-se antes de espancá-los chamavam isso de "punir um para deter cem".[1]

No entanto, durante o Grande Salto Adiante, algo de natureza completamente diferente aconteceu no campo. A violência se tornou uma ferramenta rotineira de controle. Não era usada apenas ocasionalmente contra uns poucos para instilar medo em muitos, e sim dirigida, sistemática e habitualmente, contra quem parecesse vadiar, criar empecilhos ou protestar, sem falar em furtar ou roubar — a maioria dos aldeões. Todo incentivo importante para o camponês trabalhar foi destruído: a terra pertencia ao Estado; o grão que ele produzia era adquirido a um preço que ficava com frequência abaixo do custo de produção; seu gado, ferramentas e utensílios não lhe pertenciam mais e, quase sempre, até sua casa era confiscada. O oficial local, por sua vez, enfrentava pressão sempre crescente para cumprir e tornar a cumprir em excesso o plano e chicoteava a força de trabalho em um impulso após o outro, sem descanso.

O constante martelar da propaganda pode ter ajudado nos primeiros dias do Grande Salto Adiante, mas as reuniões diárias a que os aldeões eram obrigados a comparecer contribuíam para propagar a privação do sono. "Reuniões todo dia, alto-falantes em toda parte", lembrou Li Popo, quando entrevistado sobre a fome em Sichuan.[2] As reuniões, algumas das quais duravam vários dias, estavam, de fato, na essência da coletivização, mas não eram um fórum de democracia socialista, onde as massas camponesas expressavam abertamente suas opiniões, e sim um lugar de intimidação, onde os quadros podiam passar sermão, intimidar, ameaçar e gritar até ficar roucos durante horas a fio. Com demasiada frequência camponeses eram acordados no meio da noite para trabalhar nos campos depois de uma reunião à noite na aldeia, de forma que dormiam menos de três ou quatro horas por dia na estação de aração.[3]

De qualquer modo, como a promessa da utopia era seguida por mais outro período de trabalho extenuante, o desejo de trocar trabalho duro por promessas vazias gradualmente se desgastou. Logo, a única forma de extrair submissão de uma força de trabalho exausta era a ameaça de violência. Nada menor que o medo da fome, da dor ou da morte parecia capaz de galvanizá-los. Em alguns lugares, tanto aldeões quanto quadros se tornaram tão brutalizados que o alvo e o grau de coerção tinham que ser constantemente expandidos, o que criava uma espiral sempre crescente de violência. Com muito menos cenouras para oferecer, o partido se fiava mais pesadamente no pau.

O bastão era a arma de escolha no campo. Barato e versátil. Uma sacudidela dele podia punir um retardatário, enquanto uma série de golpes lacerava as costas dos elementos mais teimosos. Em casos sérios, as vítimas podiam ser penduradas e espancadas até ficarem cheias de manchas roxas. Pessoas eram forçadas a se ajoelhar em conchas quebradas, sendo depois espancadas. Isso aconteceu, por exemplo, a Chen Wuxiong, que se recusou a trabalhar em um projeto de irrigação distante de casa. Foi forçado a ajoelhar-se e a segurar um pesado tronco acima da cabeça, espancado o tempo todo com um bastão por um oficial local chamado Chen Longxiang.[4]

Como aldeões famintos frequentemente sofriam de edema, o líquido vazava pelos poros a cada golpe de pau. Era uma expressão comum que

VIOLÊNCIA

alguém "tinha sido espancado até a água sair", por exemplo, no caso de Lu Jingfu, um camponês caçado por uma equipe de brutamontes. Tão enraivecido estava o líder deles, Ren Zhongguang, primeiro-secretário do partido na comuna de Napeng, no condado de Qin, que espancou o homem durante 20 minutos.[5]

Funcionários do partido com frequência tomavam a iniciativa. Um relatório compilado pelo comitê local do partido que investigou abusos em uma comuna em Qingyuan informou que o primeiro-secretário do partido, Deng Zhongxing, espancou pessoalmente mais de duzentos camponeses, matando catorze em uma tentativa de cumprir as cotas.[6] Os miolos de Liu Shengmao, doente demais para trabalhar no reservatório em Huaminglou, Hunan, espirraram para todo lado com a surra que recebeu do secretário da brigada, que continuou a golpear seu corpo sem vida em fúria cega.[7] Ou Desheng, secretário do partido em uma comuna em Hunan, espancou sozinho 150 pessoas, das quais quatro morreram. "Se quer ser um membro do partido, você tem que saber como bater nas pessoas", era seu conselho aos novos recrutas.[8] No condado de Daoxian — "todo lugar é um campo de tortura", escreveu uma equipe de investigação — camponeses eram golpeados com bastões regularmente. Um líder de equipe espancou pessoalmente treze pessoas até a morte (outras nove posteriormente morreram dos ferimentos).[9] Alguns dos quadros eram verdadeiros gângsteres, sua mera aparência inspirava medo. No condado de Nanhai, o líder de brigada Liang Yanlong carregava três armas sob sua grande jaqueta de couro e apavorava a aldeia.[10] Li Xianchun, líder de equipe em Hebei, injetava-se morfina todos os dias e fanfarronava pela aldeia durante o dia em calça vermelho brilhante. Berrava xingamentos e batia ao acaso em qualquer pessoa que tivesse a infelicidade de chamar sua atenção.[11]

Geralmente, em todo o país, talvez metade de todos os quadros regularmente golpeasse ou espancasse as pessoas que deveriam servir — como relatórios intermináveis demonstram. 4 mil dos 16 mil aldeões que trabalhavam no reservatório de Huangcai em Hunan, no inverno de 1959–60, foram chutados e espancados e quatrocentos morreram em consequência disso.[12] Em uma comuna de Luoding, em Guangdong, mais da metade de todos os quadros espancava os aldeões e perto de cem foram mortos a pauladas.[13] Uma investigação mais ampla em Xinyang, Henan, mostrou que mais de 1 milhão de pessoas morreram em 1960. A maioria morreu de fome, mas 67 mil foram espancadas até a morte pelas milícias.[14]

O bastão era comum, mas não a única ferramenta no arsenal de horror inventado por quadros locais para humilhar e torturar aqueles que falhavam em manter um ritmo de trabalho constante. À medida que o campo escorregava para a fome, violência ainda maior tinha que ser infligida aos famintos para levá-los aos campos. Parecia sem limites a engenhosidade exibida pelos poucos que infligiam dor e sofrimento a muitos. Pessoas eram jogadas em lagos, às vezes amarradas, às vezes despidas. Em Luoding, um garoto de 10 anos foi amarrado e jogado em um pântano por ter roubado alguns talos de trigo. Ele morreu alguns dias depois.[15]

Pessoas eram desnudadas e deixadas no frio. Por roubar 1 quilo de favas, o camponês Zhu Yufa foi multado em 120 yuans. Suas roupas, seu cobertor e sua esteira foram confiscados; depois lhe tiraram as roupas e o sujeitaram a uma sessão de pancadaria.[16] Em uma comuna em Guangdong, com milhares de camponeses mandados para o trabalho forçado, os retardatários eram despidos no meio do inverno.[17] Em outro lugar, na pressa para completar um reservatório, quatrocentos aldeões de uma só vez foram obrigados a trabalhar em temperaturas abaixo de zero sem as adequadas roupas acolchoadas de algodão. Não se abriam exceções para mulheres grávidas. Pensava-se que o frio forçaria os aldeões a trabalhar com mais vigor.[18] Em Liuyang, Hunan, uma equipe de trezentos homens e mulheres teve que trabalhar na neve com o peito desnudo. Um em cada sete morreu.[19]

E, no verão, as pessoas ainda eram obrigadas a ficar sob sol abrasador com os braços esticados (outras tinham que se ajoelhar sobre pedras partidas ou pedaços de vidro). Isso aconteceu de Sichuan, no sul, a Liaoning, no norte.[20] As pessoas também eram queimadas com ferramentas incandescentes. Agulhas quentes eram usadas para queimar umbigos.[21] Quando fazendeiros recrutados para trabalhar em um reservatório na comuna de Lingbei queixaram-se de dor, a milícia queimou seus corpos.[22] Em Hebei, as pessoas eram marcadas com ferro em brasa.[23] Em Sichuan, algumas eram submergidas no óleo e lhes ateavam fogo: algumas queimavam até morrer.[24]

VIOLÊNCIA

Água quente era jogada sobre as pessoas. Como óleo estava escasso, elas eram cobertas de urina e excremento.[25] Uma mulher de 80 anos, que cometeu a temeridade de informar sobre seu chefe de equipe que roubava arroz, pagou o preço quando foi encharcada de urina.[26] Na comuna de Longgui, perto de Shantou, aqueles que fracassavam em manter o ritmo de trabalho eram empurrados para dentro de um monte de excremento, forçados a beber urina ou ter as mãos queimadas.[27] Em outro lugar, uma poção líquida de excremento diluído em água era despejada na garganta da vítima. Huang Bingyin, um aldeão enfraquecido pela fome, roubou uma galinha, mas foi pego e forçado pelo líder da aldeia a engolir bosta de vaca.[28] Liu Desheng, culpado de embolsar uma batata-doce, foi coberto de urina. Ele, sua mulher e seu filho também foram forçados a entrar em um monte de excremento. Em seguida, alicates foram usados para puxar sua língua para fora da boca depois que ele se recusou a engolir excremento. Liu Desheng morreu três dias depois.[29]

Em toda parte, mutilava-se como punição: cabelos eram arrancados,[30] orelhas e narizes, cortados. Depois que furtou alguma comida, Chen Di, um camponês em Guangdong, foi amarrado pelo miliciano Chen Qiu, que cortou fora uma de suas orelhas.[31] O caso de Wang Ziyou foi informado à liderança central: como punição por ele ter desenterrado uma batata, uma de suas orelhas tinha sido cortada, as pernas amarradas com arame e uma pedra de 10 quilos deixada cair sobre suas costas; depois disso, ainda foi queimado com ferro em brasa.[32] No condado de Yuanling, Hunan, testículos eram golpeados, solas dos pés queimadas e pimentas ardidas empurradas narinas adentro. Orelhas eram pregadas na parede.[33] Na região de Liuyang, Hunan, arames de ferro eram usados para prender fazendeiros.[34] Em Jianyang, Sichuan, um arame era traspassado nas orelhas dos ladrões e pendurado pelo peso de um pedaço de cartolina que dizia "ladrão contumaz"[35]. Outros tinham agulhas inseridas embaixo das unhas.[36] Em várias partes de Guangdong, quadros injetavam água salgada em pessoas com agulhas normalmente usadas no gado.[37]

Às vezes, maridos e mulheres eram forçados a se agredir, alguns até a morte.[38] Um homem idoso, quando entrevistado para este livro em

2006, soluçou mansamente ao contar como, quando jovem, ele e outros aldeões tinham sido forçados a espancar uma avó, amarrada no templo local, por pegar madeira na floresta.[39]

Pessoas eram intimidadas por imitações de execuções e sepultamentos.[40] Elas também eram queimadas vivas. Isso foi mencionado com frequência em relatórios sobre Hunan. Pessoas eram trancadas em um porão e deixadas para morrer em assustador silêncio, depois de um período de gritos frenéticos e arranhar de paredes.[41] A prática se espalhou o suficiente para provocar um interrogatório pelo chefe provincial Zhou Xiaozhou durante uma visita ao condado de Fengling, em novembro de 1958.[42]

A humilhação era companheira fiel da dor. Em todos os lugares, as pessoas eram forçadas a se exibir — às vezes com um chapéu de bobo, às vezes com uma placa no peito, às vezes inteiramente nuas.[43] Rostos eram manchados de tinta preta.[44] As pessoas recebiam cortes de cabelo *yin* e *yang*, com um lado da cabeça raspado, o outro, não.[45] O abuso verbal era abundante. Dez anos depois, os Guardas Vermelhos, durante a Revolução Cultural, inventaram muito pouco.

A punição também se estendia além da morte. Às vezes, os cadáveres dos espancados até a morte simplesmente apodreciam à beira da estrada, destinados a se tornar párias na vida após a morte, pois, sem os ritos apropriados de sepultamento, seus fantasmas vagariam — de acordo com a crença popular —, sem nunca poder descansar. Sinais eram colocados em alguns túmulos. Na comuna de Longgui, Guangdong, onde uma em cada cinco pessoas morreu em 1959, alguns eram enterrados à beira da estrada, o lugar marcado por um cartaz com a palavra "preguiçoso".[46] Em Shimen, Hunan, toda a família de Mao Bingxiang morreu de fome, mas o líder da brigada recusou-se a lhes dar sepultamento. Depois de uma semana, ratos tinham devorado os olhos dos cadáveres. Pessoas do lugar disseram mais tarde a uma equipe de investigação: "Nós, seres humanos, não somos nem como cachorros, ninguém nos enterra quando morremos."[47]

Membros da família podiam ser punidos por tentar enterrar um parente que estava com problemas perante a justiça local. Quando uma mãe de 70 anos se enforcou para escapar da fome, sua filha correu de volta dos campos para casa em pânico. Mas o chefe local se enfureceu com a quebra

VIOLÊNCIA

de disciplina. Perseguiu a filha pela estrada, socou sua cabeça e depois, quando ela estava caída, chutou-a na parte superior do corpo. Ela ficou aleijada para o resto da vida. "Você pode ficar com ela e comê-la", ele disse sobre a mãe dela, cujo corpo foi deixado para se decompor durante dias.[48] A pior forma de profanação era picar o corpo e usá-lo como fertilizante. Isso aconteceu com Deng Daming, espancado até a morte porque seu filho furtara algumas favas. O secretário do partido Dan Niming ordenou que seu corpo fosse fervido em fogo brando até se transformar em fertilizante para um campo de abóboras.[49]

* * *

É difícil subestimar a extensão da violência: em uma província como Hunan, que não se situava entre as piores em termos de baixas, um relatório de um comitê central de inspeção, endereçado na época a Chu En-lai, observou que pessoas eram espancadas até morrer em 82 dos 86 condados e cidades.[50] Mas é tarefa árdua obter números confiáveis e é provável que nenhum se refira a todo o país. Já foi bastante difícil os investigadores da época determinarem quantas pessoas morreram durante a fome, que dirá apurar a causa da morte. Mas algumas das equipes enviadas ao campo sondaram um pouco mais e obtiveram uma ideia por alto do que havia acontecido. No condado de Daoxian, Hunan, muitas pessoas pereceram em 1960, mas apenas 90% das mortes podiam ser atribuídas à doença e à desnutrição. Ao revisar todas as provas, a equipe concluiu que 10% tinham sido enterrados vivos, espancados até a morte ou assassinados de outra forma por membros do partido e pela milícia.[51] No condado de Shimen, Hunan, cerca de 3.500 morreram em 1960, dos quais 12% "espancados ou levados à morte".[52] Em Xinyang, uma região submetida a uma pesquisa chefiada por líderes seniores, como Li Xiannian, um milhão de pessoas morreram em 1960. Um comitê formal de investigação estimou que de 6% a 7% foram espancados até a morte.[53] Em Sichuan, as taxas eram muito mais altas. No condado de Kaixian, um exame mais atento por uma equipe enviada pelo comitê provincial do partido concluiu, na época, que, do total da população da comuna de Fengle, 17% morreram em menos de um ano, e até 65% das vítimas tinham morrido porque foram espancadas, punidas com a privação de comida ou forçadas a cometer suicídio.[54]

Relatório após relatório detalhava os modos como as pessoas eram torturadas, e a imagem que emerge dessa massa de provas é que, no mínimo, de 6% a 8% das vítimas da fome eram diretamente mortas ou morriam em consequência de ferimentos infligidos por quadros ou pela milícia. Como veremos no capítulo 35, pelo menos 45 milhões de pessoas morreram acima da taxa normal de falecimentos durante a fome, de 1958 a 1962. Dada a extensão e o alvo da violência tão abundantemente documentados nos arquivos do partido, é provável que, no mínimo 2,5 milhões dessas vítimas tenham sido espancadas ou torturadas até a morte.

Não há explicação simples para a violência que sustentava a coletivização drástica. Poder-se-ia muito bem apontar para uma tradição de violência que se estendia desde muitos séculos atrás na China, mas como isso poderia ter sido diferente, de alguma maneira, do resto do mundo? A Europa estava empapada de sangue e o assassinato em massa tomou um número sem precedentes de vidas na primeira metade do século XX. Ditaduras modernas podem ser particularmente criminosas em sua combinação de novas tecnologias de poder, exercido através do Estado de partido único, com novas tecnologias de morte, desde a metralhadora até a câmara de gás. Quando Estados poderosos decidem agrupar esses recursos para exterminar grupos inteiros de pessoas, as consequências gerais podem ser devastadoras. O genocídio, afinal, se tornou possível apenas com o advento do Estado moderno.

O Estado de partido único de Mao não concentrou todos os seus recursos para o extermínio de grupos específicos de pessoas — com a exceção, naturalmente, de contrarrevolucionários, sabotadores, espiões e outros "inimigos do povo", categorias políticas potencialmente vagas o suficiente para incluir cada um e todos. Mas Mao, de fato, jogou o país no Grande Salto Adiante estendendo a estrutura militar do partido a toda a sociedade. "Cada um, um soldado", proclamou, no auge da campanha, e afastou para o lado bondades burguesas como salário, dia de folga semanal ou a prescrição do limite de trabalho que um trabalhador poderia executar.[55] Um gigantesco exército do povo na economia planificada estaria pronto a cumprir todos

VIOLÊNCIA

os comandos de seus generais. Todos os aspectos da sociedade estavam organizados segundo linhas militares — com cantinas, jardins de infância, dormitórios coletivos, tropas de choque e aldeões vistos como infantaria —, em uma revolução contínua. Não existiam meramente palavras marciais retoricamente exibidas para aumentar a coesão do grupo. Todos os líderes eram militares sintonizados com os rigores da guerra. Eles passaram vinte anos em uma guerra de guerrilha em condições de privação extrema. Enfrentaram uma campanha de extermínio atrás da outra, desatadas pelo regime nacionalista de Chiang Kai-shek, e depois conseguiram sobreviver ao massacre do exército japonês durante a Segunda Guerra Mundial. Passaram por expurgos cruéis e fases de tortura que periodicamente convulsionavam o próprio partido. Glorificavam a violência e estavam acostumados à perda maciça de vidas. E todos compartilhavam uma ideologia em que os fins justificavam os meios. Em 1962, depois de perder milhões de pessoas em sua província, Li Jingquan comparou o Grande Salto Adiante à Longa Marcha, na qual um em cada dez conseguira chegar ao fim: "Não somos fracos, estamos mais fortes, conservamos nossa determinação."[56]

Em campo, funcionários do partido mostravam a mesma dura indiferença pela vida humana que tinham em relação aos milhões mobilizados nas sangrentas ofensivas contra Chiang Kai-shek. A força bruta com a qual o país tinha sido conquistado estava agora voltada para a economia — sem levar em conta os números de baixa. E como a pura força de vontade humana era considerada capaz de quase tudo — montanhas podiam ser movidas —, qualquer falha parecia suspeitosamente com sabotagem. Um preguiçoso na "guerra aos pardais" era um "mau elemento" que poderia descarrilar toda a estratégia militar do Grande Salto Adiante. Um fazendeiro que furtava na cantina era um soldado que fora para o mau caminho e deveria ser eliminado antes que o pelotão ameaçasse um motim. Qualquer um era potencialmente um desertor, ou um espião, ou um traidor, de forma que a menor infração era respondida com todo o rigor da justiça marcial. O país se transformou em um gigantesco acampamento, em que as pessoas comuns não tinham mais influência nas tarefas para as quais recebiam ordens de execução, apesar da pretensão do fingimento de democracia socialista. Elas tinham que seguir ordens, e o fracasso em cumpri-las as colocava em risco de punição. Quaisquer controles que existiam em relação à violência — religião, lei, comunidade, família — foram simplesmente varridos.

Enquanto expurgava a si mesmo diversas vezes durante o Grande Salto Adiante, o partido também recrutava novos membros, muitos dos quais com características repulsivas, que sentiam pouco remorso em usar a violência para conseguir que o trabalho fosse feito. A aldeia, comuna ou condado com a maior quantidade de bandeiras vermelhas eram também, geralmente, onde havia a maioria das vítimas. Mas bandeiras vermelhas podiam ser levadas embora e dadas a um rival a qualquer momento, o que forçava os quadros locais a manter a pressão, embora a força de trabalho estivesse crescentemente exausta. Um círculo vicioso de repressão foi criado, com espancamentos cada vez mais incessantes requeridos para conseguir que os famintos desempenhassem quaisquer tarefas para as quais fossem designados. Na escalada da violência, o limite era alcançado quando a ameaça de punição e a ameaça da fome cancelavam uma à outra. Um aldeão forçado a trabalhar por longos turnos nas montanhas no frio do inverno foi sucinto: "Estamos exaustos; se você me bater, não trabalharei."[57]

O modo como a violência aumentou na época é analisado em um manuscrito extremamente interessante, intitulado "Como e por que os quadros espancam as pessoas", escrito por uma das equipes de investigação despachadas para o campo em Hunan. Os autores do relatório não apenas gastaram tempo para reunir provas incriminadoras contra quadros culpados de abuso de poder, como também os entrevistaram em uma rara tentativa de descobrir o que tinha dado errado. A equipe descobriu o princípio da recompensa: os quadros batiam em aldeões para ganhar elogios de seus superiores. Por mais caótica que a situação estivesse em campo, a violência sempre seguia uma linha, principalmente do topo para a base. Zhao Zhangsheng foi um exemplo. Membro das fileiras inferiores do partido, recusou-se, a princípio, a espancar pessoas suspeitas de serem "direitistas" nos expurgos que se seguiram à Conferência de Lushan em 1959. Foi censurado por seus superiores e até arriscou ser denunciado, ele próprio, como "conservador direitista", mas continuou a expressar relutância em usar a violência contra inimigos do partido. Então, foi multado em

VIOLÊNCIA 375

5 yuans como advertência. Depois, finalmente sucumbiu à pressão e voltou com raiva, surrando uma criança pequena até ela ficar coberta de sangue.[58]

A pressão dos que assistiam aos atos de violência frequentemente arrastava os quadros locais ao mesmo baixo nível e os unia em uma camaradagem de violência compartilhada. Em Leiyang, o líder do condado Zhang Donghai e seus acólitos consideravam a violência um "dever" intrínseco da "revolução contínua": "fazer uma campanha não é a mesma coisa que fazer um bordado, é impossível não espancar pessoas até a morte." Quadros locais que se recusavam a bater em preguiçosos eram, eles próprios, sujeitos a sessões de humilhação pública, amarrados e espancados. Cerca de 260 foram demitidos do trabalho. Trinta foram espancados até a morte.[59] No condado de Hechuan, Sichuan, quadros ouviam que "há tantas pessoas trabalhando que não importa se você espancar algumas até a morte".[60]

Entrevistas colhidas por inspetores do partido, em 1961, confrontaram os perpetradores de violência com suas vítimas. Shao Ke'nan era um jovem de Hunan que foi espancado pela primeira vez no verão de 1958, no auge do frenesi da coletivização. Despachado para trabalhar 12 horas por dia no meio do inverno em um projeto de irrigação nas montanhas Huaguo, foi coberto de golpes novamente. Um de seus espancadores era um oficial chamado Yi Shaohua. Shao Ke'nan conhecia Yi desde a infância e se lembrou de que o homem nunca recorrera à violência antes do Grande Salto Adiante. Com o desdobramento de novas campanhas políticas, ele mudou e espancava e praguejava ao menor pretexto. Socava forte e deixava suas vítimas com hematomas, surradas e ensanguentadas.[61] Quando Yi Shaohua, por seu turno, foi perguntado por que era tão violento, explicou que a pressão vinha de seu superior. Yi tinha medo de ser tachado de direitista. Seu chefe lhe dissera: "Se você não bater neles, o trabalho não será feito." A pressão tinha que ser passada adiante na cadeia de comando: "As pessoas acima de nós nos apertam para que apertemos quem está abaixo de nós."[62] Em outras palavras, como os próprios membros do partido eram aterrorizados, eles, por sua vez, aterrorizavam a população sob seu controle.

* * *

Os quadros tinham uma escolha: poderiam melhorar as condições dos aldeões — contra todas as probabilidades — ou, em vez disso, tentar cumprir as metas do partido. Um existia a expensas do outro. A maioria seguia o caminho de menor resistência. Uma vez feita a escolha, a violência assumia sua própria lógica. Em condições de penúria generalizada era impossível manter todo mundo vivo. Simplesmente não havia comida suficiente na aldeia para prover até camponeses confiáveis de uma dieta adequada e, no clima de repressão em massa que se seguiu à Conferência de Lushan em 1959, não parecia que o problema de escassez estivesse para ser resolvido com muita rapidez. Um expediente para aumentar a comida disponível era eliminar os fracos e doentes. A economia planificada já reduzira as pessoas a meros dígitos em uma folha de balanço, um recurso a ser explorado por bens maiores, como carvão ou cereais. O Estado era tudo, o indivíduo, nada; seu valor era constantemente avaliado mediante pontos de trabalho e determinado pela habilidade de deslocar terra ou plantar arroz. No campo, camponeses eram tratados como gado: tinham que ser alimentados, vestidos e alojados, tudo a um custo para o coletivo. A extensão lógica desses cálculos gélidos era destruir os que eram julgados não merecedores de viver. O assassinato discriminado de preguiçosos, fisicamente débeis ou elementos de qualquer forma improdutivos aumentava o suprimento geral de comida para aqueles que contribuíam com o regime através de seu trabalho. A violência era um modo de lidar com a escassez de alimentos.

A comida era comumente usada como uma arma. A fome era a punição à qual se recorria em primeiro lugar, mais ainda que a uma surra. Li Wenming, vice-secretário do partido de uma comuna no condado de Chuxiong, espancou seis camponeses até a morte, mas sua principal arma para obter disciplina era a fome. Dois irmãos recalcitrantes foram privados de comida por uma semana inteira e acabaram buscando desesperadamente raízes na floresta, onde logo morreram de fome. Uma das mulheres dos dois estava em casa doente. Ela também foi banida da cantina. Uma brigada inteira de 76 pessoas foi punida com a fome por doze dias. Muitas morreram de desnutrição.[63] Em Longgui, Guangdong, o secretário do partido na comuna ordenou que aqueles que não trabalhassem não deveriam comer.[64] Ao descrever o que aconteceu em

VIOLÊNCIA

muitos condados em Sichuan, um inspetor notou que "os membros da comuna doentes demais para trabalhar são privados de comida — isso apressa a morte deles". No primeiro mês, a ração era reduzida para 150 gramas de grão por dia; depois, no segundo, para 100 gramas. No final, àqueles que estavam para morrer negava-se qualquer comida. Em Jiangbei e Yongchuan, "praticamente toda comuna do povo retém comida". Em uma cantina que servia 67 pessoas, dezoito morreram três meses após ser barradas em suas dependências por motivo de doença.[65] Existem poucos números confiáveis, mas uma equipe de inspetores que examinou atentamente várias brigadas no condado de Ruijiang, Sichuan, acreditava que a 80% dos que morreram de fome havia sido negada comida como forma de punição.[66] E, até aos que recebiam comida na cantina, com frequência se dava quantidade inferior à que formalmente teriam direito. Como explicou um aldeão, a concha mergulhada na panela "podia ler o rosto das pessoas". Com isso, ele quis referir-se a um fenômeno que muitos entrevistados lembraram: ou seja, que o homem a cargo da cantina deliberadamente discriminava os que considerava "maus elementos". Enquanto chegava ao fundo da panela para os bons trabalhadores, a concha meramente raspava a superfície para os "maus elementos", a quem era dada uma mistura aguada. "A água tinha aparência esverdeada e era intragável."[67]

Relatório após relatório afirma que os doentes eram forçados a sair e a trabalhar nos campos. Dos 24 aldeões que sofriam de edema e foram compelidos pelo oficial Zhao Xuedong a participar do trabalho, todos, à exceção de quatro, morreram. Na comuna de Jinchang, aqueles que tinham a sorte de receber tratamento médico eram orientados para trabalho pesado pelo secretário local do partido assim que liberados do cuidado médico.[68] Por todo o país, os doentes demais para trabalhar eram rotineiramente cortados do suprimento de comida — uma decisão a que chegavam facilmente os quadros que interpretavam doença como oposição ao regime. Nos piores lugares, até mesmo aqueles que conseguiam realizar sua tarefa diária recebiam apenas uma tigela de arroz aguado.

* * *

"A cada um segundo suas necessidades" era o slogan proclamado por condados-modelo, como Xushui, mas com excessiva frequência esse slogan estava muito mais próximo do dito de Lenin, "aquele que não trabalhar não comerá". Alguns coletivos até dividiam a população local em grupos distintos, conforme o desempenho no trabalho, cada um recebendo uma ração diferente. As calorias eram distribuídas de acordo com os músculos. A ideia era cortar a ração dos que tinham desempenho menor no trabalho e usá-la como bônus para estimular os melhores trabalhadores. Era um sistema simples e eficaz para administrar a escassez, recompensando os fortes à custa dos fracos. Um sistema similar tinha sido inventado em circunstâncias semelhantes quando os nazistas foram confrontados com tal escassez de comida que já não podiam alimentar seus trabalhadores escravos. Günther Falkenhahn, diretor de uma mina que supria o complexo químico IG Farben, dividiu seu *Ostarbeiter* em três classes e concentrou a comida disponível naqueles trabalhadores que davam o melhor retorno por unidade de caloria. Os que estavam no fundo caíam em uma espiral fatal de má nutrição e desempenho ruim. Por volta de 1943, ele teve reconhecimento nacional, e a ideia de *Leistungsernährung*, ou "alimentação segundo a performance", foi promulgada como prática padrão no emprego de *Ostarbeiter*.[69]

Nenhuma ordem jamais veio de cima, instruindo os membros do partido a restringir a alimentação adequada a trabalhadores acima da média, mas essa parecia uma estratégia eficaz o bastante para alguns quadros astutos obterem a produção máxima com o mínimo de gastos. Na Vila do Pêssego, Guangdong, os quadros dividiram os camponeses em doze graus diferentes, calibrados de acordo com a performance. Trabalhadores do nível mais alto recebiam pouco menos de 500 gramas de grão por dia. Aqueles que ficavam perto do fundo recebiam meros 150 gramas por dia, uma dieta de fome que eliminava os elementos mais vulneráveis, substituídos por outros que inexoravelmente escorregavam para baixo nas posições e beiravam o fim. Um em cada dez morreu de fome em 1960.[70] De fato, por todo o país, como vimos, as unidades estavam divididas em níveis diferentes, bandeiras vermelhas, verdes e brancas entregues aos avançados, medíocres e atrasados. Foi um pequeno passo para elaborar mais o sistema e tornar a renda

VIOLÊNCIA

calórica dependente da posição. No condado de Jintang, por exemplo, uma aldeia dividia seus membros nos grupos "superior", "médio" e "inferior", os nomes respectivamente listados em papel vermelho, verde e branco. Membros de posições diferentes não podiam se misturar. Os nomes vermelhos eram elogiados, mas os brancos eram perseguidos sem descanso, muitos acabando em campos de trabalho provisórios para "reeducação".[71]

* * *

O suicídio atingiu proporções epidêmicas. Para cada assassinato, um número não revelado sofria de um modo ou de outro, e alguns destes optavam por dar fim à vida. Frequentemente, não era tanto a dor que empurrava uma pessoa para o fim, quanto a vergonha e a humilhação suportadas na frente de outros aldeões. Uma frase feita era que fulano ou beltrano, tendo se desviado do caminho, "ficou com medo do castigo e cometeu suicídio". "Levado à morte" ou "imprensado contra a parede" também eram expressões comuns para descrever o autoassassinato. No espaço de poucos meses no verão de 1958, em Fengxian, Xangai, 95 pessoas "foram forçadas a um impasse e cometeram suicídio" entre 960 pessoas mortas. As outras morreram de doenças não tratadas, tortura ou exaustão.[72] Como dado básico muito genérico (os números, novamente, são gritantemente não confiáveis), cerca de 3% a 6% das mortes evitáveis foram causadas por suicídio, o que significa que entre 1 milhão e 3 milhões de pessoas deram fim à vida durante o Grande Salto Adiante.

Em Puning, Guangdong, suicídios eram descritos como "persistentes"; algumas pessoas acabavam com a vida por vergonha de ter furtado de colegas aldeões.[73] Quando a punição coletiva era distribuída, aqueles que se sentiam culpados por colocar os outros em perigo cometiam suicídio. No condado de Kaiping, uma senhora de 56 anos furtou dois punhados de grãos. Toda a sua família foi banida da cantina por cinco dias e mandada para um campo de trabalho. Ela cometeu suicídio.[74] Às vezes, as mulheres levavam os filhos com elas, pois sabiam que não sobreviveriam sozinhos. Em Shantou, uma mulher acusada de roubo amarrou seus dois filhos ao próprio corpo antes de pular no rio.[75]

Nas cidades, a taxa de suicídio igualmente disparou, embora existam poucos números confiáveis. O Departamento de Segurança Pública em Nanquim, por exemplo, ficou alarmado quando informou que, na primeira metade de 1959, cerca de duzentas pessoas tinham pulado no rio para praticar suicídio. A maioria, mulheres.[76] Muitos se matavam porque suas famílias tinham sido separadas pela coletivização. Tang Guiying, por exemplo, perdeu o filho para a doença. Depois, sua casa foi destruída para abrir espaço a um projeto de irrigação. Ela se uniu ao marido, que trabalhava em uma fábrica em Nanquim. Quando as autoridades lançaram uma campanha para mandar aldeões de volta para o campo, ele não fez nada para protegê-la. Ela se enforcou.[77]

35

Sítios de horror

O horror da destruição em massa foi encontrado pela liderança do partido primeiro em Xinyang: ele levou às lágrimas Li Xiannian, duro veterano do Exército Vermelho. A reação imediata foi culpar os contrarrevolucionários. Logo, uma campanha se desenvolveu em todo o país para tomar o poder de volta das mãos da reação, frequentemente com apoio militar do centro. Mas, em um movimento inteligente, destinado a retratar Xinyang como exceção, relatórios foram divulgados em que o partido se referia ao "incidente de Xinyang". A este acrescentou-se o "incidente de Fengyang", que tomou o nome de um condado poeirento à margem do rio Huai, na província de Anhui. Ali também um reinado de terror custara a vida de um quarto dos 335 mil aldeões. Uma compilação dos relatórios do partido em ambos os casos começou a circular nos anos 1980 e incluiu um documento de seiscentas páginas, contrabandeado para fora da China na esteira do massacre da Praça Tiananmen, em 1989. Esses documentos tornaram-se a base da maioria dos estudos do período. Xinyang passou a ser um exemplo de fome.

No entanto, quadros locais que se reuniram em todo o país para discutir o relatório Xinyang, em 1961, não se impressionaram. Em Xiangtan, Hunan, um condado onde dezenas de milhares morreram, alguns quadros acharam que o incidente de Xinyang empalidecia em comparação com o que acontecia em seu próprio quintal. Por que deveria chamar-se "incidente", alguns se perguntavam.[1]

382 A GRANDE FOME DE MAO

Existe, de fato, um vasto número de aldeias onde a morte colheu mais de 30% da população em um único ano — em alguns casos, vilarejos inteiros foram apagados. Mas condados são entidades políticas muito maiores, suas populações em geral variam entre 120 mil e 350 mil. Uma taxa de morte de 10% em um ano, em um condado inteiro, composto de muitas centenas de aldeias, algumas estreitamente agrupadas, outras divididas por montanhas, rios ou florestas, só poderia ter ocorrido sob imensa pressão política. Os sítios de horror, onde a fraude e o terror se combinaram para produzir assassinatos em massa, existiam em todo o país. Cada província sob a liderança de um fanático político tinha vários, alguns se gabavam de ter uma dúzia. É improvável que uma lista completa de tais casos apareça em futuro próximo, uma vez que tantos arquivos do partido ainda permanecem fechados, mas abaixo há uma lista provisória de 55 condados, que, sem dúvida, vai crescer à medida que fontes melhores se tornem disponíveis. Baseia-se em uma compilação de quarenta condados por Wang Weizhi, demógrafo que trabalhou para o Departamento de Segurança Pública em Pequim.[2] Mas a informação dele é incompleta, pois é derivada de números oficiais enviados para a capital em vez de pesquisas nos locais. Vários condados têm sido acrescentados à lista com base nos arquivos materiais consultados para este livro (eles estão marcados com um asterisco). Vários casos desses serão examinados neste capítulo.

Sichuan: Shizhu, Yingjing, Fuling,* Rongxian, Dazu,* Ziyang, Xiushan, Youyang, Nanxi, Dianjiang, Leshan, Jianwei, Muchuan, Pingshan,* Bixian,* Ya'an,* Lushan,* Seda*

Anhui: Chaoxian, Taihe, Dingyuan, Wuwei, Xuancheng, Haoxian, Suxian, Fengyang, Fuyang, Feidong, Wuhe

Henan: Guangshan, Shangcheng, Xincai, Runan, Tanghe, Xixian, Gushi, Zhengyang, Shangcai, Suiping

Gansu: Tongwei,* Longxi,* Wuwei*

Guizhou: Meitan, Chishui, Jingsha, Tongzi

Qinghai: Huangzhong, Zaduo, Zhenghe

Shandong: Juye,* Jining,* Qihe,* Pingyuan*

Hunan: Guzhang*

Guangxi: Huanjiang

* * *

SÍTIOS DE HORROR

Tongwei, no noroeste de Gansu, era uma das áreas mais pobres do país. Localizada no meio de montanhas ondulantes e dividida por ravinas em um árido platô de loesse, havia sido outrora um ponto de parada importante, na antiga rota da seda. Antes que o centro de gravidade se movesse na direção do sul exuberante, a região se erguera com atividade humana, pois bom uso era feito do rico loesse. Sinais do passado estão em toda parte, uma vez que o solo é fácil de ser cavado. Muros, casas e aterros para tumbas eram feitos de loesse e pareciam entalhados direto na paisagem. Cavernas eram esculpidas em montanhas quebradiças, algumas com aberturas arqueadas e pátios poeirentos. Com o tempo, o vento e a chuva corroíam a montanha e as residências terminavam resistindo por conta própria. Terraços no alto de montanhas e estradas por vales profundos se misturavam em uma paisagem de terra modelada ao longo das eras por mãos habilidosas. O Exército Vermelho ocupou Tongwei em setembro de 1935, onde Mao compôs uma ode à Longa Marcha.

Xi Daolong, cabeça do condado, era um membro-modelo do partido, selecionado em maio de 1958 pela província para assistir a um dos encontros mais prestigiosos do partido comunista em Pequim. Quando o chamado do presidente pela coletivização radical veio alguns meses depois, Xi respondeu com zelo, amalgamando todas as cooperativas em catorze comunas gigantes. Sob os olhos vigilantes da milícia, tudo foi coletivizado: terra, gado, casas, utensílios — até mesmo panelas, latas e botijas foram confiscadas. Os aldeões tinham que seguir todos os ditames dos líderes do partido. Como Tongwei era um elo-chave no plano da província de desviar um tributário do rio Amarelo para as montanhas a fim de criar uma autoestrada de água que tornaria o árido platô um jardim verde, um em cada cinco camponeses foi despachado para trabalhar em um reservatório. No intuito de agradar a uma equipe de inspeção enviada para apressar o trabalho do esquema de irrigação, a metade de todos os aldeões foi arrastada, no meio da colheita, para canteiros de obras distantes. Permitiu-se que a safra apodrecesse nos campos. Em um condado de pobreza absoluta, em que os fazendeiros conseguiam ganhar a vida com dificuldade, mais de 13 mil hectares foram abandonados só no primeiro ano do Grande Salto Adiante. Com o passar dos anos a safra encolheu, de 82 mil toneladas em 1957 para 58 mil

384   A GRANDE FOME DE MAO

toneladas em 1958, para 42 mil em 1959 e, finalmente, para miseráveis 18 mil em 1960. Mas as requisições aumentavam. Xi Daolong informou uma safra recorde de 130 mil toneladas em 1958. O Estado tomou um terço. Em 1959, Xi novamente informou o mesmo volume. Como o Estado agora tomou quase a metade, praticamente não sobrou nenhum grão.[3]

Os aldeões que reclamavam eram tachados de direitistas, sabotadores ou agitadores antipartido. O cabeça do condado, um homem chamado Tian Buxiao, ficou profundamente abalado com o que viu no campo. Foi denunciado como elemento antipartido e repetidamente submetido a sessões de humilhação pública, como um "pequeno Peng Dehuai". Cometeu suicídio em outubro de 1959. Mais de mil quadros que discordaram de um modo ou de outro foram censurados. Alguns foram demitidos, outros presos, mas a tortura era disseminada, em particular contra aldeões. As pessoas eram enterradas vivas nas cavernas escavadas nas montanhas de loess. No inverno, eram enterradas sob a neve. Outras formas de tortura eram usadas, inclusive agulhas de bambu. No relatório não editado anexado ao arquivo que continha a versão final mandada para o comitê provincial, uma sentença menciona que "as pessoas eram espancadas até a morte e transformadas em adubo".[4] Mais de 1.300 foram espancadas ou torturadas até morrer. Lá pelo inverno de 1959–60, as pessoas comiam casca de árvore, raízes e debulho.[5]

De acordo com relatório compilado pelo comitê do condado em Tongwei poucos anos depois da fome, cerca de 60 mil pessoas morreram em 1959 e 1960 (o condado tinha 210 mil aldeões em 1957). Poucos lares escaparam da fome. Quase todo mundo tinha vários parentes que morriam de fome e mais de 2 mil famílias foram inteiramente eliminadas.[6]

Xi Daolong finalmente foi preso, mas, sem o apoio de seus superiores, dificilmente poderia ter presidido um reinado de terror que durou vários anos. Um escalão acima dele havia Dou Minghai, secretário do partido da região de Dingxi à qual Tongwei pertencia. O próprio Dou estava sob constante escrutínio de Zhang Zhongliang, o chefe de Gansu. A pressão era tão intensa que ele considerava os aldeões que tentavam fugir da região "todos maus", e cada um deles culpado de "oposição ao partido". Ele manteve a pressão por índices maiores de requisição e declarou que era "mais

SÍTIOS DE HORROR

fácil as pessoas morrerem de fome que eu pedir cereais ao Estado".[7] Mas, no fim, até seus superiores não puderam mais ignorar a extensão da fome, e uma equipe de cem pessoas foi enviada da capital Lanzhou, em fevereiro de 1960. Xi Daolong e seus ajudantes foram presos.[8] Um mês depois, um relatório foi enviado a Pequim. A liderança central declarou que Tongwei estava "completamente podre".[9]

* * *

Sichuan, à diferença de Gansu, é uma província rica e fértil, tradicionalmente conhecida como a "terra da abundância", com florestas subtropicais e centenas de rios desviados desde tempos antigos com propósito de irrigação. Mas nessa imensa província do tamanho da França há imensas variações, com vales profundos e montanhas escarpadas no platô ocidental de Sichuan, esparsamente povoado por uma minoria étnica, ao contrário da bacia em torno de Chengdu, onde montanhas baixas e planícies aluviais sustentam dezenas de milhões de agricultores. Mais condados em Sichuan que em qualquer outro lugar têm índice de mortalidade superior a 10% ao ano. A maior parte deles era de áreas empobrecidas nas montanhas em torno da bacia e bem poucos se agrupavam ao redor de Chongqing, cidade pendurada desordenadamente nos penhascos íngremes à beira do Yang-Tsé.

Este era o caso, por exemplo, de Fuling, condado relativamente próspero com campos em terraços ao longo do rio Yang-Tsé, nas terras do interior fora de Chongqing. Baozi, uma comuna de 15 mil pessoas, conhecida como "celeiro de grãos de Fuling", produzia colheitas tão abundantes que, normalmente, mandava a metade de sua produção como tributo ao Estado. À beira da estrada principal, até quatrocentas pessoas podiam ser encontradas em qualquer dia, atarefadas, trazendo grãos, verduras e porcos para vender. Mas, por volta de 1961, a produção de grãos tinha caído em cerca de 87%. Os campos estavam cheios de ervas daninhas e metade da população desaparecera. Um "vento do comunismo" havia soprado sobre a comunidade, enquanto tijolos, madeira, panelas, utensílios e até agulhas e fraldas para bebês tinham sido confiscados em uma corrida louca pela coletivização, na qual a própria noção de propriedade individual era vista como "conservadorismo direitista". "Podemos comer muito, até sem agricultura, por três anos" era o slogan do momento, enquanto 70% da força de trabalho foram desviados da agricultura para a construção de grandes cantinas, chiqueiros e mercados. As pessoas que ainda trabalhavam no campo tinham que obedecer às ordens da comuna e, por exemplo, destruir acres de milho porque o vice-secretário do partido achava que as folhas estavam viradas na direção errada. O plantio denso, por outro lado, matou a colheita de arroz em alguns dos canteiros mais férteis. Em partes da comuna, 80% dos terraços de arroz foram convertidos em terra seca para verduras, com resultados desastrosos. Então, como veio uma ordem de Li Jingquan, de que as unidades avançadas deveriam ajudar a transformar as montanhas em um farto verde, com encostas cobertas de trigo, os fazendeiros tiveram que abandonar os terraços férteis para arranhar o solo rochoso nas terras altas a muitas milhas de distância.

Para esconder o declínio precipitado da produção agrícola, os líderes da comuna declararam, em 1959, uma safra de 11 mil toneladas em vez das 3.500 toneladas estocadas. O Estado tomou 3 mil toneladas. A milícia foi atrás dos esconderijos de grãos, tomando tudo em que punha as mãos. Sessões de humilhação pública pontuavam a agenda diária. O peso do corpo era a linha de classe que separava os pobres dos ricos: ser gordo era ser um direitista, e os direitistas eram perseguidos incessantemente — com frequência até a morte. No final, as pessoas não tinham nada para comer, exceto cascas de árvore e lama. Até um terço da população morreu em algumas aldeias em Baozi.[10]

Baozi não era excepcional de forma alguma. Por todo o condado de Fuling, os índices de mortalidade eram altos, com algumas aldeias perdendo 9% da população em um único mês, em 1960.[11] Um índice médio de mortalidade de 40% a 50% não era incomum em brigadas na região.[12]

Outros condados na área de Chongqing também tinham índices de mortalidade de mais de 10% em 1960, por exemplo, Shizhu, Xiushan e Youyang. Em Shizhu, a milícia proibiu aldeões de buscar raízes e ervas silvestres na floresta, revistando todas as casas em busca de panelas e caçarolas para impedir que se cozinhasse fora das cantinas. A violência era comum, com "esquadrões de espancamento" (*darendui*) em partes do

SÍTIOS DE HORROR

condado tomando conta da disciplina; alguns levavam pinças e agulhas de bambu. Chen Zhilin, vice-secretário de uma das comunas, espancou várias centenas de pessoas, matando oito. Algumas foram enterradas vivas. No condado como um todo — de acordo com o Departamento de Segurança Pública —, cerca de 64 mil pessoas morreram só em 1959-60, ou 20% da população. As autoridades ficaram tão assoberbadas com as ondas de morte que, no fim, os mortos eram atirados em túmulos coletivos. Quarenta corpos foram jogados em um buraco na comuna de Shuitian. Perto da estrada para a capital do condado, outros sessenta foram enterrados em uma trincheira estreita, mas o serviço foi tão malfeito que partes de vinte corpos ficaram para fora do túmulo e logo foram atacadas por cães vorazes. Como madeira para caixão era escassa, vários bebês mortos na época foram levados em recipientes de ratã para serem enterrados.[13]

Longe dos vales exuberantes ao longo do Yang-Tsé, duras batalhas ensanguentavam as savanas do platô tibetano a oeste. Em 1959, em Serthar (Seda), um condado na região autônoma de Ganzi, tibetanos foram presos e empurrados para dentro de coletivos depois que Lhasa foi abalada por uma rebelião e o Dalai Lama teve que fugir a pé pelas montanhas do Himalaia para a Índia. Dúzias de rebeliões aconteceram em Ganzi no fim de 1958, levando a milhares de prisões e muitas execuções.[14] Uma matança de amplo alcance precedeu a coletivização, pois os pastores preferiam matar seus carneiros a entregá-los ao Estado. Dezenas de milhares de animais foram mortos e comidos. Os quadros, no controle dos cereais, se recusavam a alimentar os nômades, usando a milícia para extrair qualquer sinal possível de riqueza daqueles que consideravam seus inimigos. Encurraladas em comunas improvisadas, muitas pessoas morriam de doença. Se antes os nômades tinham acesso a água limpa durante todo o ano, estavam agora amontoados em acampamentos ordinários, sem instalações adequadas e logo cheios de excrementos e detritos. De uma população de 16 mil, cerca de 15% morreram só em 1960. Cerca de 40% dos que morreram foram espancados ou torturados até a morte.[15]

* * *

Guizhou, à diferença de sua vizinha do norte, Sichuan, é uma província empobrecida, historicamente abalada por rebeliões de minorias que compõem pelo menos um terço da população — muitas vivem na pobreza nas montanhas e terras altas que dominam o que é conhecido como "reino das montanhas". Chishui, antes próspera como passagem estratégica para o transporte de sal, é um posto avançado perdido na fronteira com Sichuan. O rio que corre por vale de arenito vermelho carrega o sedimento e dá nome ao lugar, que significa "Água Vermelha". Em março de 1935, o Exército Vermelho cruzou o rio diversas vezes e transformou o condado em solo sagrado, astutamente promovido pelos líderes locais depois da revolução. No alto das montanhas escarlates, pequenas aldeias ficavam escondidas entre gigantescas samambaias e bambus de um verde brilhante, mas a maioria das pessoas cultivava arroz com casca e cana-de-açúcar ao longo do rio e seus tributários. Entre outubro de 1959 e abril de 1960, cerca de 24 mil pessoas morreram — mais de 10% da população.[16]

Wang Linchi, um homem relativamente jovem de 35 anos, estava a cargo do condado. Recebera uma cobiçada bandeira vermelha em 1958 e fora elogiado pela liderança central por transformar um local atrasado em um "condado de 5 mil quilos", graças às muitas inovações anunciadas pelo Grande Salto Adiante. Em Chishui, sob Wang Linchi, arar a terra profundamente significava cavar a uma profundidade de 1 a 1,5 metro: quanto mais profundo, melhor. Grandes quantidades de sementes eram utilizadas, com frequência, de 200 a 450 quilos por hectare, mas, de vez em quando, uma ou duas toneladas; às vezes, 3 toneladas. Entre outros grandes esquemas inventados pela liderança do condado, havia um projeto de irrigação no qual a água seria captada por meio de uma rede de canos de bambu para todos os canteiros do condado. "Canos de água nos céus de Chishui" era o slogan, mas o esquema falhou miseravelmente depois que acres de florestas de bambu foram derrubados, privando os aldeões de um recurso muito necessário.

O resultado do Grande Salto Adiante em Chishui foi uma produção de grãos em queda e o virtual extermínio do gado. Mas Wang estava determinado a manter sua reputação. Já em setembro de 1958, muitos meses antes do relatório de Zhao Ziyang sobre ocultação de grão em Guangdong, ele decretou que parte da colheita estava sendo retida por "fazendeiros

SÍTIOS DE HORROR

ricos" e "maus elementos" em um ataque sustentado ao sistema socialista. Um contra-ataque impiedoso, com quadros armados, era necessário para salvar as comunas e impedir uma contrarrevolução. As pessoas no campo foram aterrorizadas. Um ano depois, na esteira da Conferência de Lushan, os aldeões foram divididos em "camponeses ricos" e "camponeses pobres". Atrás dos camponeses ricos estavam os senhores de terras, sabotadores, contrarrevolucionários e outros elementos empenhados em destruir a revolução: "Camponeses pobres e ricos, esta luta é até a morte!" Vários milhares de quadros foram expulsos do partido por terem o passado de classe errado, enquanto demonstrações de massa, sessões de humilhação pública e campanhas contra a ocultação foram organizadas para arrancar pela raiz cada inimigo de classe. Como Mao, Wang Linchi era poeta, compunha versos para glorificar a classe trabalhadora e organizou uma ópera tradicional em que ele foi o principal protagonista — antes de centenas de convidados devorarem um opulento banquete. Nesse meio-tempo, a agricultura era negligenciada: embora em janeiro de 1960 Wang anunciasse a seus superiores em Guiyang uma colheita recorde de 33.500 toneladas, 80% desse total só existiam no papel.[17]

Dificilmente Wang Linchi seria um caso único em Guizhou, província radical, liderada por Zhou Lin, seguidor muito próximo de Mao. Em todos os lugares, Zhou Lin tacitamente estimulava uma abordagem radical do Grande Salto Adiante, o que resultou em um dos índices de mortalidade mais altos do país. Em Meitan, famosa pelo chá, 45 mil pessoas morreram em seis meses. Wang Qingchen, o primeiro-secretário do partido, dispunha de uma força de trabalho de 50 mil à sua disposição e construía gigantescos jardins de chá, pomares, sistemas de irrigação e edifícios coletivos que transformariam Meitan em um modelo nacional. Quarenta mil porcos foram requisitados para uma "cidade de 10 mil porcos". Quem criticasse esses planos era acusado de "agitar uma tendência revisionista ruim" e recebia o rótulo de "direitista oportunista". Em 1960, uma campanha "Prenda muitos e detenha muitos" foi organizada pela polícia e pela milícia e varreu toda a região. Cerca de 3 mil pessoas foram presas em um mês. Um slogan simples parecia captar o espírito de Meitan: "Os que são incapazes de produzir grão não vão receber nenhum grão."[18]

Quarenta e cinco mil mortes é um número muito alto, mas, mesmo assim, pode estar subestimado. De acordo com uma investigação do comitê provincial do partido, 12 mil pessoas "morreram de fome" só em uma comuna, ou 22% da população.[19] Com foco em uma aldeia, pesquisa mais detalhada mostrou que mais de um terço dos habitantes morreu. Nongcha era antes uma aldeia relativamente próspera, em que cada família possuía alguns patos e galinhas, mas, em 1961, a colheita tinha diminuído para um terço do produzido em 1957. Verduras eram difíceis de aparecer. A produção de cana-de-açúcar, indispensável para os fazendeiros locais trocarem por comida e outros bens, foi praticamente apagada. Muitos campos foram destruídos após experiências com plantio profundo e criação de novas terras em leitos de rios, lagos e no oceano. Alguns campos eram chamados de "canteiros da lua", porque o terreno esburacado já não conseguia reter nenhuma água. Não se conseguiam pontos por trabalho e as aldeias eram alimentadas de acordo com os caprichos de quadros locais em cantinas caóticas. Propriedade pessoal era confiscada, canteiros privados, abolidos. As requisições do Estado eram elevadíssimas, apesar da queda na produção de grãos: em 1959, três quartos da colheita foram levados por agentes do Estado e os aldeões foram deixados a passar fome. Em 1961, só restava um porco em toda a cidade.[20]

Quando uma equipe de inspeção foi agendada para visitar Meitan em abril de 1960, os líderes locais correram dia e noite para enterrar cadáveres em túmulos coletivos à beira da estrada. Aldeões doentes e crianças abandonadas foram trancados e guardados pela milícia, enquanto se arrancavam reveladoras árvores sem casca, com raiz e tudo.[21] Ao viajar pela região em março de 1960, Nie Rongzhen mostrou-se maravilhado com Guizhou em uma carta a Mao: "De fato, Guizhou não é pobre de forma alguma, é muito rica — no futuro deveria ser nossa base industrial no sudoeste."[22]

* * *

À medida que se aproxima do fim de sua longa jornada pelo platô de loess, o rio Amarelo cruza o Grande Canal, um rio antigo feito pelo homem, completado no século VII, para levar o tributo de grãos até a capital imperial no norte. Diz-se que mais de 40 mil trabalhadores eram necessários para

SÍTIOS DE HORROR

manter o sistema do canal, usado, em seu auge, em meados do século XV, por cerca de 11 mil barcaças de grãos. Qihe é o principal porto do rio em Shandong, situa-se logo a noroeste de Jinan e deve ter se beneficiado de sua localização estratégica no rio Amarelo. Antes do Grande Salto Adiante era conhecida como "armazém de grãos", com uma safra abundante que chegava a 200 mil toneladas em um ano bom para a população de cerca de meio milhão de pessoas. Algodão, tabaco e frutas também eram amplamente cultivados. Por volta de 1961, o condado de Qihe havia perdido bem mais de 100 mil pessoas, ou um quinto da população, comparado com 1957. Metade dos trabalhadores que sobreviveram ou ficaram para trás estava doente. A economia foi destruída. As 200 mil toneladas de grãos colhidas em 1956 definharam para apenas 16 mil poucos anos depois. O colapso da produção de amendoim foi até mais dramático: enquanto 7.780 toneladas tinham sido colhidas dos campos em 1956, lamentáveis dez toneladas foram reunidas em 1961. Tudo, parece, se reduziu a cerca de um décimo do que se poderia esperar antes de 1958. Até a terra cultivada encolhera: um quinto foi levado embora pela construção de reservatórios e estradas, a maioria dos quais nunca foi terminada. Como em todo lugar no norte, o volume de solo alcalino havia dobrado e chegou a quase um terço da superfície em cultivo. Apesar — ou, na verdade, em consequência — do investimento maciço em projetos de conservação da água, a superfície irrigada em geral encolheu em 70%. Fora dos campos, a devastação era igualmente visível. O gado era menos da metade de antes, o número de carroças definhou, enquanto dezenas de milhares de utensílios simples como ancinhos e enxadas desapareceram. Mais da metade das árvores tinha sido derrubada. De todas as habitações no país, 38% tinham sido destruídos. Do que restou em pé, um quarto estava pesadamente danificado e necessitava de atenção urgente. Cerca de 13 mil famílias não tinham sequer um quarto para elas.[23]

Hanzhuang era um dos muitos vilarejos pequenos do condado de Qihe. Tinha 240 aldeões em 1957, mas, em 1961, só restavam 141. Um quarto da vila tinha morrido de fome, uma em cada seis famílias havia sido inteiramente extinta — um fato que tem grande peso em uma cultura que continuava a enfatizar a descendência, apesar de toda a retórica oficial de classes. Entre 1958 e 1961, apenas quatro crianças nasceram na aldeia, uma das quais morreu na infância. Muitos aldeões eram solteiros, a maioria fraca ou doente, e poucas mulheres das aldeias vizinhas queriam casar--se com os homens do lugar. A aldeia perdera cerca de 40% das terras e bem mais da metade do que restou estava quase estéril por causa de sua pesada salinização. De acordo com um ditado local, "ao deixar a casa, contempla-se uma extensão branca", porque o sal embranquecia a terra até tão longe quanto o olho podia ver. No meio dessa faixa de terra exausta e fina, erguiam-se choças de barro abandonadas.

A aldeia se gabava de um total de 240 quartos, mas apenas oitenta restavam, a maioria com tetos gotejantes ou paredes desmoronadas. Não havia nada dentro desses lares miseráveis, como uma equipe de inspeção revelou: "Todas essas famílias foram à falência com a fome. Os menos afe-tados venderam roupas e móveis, enquanto os mais prejudicados tiveram que vender panelas, louças e bacias, assim como madeira arrancada das casas. Na aldeia, 27 famílias venderam tudo que tinham." Yang Jimao, por exemplo, deixou a aldeia em 1960. Sua mulher e o filho só sobreviveram com a venda de todas as posses. Não possuíam cama, nem panelas, nem utensílios para cultivar a terra. Dividiam um cobertor rasgado e um ca-saco esburacado. Outros ainda estavam pior. Entre as poucas pessoas que ficaram em Hanzhuang, estava Liu Zailin, de 33 anos, que logo morreu de fome. Sua mulher enforcou-se em um abrigo e deixou dois filhos que foram adotados pelos aldeões locais.

Em Shandong, as equipes enviadas para investigar o que havia acon-tecido durante a fome foram tímidas em apontar os quadros abusadores, à diferença de seus colegas em Gansu ou Guangdong. Mas as dimensões políticas da fome estavam claras. A chefia da aldeia mudou quinze vezes desde o Grande Salto Adiante. Poucos podiam fazer alguma coisa para resistir às requisições impostas de cima e, em 1959, os aldeões foram deixados com uma média de 25 quilos de grãos por pessoa — para o ano inteiro. O alistamento no trabalho para projetos de irrigação não ajudava. No inverno de 1959–60, 46 dos melhores trabalhadores foram recrutados de Hanzhuang. Eles trabalharam por quarenta dias e noites sem descanso, na neve, mas não receberam nenhum cereal, que tinha

SÍTIOS DE HORROR

393

de ser fornecido pela aldeia, já exaurida pelas requisições do Estado. Alguns morreram enquanto cavavam a terra no frio, outros caíram mortos à beira da estrada a caminho de casa.[24]

Em todo o campo de Shandong havia incontáveis aldeias em situação igualmente difícil, quebradas por quatro anos de abuso generalizado. Todos os sinais de advertência tinham aparecido em abril de 1959. Tan Qilong, um líder veterano em Shandong, testemunhou pessoalmente como em vários condados na região de Jining as árvores estavam sem folhas e sem casca, crianças abandonadas pelos agricultores morriam à beira da estrada, seus rostos encovados de fome. Em Juye, as pessoas comeram a palha de seus travesseiros; milhares de pessoas morreram de fome. Tan Qilong informou sobre essa situação ao chefe provincial Shu Tong, mas tomou a iniciativa excepcional de mandar uma cópia a Mao Tsé-tung.[25] Semanas depois, um contrito Shu Tong teve que explicar o "incidente de Jining" ao presidente, que passava pela região em seu trem especial.[26]

Mas Shu Tong não fez nada para aliviar a fome. Ele próprio admitiu que detestava más notícias e se recusava até a falar sobre "um dedo" de deficiências em Shandong. Shu Tong ameaçava os que criticavam o Grande Salto Adiante com o rótulo de "conservadorismo direitista".[27] De acordo com os que tinham que trabalhar a seu lado, o tsar regional explodia em um acesso de raiva violenta quando alguém tentava preveni-lo a não apoiar uma visão utópica que custara a vida de incontáveis pessoas. "Aquele que atinge primeiro prevalece, o que atinge por último fracassa": Shu Tong seguia religiosamente o conselho de Mao sobre apanhar os grãos antes que os fazendeiros pudessem comê-los e apoiava grandes requisições para satisfazer as demandas de Pequim.[28]

* * *

Gansu, Sichuan, Guizhou, Shandong — todas essas províncias tinham condados onde o índice de mortalidade ficava acima de 10% em 1960. Mas nada tão ruim como Anhui, administrada por Zen Xisheng, um dos mais devotados seguidores de Mao. Como outras províncias, Anhui estava dividida em regiões e tinha mais de uma dúzia delas. Uma dessas regiões era

Fuyang. No ano de 1958, existia em Fuyang uma população de 8 milhões. Três anos após, mais de 2,4 milhões de pessoas haviam morrido.[29]

Uma das razões para o alto índice de mortalidade era a própria paisagem. Plana e geralmente árida, oferecia poucos lugares para alguém se esconder ali. Muitos que queriam fugir da área seguiam o rio até Xinyang, na vizinha Henan, onde a fome ainda estava pior. O próprio rio Huai era uma rede mortal. Em 1957, tornou-se foco de um imenso projeto de irrigação que mobilizou até 80% da força de trabalho. Cada hectare devia ter um duto; cada 10 hectares, um canal; e cada 100 hectares, uma grande hidrovia. Os campos seriam lisos como espelho, e o plantio profundo tornaria o solo tão maleável quanto farinha. Fuyang poderia alcançar o futuro em apenas um ou dois anos.[30] Slogans como "Em um dia chuvoso, vemos um dia ensolarado, a noite se torna o dia" e "Durante o dia, combatemos o sol; à noite, combatemos as estrelas" estavam por trás da exploração incessante dos melhores trabalhadores ao longo do rio. Muitos sucumbiram à doença, exaustão e morte.[31]

Para impedir os trabalhadores de voltar para casa no Ano-Novo Chinês, a milícia fechou suas casas. Com o inexorável avanço de represas, diques e canais, tudo no caminho foi sendo aplainado. Árvores, tumbas, até pontes grandes eram derrubadas, forçando os trabalhadores a andar quilômetros todos os dias para chegar aos campos.[32] Aldeias inteiras eram forçadas a realocar-se da noite para o dia por capricho de um quadro: centenas delas simplesmente desapareceram do mapa.[33]

Outros planos gigantescos levaram embora os melhores trabalhadores dos campos antes que a semeadura ou colheita fosse completada. Tão abundante era a safra — dizia a linha do partido — que o grão deveria ser transformado em álcool. O condado de Hao, que lutava para se tornar um "condado de 5 mil toneladas", construiu mais de 3.200 fábricas de álcool em janeiro de 1959. Menos da metade jamais funcionou e muitas toneladas de grãos foram para o lixo.[34]

Igualmente ruinosos foram os esforços para mecanizar a agricultura. Pesadas rodas de ferro foram colocadas em cerca de 10 mil carroças. Ficaram tão pesadas que os bois não conseguiam mais puxá-las.[35] Para reparar o problema, as velhas carroças foram banidas das estradas, e os fazendeiros vistos usando-as eram denunciados como direitistas.[36]

SÍTIOS DE HORROR

A produção de grão desabou, mas quadros zelosos a duplicaram no papel. Requisições punitivas seguiram-se; levadas a efeito com a violência de rotina, elas, às vezes, extraíam perto de 90% da safra real.[37] Para compensar a escassez de grãos, quadros irrompiam nas casas locais e levavam embora mesas, cadeiras e camas. Os fazendeiros eram obrigados a entregar um lote estipulado de roupas de algodão, até vários quilos por família. O fracasso em cumprir a cota levava ao banimento da cantina. Zhao Huairen teve que entregar os casacos de algodão de sua mãe de 70 anos e de seu filho. No frio congelante, tinham que se enterrar sob alguma palha para manter-se aquecidos. Em 1960, restara tão pouco para coletar que, em uma comuna, a maior carga transportada consistiu em uma centena de caixões.[38]

A tortura era desenfreada. Arame era usado para perfurar as orelhas de "maus elementos", enquanto mulheres eram desnudadas e suspensas pelos cabelos. Nas palavras de um líder do condado de Jieshou, "seus peitos eram torcidos até que minasse líquido".[39] Em Linquan, o uso da violência foi resumido, como se segue, pelo chefe do partido: "Pessoas morreram em circunstâncias trágicas, espancadas e enforcadas até a morte, privadas de comida ou enterradas vivas. Algumas eram severamente torturadas e espancadas, orelhas cortadas, narizes arrancados, bocas rasgadas e assim por diante, o que, com frequência, causava a morte. Descobrimos como tudo isso foi extremamente sério assim que começamos a investigar."[40] O assassinato era comum. Em Dahuangzhuang, pequena aldeia de Linquan, nove em dezenove quadros haviam matado ao menos um aldeão durante a fome. Li Fengying, um líder de equipe, assassinou cinco pessoas.[41]

Em alguns casos, os aldeões eram deliberadamente atraídos para armadilhas. No fim de 1959, no auge da fome, uma das fábricas de processamento de comida que pertencia ao departamento local de grão, no condado de Funan, deixou bolos de cereais em um pátio com os portões escancarados. Quando fazendeiros esfomeados tentaram roubar a comida, os portões se fecharam subitamente atrás deles. "Alguns dos presos na arapuca foram obrigados a entrar em sacos de grãos que tiveram a boca amarrada. Depois, sofreram espancamento com barras de ferro. Os sacos ficaram cobertos de sangue. Outros tiveram o rosto entalhado à faca e, depois, gasolina foi esfregada nas feridas."[42]

A ajuda aos famintos era retida. 15 toneladas de grãos enviadas aos necessitados de um só condado foram confiscadas e isso apressou o fim de milhares.[43] As pessoas também morriam quando as autoridades locais tentavam esconder a fome das equipes de inspeção. A milícia, por exemplo, foi instruída a bloquear as aldeias e não permitir que ninguém com sinais de desnutrição saísse para as ruas.[44] Em uma comuna que receberia a visita do Ministério do Interior, em 1960, o cabeça do condado fez o que pôde para prender e esconder mais de 3 mil aldeões com edema. Trancados, sem ajuda médica, vários sucumbiram em questão de dias.[45] Um oficial local deu uma olhada rápida em Qin Zonghuai, um dos que sofriam de edema. "Ele não vai viver, enterrem ele rápido", ordenou, quando uma equipe de inspeção estava a caminho. "Qin ainda respirava enquanto estava sendo enterrado", concluiu o secretário local do partido.[46]

36

Canibalismo

O campo era um local barulhento antes da fome. Mascates enchiam o ar com seus refrões e alguns usavam guizos para anunciar mercadorias. O som de gongos, címbalos e foguetes tradicionalmente acompanhava os eventos populares, fosse enterro ou casamento. Alto-falantes presos às árvores na esquina das ruas ou praças das aldeias gritavam propaganda ou música revolucionária. Caminhões e ônibus que passavam, nuvens de poeira amarela ondeando atrás deles, buzinavam incessantemente. E conversas animadas eram gritadas nos campos, tão altas que pessoas de fora poderiam confundi-las com discussões acirradas.

Mas, após anos de fome, um silêncio assustador, não natural, desceu sobre o campo. Os poucos porcos não confiscados haviam morrido de fome ou doença. Galinhas e patos há muito tinham sido mortos. Não existiam pássaros nas árvores, com folhas e cascas arrancadas, os galhos nus e ossudos desoladores contra um céu vazio. As pessoas com frequência sentiam uma fome além das palavras.

Nesse mundo saqueado de qualquer camada que pudesse oferecer sustento, até casca de árvore e lama, cadáveres terminavam em covas rasas ou simplesmente à beira da estrada. Poucas pessoas comiam carne humana. Isso começou em Yunnan, onde a fome iniciou-se no verão de 1958. A princípio, a carcaça de gado doente era desenterrada, mas, quando a fome apertou, algumas pessoas finalmente desenterraram, ferveram e comeram corpos humanos.[1] Logo, a prática apareceu em cada região dizimada pela fome, até mesmo em uma província relativamente próspera como Guangdong. Em Tanbin, Luoding, por exemplo, uma comuna onde um em cada vinte aldeões morreu em 1960, várias crianças foram comidas.[2]

Poucos arquivos oferecem mais que uma referência indireta ao canibalismo, mas alguns relatórios policiais são bastante detalhados. Em uma pequena aldeia no condado de Xili, Gansu, aldeões sentiram o cheiro de carne cozida vindo da cabana de um vizinho e informaram ao secretário da aldeia, que suspeitou do roubo de um carneiro e foi investigar. Descobriu carne estocada em barris, assim como um prendedor de cabelo, ornamentos e um cachecol queimado no fundo de um buraco. Os artefatos foram imediatamente identificados como pertencentes a uma jovem que desaparecera da aldeia dias antes. O homem confessou não apenas esse crime, como também ter desenterrado e comido os corpos de duas crianças em ocasiões anteriores. Depois que a aldeia tomara providências para proteger os túmulos da profanação, ele se voltara para o assassinato.[3]

Carne humana, como tudo o mais, era comercializada no mercado negro. Um homem que trocou um par de sapatos por 1 quilo de carne na estação ferroviária de Zhangye descobriu que o pacote continha um nariz humano e várias orelhas. Decidiu informar o ocorrido ao Departamento de Segurança Pública local.[4] Para escapar à detecção, a carne humana era misturada, às vezes, com carne de cachorro, no mercado negro.[5]

Mas poucos relatos foram alguma vez sistematicamente compilados. Sob um regime em que a mera menção da fome podia pôr um oficial em problemas, os casos de canibalismo eram encobertos onde quer que aparecessem. Na província de Gansu, o líder provincial Zhang Zhongliang foi pessoalmente informado de uma sequência de casos em Tongwei, Yumen, Wushan, Jingning e Wudu, mas descartou as provas peremptoriamente e culpou os "maus elementos".[6] Shu Tong, líder de Shandong, também suprimiu as provas de canibalismo, pois temia que notícias adversas pudessem manchar sua reputação.[7] Wang Linchi, o líder do condado de Chishui, um dos sítios de horror mencionados no

CANIBALISMO

capítulo anterior, censurou as forças de segurança locais por prender aldeões culpados de canibalismo.[8] O tópico era tão inominável, que, em um relatório distribuído para a liderança do partido, a culpa pela prática foi atribuída a sabotadores que tentavam manchar a reputação do partido ao exumar corpos humanos e fingir comê-los, para dar publicidade à extensão da fome.[9]

Poucos documentos abrangentes sobreviveram. Um deles foi compilado em março de 1961 por uma unidade municipal em Linxia, cidade ao sul de Lanzhou. Linxia tinha forte influência islâmica, povoada predominantemente pelo povo Hui, e era a capital de uma região com uma dúzia de minorias étnicas, que incluíam tibetanos, Salar, Bao'an e Dongxiang. A região sofreu coletivização em massa durante o Grande Salto Adiante, que passou arrogantemente por cima dos hábitos e costumes das minorias. Uma investigação da região na sequência imediata da fome mostrou que 54 mil pessoas tinham morrido em apenas dois anos.[10] Um relatório listou cerca de cinquenta casos — descobertos na cidade, não na região inteira —, todos amplamente organizados na forma de lista de que os planejadores tanto gostavam porque reduzia o horror a um mero conjunto de fatos e números. Aqui estão os detalhes de quatro casos:

Data: 25 de fevereiro de 1960. Local: Comuna Hongtai, Aldeia Yaohejia. Nome do culpado: Yang Zhongsheng. Status: camponês pobre. Número de pessoas envolvidas: 1. Nome da vítima: Yang Ershun. Relação com o culpado: irmão mais jovem. Número de pessoas envolvidas: 1. Forma do crime: morto e comido. Razão: questões de sobrevivência.

Data (em branco). Local (em branco). Nome do culpado: Ma Manai. Status: camponês pobre. Número de pessoas envolvidas: toda a família de 4. Nome da vítima (em branco). Relação com o culpado (em branco). Número de pessoas envolvidas: 13. Forma do crime: corpos exumados e comidos. Razão: questões de sobrevivência.

Data: 9 de janeiro de 1960. Local: Comuna Maiji, Aldeia Zhangsama. Nome do culpado: Kang Gamai. Status: camponês pobre. Número de pessoas envolvidas: 1. Nome da vítima: Maha Maiji. Relação com o culpado: colega de aldeia. Número de pessoas envolvidas: 1. Forma do crime: retalhado, cozido e comido. Razão: questões de sobrevivência.

Data: março de 1960. Local: Comuna Hongtai, Portão Xiaogou. Nome do culpado: Zhu Shuangxi. Status: camponês pobre. Número de pessoas envolvidas: 2. Nome da vítima (em branco). Relação com o culpado: marido e filho mais velho. Número de pessoas envolvidas: 2. Forma do crime: cadáveres exumados e comidos. Razão: questões de sobrevivência.

A maioria dos culpados da lista praticou necrofagia, tanto comendo os que haviam morrido quanto exumando e comendo cadáveres após o sepultamento. As 76 vítimas se encaixam em três categorias: morto e comido (doze), comido após a morte (dezesseis) e exumado e comido (48). Entre os que foram mortos, mais ou menos a metade era de colegas de aldeia e outra metade era de estranhos que passavam. Apenas um crime aconteceu dentro da família.[11]

Linxia não foi exceção. Quando uma equipe de inspetores foi enviada para examinar a comuna Qiaotou, no condado de Shizhu, Sichuan, no início de 1961, ficou espantada com a extensão do canibalismo. Mais do que anotar alguns casos para sinalizar a prática, como era o comum, eles fizeram um esforço para investigar uma brigada em profundidade com a ajuda do Departamento de Segurança Pública local. A lista que compilaram forneceu os detalhes de dezesseis vítimas e dezoito perpetradores. A necrofagia começou aparentemente depois que Luo Wenxiu, uma mulher de 70 anos, exumou os corpos de duas crianças pequenas e os cozinhou para si própria. Em alguns casos, apenas partes do corpo eram comidas. O coração de Ma Zemin, por exemplo, foi removido. Muito disso pode estar relacionado ao fato de a maioria desses corpos já estar em adiantado estado de putrefação. Algumas pessoas cobriam a carne com pimentas vermelhas.[12]

Na Rússia existe uma distinção entre *liudoedstvo*, literalmente "comer pessoas", e *trupoedstvo*, "comer cadáveres". É uma distinção bastante útil, pois introduz uma nuance muito necessária em um tópico estigmatizado não apenas pelo partido, como também por seus inimigos, perspicazes para retratar o canibalismo como metáfora para o próprio sistema. E, como os próprios aldeões contavam e tornavam a contar histórias sobre raptores de corpos, canibais de olhos vermelhos ou famílias trocando os filhos antes de comê-los, todo o assunto tornou-se uma sensação, a ponto de ser colocado sob um manto de ceticismo.[13]

CANIBALISMO

Mas, como mostram os casos de Linxia e Qiaotou, poucas pessoas eram, de fato, canibais que matavam para comer. Muitas eram comedoras de animais mortos que estendiam suas técnicas de sobrevivência à ingestão de corpos humanos. O motivo pelo qual chegaram à decisão de comer carne humana deve ter, realmente, variado de uma pessoa para outra. Porém, como sobreviventes desesperados, todos devem ter testemunhado muitos horrores infligidos a seres humanos em vida, desde o corte de partes do corpo até o sepultamento de pessoas vivas. Certamente, no meio da violência patrocinada pelo Estado, a necrofagia não era nem o mais comum, nem o mais disseminado modo de degradar o ser humano.

37

A contagem final

Quantos morreram? Nunca haverá resposta satisfatória para essa pergunta, no mínimo porque, no meio da grande fome, tão poucas estatísticas confiáveis eram conservadas.

Até esse ponto, toda estimativa digna de nota se baseou nos números oficiais de tamanho da população e nas taxas de nascimento e mortalidade para 1950-82, publicados pela primeira vez no Anuário Estatístico de 1984, ou em números oficiais dos censos de 1953, 1964 e 1982. Imediatamente após a publicação do Anuário Estatístico, Basil Ashton usou a comprovação oficial para propor um número de 30 milhões de mortes prematuras durante o período de 1958-62, quando toda a população chinesa ficou em cerca de 650 milhões.[1] Judith Banister, demógrafa profissional, também analisou as estatísticas populacionais e concluiu que um número estimado em 30 milhões de mortes adicionais apareceu durante 1958-61.[2] Uma vez que os dados apresentam toda uma variedade de problemas, da falta de consistência interna ao registro incompleto de nascimentos e mortes e à exclusão das forças armadas, diferentes autores têm usado esta ou aquela variável e diminuem ou aumentam o número. Peng Xizhi, especialista em estudos populacionais, propôs, em 1987, uma estimativa de 23 milhões de mortes, enquanto Jung Chang, em seu livro sobre Mao, chegou à cifra de 38 milhões.[3] Mais recentemente, o jornalista aposentado Yang Jisheng sugeriu um montante de mais ou menos 36 milhões — também baseado em estatísticas publicadas.[4]

Evidências inéditas foram produzidas em 2005, quando Cao Shuji, demógrafo histórico de Xangai, trabalhou sistematicamente com mais de mil jornais — histórias oficiais locais publicadas depois de 1979 por comitês do partido de condado ou de cidade. Embora se admita que esse conjunto de dados, amplamente diverso, repouse, no fim das contas, em números divulgados pelo partido, também se reconhece que ele introduziu uma análise das diferenças regionais muito mais refinada. A estimativa de Cao: 32,5 milhões de mortes prematuras.[5]

São confiáveis os números oficiais? Na União Soviética, o Escritório Central de Estatísticas produzia dois conjuntos de dados demográficos, um para uso interno e outro para publicação. E, como já vimos no caso das requisições de grãos, os arquivos do partido na China têm conjuntos muito diferentes de estatísticas em todos os níveis, da comuna, do condado e da província até o centro. Alguns foram compilados no auge da loucura da coletivização e eram destinados a transmitir zelo político. Outros, reunidos por equipes de investigação enviadas ao campo para fiscalizar a remoção de funcionários do partido que praticavam abusos. Em outras palavras, os debates sobre se os números divulgados são ou não falsificados deixam passar um ponto realmente básico. Não é necessário ninguém distorcer números: trata-se, meramente, de uma questão de compilar um conjunto de estatísticas que pareça o menos danoso politicamente. Ou, para pôr isso de forma ligeiramente diferente, o fato de os dados públicos de um Estado de um só partido não serem falsificados não os torna necessariamente confiáveis.

No mínimo, três conjuntos diferentes de dados não publicados existem nos arquivos, principalmente nos que foram compilados pelo Departamento de Segurança Pública, pelo comitê local do partido e pelo Departamento de Estatística local. Ninguém jamais teve acesso a esses três conjuntos. Mas, depois de 1979, como a nova liderança queria saber mais sobre a era maoista, uma equipe de duzentas pessoas foi instruída por Zhao Ziyang a ir a cada província para examinar os documentos internos do partido. O antigo secretário de Guangdong que promovera uma campanha contra a ocultação dos

A CONTAGEM FINAL

405

dados em 1959 era agora premiê e pediu à equipe que traçasse um quadro da China rural. O relatório da equipe nunca foi publicado, mas um de seus membros, um antigo oficial do partido chamado Chen Yizi, fugiu para os Estados Unidos na esteira do massacre de Tiananmen, em 1989. No exílio, afirmou que a equipe chegara a um total de 43 a 46 milhões de pessoas mortas pela fome.[6] Apenas uma pessoa que investigou a fome levou a declaração de Chen Yizi a sério — chama-se Jasper Becker, e o entrevistou para seu livro *Hungry Ghosts* [Fantasmas famintos], publicado em 1996. A evidência dos arquivos apresentada a seguir pela primeira vez confirma as descobertas de Chen Yizi e põe o número de mortes prematuras conservadoramente em um mínimo de 45 milhões para a grande fome de 1958–62.

* * *

Até Chen Yizi e sua equipe teriam encontrado dificuldades para levar adiante a pesquisa. Em um Estado de um só partido, arquivos não são públicos. Pertencem ao partido e são controlados pelo partido. Exceto os que estão sob a responsabilidade do Departamento de Segurança Pública, a maioria dos arquivos está em um edifício dentro da sede do partido. Até uma delegação de alto nível de Pequim teria sido enganada ou deliberadamente despistada por arquivistas experientes, mais ainda porque não havia um catálogo para cada coleção. Acima de tudo, alguns conjuntos simplesmente faltavam. Em Hubei, por exemplo, o arquivo do comitê do partido que deveria conter os números de todas as mortes em excesso durante a fome está incompleto. Dentro da pasta marrom há uma nota escrita à mão e anexada por um arquivista, datada de junho de 1979, que lamenta que o item esteja "faltando".[7] O Departamento de Segurança Pública, em Hubei, não ofereceu mais que uma vaga estimativa e especulou que o índice de mortalidade em 1961 foi duas ou três vezes mais baixo que no ano anterior. O relatório questiona sobre o número total de mortos, mas não dá respostas.[8]

De qualquer modo, as três organizações — a segurança pública provincial, o comitê provincial do partido e o departamento estatístico da província — teriam que se apoiar em unidades de nível mais baixo na hierarquia do partido para compilar seus relatórios. E a obstrução de baixo era comum. Na província de Gansu, o comitê provincial do partido enviou em 1962 uma requisição de estimativas para as mortes em excesso durante a fome. O projeto afundou porque apenas um punhado de condados respondeu.[9]

Até mesmo quando números eram enviados por autoridades do condado, havia problemas. O primeiro dentre eles era a distinção entre mortes "normais" e "anormais". Os demógrafos distinguem entre mortes "naturais" e "não naturais" para fazer estimativas aproximadas de quantas pessoas morreram prematuramente em consequência da fome. Na China, a distinção era política. Acidentes industriais, suicídios, epidemias fatais ou mortes pela fome eram, todos, aspectos de grande preocupação para as autoridades. Eles figuravam como índices de saúde política e social e eram diligentemente monitorados pelos inspetores do partido. Até um único caso de suicídio podia sinalizar que alguma coisa estava fora de ordem e justificar uma investigação política a partir de cima. No meio da mortandade em Fuyang, um dos sítios de horror em Anhui, onde até 70% de algumas aldeias foram eliminados, a região reportou 10.890 mortes no primeiro trimestre de 1961, das quais meros 524 casos foram descritos como "anormais", incluindo 103 mortes devido à "emaciação" e ao "edema".[10] Em Rongxian, Sichuan, o cabeça do condado, Xu Wenzheng, simplesmente decretou que, nas estatísticas oficiais, duas regras tinham que ser seguidas: as taxas de natalidade tinham que ser maiores que as de mortalidade e a taxa de mortalidade não poderia ser mais alta que 2%. Em Fuling, também em Sichuan, dois conjuntos de estatísticas eram mantidos. Para 1960, os quadros locais conseguiram contar uma população total de 594.324 pessoas, mas informaram 697.590, uma diferença de mais de 100 mil.[11]

Até mesmo quando os quadros desejavam confrontar a dura realidade da fome, quem seria capaz de manter um registro atualizado em uma avalanche de mortes? Em Jiangjin e Jiangbei, condados de Sichuan, até 250 pessoas morreram por dia em dezembro de 1960: a última coisa na mente dos funcionários locais teria sido fazer as contas todo dia para produzir uma lista organizada do número de mortes, mesmo que seus superiores lhes pedissem especificamente que fizessem isso.[12] Quando quadros locais ou funcionários da polícia tentavam informar, de fato, toda a extensão das

A CONTAGEM FINAL

mortes, geralmente eram rotulados de direitistas. Zhao Jian, cabeça do Departamento de Segurança Pública no condado de Wenjiang, Sichuan, compilou sistematicamente estatísticas para 1959 e descobriu que faltavam 27 mil pessoas, ou 16%, em comparação com o ano anterior. Foi advertido por seu superior em nível provincial, mas se recusou a modificar suas descobertas, o que levou diretamente à sua morte política.[13]

Para tornar as coisas ainda mais complicadas, a cegueira ia até o topo. O chefe provincial Liu Zihou — como tantos outros — informou submissamente ao presidente Mao 4.700 "mortes anormais" para toda Hebei em 1960, muito embora sua própria equipe de inspetores tenha descoberto que, em apenas um condado, cerca de 18 mil haviam morrido de fome a partir de 1958.[14] A ironia é que ele punia líderes de condado por ocultar a extensão da fome, enquanto, durante todo o tempo, escondia os números incriminadores de seus superiores em Pequim.[15] Em todos os níveis, funcionários do partido importunavam seus subordinados pela verdade, mas enganavam seus próprios superiores e contribuíam para uma barafunda de autoengano. Dizer que conhecimento é poder é um truísmo, mas essa obviedade não explica suficientemente por que, quanto mais absoluto era o poder, menos verdade conseguia produzir.

Morte em tal escala dificilmente poderia ser ocultada todo o tempo. Às vezes, os líderes locais se arriscavam e enviavam relatórios contundentes para cargos mais acima na hierarquia, ocasionalmente dirigidos a Chu En-lai ou ao próprio Mao Tsé-tung. Extraordinariamente, relatórios detalhados compilados por equipes de investigação que se espalharam pelo campo após outubro de 1961 levaram à remoção de toda uma série de líderes que presidiram as mortes em massa. E, às vezes, investigações retrospectivas eram levadas a efeito nos anos posteriores à fome, à medida que o partido tentava extrair algum sentido do que havia acontecido. O resultado não é tanto um conjunto organizado de estatísticas que mostrem a verdade absoluta em poucos números reveladores, mas, de fato, uma massa irregular e, às vezes, confusa de documentação compilada de diferentes formas, em tempos diferentes, por razões diferentes, por instituições diferentes, com diferentes graus de confiabilidade. Por isso, designar um grupo de duzentas pessoas para filtrar os indícios teria sido uma boa ideia.

408 A GRANDE FOME DE MAO

Documentos excelentes foram compilados por um poderoso Departamento de Segurança e cobriram uma província inteira. Como vimos, isso não aconteceu em Hubei e sim em Sichuan — de longe, a província mais devastada de toda a China. O chefe do Departamento de Segurança autorizou uma investigação nas estatísticas de 1954 a 1961. Os resultados questionam muitos dos totais informados, que subestimam o número de mortes em vários pontos percentuais só em 1960. A correção do índice de mortalidade de 1954 a 1957 foi em média de 1%. Isso aumentou para 2,5% em 1958, para 4,7% em 1959, para 5,4% em 1960 e para 2,9% em 1961. A correção acrescentou até 10,6 milhões de mortes de 1958 a 1961, das quais 7,9 milhões estavam acima de 1% e, assim, podem ser consideradas "mortes em excesso".[16] Mas em Sichuan, à diferença do resto do país, a fome não desapareceu em 1962. Existem incontáveis relatórios sobre a continuidade da desnutrição em uma variedade de condados até o fim de 1962. O Departamento de Segurança Pública compilou números que determinaram que 1,5% da população morreu naquele ano, o que significa que mais 300 mil sucumbiram prematuramente, levando o total para 8,2 milhões.[17] Mas até esse número é, sem dúvida, baixo demais, no mínimo em 10% a 20%, mesmo porque em Sichuan — à diferença de outras províncias de Gansu — o chefe do partido Li Jingquan permaneceu firme no poder a despeito de sua responsabilidade pelas mortes de muitos milhões de pessoas. Até mesmo em 1962, poucos líderes de condado em Sichuan estavam preparados para contar toda a extensão do desastre.

Não há documentos similares disponíveis — até agora. Porém, temos dados coletados por departamentos regionais de estatísticas. No caso de Yunnan, onde a fome começou em 1958, o índice de mortalidade registrado no ano foi de 2,2%, o dobro da média nacional de 1957: só isso pode ter chegado a 430 mil mortes em excesso, enquanto a maioria dos historiadores que usaram estatísticas oficiais mencionam apenas 800 mil mortes para todo o período de 1958 a 1961.[18]

A melhor comprovação disponível vem de relatórios cuidadosamente compilados em nível de aldeia, comuna e condado. Uma vez que o trabalho do demógrafo histórico Cao Shuji, que usou diretórios geográficos do partido para estimar taxas de mortalidade com base no condado, está em

A CONTAGEM FINAL

409

consonância com o trabalho de outros especialistas populacionais que propõem um índice de mortalidade de cerca de 32 milhões, os dados de Cao são uma base de referência muito útil. O senso comum indica que os comitês locais do partido tinham todo incentivo para subestimar taxas de mortalidade publicadas e, nesse caso, a estimativa de Cao Shuji deve ser considerada conservadora. O propósito do que se segue é testar as suas cifras e fornecer uma ideia aproximada de como deveriam ser ajustadas. Não apenas o foco em entidades menores, como condados, é muito mais acurado do que em conjuntos maiores em nível nacional, como também nos permite eliminar numerosas variáveis que confundiram os demógrafos que trabalham com censos, da migração interna ao tamanho do exército, entre 1958 e 1962.

No entanto, uma taxa de mortalidade média é necessária para calcular números de mortes "extras". O que seria razoável? Eis aqui o que pensava, em 1961, Liu Shaoqi, o chefe do Estado, quando discutia a fome em sua cidade natal, Huaminglou, onde centenas morriam todo mês: "O que são mortes normais? O que são mortes anormais? Se você atira em um homem e ele morre das feridas, ou se alguém pula em um rio, isso se qualifica como morte anormal. Se você pegar os números dos dois últimos anos para calcular uma taxa de mortalidade normal [...]. Uma taxa de mortalidade normal é abaixo de 1%, em geral 0,8%, uma taxa de natalidade normal é 2%, quaisquer mortes acima de 0,8% são anormais."[19] Para usar de prudência, dadas as amplas variações em todo o país, 1% deve ser tomado como taxa de mortalidade normal.

No caso de Hebei, temos alguns relatórios muito detalhados relativos a 1960, compilados depois que o chefe provincial Liu Zihou deu sinal verde ao pedir investigações sobre mortes anormais "até o nível da unidade familiar". Hu Kaiming, um funcionário franco do partido que chefiava Zhangjiakou e mais tarde incorreu na ira de Mao Tsé-tung por propor mais liberdade para os camponeses determinarem seus próprios preços, informou que 1,9% da população havia morrido em 1960, cerca de 59 mil pessoas. No condado de Weixian, adjacente a Zhangjiakou, a taxa de mortalidade atingiu 3,4% em 1960, com a morte de 18 mil pessoas.[20] Isso somou 40 mil mortes excessivas em um ano. Usando a documentação oficial, o número de Cao Shuji para

410 A GRANDE FOME DE MAO

mortes excessivas em Zhangjiakou e Weixian é de 15 mil, o total para os três anos de fome.[21] Em Tianjin e no seu entorno — dificilmente a parte mais empobrecida do país —, 30 mil pessoas morreram em três meses no fim de 1960. Uma percentagem normal teria reclamado menos da metade dessas vidas. O número fornecido por Cao Shuji, novamente baseado em fontes oficiais em lugar de fontes de arquivo, é de 30 mil mortes em excesso para três anos.[22] Outro exemplo vem de Shijiazhuang, a sede de uma região que cobria quinze condados. Ao ler com enfoque crítico os dados oficiais, Cao chega a 15 mil mortes para toda a região em três anos. Mas, só no caso da cidade de Shijiazhuang, perto de 4 mil pessoas morreram em meros dez dias em janeiro de 1961, quando a contagem das vítimas da fome não era mais um tabu político.[23]

Tianjin, Zhangjiakou e Shijiazhuang eram cidades normalmente isoladas da fome no campo. Um exemplo muito diferente vem de Gansu, onde o rebaixamento de posto de Zhang Zhongliang, em novembro de 1960, foi seguido de vários meses de investigações locais, que trouxeram à luz a extensão da fome. No condado de Longxi, 16 mil pessoas morreram em 1959, ou 7,5%, e 23 mil em 1960, ou 11% da população. Então, apenas naqueles dois anos, as mortes em excesso atingiram 35 mil. Mas, nos três anos de fome, Cao Shuji chega a 24 mil mortes.[24] Os arquivos do partido dão 32 mil mortes para o condado de Jingning, cerca de 7% por ano em 1959 e 1960. Isso contrasta com a cifra de 19 mil mortes em excesso a que chega Cao Shuji para um período de três anos.[25] Em Zhangye, de uma população de cerca de 280 mil, aproximadamente 5 mil pessoas morreram em novembro e 6 mil em dezembro de 1960. Mesmo se dobrarmos a taxa percentual para 2%, isso representaria mais de 10 mil mortes excessivas em menos de um trimestre. Cao Shuji chega a 17 mil mortes excessivas — não para um condado em dois meses, mas para quatro condados em um período de três anos.[26] Na primavera de 1960, cerca de 20 mil pessoas morreram só no condado de Wuwei. Cao Shuji sugere 50 mil mortes prematuras para uma região que compreende quatro condados, para um período de três anos.[27]

O comitê provincial do partido em Guizhou reconheceu em 1961 que faltavam aproximadamente 10% da força de trabalho quando comparada à de 1957 — o que significava meio milhão de trabalhadores, sem contar

A CONTAGEM FINAL

crianças e idosos.[28] Nem todos morreram, obviamente, pois muitos migraram para fora da província, mas as taxas de mortalidade eram altas em toda Guizhou, em particular em regiões como Chishui e Meitan. Em Chishui, aproximadamente 22 mil morreram em metade de um ano — ou 10% da população.[29] Cao Shuji usa os registros oficiais do condado e propõe 46 mil mortes para um período de três anos, o que parece bastante razoável. Mas, no caso de Meitan, 45 mil pessoas morreram em metade de um ano. Cao Shuji sugere 105 mil para os quatro condados em um período de três anos, o que deve ser baixo demais.[30] Mais interessante ainda é que, na compilação dos dados oficiais extremamente conscienciosa de Cao Shuji para todos os condados, faltam alguns lugares: Yanhe, parte da região de Tongren, não é mencionada, embora somente naquele condado tenham morrido de fome cerca de 40 mil a 50 mil pessoas.[31]

Em Shandong, as discrepâncias são de magnitude similar — ainda que poucos entre os arquivos relevantes possam ser acessados por historiadores. No condado de Pingyuan, para tomar um exemplo da parte noroeste da província, uma investigação de alto nível observou que, de uma população de 452 mil em 1957, mais de 46 mil pessoas haviam morrido em 1961. Apesar de 24 mil nascimentos, a população total caiu para 371 mil, uma vez que dezenas de milhares pegaram as estradas para escapar da fome — muitos morreram em outro lugar, o que os exclui desses números. O exame de Cao Shuji dos anais oficiais propõe 19 mil mortes prematuras para o condado de Pingyuan. Mesmo se levarmos em consideração uma taxa de mortalidade normal de 1% ao ano em um período de quatro anos, o total de mortes em excesso informado na época deveria ser equivalente a 28 mil, ou 50% mais alto.[32] Observação similar pode ser feita sobre Qihe, que perdeu um quinto de sua população, ou 100 mil, entre 1957 e 1961. Se deduzirmos uma taxa normal de mortalidade de 1% para os quatro anos e aceitarmos que cerca de metade dos desaparecidos provavelmente migrou para outras áreas (a documentação não é clara sobre essa questão), nós ainda ficamos com cifra comparável à de Pingyuan, ou algo em torno de 30 mil, embora Cao Shuji sugira não mais de 19 mil, ou um terço a menos.[33] Para toda a região de Lanzhou, que consiste em Qingdao e 13 condados, a estimativa de Cao Shuji é de 164 mil mortes prematuras em quatro anos. Mas os arquivos mostram que só no condado de Jimo, segundo estatísticas incompletas, cerca de 47 mil pessoas morreram (excluindo 51 mil camponeses que pegaram as estradas) em um período de dois anos. Mesmo se deduzirmos 15 mil mortes normais para uma população de aproximadamente 750 mil pessoas, isso deixa o condado com 32 mil mortes prematuras — muito acima da estimativa de Cao Shuji.[34]

Em alguns casos, os dados dos arquivos e o material publicado coincidem. No condado de Xinxing, Guangdong, 1,5% da população morreu em 1959, seguido de 2,88% em 1960. Isso chegaria a um total de cerca de 5 mil, enquanto Cao Shuji chega a um total de 8 mil mortes para os três anos.[35] Para a região muito maior de Jiangmen, também em Guangdong, que abrange vários condados, a taxa de mortalidade atribuída pelo comitê provincial do partido foi de 2% em 1960 (ou 120 mil mortes, metade das quais contaria como "prematuras"). Isso é difícil de comparar com a reconstrução de Cao dos dados oficiais, pois as fronteiras administrativas da região foram amplamente redesenhadas depois de 1961, mas as cifras parecem *grosso modo* encaixar-se em sua estimativa de 112 mil mortes em excesso para três anos.[36] No caso de Sichuan, como observado acima, a pressão política sob Li Jingquan significou que poucos condados, se não nenhum, informaram altas taxas de mortalidade, e nenhuma delas se enquadra nas encontradas na documentação oficial publicada décadas depois e consultada por Cao Shuji.

Nada disso pretende ser uma crítica ao trabalho de Cao Shuji: ao contrário, sua minuciosa reconstrução do que aconteceu em nível de condado, com base em bem mais de mil diretórios geográficos regionais, estabeleceu uma base de referência que está muito de acordo com números aferidos por demógrafos a partir de conjuntos mais abstratos de estatísticas populacionais. Uma comparação sistemática desses números com os dados de arquivos compilados na época ou imediatamente após a fome não seria possível sem o trabalho de Cao Shuji. E, quando confrontamos os dados oficiais com as evidências dos arquivos, encontramos um padrão de subestimação, às vezes de 30% a 50%, às vezes por um fator de três ou quatro.

Talvez alguns dos informes exagerassem as taxas de mortalidade, mas é muito difícil ver por quê. Não havia vantagem a ser auferida em declarar

A CONTAGEM FINAL

413

mortes extras. A taxa de mortalidade não foi uma consideração maior no expurgo dos membros do partido após outubro de 1960. A forma da morte importava, sendo os quadros locais classificados de acordo com níveis diferentes de abuso. Na verdade, toda a vantagem estava em inflar a população geral. Quando foi investigar as estatísticas em Hunan, em 1964, uma equipe descobriu que a população geral era sistematicamente inflada em mais de 1%, em alguns condados em até 2% ou 3%. A diferença para 1963, em Hunan, foi de meio milhão de pessoas que existiam só no papel: "Por meio de testes completos, descobrimos que, no passado, as cifras populacionais eram rotineira e severamente infladas."[37] Quando o Ministério da Segurança Pública encarregou-se de uma checagem mais ampla nas estatísticas populacionais em 1963, descobriu padrão similar em todo o país, às vezes tão alto quanto 2,2%, no caso de Gansu, por exemplo. "De uma população de 681 milhões hoje, estimamos que de 1% a 1,5% dos que foram contados são falsos. Muitos quadros locais, a fim de obter rações maiores de tecido e de outros bens, intencionalmente inflavam os números da população."[38] Um ano depois, durante o censo oficial de 1964, o Escritório Central de Censo confirmou que "o problema de inflar a população é muito pior do que pensávamos", no mínimo um milhão de pessoas foram acrescentadas para Hebei e Hunai individualmente, e não menos de 700 mil para Shandong, três províncias que foram detalhadamente investigadas: muito pouco podia ser feito sobre essa questão.[39]

Mesmo que ignoremos algumas das disparidades mais evidentes entre os dados dos arquivos e as cifras oficiais, a defasagem é de 50% a 100%. É muito difícil arriscar uma taxa de mortalidade alternativa, ainda mais que tantos dos principais conjuntos estatísticos permanecem prudentemente fechados à chave, longe dos olhos intrometidos de historiadores. Mas há evidências suficientes de arquivo, provenientes de uma grande variedade de unidades do partido, para confirmar que o número de 43 milhões a 46 milhões de mortes prematuras proposto por Chen Yizi, membro sênior de um grande grupo de trabalho que inspecionava os documentos internos do partido por volta de 1980, é, com toda probabilidade, uma estimativa confiável. A taxa de mortalidade fica, assim, em um mínimo de 45 milhões de mortes em excesso.

Poderia ser ainda pior que isso. Alguns historiadores especulam que a cifra real vai de 50 milhões a 60 milhões de pessoas. É improvável que saibamos a extensão total do desastre até que os arquivos sejam completamente abertos. Mas existem alguns números informalmente discutidos por vários historiadores do partido. E esses números, de acordo com Chen Yizi, também são citados em encontros internos dos membros seniores do partido sob Zhao Ziyang.[40] Yu Xiguang, pesquisador independente com grande dose de experiência, coloca o número em 55 milhões de mortes em excesso.[41]

Epílogo

O momento decisivo ocorreu em janeiro de 1962, quando 7 mil quadros chegaram de todas as partes para participar da maior conferência de trabalho jamais realizada no vasto e moderno Salão do Povo, em Pequim. Liu Shaoqi, o chefe de Estado, divulgou o relatório oficial para uma audiência apinhada e falou por 3 horas sem parar — mas não sem interrupção. Ele não confrontou Mao diretamente, o que teria sido impensável, mas repetiu abertamente tudo o que dissera a portas fechadas para um pequeno grupo de líderes seniores seis meses antes. Em Hunan, explicou, os agricultores acreditavam que as "dificuldades" eram 30% devidas a calamidades naturais e 70% a desastres provocados pelo homem. O próprio uso do termo "desastre feito pela mão do homem" (*renhuo*) foi uma bomba e arrancou exclamações da audiência. Enquanto Liu prosseguia e rejeitava a expressão "nove dedos para um", a frase favorita de Mao para enfatizar as conquistas sobre os reveses, a tensão se tornava palpável. "Em geral, nossos sucessos têm sido primários; as falhas e os erros são secundários, ocupam a segunda posição. Eu me pergunto se podemos dizer, genericamente falando, que a razão de conquistas em relação aos recuos é de sete para três, embora em cada região seja diferente. Um dedo para nove dedos não se aplica a todos os lugares. Há apenas um pequeno número de regiões onde os erros são iguais a um dedo e os sucessos iguais a nove dedos." Mao interrompeu Liu, visivelmente aborrecido: "Não é de forma alguma um número pequeno de regiões; por exemplo, em Hubei, apenas 20% das regiões reduziram a produção, e, em Jiangsu, 30% de todas as regiões aumentaram a produção ano após ano!" Mas Liu não se deixou intimidar e continuou: "Em geral, não podemos dizer que seja meramente um dedo, mas antes três, e, em alguns lugares, é até mais: por exemplo, na região de Xinyang [em Henan] ou na região de Tianshui [em Gansu]." E quem foi responsável por esse desastre? Liu pôs abertamente a culpa na liderança central.[1]

De fato, Liu tentou apaziguar o presidente ao defender a linha geral do partido, adiando o veredicto sobre as comunas para cinco ou, talvez, dez anos mais tarde. Mas Mao se enfureceu mesmo assim. "Ele fala sobre desastres naturais contra desastres feitos pelo homem. Esse tipo de conversa é um desastre em si", confidenciou para seu médico.[2]

Lin Biao, o general que havia corrido em defesa do presidente na Conferência de Lushan, em 1959, elogiou novamente o Grande Salto Adiante e o aclamou como uma realização sem precedentes quando comparado a qualquer outro período da história do país. Com entusiasmo exagerado, recitou: "Os pensamentos do presidente Mao estão sempre corretos [...]. A superioridade do presidente Mao tem muitos aspectos, não apenas um, e eu sei por experiência que a qualidade mais destacada do presidente Mao é o realismo. O que ele diz é muito mais realista que o que outros dizem. Ele está sempre muito próximo do alvo. Ele nunca está fora de contato com a realidade [...]. Sinto profundamente que, quando no passado nosso trabalho foi bem-feito, foi precisamente quando implementamos de modo completo e não interferimos com o pensamento do presidente Mao. Toda vez que as ideias do presidente Mao não foram suficientemente respeitadas ou sofreram interferência, houve problemas. Isso é essencialmente o que mostra a história do nosso partido nas últimas décadas."[3]

Chu En-lai fez o que sempre fazia melhor. Tentou absolver o presidente Mao ao absorver grande parte da culpa pelo que dera errado e assumir responsabilidade pessoal pelas requisições excessivas de grãos, pelos números inflados de produção, pela retirada dos grãos das províncias e pelas exportações crescentes de alimentos. "Isso é erro meu", declarou e foi adiante para asseverar que "as falhas e os erros dos últimos anos ocorreram precisamente quando infringimos a linha geral e as preciosas instruções do presidente Mao."[4] Chu En-lai tentou construir uma ponte no vazio que se abriu entre Mao e Liu, mas não adiantou.

Nunca saberemos quando Mao decidiu livrar-se de Liu e pôr em movimento a Revolução Cultural que destruiria as vidas de todos os

EPÍLOGO

que se opuseram a ele durante o Grande Salto Adiante. Mas um bom palpite é que ele começou a tramar a eliminação de sua cada vez mais ameaçadora nêmese assim que percebeu que todo o seu legado e sua posição na história estavam em perigo.

O momento definidor pode ter sido uma tarde de verão em julho de 1962, quando Mao boiava em sua piscina. Ele tinha sido chamado com urgência de volta a Pequim por Liu e estava de mau humor. O filho de Liu recorda que seu pai se aproximou apressadamente do presidente e foi solicitado a explicar o porquê da pressa. Liu começou a relatar que Chen Yun e Tian Jiaying, dois dos críticos mais francos do Grande Salto Adiante, queriam apresentar formalmente seus pontos de vista sobre a distribuição de terra. Mao logo explodiu em uma torrente de denúncias. Mas Liu não desistiu. Falou apressadamente: "Tantas pessoas morreram de fome!" Depois, deixou escapar: "A história julgará você e eu, até canibalismo irá para os livros!"

Mao foi tomado por uma grande fúria. "As Três Bandeiras Vermelhas foram derrubadas, agora a terra está sendo dividida novamente", gritou. "O que você fez para resistir a isso? O que vai acontecer depois que eu morrer?"

Os dois homens se acalmaram e Mao concordou em que uma política econômica de ajustamento deveria continuar.[5] Mas o presidente agora estava convencido de que havia encontrado o seu Kruschev, o servo que denunciara o patrão, Stalin. Liu, concluiu Mao, era obviamente o homem que publicaria um discurso secreto e denunciaria todos os seus crimes. Mao esperava o momento propício, mas o trabalho paciente para lançar uma Revolução Cultural que dividiria o partido e o país já havia começado.

Agradecimentos

Reafirmo minha gratidão à Bolsa de Pesquisa Hsu Long Sing da Faculdade de Artes, Universidade de Hong Kong, à bolsa de pesquisa HKU743308H, do Conselho de Bolsas de Pesquisa, Hong Kong, e à bolsa de pesquisa RG016-P-07, da Fundação Chiang-Ching-kuo, Taiwan, que me permitiram levar adiante a pesquisa para este livro. Várias pessoas leram e comentaram as versões em rascunho, em particular Børge Bakken, Jasper Becker, John Burns, Gail Burrowes, Chen Jian, Thomas DuBois, Louise Edwards, May Holdsworth, Christopher Hutton, Françoise Koolen, Kam Louie, Roderick MacFarquhar, Veronica Pearson, Robert Peckham, Arthur Waldron, Felix Wemheuer e Zhou Xun. Jean Hung, nas Universidades Centro de Serviço para Estudos da China, na Universidade Chinesa de Hong Kong, foi muito prestativo. Michael Share, Jean-François Fayet e Elena Osokina me ajudaram a ter acesso aos arquivos em Moscou. Tammy Ho e Chan Yeeshan colheram entrevistas de sobreviventes da fome em 2006. Tenho um débito de gratidão muito especial com Zhou Xun, que não apenas ampliou enormemente o escopo das entrevistas em muitas viagens ao continente, como também conduziu pesquisa adicional para mim em vários capítulos. A Faculdade de Artes da Universidade de Hong Kong, em particular o Departamento de História, foi um maravilhoso ambiente para pesquisa e eu sou muito grato a todos os meus colegas que apoiaram o projeto, em particular Daniel Chua, Peter Cunich, Maureen Sabine e Kam Louie.

Há muitas pessoas na China Continental que ajudaram na minha pesquisa de uma maneira ou outra, mas prefiro não nominá-las por razões que parecem bastante óbvias. Tenho muita esperança de que a situação seja diferente um dia. Estou em dívida com meus editores Michael Fishwick, em

Londres, e George Gibson, em Nova York, e com meu editor-copidesque, Peter James, assim como com Anna Simpson, Alexa von Hirschberg e toda a equipe na Bloomsbury. Gostaria de exprimir minha profunda gratidão ao meu agente literário Gillon Aitken, que teve fé em mim e no meu projeto desde o início. Por último, mas não menos importante, desejo agradecer amorosamente à minha mulher Gail Burrowes.

Hong Kong, fevereiro de 2010

Um ensaio sobre as fontes

A maior parte das fontes vem de arquivos do partido na China e algumas palavras sobre isso podem ajudar o leitor a compreender melhor as bases sobre as quais este livro se assenta. Em um Estado de partido único, os arquivos não pertencem ao público, pertencem ao partido. Com frequência estão instalados em um edifício especial nas dependências do comitê local do partido, em geral em terrenos exuberantes e cuidadosamente tratados, vigiados por soldados. O acesso aos arquivos é estritamente regulamentado e teria sido impensável uma década atrás mais ou menos, mas, nos últimos anos, quantidades crescentes de documentos de mais de trinta anos se tornaram disponíveis para consultas por leitores com uma carta de recomendação. A extensão e a qualidade do material variam de lugar para lugar, mas, em geral, a maior parte das coleções distingue entre "aberto", ou não confidencial, e "fechado", ou arquivos controlados, material verdadeiramente sensível que permanece fora do alcance, exceto dos olhos dos mais graduados membros do partido. O próprio fato de essa distinção afastar do escrutínio da maioria dos historiadores uma grande proporção de informação vital indica que este livro foi escrito com material relativamente "leve": os futuros historiadores, esperamos, serão capazes de revelar a escala real do que aconteceu com base em arquivos completamente abertos.

Outra complicação se apresenta no fato de que, à exceção do Ministério das Relações Exteriores, a maioria dos arquivos centrais é de acesso extremamente difícil. Por isso, a maior parte dos historiadores tende a se apoiar em coleções provinciais e dos condados. Embora uma boa dúzia de arquivos de cidades e condados tenham sido usados neste trabalho, a maioria do material vem de dez arquivos provinciais (listados na Bibliografia Selecionada), escolhidos em ampla medida com base em sua acessibilidade. Até agora, que seja do meu conhecimento, nenhum historiador foi capaz de trabalhar com a era maoista nos arquivos provinciais de Anhui; a coleção em Henan também continua altamente restrita, e, mesmo que fosse concedido, o acesso continuaria pouco significativo, pois apenas os documentos mais banais seriam entregues ao pesquisador, frequentemente em quantidades aflitivamente pequenas. Outras coleções, ao contrário, têm sido gradativamente abertas e minha seleção representa um bom leque de províncias em termos de densidade populacional (Shandong *versus* Gansu), severidade da fome (Sichuan em um extremo, Zhejiang no outro) e localização geográfica (de Hebei, no norte, a Guangdong, no sul).

Os arquivos dentro de cada coleção provincial refletem a estrutura da maquinaria do partido e, muitas vezes, são divididos em grupos menores, de acordo com a instituição a que pertenciam — por exemplo, o Departamento para Higiene ou o Departamento para Florestas. O que o historiador encontra, então, é um material com frequência extremamente diversificado, muito mais do que, na verdade, o puro termo "arquivos" sugere. Há cartas escritas por pessoas comuns, pesquisas da Federação de Sindicatos da China sobre as condições de trabalho em fábricas, investigações do Departamento de Segurança Pública sobre casos de corrupção, roubo, assassinato, incêndio proposital e assaltos a celeiros, comprovação detalhada de abusos cometidos por quadros locais, compilada por equipes especiais enviadas durante campanhas de retificação, relatórios gerais sobre resistência camponesa durante a campanha de coletivização, pesquisas de opinião secretas. E muito mais.

A imensa variedade de material é, apesar de tudo, de procedência oficial. Até as cartas escritas por agricultores e trabalhadores comuns teriam sido selecionadas para algum propósito oficial, e temos pouca alternativa a não ser olhar a vida diária sob o prisma do Estado. Essa observação, naturalmente, é verdadeira para todos os arquivos estatais, incluindo os da Alemanha de Hitler e da Rússia de Stalin. Isso não significa que não possamos lê-los de forma diferente da que seria esperada. Finalmente, qualquer historiador que mereça esse nome saberá como avaliar a autoria

UM ENSAIO SOBRE AS FONTES

de relatórios oficiais, a audiência a que se destinam, o contexto institucional que os engendrou e as condições de sua produção. Os historiadores estão sintonizados com as complicações que resultam da distorção da realidade social pela retórica oficial, na medida em que expressões como "sabotagem", "negligência", "traição", "inimigo do povo" e "excessos esquerdistas" obscurecem o que aconteceu. Mesmo assim, a pura variedade e abundância de informes sobre resistência demonstra a persistência das estratégias rurais de sobrevivência, enquanto o Estado em si mesmo era uma organização complexa e espalhada que dificilmente falou alguma vez — ou informou — a uma só voz. Exatamente como líderes seniores como Peng Dehuai e Mao Tsé-tung se chocavam em suas descobertas sobre o Grande Salto Adiante, indivíduos diferentes, unidades e organizações variavam enormemente na maneira como informavam o que encontravam em campo.

Arquivos provinciais não apenas são bem mais ricos que as coleções menores que podem ser encontradas em condados, cidades ou até aldeias, mas também tendem a conservar cópias de documentos importantes que lhes eram mandados de cima, principalmente de Pequim, ou de baixo: por exemplo, quando condados informavam sobre assuntos importantes, como escassez de grãos ou colapso de uma barragem. No labirinto burocrático da China comunista, um documento dificilmente era "único", no sentido em que cópias eram feitas e circulavam em muitas instituições que podiam alegar ter interesse no caso em questão. Muitos dos relatórios compilados por equipes de trabalho, por exemplo, teriam sido enviados para várias dúzias de membros do partido. Um documento central importante era distribuído para cada província e condado, enquanto material mais sensível podia ser copiado apenas para os primeiros secretários de cada província. Em outras palavras, uma riqueza de material que não necessariamente faz parte da região em questão pode ser encontrada em coleções provinciais, incluindo-se minutas de discursos e encontros no mais alto nível. Essas minutas podem variar consideravelmente, pois foram escritas por pessoas diferentes, algumas vezes extraídas de gravações em fita. Algumas são mais detalhadas que outras. Tentei tornar tão fácil quanto possível para o leitor interessado descobrir a procedência de cada documento. Nas notas, o primeiro número dos dados de localização do arquivo se refere à

424 A GRANDE FOME DE MAO

coleção geral, cujo nome é fornecido na relação de arquivos no fim deste livro. Por exemplo, "Hunan, 6 out. 1962, 207-1-750, p. 44-9" indica que o documento está contido em uma pasta dos arquivos provinciais de Hunan, na coleção 207, que representa o Departamento para Conservação da Água e Hidreletricidade.

O que aconteceu no nível mais alto, dentro dos corredores do poder em Pequim? Até agora, para entender os políticos da corte sob Mao, os historiadores se apoiaram em publicações oficiais, documentos internos (*neibu*) ou material da Guarda Vermelha liberado durante a Revolução Cultural. Ao contrário, prefiro usar material de arquivo tanto quanto possível e faço isso por três razões. A primeira, frases ou parágrafos inteiros foram suprimidos dos discursos publicados de líderes seniores, em particular, mas, não somente, do material da Guarda Vermelha. Existem incontáveis exemplos de pequenas mudanças estilísticas ou excisões editoriais mais profundas e elas mudam o sentido geral de muitos desses discursos. A segunda razão, minutas de reuniões inteiras foram censuradas, ou oficialmente, no continente, ou no material da Guarda Vermelha contrabandeado para fora da China durante a Revolução Cultural. E a terceira, enquanto historiadores têm dado bastante peso a encontros que membros da liderança do partido mais tarde comentaram, eventos e decisões cruciais têm sido simplesmente ignorados ou censurados, até nas — se não fosse por isso — muito confiáveis biografias oficiais de líderes, publicadas por historiadores com acesso aos Arquivos Centrais em Pequim. Esse é o caso, como vimos, do encontro no Hotel Jinjiang, em Xangai, em 25 de março de 1959, em que Mao sugeriu que um terço de todo o grão deveria ser requisitado para atender aos compromissos externos.

Em resumo, todo o registro da era maoista que se reflete em fontes oficiais publicadas internamente é um exercício habilidoso de ofuscação e, como tal, base inadequada para a pesquisa histórica. Essa opinião bastante cética é confirmada por uma biografia recente de Chu En-lai por Gao Wenqian. Gao, um historiador do partido que trabalhou nos Arquivos Centrais em Pequim durante muitos anos, contrabandeou suas anotações para fora da China antes de fugir para os Estados Unidos. O premiê descrito na biografia pioneira de Gao é substancialmente

UM ENSAIO SOBRE AS FONTES

diferente da figura icônica a que a maioria de nós está acostumada (Gao Wenqian, *Zhou Enlai: The Last Perfect Revoltionary*, Nova York: PublicAffairs, 2007 [*Zhou Enlai: o último revolucionário perfeito*. Rio de Janeiro: Record, 2012]). No entanto, tendo essas deficiências em mente, consideramos que qualquer coisa publicada pelo Escritório Central de Pesquisa de Documentos (Zhongyang wenxian yanjiu shi), incluindo suas volumosas e cuidadosamente referenciadas biografias de líderes, é de valor inestimável. O problema com essas publicações é o vasto volume de informação crucial que foi deliberadamente excluído. O mesmo pode ser dito dos manuscritos de Mao pós-1949, publicados em uma dúzia de volumes, como Mao Tsé-tung, *Jianguo yilai Mao Zedong wengao* (Manuscritos de Mao Tsé-tung desde a fundação da República Popular da China), Pequim: Zhongyang wenxian chubanshe, 1987-96.

A China, como todos os Estados comunistas, tem uma burocracia extensa, em que a atenção obsessiva a detalhes diminutos — mesmo em meio à pobreza disseminada — pode atingir dimensões absurdas, mas nem todo pedaço de papel termina cuidadosamente preservado em um arquivo. Fábricas, unidades do governo, até cortes de Justiça e a polícia às vezes jogam fora seus fichários quando se mudam para novas instalações. Parte desses documentos — confissões, relatos, diretrizes, permissões e certificados de toda sorte — termina nos brechós deliciosamente caóticos de Guangzhou, Xangai ou Pequim. Em muitos fins de semana, quando os arquivos estão fechados, peneirei papéis poeirentos: alguns estavam em maços espalhados sobre um cobertor, com o dono acocorado em uma pilha de jornais velhos; outros são exibidos em mesas improvisadas entre objetos antigos, cartões-postais, revistas e selos. Formei uma pequena coleção de documentos (bem como uma pilha de cupons de ração de todos os formatos e cores, pois eles são um dos pouquíssimos artefatos da burocracia que sobreviveram à fome), mas citei muito poucos deles e apenas quando nada equivalente existe nos arquivos oficiais do partido.

Uma pequena proporção das provas vem de arquivos estrangeiros, em particular da Rússia e da Alemanha Oriental, os dois países mais próximos da China na época. De modo geral, eles são úteis para reconstruir o comércio exterior e aspectos da política da época, embora sejam bem mais limitados quando se referem a observações sobre a vida diária. Muitos conselheiros estavam confinados às cidades e, por volta de 1960, até os alemães orientais — que permaneceram simpáticos ao Grande Salto Adiante por muito mais tempo que outros europeus orientais — estavam partindo em rebanhos. Poucos fragmentos podem ser colhidos de relatórios para Londres, embora, em geral, os sinólogos fictícios na embaixada britânica fossem bastante desinformados — e mal preparados também, sem qualquer conhecimento aparente da coletivização e seus efeitos. Um escriba de baixo escalão com experiência na União Soviética teria feito trabalho melhor. Exatamente o oposto poderia ser dito do estafe dos serviços secretos em Taiwan, que compilaram relatórios extremamente detalhados e criteriosos sobre cada aspecto da fome para Chiang Kai-shek e para alguns poucos selecionados de seus acólitos em boletins de inteligência regulares, que podem ser encontrados no Departamento de Investigação em Hsin-tien, na periferia de Taipé. Os Estados Unidos recusaram-se a acreditar em Chiang Kai-shek (como mostram os relatórios da CIA), sem dúvida por temer que o generalíssimo os arrastasse para uma invasão do continente. No entanto, uma vez que os arquivos do partido na China são muito mais confiáveis, não usei absolutamente nada desse material.

Diversas vezes por semana, a agência de imprensa oficial Xinhua compilava um relatório de três a dez páginas chamado Referência Interna (*Neibu cankao*), que era distribuído a funcionários em nível ministerial e mais acima. Essa fonte empalidece em comparação com o material de arquivo, porque era pesadamente censurada, mas, mesmo assim, contém fragmentos de informação. Finalmente, algumas das memórias e recordações pessoais de membros do partido, intérpretes, secretários e diplomatas podem ser úteis, embora muitas sofram de autocensura e da falta de detalhes concretos. Um lugar de honra deveria ser dado ao médico pessoal de Mao, Li Zhisui. Muito pichado por alguns sinólogos por demasiado "sensacionalismo", ele é um guia muito confiável, cujas lembranças podem verificar-se, às vezes quase literalmente, nos arquivos do partido (uma observação também confirmada por Lorenz Lüthi, que trabalhou extensivamente com documentos soviéticos; ver Lorenz Lüthi, *The Sino-Soviet Split: Cold War in the Communist World*, Princeton University Press, 2008, p. 354).

UM ENSAIO SOBRE AS FONTES

427

Usei um pequeno número de entrevistas para dar voz ocasionalmente a pessoas comuns — embora, naturalmente, elas falem alto e rapidamente em muitos documentos do partido, de pesquisas de opinião a relatórios policiais. Cerca de cem entrevistadores foram orientados por pesquisadores especificamente treinados por mim para este projeto durante vários anos, frequentemente no formato a que os especialistas se referem como *"insider interviewing"* ["entrevistador de dentro"], o que significa que os entrevistadores falavam com pessoas do mesmo *background* social em seu próprio dialeto, algumas vezes da mesma vila ou família, o que eliminou tanto a presença de um entrevistador de fora (estrangeiro ou chinês urbano) quanto de tradutor. Todas essas entrevistas foram transcritas e depositadas no Centro de Serviços de Universidades para Estudos da China na Universidade Chinesa de Hong Kong. Todos os nomes dos entrevistados, assim como os de um pequeno número de pessoas que ainda podem estar vivas, foram colocados no anonimato.

Finalmente, um breve comentário sobre fontes secundárias. Enquanto por muitas décadas os melhores especialistas sobre a era maoísta devessem ser encontrados na Europa, Estados Unidos e Japão, o centro de gravidade deslocou-se, decididamente, de volta para a China. Um pequeno, mas crescente, conjunto de trabalho, tem sido publicado sobre fome por historiadores que ocuparam seu tempo em coleções de arquivos muito diferentes. Suas publicações nem sempre são bem-vindas na China e com mais frequência aparecem em Hong Kong — cidade que emerge rapidamente, uma vez mais, como interface-chave entre o continente e o resto do mundo. Yu Xiguang é de longe o mais experiente historiador em extrair informação vital dos arquivos, como ficou claro em sua soberba antologia (Yu Xiguang, *Dayuejin ku rizi: Shanghuji* [O Grande Salto Adiante e os anos amargos: Uma coleção de memórias], Hong Kong, Shidai chaoliu chubanshe, 2005). Menção especial deve ser feita a Yang Jisheng, jornalista aposentado que foi um dos primeiros a usar as coleções de arquivos das províncias (Yang Jisheng, *Mubei: Zhongguo liushi niandai dajihuang jishi* [Lápide de madeira: uma história verdadeira sobre a Grande Fome na China nos anos 60], Hong Kong: Tiandi tushu youxian gongsi, 2008. Seu trabalho continua importante, em particular porque até agora poucos outros histo-

428 · A GRANDE FOME DE MAO

riadores foram capazes de pesquisar e publicar sobre a fome na província de Henan. Mas seus dois volumes sofrem de inúmeras deficiências sérias. Os que estão familiarizados com o material vão ver que o livro é mais uma compilação de notas de fontes diferentes que um texto cuidadosamente construído. Às vezes, se parece com uma miscelânea que simplesmente amarra grandes pedaços de texto, alguns levantados da internet, alguns poucos de fontes publicadas e outros transcritos de material de arquivo. Documentos inestimáveis são misturados com narrativas irrelevantes, o que torna difícil para o leitor perceber o que é importante devido à grande quantidade de detalhes. Em alguns casos, o autor ficou apenas um ou dois dias nos arquivos e passou ao largo de documentos mais vitais e abertamente disponíveis. Esse é o caso do capítulo sobre Guangdong, que se apoia em uma única pasta para a fome inteira. Mas, acima de tudo, não há "linha do tempo", isto é, inexiste a descrição cronológica dos acontecimentos: ao dispensar uma narrativa histórica significativa e, em lugar disso, ficar pesadamente na carência de grãos, o autor perde uma importante dimensão do desastre. Mais sólido é o livro magistral de Lin Yunhui, essencial para traçar o desenvolvimento do Grande Salto Adiante. Enquanto se apoia em sua maior parte em fontes publicadas e esteja preocupado unicamente com a política da corte, seu simples escopo e fôlego de análise, supera todos os outros livros de ciência política sobre o assunto (Lin Yunhui, *Wutuobang yundong: Cong dayuejin dao dajihuang*, 1958-1961 [Movimento utópico: do Grande Salto Adiante à Grande Fome, 1958-1961], Hong Kong: Xianggang zhongwen daxue dangdai Zhongguo wenhua yanjiu zhongxin, 2008). Por último, mas não menos importante, o trabalho de Gao Wangling sobre as formas de resistência camponesa durante a fome é um modelo de originalidade e percepção, e foi uma grande inspiração para este livro (Gao Wangling, *Renmin gongshe shiqi Zhongguo nongmin "fanxingwei" diaocha* [Atos de resistência camponesa na China durante as comunas do povo], Pequim: Zhonggong dangshi chubanshe, 2006).

Muito da literatura em inglês sobre a fome parece agora bastante antiquado, mas leitores interessados em política das elites vão apreciar a leitura de *The Origins of the Cultural Revolution: The Great Leap Forward, 1958-1960*, de Roderick MacFarquhar, Nova York: Columbia University

UM ENSAIO SOBRE AS FONTES

429

Press, 1983. Mais recente é Alfred Chan, cuja análise sobre como a visão de Mao foi realmente implementada em Guangdong continua insuperável (Alfred L. Chan, *Mao's Crusade: Politics and Policy Implementation in China's Great Leap Forward*, Oxford: Oxford University Press, 2001). Existem alguns estudos bons sobre aldeias baseados em entrevistas, embora, naturalmente, eles tendam a se apoiar nas palavras daqueles que sobreviveram, deixando os mortos sem voz. Um exemplo recente é *Catastrophe and Contention in Rural China: Mao's Great Leap Forward Famine and the Origins of the Righteous Resistance in Da Fo Village*, Nova York: Cambridge University Press, 2008. O relato de Jasper Becker sobre a fome permanece muito legível (Jasper Becker, *Hungry Ghosts: Mao's Secret Famine*, Nova York: Henry Holt, 1996). Outros autores cujo trabalho tocaram na fome incluem David Bachman, *Bureaucracy, Economy, and Leadership in China: The Institutional Origins of the Great Leap Forward*, Cambridge: Cambridge University Press, 1991; Thomas P. Bernstein, "Mao Zedong and the Famine of 1959-1960: A Study in Wilfulness", *China Quarterly*, no. 186 (Jun. 2006), p. 421-45 e "Stalinism, Famine and Chinese Peasants: Grain Procurements During the Great Leap Forward", *Theory and Society*, vol. 13 (Mai. 1984), p. 339 — 77; Edward Friedman, Paul G. Pickowicz e Mark Selden com Kay Ann Johnson, *Chinese Village, Socialist State*, New Haven: Yale University Press, 1991; Jean-Luc Domenach, *The Origins of The Great Leap Forward: The Case of One Chinese Province*, Boulder: Westview Press, 1995; Penny Kane, *Famine in China, 1959-61: Demographic and Social Implications*, Basingstoke: Macmillan, 1988; MacFarquhar, Roderick, *The Origins of the Cultural Revolution*, vol. 3: *The Coming of the Cataclysm, 1961-1966*, Nova York: Columbia University Press, 1999; Frederick C. Teiwes e Warren Sun, *China's Road to Disaster: Mao, Central Politicians and Provincial Leaders in the Unfolding of the Great Leap Forward, 1955-1959*, Armonk, NY: M. E. Sharpe, 1999; Dali L. Yang, *Calamity and Reform in China: State, Rural Society, and Institutional Change since the Great Leap Famine*, Stanford: Stanford University Press, 1996. Outros estudos úteis estão listados na Bibliografia Selecionada.

Bibliografia selecionada

Arquivos

Arquivos não chineses

AVPRF — Arkhiv Vneshnei Politiki Rossiiskoi Federatsii, Moscou, Rússia
BArch — Bundesarchiv, Berlim, Alemanha
ICRC — Comitê Internacional da Cruz Vermelha, Genebra, Suíça
MfAA — Politische Archiv des Auswärtigen Amts, Berlim, Alemanha
PRO — Arquivos Nacionais, Londres, Reino Unido
PRO, Hong Kong — Escritório de Arquivos Públicos, Hong Kong
RGAE — Rossiiskii Gosudartstvennyi Arkhiv Ekonomiki, Moscou, Rússia
RGANI — Rossiiskii Gosudartstvennyi Arkhiv Noveishei Istorii, Moscou, Rússia

Arquivos Centrais

Ministério das Relações Exteriores — Waijiaobu Dang'anguan, Pequim

Arquivos Provinciais

Gansu — Gansu sheng dang'anguan, Lanzhou
91   Zhonggong Gansu shengwei (Comitê Provincial do Partido em Gansu)
96   Zhonggong Gansu shengwei nongcun gongzuobu (Departamento de Trabalho Rural do Comitê Provincial do Partido em Gansu)

Guangdong — Guangdong sheng dang'anguan, Guangzhou
216   Guangdong shengwei tongzhanbu (Escritório da Frente Unida do Comitê Provincial do Partido)

432   A GRANDE FOME DE MAO

217   Guangdong sheng nongcunbu (Departamento Agrícola da Província de Guangdong)

218   Guangdong sheng gongyebu (Departamento Industrial da Provincia de Guangdong)

231   Guangdong sheng zonggonghui (Federação de Sindicatos da Província de Guangdong)

235   Guangdong sheng renmin weiyuanhui (Congresso do Povo da Província de Guangdong)

253   Guangdong sheng jihua weiyuanhui (Comitê de Planejamento da Província de Guangdong)

262   Guangdong sheng yinglinbu (Departamento Florestal da Província de Guangdong)

266   Guangdong sheng shuidianbu (Departamento de Conservação de Água e Hidreletricidade da Província de Guangdong)

300   Guangdong sheng tongjiju (Escritório de Estatísticas da Província de Guangdong)

307   Guangdong sheng wenhuaju (Escritório Cultural da Província de Guangdong)

314   Guangdong sheng jiaoyuting (Departamento de Educação da Província de Guangdong)

317   Guangdong sheng weishengting (Departamento de Saúde e Higiene da Província de Guangdong)

Guangxi — Guangxi sheng dang'anguan, Nanning

X1   Zhonggong Guangxi shengwei (Comitê Provincial do Partido em Guangxi)

Guizhou — Guizhou sheng dang'anguan, Guiyang

90   Zhonggong Guizhou sheng nongyeting (Departamento Agrícola da Província de Guizhou)

Hebei — Hebei sheng dang'anguan, Shijiazhuang

855   Zhonggong Hebei shengwei (Comitê Provincial do Partido em Hebei)

856   Zhonggong Hebei shengjiwei (Comitê Provincial do Partido de Inspeção da Disciplina)

878   Shengwei shenghuo bangongshi (Escritório do Comitê Provincial do Partido em Hebei para a Vida Diária)

BIBLIOGRAFIA SELECIONADA

879   Zhonggong Hebei shengwei nongcun gongzuobu (Departamento de Trabalho Rural do Comitê Provincial do Partido em Hebei)

880   Zhonggong Hebei shengwei nongcun zhengfeng zhengshe bangongshi (Escritório de Retificação no Campo do Comitê Provincial do Partido em Hebei)

884   Zhonggong Hebei shengwei zhengfa weiyuanhui (Comissão de Assuntos Políticos e Legais do Comitê Provincial do Partido em Hebei)

979   Hebei sheng nongyeting (Departamento Agrícola da Província de Hebei)

Hubei — Hubei sheng dang'anguan, Wuhan

SZ1   Zhonggong Hubei sheng weiyuanhui (Comitê Provincial do Partido em Hubei)

SZ18   Zhonggong Hubei sheng weiyuanhui nongcun zhengzhibu (Departamento de Política Rural do Comitê Provincial do Partido em Hubei)

SZ29   Hubei sheng zonggonghui (Federação de Sindicatos da Província de Hubei)

SZ34   Hubei sheng renmin weiyuanhui (Congresso do Povo Provincial de Hubei)

SZ113   Hubei sheng shuiliting (Departamento de Conservação de Água da Província de Hubei)

SZ115   Hubei sheng weishengting (Departamento de Saúde e Higiene da Província de Hubei)

Hunan — Hunan sheng dang'anguan, Changsha

141   Zhonggong Hunan sheng weiyuanhui (Comitê Provincial do Partido em Hunan)

146   Zhonggong Hunan shengwei nongcun gongzuobu (Departamento de Trabalho Rural do Comitê Provincial do Partido em Hunan)

151   Zhonggong Hunan shengwei zhengce yanjiushi (Escritório de Pesquisa Política do Comitê Provincial do Partido em Hunan)

163   Hunan sheng renmin weiyuanhui (Congresso do Povo Provincial de Hunan)

186   Hunan sheng jihua weiyuanhui (Comitê de Planejamento da Província de Hunan)

187   Hunan sheng tongjiju (Escritório de Estatísticas da Província de Hunan)

207   Hunan sheng shuili shuidianting (Departamento de Conservação de Água e Hidreletricidade)

265   Hunan sheng weisheng fangyting (Departamento de Saúde e Prevenção de Epidemias da Província de Hunan)

A GRANDE FOME DE MAO

Shandong — Shandong sheng dang'anguan, Jinan

A1 Zhonggong Shandong shengwei (Comitê Provincial do Partido em Shandong)

Sichuan — Sichuan sheng dang'anguan, Chengdu

JC1 Shengwei bangongting (Escritório do Comitê Provincial do Partido)

JC12 Sichuan shengwei mingongwei (Comitê Provincial de Assuntos Étnicos do Partido em Sichuan)

JC44 Sichuan sheng minzhengting (Departamento de Assuntos Civis da Província de Sichuan)

JC50 Sichuan sheng renwei zongjiao shiwuchu (Escritório de Assuntos Religiosos do Congresso do Povo Provincial de Sichuan)

JC67 Sichuan shengwei tongjiju (Escritório de Estatísticas da Província de Sichuan)

JC133 Sichuan sheng weishengting (Departamento de Saúde e Higiene da Província de Sichuan)

Yunnan — Yunnan sheng dang'anguan, Kunming

2 Zhonggong Yunnan shengwei (Comitê Provincial do Partido em Yunnan)

11 Zhonggong Yunnan shengwei nongcun gongzuobu (Departamento de Trabalho Rural do Comitê Provincial do Partido em Yunnan)

81 Yunnan sheng tongjiju (Escritório de Estatísticas da Província de Yunnan)

105 Yunnan sheng shuili shuidianting (Departamento de Conservação de Água e Hidreletricidade da Província de Yunnan)

120 Yunnan sheng liangshiting (Departamento de Grãos da Província de Yunnan)

Zhejiang — Zhejiang sheng dang'anguan, Hangzhou

J002 Zhonggong Zhejiang shengwei (Comitê Provincial do Partido em Zhejiang)

J007 Zhejiang shengwei nongcun gongzuobu (Departamento de Trabalho Rural do Comitê Provincial do Partido em Zhejiang)

J116 Zhejiang sheng nongyeting (Departamento Agrícola da Província de Zhejiang)

J132 Zhejiang sheng liangshiting (Departamento de Grãos da Província de Zhejiang)

J165 Zhejiang sheng weishengting (Departamento de Saúde e Higiene da Província de Zhejiang)

BIBLIOGRAFIA SELECIONADA

435

Arquivos da Cidade e do Condado

Beijing — Beijing shi dang'anguan, Pequim
1   Beijing shi weiyuanhui (Comitê Municipal do Partido em Pequim)
2   Beijing shi renmin weiyuanhui (Congresso do Povo Municipal de Pequim)
84   Beijing shi funü lianhehui (Federação Municipal das Mulheres de Pequim)
92   Beijing shi nonglinju (Departamento Municipal Agrícola e Florestal de Pequim)
96   Beijing shi suili qixiangju (Departamento Municipal de Conservação de Água e Meteorologia de Pequim)
101   Beijing shi zonggonghui (Federação Municipal de Sindicatos de Pequim)

Chishui — Chishui shi dang'anguan, Chishui, Guizhou
1   Chishui shiwei (Comitê Municipal do Partido em Chishui)

Fuyang — Fuyang shi dang'anguan, Fuyang, Anhui
J3   Fuyang shiwei (Comitê Municipal do Partido em Fuyang)

Guangzhou — Guangzhou shi dang'anguan, Guangzhou, Guangdong
6   Guangzhou shiwei xuanchuanbu (Departamento de Propaganda do Comitê Municipal do Partido em Guangzhou)
13   Guangzhou shi nongcun gongzuobu (Departamento de Trabalho Rural do Comitê Municipal do Partido em Guangzhou)
16   Guangzhou shiwei jiedao gongzuobu (Unidade de Tarefa nas Vizinhanças do Comitê Municipal do Partido em Guangzhou)
69   Guangzhou shiwei gangtie shengchan zhihuibu bangongshi (Departamento do Escritório Central da Produção de Aço do Comitê Municipal do Partido em Guangzhou)
92   Guangzhou shi zonggonghui (Federação Municipal de Sindicatos de Guangzhou)
94   Guangzhou shi funü lianhehui (Federação Municipal das Mulheres de Guangzhou)
97   Guangzhou shi renmin weiyuanhui bangongting (Escritório do Congresso do Povo Municipal de Guangzhou)
176   Guangzhou shi weishengju (Departamento Municipal de Saúde e Higiene de Guangzhou)

436   A GRANDE FOME DE MAO

Guiyang — Guiyang shi dang'anguan, Guiyang, Guizhou

61   Zhonggong Guiyang shiwei (Comitê Municipal do Partido de Guiyang)

Kaiping — Kaiping shi dang'anguan, Kaiping, Guangdong

3   Kaiping shiwei (Comitê Municipal do Partido em Kaiping)

Macheng — Macheng shi dang'anguan, Macheng, Hubei

1   Macheng xianwei (Comitê do Partido no Condado de Macheng)

Nanjing — Nanjing shi dang'anguan, Nanquim, Jiangsu

4003   Nanjing shiwei (Comitê Municipal do Partido em Nanquim)

4053   Nanjing shiwei chengshi renmin gongshe lingdao xiaozu bangongshi (Escritório do Grupo de Liderança das Comunas Urbanas do Comitê Municipal do Partido em Nanquim)

5003   Nanjing shi renmin zhengfu (Governo Municipal do Povo de Nanquim)

5012   Nanjing shi minzhengju (Departamento Municipal de Assuntos Civis de Nanquim)

5035   Nanjing shi zhonggongyeju (Departamento Municipal da Indústria Pesada de Nanquim)

5040   Nanjing shi shougongyeju (Departamento Municipal da Indústria do Artesanato de Nanquim)

5065   Nanjing shi weishengju (Departamento Municipal de Saúde e Higiene de Nanquim)

6001   Nanjing shi zonggonghui (Federação Municipal de Sindicatos de Nanquim)

Xangai — Shanghai shi dang'anguan, Xangai

A2   Shanghai shiwei bangongting (Escritório do Comitê Municipal do Partido em Xangai)

A20   Shanghai shiwei linong gongzuo weiyuanhui (Comitê de Trabalho na Vizinhança do Comitê Municipal do Partido em Xangai)

A23   Shanghai shiwei jiaoyu weishengbu (Departamento de Educação e Saúde do Comitê Municipal do Partido em Xangai)

A36   Shanghai shiwei gongye zhengzhibu (Departamento de Indústria e Política do Comitê Municipal do Partido em Xangai)

A70   Shanghai shiwei nongcun gongzuobu (Departamento de Trabalho Rural do Comitê Municipal do Partido em Xangai)

BIBLIOGRAFIA SELECIONADA

A72 Shanghai shiwei nongcun gongzuobu weiyuanhui (Comitê de Trabalho Rural do Comitê Municipal do Partido em Xangai)

B29 Shanghai shi jingji jihua weiyuanhui (Comitê Municipal de Planejamento Econômico de Xangai)

B31 Shanghai shi tongjiju (Departamento Municipal de Estatísticas de Xangai)

B112 Shanghai shi yejin gongyeju (Departamento Municipal de Metalurgia de Xangai)

B123 Shanghai shi diyi shangyeju (Primeiro Departamento Comercial Municipal de Xangai)

B242 Shanghai shi weishengju (Departamento Municipal de Saúde de Xangai)

Suiping — Suiping shi dang'anguan, Suiping, Henan

1 Suiping xianwei (Comitê do Partido no Condado de Suiping)

Wuhan — Wuhan shi dang'anguan, Wuhan, Hubei

13 Wuhan shi renmin zhengfu (Governo do Povo Municipal de Wuhan)

28 Wuhan shi Jiang'anqu weiyuanhui (Comitê de Wuhan no distrito de Jiang'an)

30 Wuhan shi Jianghanqu weiyuanhui (Comitê de Wuhan no distrito de Jianghan)

70 Wuhan shi jiaoyuting (Departamento Municipal de Educação de Wuhan)

71 Wuhan shi weishengju (Departamento Municipal de Saúde e Higiene de Wuhan)

76 Wuhan shi gongshang guanliju (Departamento Municipal de Administração de Indústria e Comércio de Wuhan)

83 Wuhan shi minzhengju (Departamento Municipal de Assuntos Civis de Wuhan)

Wujiang — Wujiang xian dang'anguan, Wujiang, Jiangsu

1001 Wujiang xianwei bangongshi (Escritório do Comitê do Partido no Condado de Wujiang)

Wuxi — Wuxi shi dang'anguan, Wuxi, Jiangsu

B1 Wuxi xianwei bangongshi (Escritório do Comitê do Partido no Condado de Wuxi)

Wuxian — Wuxian xian dang'anguan, Wuxian, Jiangsu

300 Wuxian xianwei bangongshi (Escritório do Comitê do Partido no Condado de Wuxian)

Xinyang — Xinyang xian dang'anguan, Xinyang, Henan
229 e 304   Xinyang xianwei (Comitê do Partido no Condado de Xinyang)

Xuancheng — Xuancheng xian dang'anguan, Xuancheng, Anhui
3   Xuancheng xianwei bangongshi (Escritório do Comitê do Partido no Condado de Xuancheng)

Trabalhos publicados

Arnold, David, *Famine: Social Crisis and Historical Change*, Oxford: Blackwell, 1988.

Ashton, Basil, Kenneth Hill, Alan Piazza e Robin Zeitz, "Famine in China, 1958–61", *Population and Development Review*, vol. 10, nº 4 (dez. 1984), p. 613–45.

Bachman, David, *Bureaucracy, Economy, and Leadership in China: The Institutional Origins of the Great Leap Forward*, Cambridge: Cambridge University Press, 1991.

Banister, Judith, "An Analysis of Recent Data on the Population of China", *Population and Development Review*, vol. 10, nº 2 (jun. 1984), p. 241–71.

Banister, Judith, *China's Changing Population*, Stanford: Stanford University Press, 1987.

Becker, Jasper, *Hungry Ghosts: Mao's Secret Famine*, Nova York: Henry Holt, 1996.

Belasco, Warren, "Algae burgers for a Hungry World? The Rise and Fall of Chlorella Cuisine", *Technology and Culture*, vol. 38, nº 3 (jul. 1997), p. 608–34.

Berlin, Isaiah, *The Crooked Timber of Humanity: Chapters in the History of Ideas*, Vintage Books, 1992.

Bernstein, Thomas P., "Mao Zedong and the Famine of 1959–1960: A Study in Wilfulness", *China Quarterly*, nº 186 (jun. 2006), p. 421–45.

Bernstein, Thomas P., "Stalinism, Famine and Chinese Peasants: Grain Procurements During the Great Leap Forward", *Theory and Society*, vol. 13 (mai. 1984), p. 339–77.

Birch, Cyril, "Literature and Comunism", in Roderick MacFarquhar, John King Fairbank e Denis Twichett (orgs.), *The Cambridge History of China*, vol. 15: *Revolutions within the Chinese Revolution, 1966–1982*, Cambridge: Cambridge University Press, 1991, p. 743–812.

Bo Yibo, *Ruogan zhongda shijan yu juece de huigu* (Lembranças de diversos eventos e decisões importantes), Pequim: Zhonggong zhongyang dangxiao chubanshe, 1991, p. 3.

BIBLIOGRAFIA SELECIONADA

Boone, A., "The Foreign Trade of China, *China Quarterly*, n° 11 (set. 1962), p. 169–83.

Brown Jeremy, "Great Leap City: Surviving the Famine in Tianjin", in Kimberley E. Manning e Felix Wemheuer (orgs.), *New Perspectives on China's Great Leap Forward and Great Famine*, Vancouver: University of British Columbia Press, 2010.

Cao Shuji, *Da jihuang: 1959–1961 nian de Zhongguo renkuo* (A Grande Fome: a população chinesa em 1959–61), Hong Kong: Shidai guoji chuban youxian gongsi, 2005.

The Case of Peng Teh-huai, 1959–1968, Hong Kong: Union Research Institute, 1968.

Chan, Alfred L., *Mao's Crusade: Politics and Policy Implementation in China's Great Leap Forward*, Oxford: Oxford University Press, 2001.

Chang, G. H. e G. J. Wen, "Communal Dining and the Chinese Famine of 1958– –1961", *Economic Development and Cultural Change*, n° 46 (1997), p. 1–34.

Chang, Jung, *Wild Swans: Three Daughters of China*, Clearwater, FL: Touchstone, 2003.

Chang, Jung e Jon Halliday, *Mao: The Unknown Story*, Londres: Jonathan Cape, 2005.

Chao, Kang, *Agricultural Production in Communist China, 1949–1965*, Madison: University of Wisconsin Press, 1970.

Cheek, Timothy, *Propaganda and Culture in Mao's China: Deng Tuo and the Intelligentsia*, Oxford: Oxford University Press, 1997.

Chen, Jian, *Mao's China and the Cold War*, Chapel Hill: University of North Carolina Press, 2001.

Cheng, Tiejun e Mark Selden, "The Construction of Spatial Hierarchies: China's *hukou* and *danwei* Systems", in Timothy Cheek e Tony Saich (orgs.), *New Perspectives on State Socialism in China*, Armonk, NY: M. E. Sharpe, 1997, p. 23–50.

Chinn, Dennis L., "Basic Commodity Distribution in the People's Republic of China", *China Quarterly*, n°. 84 (dez. 1980), p. 744–54.

Conquest, Robert: *The Harvest of Sorrow: Soviet Collectivization and the Terror- -Famine*, Nova York: Oxford University Press, 1986.

Dai Qing (org.), *The River Dragon has Come! The Three Gorges Dam and the Fate of China's Yangtze River and its People*, Armonk, NY: M.E. Sharpe, 1998.

Davis-Friedmann, Deborah, *Long River: Chinese Elderly and the Communist Revolution*, Stanford: Stanford University Press, 1991.

440   A GRANDE FOME DE MAO

Dikötter, Frank, *China Before Mao: The Age of Openness*: Berkeley: University of California Press, 2008.

Dikötter, Frank, "Crime and Punishment in Post-Liberation China: The Prisoners of a Beijing Gaol in the 1950's", *China Quarterly*, nº 149 (mar. 1997), p. 147–50.

Dikötter, Frank, *Exotic Commodities: Modern Objects and Everyday Life in China*, Nova York: Columbia University Press, 2006.

Ding Shu, *Renhuo: Dayuejin yu dajihuang* (Uma catástrofe feita pelo homem: O Grande Salto Adiante e a Grande Fome), Hong Kong: Jiushi niandai zazhi, 1996.

Dirks, Robert, "Social Responses during Severe Food Shortages and Famine", *Current Anthropology*, vol. 21, nº 1 (fev. 1981), p. 21-32.

Domenach, Jean-Luc, *L'Archipel oublié*, Paris: Fayard, 1992.

Domenach, Jean-Luc, *The Origins of The Great Leap Forward: The Case of One Chinese Province*, Boulder: Westview Press, 1995.

Domes, Jurgen, *Peng Te-huai: The Man and the Image*, Stanford: Stanford University Press, 1985.

Donnithorne, Audrey, *China's Economic System*, Londres: Allen & Unwin, 1967.

Fang Weizhong, Jin Chongji et al. (orgs.), *Li Fuchun zhuan* (A biography of Li Fuchun),

Pequim: Zhongyang wenxian chubanshe, 2001.

Fitzpatrick, Sheila, *Everyday Stalinism: Ordinary Life in Extraordinary Times: Soviet Russia in the 1930s*, Nova York: Oxford University Press, 1999. Fitzpatrick, Sheila, "Signals from Below: Soviet Letters of Denunciation of the 1930s", *Journal of Modern History*, vol. 68, nº 4 (dez. 1996), p. 831–66.

Friedman, Edward, Paul G. Pickowicz e Mark Selden com Kay Ann Johnson, *Chinese Village, Socialist State*, New Haven: Yale University Press, 1991.

Fu Zhengyuan, *Autocratic Tradition and Chinese Politics*, Cambridge: Cambridge University Press, 1993.

Fuyang shiwei dangshi yanjiushi (orgs.), *Zhengtu: Fuyang shehuizhuyi shiqi dangshi zhuanti huibian* (Coleção de tópicos especiais da história do partido de Fuyang durante a era socialista), Fuyang: Anhui jingshi wenhua chuanbo youxian zeren gongsi, 2007.

Gao Wangling, *Renmin gongshe shiqi Zhongguo nongmin " fanxingwei" diaocha* (Atos de resistência camponesa na China durante as comunas do povo), Pequim: Zhonggong dangshi chubanshe, 2006.

BIBLIOGRAFIA SELECIONADA

Gao Wenqian, *Zhou Enlai: The Last Perfect Revolutionary*, Nova York: Public Affairs, 2007.

Gao Xiaoxian, "The Silver Flower Contest": Rural Women in 1950s China and the Gendered Division of Labour", *Gender and History*, vol. 18, nº 3 (nov. 2006), p. 594–612.

Ginsburgs, George, "Trade with the Soviet Union", in Victor H. *Li, Law and Politics in China's Foreign Trade*, Seattle: University of Washington Press, 1977, p. 70–120.

Greenough, Paul R., *Prosperity and Misery in Modern Bengal: The Famine of 1943–44*, Nova York: Oxford University Press, 1983.

Gu Shiming, Li Qiangui e Sun Jianping, *Li Fuchun jingji sixiang yanjiu* (Pesquisa sobre o pensamento econômico de Li Fuchun), Xining: Qinghai renmin chubanshe, 1992.

Hayek, Friedrich A., *The Road to Serfdom: Text and Documents*, Chicago: University of Chicago Press, 2007.

Huang Kecheng, *Huang Kecheng zishu* (A autobiografia de Huang Kecheng), Pequim: Renmin chubanshe, 1994.

Huang Zheng, *Liu Shaoqi yisheng* (Liu Shaoqi: Uma vida), Pequim: Zhongyang wenxian chubanshe, 2003.

Huang Zheng, *Liu Shaoqi zhuan* (Uma biografia de Liu Shaoqi), Pequim: Zhongyang wenxian chubanshe, 1998.

Huang Zheng, *Wang Guangmei fangtan lu* (Um relato de conversas com Wang Guangmei), Pequim: Zhongyang wenxian chubanshe, 2006.

Ji Fengyuan, *Linguistic Engineering: Language and Politics in Mao's China*, Honolulu: University of Hawai'i Press, 2004.

Jiang Weiqing, *Qichi nian zhengsheng: Jiang Weiqing huiyilu* (Uma jornada de setenta anos: as memórias de Jiang Weiqing), Nanquim: Jiangsu renmin chubanshe, 1996.

Jin Chongji (org.), *Zhou Enlai zhuan, 1898–1949* (Uma biografia de Chu En-lai, 1898–1949), Pequim: Zhongyang wenxian chubanshe, 1989.

Jin Chongji e Chen Qun (orgs.), *Chen Yun*, Pequim: Zhongyang wenxian chubanshe, 2005.

Jin Chongji e Huang Zheng (orgs.), *Liu Shaoqi zhuan* (Uma biografia de Liu Shaoqi), Pequim: Zhongyang wenxian chubanshe, 1998.

Kane, Penny, *Famine in China, 1959–61: Demographic and Social Implications*, Basingstoke: Macmillan, 1988.

Kapitsa, Mikhael, *Na raznykh parallelakh: Zapiski diplomata*, Moscou: Kniga i biznes, 1996.

Khrushchev, Nikita, *Vremia, liudi vlast'*, Moscou, Moskovskiye Novosti, 1999.

Kiernan, Ben, *The Pol Pot Regime: Race, Power, and Genocide in Cambodja under the Khmer Rouge, 1975-79*, New Haven: Yale University Press, 1996.

King, Richard, *The Heroes of China's Great Leap Forward: Two Stories*, Honolulu: University of Hawai'i Press, 2004.

Kitchen, Martin, *A History of Modern Germany, 1800-2000*, Nova York: Wiley--Blackwell, 2006.

Klochko, M. A., *Soviet Scientist in China*, Londres: Hollis & Carter, 1964.

Krutikov, K. A., *Na Kitaiskom napravlenii: Iz vospominanii diplomata*, Moscou: Institut Dal'nego Vostoka, 2003.

Kueh, Y. Y., *Agricultural Instability in China, 1931-1991*, Oxford: Clarendon Press, 1995.

Kung, James Kai-sing e Justin Yifu Lin, The Causes of China's Great Leap Famine, 1959-1961", *Economic Development and Cultural Change*, volume 52, n°. I (2003), p. 51-73.

Li Huaiyin, "Everyday Strategies for Team Farming in Collective-Era China: Evidence from Qin Village", *China Journal*, n° 54 (jul. 2005), p. 79-98.

Li, Lilian M., *Fighting Famine in North China: State, Market, and Environmental Decline, 1690s-1990s*, Stanford: Stanford University Press, 2007.

Li Rui, *Dayuejin qin liji* (Um Testemunho do Grande Salto Adiante), Haikou: Nanfang chubanshe, 1999.

Li Rui, *Lushan huiyi shilu* (Um relato real da sessão plenária de Lushan), Zhengzhou: Henan renmin chubanshe, 1999.

Li, Wei e Dennis Yang, "The Great Leap Forward: Anatomy of a Central Planning Disaster", *Journal of Political Economy*, vol. 113, n° 4 (2005), p. 840-77.

Li Yueran, *Waijiao wutaishang de xin Zhongguo lingxiu* (Os líderes da Nova China no cenário diplomático), Pequim: Waiyu jiaoxue yu yanjiu chubanshe, 1994.

Li Zhisui, *The Private Life of Chairman Mao: The Memoirs of Mao's Personal Physician*, Nova York: Random House, 1994.

Li, Justin Yifu e Dennis Tao Yang, "On the Causes of China's Agricultural Crisis and the Great Leap Forward Famine", *China Economic Review*, vol. 9, n° 2 (1998), p. 125-40.

Lin Yunhui, *Wutuobang yundong: Cong dayuejin dao dajihuang, 1958-1961* (Movimento utópico: do Grande Salto Adiante à Grande Fome, 1958-1961), Hong Kong: Xianggang zhongwen daxue dangdai Zhongguo wenhua yanjiu zhongxin, 2008.

BIBLIOGRAFIA SELECIONADA 443

Liu Chongwen, Chen Shaochou et al. (orgs.), *Liu Shaoqi nianpu, 1898–1969* (Um relato da vida de Liu Shaoqi), Zhongyang wenxian chubanshe, 1996.

Lu, Xiaobo, *Cadres and Corruption: The Organizational Involution of the Chinese Communist Party*, Stanford: Stanford University Press, 2000.

Lüthi, Lorenz M., *The Sino-Soviet Split: Cold War in the Communist World*, Princeton: Princeton University Press, 2008.

MacFarquhar, Roderick, *The Origins of the Cultural Revolution*, vol. 1: *Contradictions among the People, 1956–1957*, Londres: Oxford University Press, 1974.

MacFarquhar, Roderick, *The Origins of the Cultural Revolution*, vol. 2: *The Great Leap Forward, 1958–1960*, Nova York: Columbia University Press, 1983.

MacFarquhar, Roderick, *The Origins of the Cultural Revolution*, vol. 3: *The Coming of the Cataclysm, 1961–1966*, Nova York: Columbia University Press, 1999.

MacFarquhar, Roderick, Timothy Cheek e Eugene Wu (orgs.), *The Secret Speeches of Chairman Mao: From the Hundred Flowers to the Great Leap Forward*, Cambridge, MA: Harvard University Press, 1989.

Manning, Kimberley E., "Marxist Maternalism, Memory, and the Mobilization of Women during the Great Leap Forward", *China Review*, vol. 5, n° 1 (primavera 2005), p. 83–110.

Mao Zedong, *Jianguo yilai Mao Zedong wengao* (Os manuscritos de Mao Tsé-Tung desde a formação da República Popular), Pequim: Zhongyang wenxian chubanshe, 1987–96.

Mao Zedong, *Mao Zedong waijiao wenxuan* (Seleção de escritos sobre assuntos internacionais por Mao Tsé-tung), Pequim: Zhongyang wenxian chubanshe, 1994.

Mićunović, Veljko, *Moscow Diary*, Nova York: Doubleday, 1980.

Mueggler, Erik, *The Age of Wild Ghosts: Memory, Violence and Place in Southwest China*, Berkeley: University of California Press, 2001.

Näth, Marie-Luise (org.), *Communist China in Retrospect: East European Sinologists Remember the First Fifteen Years of the PRC*, Frankfurt: P. Lang, 1995.

Ó Gráda, Cormac, *The Great Irish Famine*, Basingstoke: Macmillan, 1989.

Oi, Jean C., *State and Peasant in Contemporary China: The Political Economy of Village Government*, Berkeley: University of California Press, 1989.

Osokina, Elena, *Our Daily Bread: Socialist Distribution and the Art of Survival in Stalin's Russia, 1927–1941*, Armonk, NY: M. E. Sharpe, 2001.

Pang Chianzi, Guo Chaoren e Jin Chongji (orgs.), *Liu Shaoqi*, Pequim: Xinhua chubanshe, 1998.

444 A GRANDE FOME DE MAO

Pasqualini, Jean, *Prisoner of Mao*, Harmondsworth: Penguin, 1973.

Patenaude, Bertrand M., *The Big Show in Bololand: The American Relif Expedition to Soviet Russia in the Famine of 1921*, Stanford: Stanford University Press, 2002.

Peng Dehuai, *Peng Dehuai zishu* (A autobiografia de Peng Dehuai), Pequim: Renmin chubanshe, 1981.

Peng Dehuai zhuan (Uma autobiografia de Peng Dehuai), Pequim: Dangdai Zhongguo chubanshe, 1993.

Peng Xizhe, "Demographic Consequences of the Great Leap Forward in China's Provinces", *Population and Development Review*, vol. 13, nº 4 (dez. 1987), p. 639–70.

Pepper, Suzanne, *Radicalism and Education Reform in 20th-Century China: The Search for an Ideal Development Model*, Cambridge: Cambridge University Press, 1996.

Reardon, Lawrence C., *The Reluctant Dragon: Crisis Cycles in Chinese Foreign Economic Policy*, Hong Kong: Hong Kong University Press, 2002.

Russell, Sharman Apt, *Hunger: An Unnatural History*, Nova York, Basic Books, 2005.

Salisbury, Harrison E., *The New Emperors: China in the Era of Mao and Deng*, Boston: Little, Brown, 1992.

Service, Robert, *Comrades, A History of World Communism*, Cambridge, MA: Harvard University Press, 2007.

Shapiro, Judith, *Mao's War against Nature: Politics and the Environment in Revolutionary China*, Nova York: Cambridge University Press, 2001.

Shen Zhihua, *Sikao yu xuanze: Cong zhishifenzi huiyi dao fanyoupai yundong (1956–1957)* (Reflexões e escolhas: a consciência dos intelectuais e a campanha antidireitista, 1956–1957), Hong Kong: Xianggang zhongwen daxue dangdai Zhongguo wenhua yanjiu zhongxin, 2008.

Shevchenko, Arkady N., *Breaking with Moscow*, Nova York: Alfred Knopf, 1985.

Short, Philip, *Pol Pot: The History of a Nightmare*, Londres, John Murray, 2004.

Smil, Vaclav, *The Bad Earth: Environmental Degradation in China*, Armonk, NY: M. E. Sharpe, 1984.

Tao Lujia, *Mao zhuxi jiao women dang shenwei shuji* (O presidente Mao nos ensinou a ser secretários do partido provincial), Pequim: Zhongyang wenxian chubanshe, 1996.

Taubman, William, *Khrushchev: The Man and his Era*, Londres: The Free Press, 2003.

BIBLIOGRAFIA SELECIONADA

Teiwes, Frederick C., *Politics and Purges in China: Rectification and the Decline of Party Norms*, Armonk, NY: M. E. Sharpe, 1993.

Teiwes, Frederick C. e Warren Sun, *China's Road to Disaster: Mao, Central Politicians and Provincial Leaders in the Unfolding of the Great Leap Forward, 1955–1959*, Armonk, NY: M. E. Sharpe, 1999.

Thaxton, Ralph A., *Catastrophe and Contention in Rural China: Mao's Great Leap Forward Famine and the Origins of Righteous Resistance in Da Fo Village*, Nova York: Cambridge University Press, 2008.

Tooze, Adam, *The Wages of Destruction: The Making and Breaking of the Nazi Economy*, Nova York: Allen Lane, 2006.

Townsend, James R. e Brantly Womack, *Politics in China*, Boston: Little, Brown, 1986.

Viola, Lynn, *Peasants Rebels under Stalin: Collectivization and the Culture of Peasants Resistance*, Nova York: Oxford University Press, 1996.

Walker, Kenneth R., *Food Grain Procurement and Consumption in China*, Cambridge: Cambridge University Press, 1984.

Wang Yan et al. (orgs.) *Peng Dehuai nianpu* (Um relato da vida de Peng Dehuai), Pequim: Renmin chubanshe, 1998.

Watson, James L. e Evelyn S. Rawski (orgs.), *Death Ritual in Late Imperial and Modern China*, Berkeley: University of California Press, 1988.

Wu Hung, *Remaking Pequim: Tiananmen Square and the Creation of a Political Space*, Londres, Reaktion Books, 2005.

Wu Lengxi, *Shinian lunzhan: 1956–1966 Zhong Su guanxi huiyilu* (Dez anos de disputas teóricas: minhas lembranças das relações sino-soviéticas), Pequim: Zhongyang wenxian chubanshe, 1999.

Wu Lengxi, *Yi Mao zhuxi: Wo qinshen jingli de ruogan zhongda lishi shijian pianduan* (Relembrando o presidente Mao: fragmentos das minhas experiências pessoais em certos eventos históricos importantes), Pequim: Xinhua chubanshe, 1995.

Wu Ningkun e Li Yikai, *A Single Tear: A Family's Persecution, Love, and Endurance in Communist China*, Nova York: Back Bay Books, 1994.

Xiong Huayuang e Liao Xinwen, *Zhou Enlai zongli shengya* (A vida de Chu En-lai), Pequim: Renmin chubanshe, 1997.

Yan Migfu, "Huiyi liangci Mosike huiyi he Hu Qiaomu" (Relembrando Hu Qiaomu participando de duas conferências em Moscou), *Dangdai Zhongguo shi yanjiu*, no. 19 (mai. 1997), p. 6–21.

446 A GRANDE FOME DE MAO

Yang, Dali L., *Calamity and Reform in China: State, Rural Society, and Institutional Change since the Great Leap Famine*, Stanford: Stanford University Press, 1996.

Yang Jisheng, *Mubei: Zhongguo liushi niandai dajihuang jishi* (Lápides de madeira: a verdadeira história da Grande Fome na China na década de 1960), Hong Kong: Tiandi tushu youxian gongsi, 2008.

Yang Xianhui, *Jiabiangou jishi: Yang Xianhui zhongduan pian xiaoshuo jingxuan* (Um relato do vale Jianbian: histórias selecionadas por Yang Xianhui), Tianjin: Tianjin guji chubanshe, 2002.

Yang Xianhui, *Woman From Shanghai: Tales of Survival From a Chinese Labor Camp*, Nova York: Pantheon, 2009.

Yu Xiguang, *Dayuejin ku rizi: Shangshuji* (O Grande Salto Adiante e os anos amargos: uma coleção de memórias), Hong Kong: Shidai chaoliu chubanshe, 2005.

Zazerskaya, T. G., *Sovetskie spetsialisty i formirovanie voenno-promyshlennogo kompleksa Kitaya (1949–1960 gg.)*, St. Petersburg: Sankt Peterburg Gosudarstvennyi Universitet, 2000.

Zhang Letian, *Gaobie lixiang: Renmin gongshe zhidu yanjiu* (Adeus ao idealismo: estudos sobre as comunas do povo), Xangai: Shanghai renmin chubanshe, 2005.

Zhang Shu Guang, *Economic Cold War: America's Embargo against China and the Sino-Soviet Alliance, 1949–1963*, Stanford: Stanford University Press, 2001.

Zubok, Vladislav e Constantine Pleshakov, *Inside the Kremlin's Cold War: From Stalin to Khrushchev*, Cambridge, MA: Harvard University Press, 1996.

Notas

Prefácio

1. Isso já se sabe há algum tempo graças ao trabalho de Alfred L. Chan, *Mao's Crusade: Politics and Policy Implementation in China's Great Leap Forward*, Oxford: Oxford University Press, 2001; ver também Frederick C. Teiwes e Warren Sun, *China's Road to Disaster: Mao, Central Politicians and Provincial Leaders in the Unfolding of the Great Leap Forward, 1955–1959*, Armonk, NY: M. E. Sharpe, 1999.
2. O mais recente estudo sobre a aldeia é de Ralph A. Thaxton, *Catastrophe and Contention in Rural China: Mao's Great Leap Forward Famine and the Origins of Righteous Resistance in Da Fo Village*, Nova York: Cambridge University Press, 2008; um estudo clássico é de Edward Friedman, Paul G. Pickowicz e Mark Selden com Kay Ann Johnson, *Chinese Village, Socialist State*, New Haven: Yale University Press, 1991.
3. Robert Service, *Comrades, A History of World Communism*, Cambridge, MA: Harvard University Press, 2007, p. 6.

1. Dois rivais

1. William Taubman, *Khrushchev: The Man and his Era*, Londres: The Free Press, 2003, p. 230.
2. Pang Xianzhi e Jin Chongji (orgs.) *Mao Zedong zhuan, 1949–1976* (Uma biografia de Mao Tsé-tung, 1949–76), Pequim: Zhongyang wenxian chubanshe, 2003, p. 534.
3. Li Zhisui, *The Private Life of Chairman Mao: The Memoirs of Mao's Personal Physician*, Nova York: Random House, 1994, p. 182–4.
4. Uma rápida visão geral da Maré Alta Socialista aparece em Chan, *Mao's Crusade*, p. 17–24.

448 A GRANDE FOME DE MAO

5. Wu Lengxi, *Yi Mao zhuxi: Wo qinshen jingli de ruogan zhongda lishi shijian pianduan* (Relembrando o presidente Mao: fragmentos das minhas experiências pessoais em certos eventos históricos importantes), Pequim: Xinhua chubanshe, 1995, p. 57.
6. Lorenz Lüthi, *The Sino-Soviet Split: Cold War in the Communist World*, Princeton: Princeton University Press, 2008, p. 71-2.
7. Roderick MacFarquhar, *The Origins of the Cultural Revolution*, vol. 1: *Contradictions among the People, 1956-1957*, Londres: Oxford University Press, 1974, p. 313-15.

2. Lances iniciais

1. Wu Lengxi, *Shinian lunzhan: 1956-1966 Zhong Su guanxi huiyilu* (Dez anos de disputas teóricas: minhas lembranças das relações sino-soviéticas), Pequim: Zhongyang wenxian chubanshe, 1999, p. 205-6; ver também Lüthi, *Sino-Soviet Split*, p. 74.
2. Li, *Private Life of Chairman Mao*, p. 220-1.
3. Ibid., p. 221.
4. Mao Zedong, *Jianguo yilai Mao Zedong wengao* (Os manuscritos de Mao Tsé-tung desde a formação da República Popular), Pequim: Zhongyang wenxian chubanshe, 1987-96.
5. Ver as reminiscências de um dos tradutores de Mao, Li Yueran, *Waijiao wutaishang de xin Zhongguo lingxiu* (Os líderes da nova China no cenário diplomático), Pequim: Waiyu jiaoxue yu yanjiu chubanshe, 1994, p. 137; ver também Yan Mingfu, "Huiyi liangci Mosike huiyi he Hu Qiaomu" (Relembrando Hu Qiaomu participando de duas conferências em Moscou), *Dangdai Zhongguo shi yanjiu*, nº 19 (mai. 1997), p. 6-21.
6. Nikita Khrushchev, *Vremia, liudi vlast'*, Moscou: Moskovskiye Novosti, 1999, vol. 3, p. 55.
7. Veljko Mićunović, *Moscow Diary*, Nova York: Doubleday, 1980, p. 322.
8. Mao, *Jianguo yilai*, vol. 6, p. 640-3.
9. Mikhael Kapitsa, *Na raznykh parallelakh: Zapiski diplomata*, Moscou: Kniga i biznes, 1996, p. 60.
10. Mao, *Jianguo yilai*, vol. 6, p. 635.
11. "1957: Nikita Khrushchev", *Time*, 6 jan. 1958.
12. "Bark on the wind", *Time*, 3 jun. 1957.
13. Taubman, *Khrushchev*, p. 305 e 374-5.

NOTAS

449

14. "N. S. Khrushchov's report to anniversary session of USSR Supreme Soviet", Moscou: Soviet News, 7 nov. 1957. p. 90.

15. Mao, *Jianguo yilai*, vol. 6, p. 635.

3. Expurgo nas fileiras

1. MacFarquhar, *Origins*, vol. 1, p. 312.

2. Huang Zheng, *Liu Shaoqi yisheng* (Liu Shaoqi: Uma vida), Pequim: Zhongyang wenxian chubanshe, 2003, p. 322.

3. *Renmin ribao*, 1 jan. 1958, p. 1; Wu, *Yi Mao zhuxi*, p. 47.

4. *Renmin ribao*, 8 dez. 1957, p. 1.

5. *Renmin ribao*, 25 jan. 1958, p. 2.

6. Jin Chongji (org.), *Zhou Enlai zhuan*, 1898–1949 (Uma biografia de Chu En-lai, 1898–1949), Pequim: Zhongyang wenxian chubanshe, 1989, p. 1.234.

7. Minutas do encontro de Nanning, Gansu, 28 jan. 1958, 91–4–107, p. 1.

8. Li Rui, *Dayuejin qin liji* (Um testemunho do Grande Salto Adiante), Haikou: Nanfang chubanshe, 1999, vol. 2, p. 68–9.

9. Na época em que o editorial foi publicado, em junho de 1956, Deng Tuo era o editor do *Diário do Povo*. Ele foi substituído por Wu Lengxi em julho de 1957 e demitido em novembro de 1958, embora tenha continuado a escrever em favor do Grande Salto Adiante por vários anos; Wu, *Yi Mao zhuxi*, p. 47–9; sobre Deng Tuo, ver Timothy Cheek, *Propaganda and Culture in Mao's China: Deng Tuo and the Intelligentsia*, Oxford: Oxford University Press, 1997.

10. Li, *Private Life of Chairman Mao*, p. 230.

11. Bo Yibo, *Ruogan zhongda shijan yu juece de huigu* (Lembranças de diversos eventos e decisões importantes), Pequim: Zhonggong zhongyang dangxiao chubanshe, 1991–3, p. 639.

12. Xiong Huayuang e Liao Xinwen, *Zhou Enlai zongli shengya* (A vida de Chu En-lai), Pequim: Renmin chubanshe, 1997, p. 241.

13. Minutas do encontro de Nanning, Gansu, 28 jan. 1958, 91–4–107, p. 9–10; também em Mao, *Jianguo yilai*, vol. 7, p. 59.

14. "Rubber communist", *Time*, 18 jun. 1951.

15. Gao Wenqian, *Zhou Enlai: The Last Perfect Revolutionary*, Nova York: Public Affairs, 2007, p. 88.

16. Discurso de Mao em 15 nov. 1956, Gansu, 91–18–480, p. 74.

17. Discurso de Mao em 10 mar. 1958 em Chengdu, Gansu, 91–18–495, p. 211.

18. Li, *Dayuejin*, vol. 2, p. 288.

450   A GRANDE FOME DE MAO

19. Ver também Roderick MacFarquhar, *The Origins of the Cultural Revolution*, vol. 2: *The Great Leap Forward, 1958-1960*, Nova York: Columbia University Press, 1983, p. 57.

20. Teiwes, *China's Road to Disaster*, p. 246, citando o registro de uma declaração de Liu; ver também Jin Chongji e Huang Zheng (orgs.), *Liu Shaoqi zhuan* (Uma biografia de Liu Shaoqi), Pequim: Zhongyang wenxian chubanshe, 1998, p. 828-9.

21. Memórias do secretário Fan Ruoyu citadas em Jin, *Zhou Enlai zhuan*, p. 1.259-60.

22. Nathan, "Introduction", Gao, *Zhou Enlai*, p. xiii.

23. Teiwes, *China's Road to Disaster*, p. 85.

24. Tao Lujia, *Mao zhuxi jiao women dang shenwei shuji* (O presidente Mao nos ensinou a ser secretários do partido provincial), Pequim: Zhongyang wenxian chubanshe, 1996, p. 77-8.

25. Discurso de Mao em 28 jan. 1958, Gansu, 91-18-495, p. 200.

26. Discurso de Deng em 15 jan. 1958, Gansu, 91-4-107, p. 73 e 94.

27. Gansu, 9 fev. 1958, 91-4-104, p. 1-10.

28. Gansu, 12 jan, 1961, 91-4-735, p. 75-6.

29. Gansu, 12 jan. 1961, 91-18-200, p. 35.

30. Gansu, 3 dez. 1962, 91-4-1028, p. 8.

31. Yunnan, 20 abr. 1958, 2-1-3059, p. 57-62; ver também *Renmin ribao*, 26 mai. 1958, p. 4.

32. Yunnan, 25 set. 1958, 2-1-3059, p. 2-3.

33. Discurso de Mao em 10 mar. 1958 em Chengdu, Gansu, 91-18-495, p. 211.

34. Sobre esses expurgos, ver Frederick C. Teiwes, *Politics and Purges in China: Rectification and the Decline of Party Norms*, Armonk, NY: M. E. Sharpe, 1993.

35. Ibid. p. 276; ver também Zhang Linnan, "Guanyu fan Pan, Yang, Wang Shijian" (The anti-Pan, Yang and Wang incident), in Zhonggong Henan shengwei dangshi gongzuo weiyuanhui (eds), *Fengyu chunqiu: Pan Fusheng shiwen jihianji*, Zhengzhou: Henan renmin chubanshe, 1993.

36. Thaxton, *Catastrophe and Contention in Rural China*, p. 116.

37. Jiang Weiqing, *Qichi nian zhengsheng: Jiang Weiqing huiyilu* (Uma jornada de setenta anos: as memórias de Jiang Weiqing), Nanquim: Jiangsu renmin chubanshe, 1996, p. 415-16.

38. Yunnan, 22 mai. 1959, 2-1-3700, p. 93-8.

39. Discurso de Chen em 19 dez. 1957, em Pequim, Gansu, 91-8-79, p. 179.

NOTAS

4. Toque de clarim

1. Judith Shapiro, *Mao's War against Nature: Politics and the Environment in Revolutionary China*, Nova York: Cambridge University Press, 2001, p. 49.
2. A história é contada por Shang Wei, "A Lamentation for the Yellow River: Three Gate Gorge Dam (Sanmenxia)", in Dai Qing (ed.), *The River Dragon has Come! The Three Gorges Dam and The Fate of China's Yangtze River and its People*, Armonk, NY: M.E. Sharpe, 1998, p. 143–59.
3. Shapiro, *Mao's War against Nature*, p. 53–4.
4. Discurso de Zhou em 19 set. 1961, Gansu, 91–18–561, p. 31.
5. Ministério das Relações Exteriores, Pequim, 23 jul. 1964, 117–1170–5, p. 45–7.
6. *Renmin ribao*, 1 fev. 1958, p. 11; Shui Fu, "A Profile of Dams in China", in Dai, *The River Dragon has Come!*, p. 22.
7. Yi Si, "The World's Most Catastrophic Dam Failures: The August 1975 Collapse of the Banqiao and Shimantan Dams", in Dai, *The River Dragon has Come!*, p. 30.
8. Gansu, 29 jan. 1958, 91–4–138, p. 135–7.
9. Gansu, 20 out. 1958, 91–4–263, p. 29–30.
10. Gansu, 9 set. 1958, 229–1–118.
11. Gansu, 26 abr. 1959, 91–4–348, p. 30–5.
12. "'Yin Tao shangshan' de huiyi" (Campanha para elevar o rio Tao até as montanhas), in Qiu Shi (ed.), *Gongheguo zhongda juece chutai qianhou* (Como importantes decisões da República do Povo eram tomadas), Pequim: Jingji ribao chubanshe, 1977–8, vol. 3, p. 226.
13. Gansu, 18 abr. 1962, 91–4–1091, p. 1–8.
14. Shui, "A Profile of Dams in China", p. 22.
15. Pequim, 1959, 96–1–14, p. 38–44.
16. Jan Rowinski, "China and the Crisis of the Marxism-Leninism", em Marie--Luise Näth (ed.), *Communist China in Retrospect: East European Sinologists Remember the First Fifteen Years of the PRC*, Frankfurt: P. Lang, 1995, p. 85–7.
17. M. A. Klochko, *Soviet Scientist in China*, Londres: Hollis & Carter, 1964, p. 51–2.
18. Rowinski, "China and the Crisis of the Marxism-Leninism", p. 85–7; Klochko, *Soviet Scientist*, p. 51–2.
19. Li, *Private Life of Chairman Mao*, p. 247–8.
20. Ibid., p. 249–51.
21. Yunnan, 9 jan. 1958, 2–1–3227, p. 5.

452 A GRANDE FOME DE MAO

22. *Renmin ribao*, 15 jan. 1958, p. 1.

23. Yunnan, 5 out. 1958, 2-1-3227, p. 109-23.

24. *Renmin ribao*, 19 jan. 1958, p. 1.

25. *Renmin ribao*, 18 fev. 1958, p. 2.

26. Yunnan, 21 abr. 1958, 2-1-3260, p. 117.

27. Li, *Dayuejin*, vol. 2, p. 363.

28. Yunnan, 23 jun. 1958, 2-1-3274, p. 37-9.

29. Yunnan, 20 nov. 1958, 2-1-3078, p. 116-23; 22 ago. 1958, 2-1-3078, p. 1-16.

30. Jiang, *Qishi nian zhengcheng*, p. 421.

31. Gansu, 14 fev. 1961, 91-18-205, p. 58.

5. Lançando *sputniks*

1. Li, *Private Life of Chairman Mao*, p. 226-7.

2. Hunan, jul. 1958, 186-1-190, p. 1-2; também jul. 1958, 141-2-62, p. 1-2.

3. William W. Whitson, *The Chinese High Command: A History of Communist Military Politics, 1927-71*, Nova York: Praeger, 1973, p. 204, citado em MacFarquhar, *Origins*, vol. 2, p. 83.

4. Hunan, 11 mai. 1959, 141-1-1066, p. 80-3.

5. Hunan, set. 1959, 141-1-1117, p. 1-4; 18 set. 1959, 141-1-1066, p. 5-13.

6. Como ele mais tarde admitiu; ver minutas do encontro de Lushan, Gansu, ago. 1959, 91-18-96, p. 570.

7. Yunnan, 29 jul. 1958, 2-1-3102, p. 20.

8. Yunnan, 4 set. 1958, 2-1-3101, p. 1-35.

9. Yunnan, set. 1958, 2-1-3101, p. 36-9, 48-65, 66-84, 94-104, 105-23.

10. Guangdong, 20 jan. 1961, 271-1-645, p. 15-9.

11. Teiwes, *China's Road to Disaster*, p. 85.

12. Bo, *Ruogan zhongda shijian*, p. 682; o sistema é descrito por MacFarquhar, *Origins*, vol. 2, p. 31.

13. Registro do encontro de Nanning, Gansu, 28 jan. 1958, 91-4-107, p. 2.

14. Entrevista em Lu Xiaobo, *Cadres and Corruption: The Organizational Involution of the Chinese Communist Party*, Stanford: Stanford University Press, 2000, p. 84

15. Suiping, 13 fev. 1958, 1-201-7, p. 8 e 32; 29 out. 1958, 1-221-8.

16. Para um exemplo do condado de Chuxiong, Yunnan, ver Erik Mueggler, *The Age of Wild Ghosts: Memory, Violence and Place in Southwest China*, Berkeley: University of California Press, 2001, p. 176.

NOTAS

17. Guangdong, 1961, 217-1-618, p. 36.

18. *Renmin ribao*, 26 nov. 1957, p. 2; 29 dez. 1957, p. 2; 21 jan. 1958, p. 4; 16 ago. 1958, p. 8.

19. Macheng, 15 jul. 1958, 1-1-331; 13 abr. 1959, 1-1-370, p. 37.

20. Guangdong, 31 dez. 1960, 217-1-576, p. 54-68.

21. Jiang, *Qishi nian zhengcheng*, p. 431.

22. Bo, *Ruogan zhongda shijian*, p. 683; a prática veio de uma fazenda coletiva em Shandong.

23. Registro originário do Centro, Yunnan 3 set. 1958, 120-1-84, p. 52-67.

24. Guangdong, 31 dez. 1961, 217-1-642, p. 11-2.

25. Guangdong, 7 jan. 1961, 217-1-643, p. 120-2.

26. Roderick MacFarquhar, Timothy Cheek e Eugene Wu (orgs.), *The Secret Speeches of Chairman Mao: From the Hundred Flowers to the Great Leap Forward*, Cambridge, MA: Harvard University Press, 1989, p. 450.

27. Macheng, 15 jan. 1959, 1-1-443, p. 10.

28. Entrevista com Liu Shu, nascido em 1946, condado de Renshou, Sichuan, abril de 2006.

29. Entrevista com Luo Bai, nascido nos anos 1930, condado de Hongya, Sichuan, abril de 2006.

30. Zhejiang, 4 mai. 1961, J007-13-48, p. 1-8.

31. Macheng, 20 jan. 1959, 1-1-378, p. 22.

32. Hebei, 16 abr. 1961, 884-1-202, p. 35-47.

33. Guangdong, 5 jan. 1961, 217-1-643, p. 50-60.

34. Li, *Private Life of Chairman Mao*, p. 278.

35. Minutas de conversas, Hebei, 4-5 ago. 1958, 855-4-1271. p. 6-7 e 13-4; ver também *Renmin ribao*, 4 ago. 1958, p. 1, 11 ago. 1958, p. 1 e 4.

36. Hunan, 19 out. 1958, 141-2-64, p. 78-82; Hunan, 18 set. 1958, 141-1-1066, p. 7-8.

37. Hunan, 19 out. 1958, 141-2-64, p. 78-82.

38. Hunan, 5 nov. 1958, 141-1-1051, p. 124.

39. Diretrizes do Conselho de Estado, Gansu, 7 jan. 1959, 91-8-360, p. 5-6.

6. Que comece o bombardeio

1. Zhonggong zhongyang wenxian yanjiushi (orgs.), *Mao Zedong waijiao wenxuan* (Selação de escritos sobre assuntos internacionais por Mao Tsé-tung), Pequim: Zhongyang wenxian chubanshe, 1994, p. 323-4.

454 A GRANDE FOME DE MAO

2. Lüthi, *Sino-Soviet Split*, p. 92–3.
3. Li, *Waijiao wutaishang*, p. 149.
4. Harrison E. Salisbury, *The New Emperors: China in the Era of Mao and Deng*, Boston: Little, Brown, 1992, p. 155–6.
5. Li, *Waijiao wutaishang*, p. 151.
6. Minutas russas em "Peregovory S. Khrushcheva s Mo Tszedunom 31 iiulia–3 avgusta 1958 g. i 2 oktiabria 1959 g", *Novaia i Noveishaia Istoria*, no. 1 (2001), p. 100–8; referência na página 117.
7. Khrushchev, *Vremia, liudi vlast'*, vol. 3, p. 76–7.
8. Li, *Private Life of Chairman Mao*, p. 261.
9. Li, *Waijiao wutaishang*, p. 149–50.
10. Como ele recordou enquanto se dirigia a um plenário poucos anos mais tarde; ver RGANI, Moscou, 18 jan. 1961, 2–1–535, p. 143–6; ver também RGANI, Moscou, 14 fev. 1964, 2–1–720, p. 137.
11. Vladislav Zubok e Constantine Pleshakov, *Inside the Kremlin's Cold War: From Stalin to Khrushchev*, Cambridge, MA: Harvard University Press, 1996, p. 225–6.
12. Li, *Private Life of Chairman Mao*, p. 270.
13. Mao, *Mao Zedong waijiao wenxuan*, p. 344 e 347.
14. Roland Felber, "China and the Claim for Democracy", em Näth, *Communist China in Retrospect*, p. 117; mais recentemente Lorenz Lüthi, um especialista em relações sino-soviéticas, também enfatizou que apenas desenvolvimentos domésticos determinaram o momento do bombardeio de Quemoy; Lüthi, *Sino-Soviet Split*, p. 99.

7. As comunas do povo

1. Li, *Private Life of Chairman Mao*, p. 263.
2. Hebei, set. 1957, 855–4–1271, p. 1–5.
3. Hebei, 13 fev. e 30 abr. 1958, 855–18–541, p. 13–20 e 67–81.
4. Mao, *Jianguo yilai*, vol. 7, p. 143.
5. *Renmin ribao*, 17 abr. 1958, p. 2.
6. Chen Boda, "Zai Mao Zedong tongzhi de qizhi xia", *Hongqi*, 16 jul. 1958, no. 4, p. 1–12.
7. Discurso em 19 e 21 de agosto de 1958, Gansu, 91–18–495, p. 316 e 321.
8. Li, *Dayuejin*, vol. 2, p. 31.
9. *Renmin ribao*, 1 set. 1958, p. 3.

NOTAS

10. Jin e Huang, *Liu Shaoqi zhuan*, p. 832-3.
11. *Renmin ribao*, 18 set. 1958, p. 2; 24 set. 1958, p. 1.
12. Mao, *Jianguo yilai*, vol, 7, p. 494.
13. Ji Fengyuan, *Linguistic Engineering: Language and Politics in Mao's China*. Honolulu: University of Hawai'i Press, 2004, p. 88.
14. Discurso em 21 e 24 de agosto 1958; Hunan, 141-1-1036, p. 24-5 e 31.
15. *Renmin ribao*, 3 out. 1958, p. 2.
16. *Renmin ribao*, 6 out. 1958, p. 6. 13 out. 1958, p. 1.
17. Hunan, 18 set. 1958, 141-1-1066, p. 5.
18. John Gittings, "China's Militia", *China Quarterly*, no. 8 (junho 1964), p. 111.
19. Macheng, 15 jan. 1959, 1-1-443, p. 9 e 24.
20. Nanquim, 10 abr. 1961, 4003-2-481, p. 75-83.
21. Hunan, 4 fev. 1961, 151-1-20, p. 8-9.
22. Guangdong, 10 dez. 1960, 217-1-643, p. 44.
23. Entrevista com Li Yeye, nascido em 1935, condado de Langzhong, Sichuan, abril de 2007.
24. Entrevista com Feng Dabai, nascido nos anos 1930, condado de Langzhou, Sichuan, setembro de 2006.
25. Sichuan, 26 fev. 1960, JC1-1846, p. 22.
26. Guangdong, 10 dez. 1960, 217-1-643, p. 45.
27. Guangdong, 12 fev. 1959, 217-1-69, p. 25-33.
28. Guangdong, 7 jan. 1961, 217-1-643, p. 111.
29. Guangzhou, 27 out. 1958, 16-1-1, p. 76.
30. Wuhan, 3 nov 1958, 83-1-523, p. 126.
31. Wuhan, 19 set. e 3 nov. 1958, 83-1-523, p. 21-5 e 126-32.
32. Guangzhou, 27 out. 1958, 16-1-1, p. 76.
33. Wuhan, 1958, 83-1-523, p. 87.
34. Macheng, 20 jan. 1959, 1-1-378, p. 24; 11 dez. 1960, 1-1-502, p. 207 e 213; 16 abr. 1959, 1-1-383, p. 1.
35. Sichuan, 1961, JC1-2606, p. 18-9.
36. Gansu, 16 jan. 1961, 91-18-200, p. 94.
37. Hunan, 2-4 set. 1959, 141-1-1116, p. 11.
38. Macheng, 13 mai. 1961, 1-1-556, p. 2-3; também 20 jan. 1959, 1-1-378, p. 23.
39. Macheng, 18 abr. 1959, 1-1-406, p. 1.
40. Macheng, 29 jan. e 2 fev. 1959, 1-1-416, p. 36 e 49; 26 abr. 1958, 1-1-431, p. 37.
41. Nanquim, 4003-1-150, 30 dez. 1958, p. 89.

456 A GRANDE FOME DE MAO

8. Febre do aço

1. Yunnan, 8 nov. 1958, 105–9–1, p. 11–4; 11 mar. 1958, 105–9–6, p. 71–4.
2. Mao, *Jianguo yilai*, vol. 7, p. 236.
3. Conversas informais após importantes discursos por Mao Tsé–tung, relatadas por Xie Fuzhi à alta liderança em Yunnan e Guizhou, Guiyang, 61–8–84, 28 mai. 1958, p. 2.
4. Lin Keng, "Home-Grown Technical Revolution", *China Reconstructs*, set. 1958, p. 12.
5. Lin Yunhui, *Wutuobang yundong: Cong dayuejin dao dajihuang, 1958–1961* (Movimento utópico: do Grande Salto Adiante à Grande Fome, 1958–1961), Hong Kong: Xianggang zhongwen daxue dangdai Zhongguo wenhua yanjiu zhongxin, 2008, p. 132.
6. Guangdong, 31 dez. 1960, 217–1–642, p. 10–6.
7. Esses números diferentes são todos discutidos em MacFarquhar, *Origins*, vol. 2, p. 88–90.
8. Gu Shiming, Li Qiangui e Sun Jianping, *Li Fuchun jingji sixiang yanjiu* (Pesquisa sobre o pensamento econômico de Li Fuchun), Xining: Qinghai renmin chubanshe, 1992, p. 115.
9. A conversa foi testemunhada por Chen Yun; ver Pang e Jin, *Mao Zedong zhuan*, p. 824–5; ver também Yunnan, 23 jun. 1958, 2–1–3276, p. 1–9; Mao, *Jianguo yilai*, vol. 7. p. 281–2.
10. Relatório do Ministério da Metalurgia, Yunnan, 23 jun. 1958, 2–1–3276, p. 1–9; ver também Bo, *Ruogan zhongda shijian*, p. 700–1.
11. Jin Chongji e Chen (orgs.), *Chen Yun*, Pequim: Zhongyang wenxian chubanshe, 2005, p. 1143; ver também Chan, *Mao's Crusade*, p. 73–4.
12. Yunnan, 10 set. 1958, 2–1–3276, p. 99–100.
13. Yunnan, 16 set. 1958, 2–1–3101, p. 105–23.
14. Yunnan, 17 set. 1958, 2–1–3102, p. 58–78.
15. Yunnan, 20 set. 1958 e 5 jan. 1959, 2–1–3318, p. 1–5 e 10–9.
16. Yunnan, 23 set. 1958, 2–1–3102, p. 147–9.
17. Yunnan, 25 set. 1958, 2–1–3101, p. 185.
18. Yunnan, 18 out. 1958, 2–1–3102, p. 160 e 230; out. 1958, 2–1–3102, p. 235–73.
19. Yunnan, 14 dez. 1958, 2–1–3259, p. 165–72.
20. Yunnan, 5 jan. 1959, 2–1–3318, p. 18.
21. Macheng, 20 jan. 1959, 1–1–378, p. 23.
22. Macheng, 15 jan. 1959, 1–1–443, p. 10.

NOTAS

23. Entrevista com Zhang Aihua, nascido em 1941, condado de Dingyuan, Anhui, setembro de 2006.
24. Nanquim, 1958, 4003–4–292, p. 16 e 48–52.
25. Gansu, 20 mai. 1959, 91–18–114, p. 209.
26. Guojia tongjiju guomin jingji zonghe tongjisi (orgs.), *Xin Zhongguo wushi nian tongji ziliao huibian* (Compêndio de material estatístico sobre os primeiros cinquenta anos da nova China), Pequim: Zhongguo tongji chubanshe, 1999, p. 3, citado em Lin, *Wutuobang yundong*, p. 205.
27. Klochko, *Soviet Scientist*, p. 82.
28. Xangai, 12 mar. 1959, B98–1–439, p. 9–13.
29. Yunnan, 16 mai. 1959, 81–4–25, p. 2.
30. Yunnan, 8 nov. 1958, 105–9–1, p. 15; também 105–9–3, p. 9–16.
31. Yunnan, 29 jul. 1958, 2–1–3102, p. 19.
32. Yunnan, 21 abr. 1958, 2–1–3260, p. 116.
33. Essas só podem ser estimativas muito grosseiras e variam de lugar para lugar: em Hunan, o número de pessoas que não se engajavam em tarefas agrícolas aumentou em 40% após 1958; Hunan, 4 jun. 1959, 146–1–483, p. 116; em Shandong apenas 50% da força de trabalho trabalhavam nos campos: palestra de Tan Zhenlin, Gansu, 26 jun. 1959, 91–18–513, p. 16.
34. Yunnan, 29 jul. 1958, 2–1–3102, p. 21.
35. Guangdong, 5 jan. 1961, 217–1–643, p. 50–60.
36. Discurso de Tan Zhenlin, out. 1958, Hunan, 141–2–62, p. 148.

9. Sinais de alerta

1. Yunnan, 12 abr. 1958, zhongfa (58) 295, 120–1–75, p. 2–4.
2. Hunan, 25 abr. 1958, 141–1–1055, p. 66–7.
3. Yunnan, 20 nov. 1958, 2–1–3078, p. 116–23; 22 ago. 1958, 2–1–3078, p. 1–16.
4. Yunnan, 20 nov. 1958, 2–1–3078, p. 116–23.
5. Yunnan, 12 set. 1958, 2–1–3077, p. 55–77; 12 set. 1958, 2–1–3076, p. 97–105; set. 1958, 2–1–3075, p. 104–22.
6. Yunnan, 28 fev. 1959, 2–1–3700, p. 93–8.
7. Yunnan, 16 mai. 1959, 81–4–25, p. 17; para a taxa de mortalidade média em 1957, ver *Zhongguo tongji nianjin, 1984*, Pequim: Zhongguo tongji chubanshe, 1984, p. 83.
8. Mao, *Jianguo yilai*, vol. 7, p. 584–5; o original está em Yunnan, 25 nov. 1958, 120–1–84, p. 68; ver também documentos da conferência de Zhengzhou, 25 nov. 1958, Hunan, 141–2–76, p. 99–103.

458 A GRANDE FOME DE MAO

9. Hebei, 16 abr. 1961, 884–1–202, p. 35–47.
10. Hebei, 19 fev. 1961, 856–1–227, p. 3.
11. Hebei, 25 dez. 1958, 855–4–1271, p. 58–65.
12. Hebei, 18 out. 1958, 855–4–1270, p. 1–7.
13. Hebei, 23 out. 1958, 855–4–1271, p. 25–6.
14. Hebei, 24 out. 1958, 855–4–1271, p. 42–3.
15. Hunan, 5 nov. 1958, 141–1–1051, p. 123.
16. Li Jingquan no comitê provincial do partido, Sichuan, 17 mar. 1959, JC1–1533, p. 154–5.
17. Gansu, 25 jan. 1959, 91–18–114, p. 113.
18. Por exemplo, 600 mil toneladas extras foram embarcadas para Pequim e 800 mil toneladas para Xangai; ver Xangai, 12 mar. 1959, B98–1–439, p. 9–13.
19. Yunnan, 18 dez. 1958, 2–1–3101, p. 301, 305–12.

10. Jornada de compras

1. Ministério das Relações Exteriores, Pequim, 6 set. 1963, 109–3321–2, p. 82–5.
2. K. A. Krutikov, *Na Kitaiskom napravlenii: Iz vospominanii diplomata*, Moscou: Institut Dal'nego Vostoka, 2003, p. 253; ver também T. G. Zazerskaya, *Sovetskie spetsialisty i formirovanie voenno-promyshlennogo kompleksa Kitaya (1949–1960gg.)*, St Petersburg: Sankt Peterburg Gosudarstvennyi Universitet, 2000.
3. AVPRF, Moscou, 9 mar. 1958, 0100–51–6, papka 432, p. 102.
4. Ministério das Relações Exteriores, Pequim, 10 jun. 1958, 109–828–30, p. 176–7.
5. George Ginsburgs, "Trade with the Soviet Union", em Victor H. Li, *Law and Politics in China's Foreign Trade*, Seattle: University of Washington Press, 1977, p. 100.
6. BArch, Berlim, 2 dez. 1958, DL2–4037, p. 31–9.
7. *Jahrbuch 1962*, Berlim, 1962, p. 548, e MfAA, Berlim, 25 nov. 1963, C572–77–2, p. 191.
8. BArch, Berlim, 7 jan. 1961, DL2–4039, p. 7; 1959, DL2–VAN–172.
9. Ver *Zhou Enlai nianpu*, vol. 2, p. 149, 165, 231, 256, citado em Zhang Shu Guang, *Economic Cold War: America's Embargo against China and the Sino-Soviet Alliance, 1949–1963*, Stanford: Stanford University Press, 2001, p. 212–3.
10. Ver p. 105.

NOTAS

11. A. Boone, "The Foreign Trade of China", *China Quarterly*, nº 11 (Set. 1962), p. 176.

12. BArch, Berlim, 6 out. 1957, DL2–1932, p. 331–2.

13. Lawrence C. Reardon, *The Reluctant Dragon: Crisis Cycles in Chinese Foreign Economic Policy*, Hong Kong: Hong Kong University Ptess, 2002, p. 91–2.

14. Martin Kitchen, *A History of Modern Germany, 1800–2000*, Nova York: Wiley-Blackwell, 2006, p. 336.

15. MfAA, Berlim, 27 set. 1958, A6861, p. 145.

16. Ibid., p. 151–2.

17. BArch, Berlim, 24 jun. 1959, DL2–1937, p. 231.

18. "Russia's trade war", *Time*, 5 mai. 1958; ver também Boone, "Foreign Trade of China".

19. "Squeeze from Peking", *Time*, 21 jul. 1958.

20. "Made well in Japan", *Time*, 1 set. 1958.

21. Ministério das Relações Exteriores, Pequim, 8 nov. 1958, 109–1907–4, p. 49.

22. Ministério das Relações Exteriores, Pequim, jan. 1959, 109–1907–3, p. 24–5.

23. Ministério das Relações Exteriores, Pequim, 8 nov. 1958, 109–1907–4, p. 46–50.

24. Ministério das Relações Exteriores, Pequim, 23 dez. 1958, 109–1907–2, p. 12–13; para Alemanha, ver MfAA, Berlim, 21 set. 1959, A9960–2, p. 183–4.

25. Ministério das Relações Exteriores, Pequim, 8 nov. 1958, 109–1907–4, p. 44–5.

26. Ministério das Relações Exteriores, Pequim, 23 nov. 1958, 109–1907–5, p. 56.

27. Hunan, 22 jan. 1959, 163–1–1052, p. 237.

28. Hunan, jan. 1959, 141–2–104, p. 10–2.

29. Gansu, 25 jan. 1959, 91–18–114, p. 119; Ministério das Relações Exteriores, Pequim, 23 dez. 1958, 109–1907–2, p. 12–3.

30. Ministério de Comércio Exterior, Xangai, 31 out. 1958, B29–2–97, p. 23.

31. Guangdong, 10 ago. 1961, 219–2–318, p. 14.

32. Hunan, 7 fev. 1959, 163–1–1052, p. 11.

33. Ibid., p. 12.

34. Ibid., p. 11.

35. Ministério das Relações Exteriores, Pequim, 10 abr. 1959, 109–1907–8, p. 100; também o discurso em 25 mar. 1959, Gansu, 19–18–494, p. 46.

36. Para declarações de Peng e Zhou, ver minutas no Ministério das Relações Exteriores, Pequim, 10 abr. 1959, 109–1907–8, p. 101.

37. A ordem veio por telefone; Hunan, 26 mai. 1959, 141–1–1252, p. 39–40.

38. Hunan, 20 nov. 1959, 163–1–1052, p. 25–9.

A GRANDE FOME DE MAO

39. Hunan, 6 jun. 1959, 163-1-1052, p. 119-24.
40. Gansu, zhongfa (60) 98, 6 jan. 1960, 91-18-160, p. 187-90.
41. Hunan 6 jan. 1960, 141-2-126, p. 14-5.
42. Gansu, zhongfa (60) 98, 6 jan. 1960, 91-18-160, p. 187-90.
43. Hunan, 24 nov. 1959, 163-1-1052, p. 21-4.
44. Xangai, 20 fev. 1960, B29-2-112, p. 2-5.
45. Xangai, 1 dez. 1959, B29-2-112, p. 2-5.

11. Tontos de sucesso

1. Lin, *Wutuobang yundong*, p. 371-2; Wu, *Yi Mao zhuxi*, p. 105-6.
2. Relato de Zhao Ziyang sobre o condado de Leinan, Kaiping, 27 jan. 1959, 3-A9-78, p. 17-20.
3. *Neibu cankao*, 5 fev. 1959, p. 3-14.
4. Mao, *Jianguo yilai*, vol. 8, p. 52-4.
5. Ibid., p. 80-1.
6. Ibid., p. 52-4.
7. Discurso de Mao em Zhengzhou em 18 mar. 1959, Gansu, 91-18-494, p. 19-20 e 22.
8. Discurso de Mao em 5 mar. 1959, citado em Pang e Jin, *Mao Zedong zhuan*, p. 922.
9. Discurso de Mao em 2 fev. 1959, Gansu, 91-18-494, p. 10-1.
10. Instruções de Mao para Wang Renzhong, Hunan, 13 abr. 1959, 141-1-1310, p. 75.
11. Bo, *Ruogan zhongda shijian*, p. 830.
12. Discurso de Mao em 16 pontos na manhã de 5 abr. 1959, Hunan, 141-2-98, p. 1-12; ver também Lin, *Wutuobang yundong*, p. 413-17.
13. Mao, *Jianguo yilai*, vol. 8, p. 33.
14. Minutas da palestra de Mao, Gansu, 18 mar. 1959, 91-18-494, p. 19.
15. Citado por Wu Jinnan, secretário regional do partido em Guangxi em 14 fev. 1959; ver minutas, Guangxi, Xi-25-316, p. 8-9.
16. Minutas da palestra de Mao, Gansu, 25 mar. 1959, 19-18-494, p. 44-8.
17. Conferência telefônica, Gansu, 20 jun. 1959, 91-18-539, p. 41.
18. Li, *Dayuejin*, vol. 2, p. 393.
19. Conferência telefônica em 20 jan. 1959, Gansu, 91-18-513, p. 59.
20. Telegrama de Mao, Gansu, 26 abr. 1959, 91-8-276, p. 90-2.

NOTAS

461

12. O fim da verdade

1. Discurso de Mao em 11 ago. 1959, Gansu, 91–18–494, p. 81.
2. Li, *Private Life of Chairman Mao*, p. 310–1.
3. Wang Yan et al. (eds), *Peng Dehuai nianpu* (Um relato da vida de Peng Dehuai), Pequim: Renmin chubanshe, 1998, p. 738.
4. Jin, *Zhou Enlai zhuan*, p. 1326.
5. Hunan, 31 ago. 1959, 141–1–1115, p. 107–9 e 111–3.
6. Peng Dehuai, *Peng Dehuai Zishui* (A autobiografia de Peng Dehuai), Pequim: Renmin chubanshe, 1981, p. 275.
7. Ver conversa de Peng Dehuai com Zhou Xiaozhou, Gansu, 13 ago. 1959, 91–18–96, p. 518.
8. A descrição vem de Kung Chu, um camarada em armas precoce, em *The Case of Peng Teh-huai, 1959–1968*, Hong Kong: Union Research Institute, 1968, p. i.
9. Gansu, 14 jul. 1959, 91–18–96, p. 579–84.
10. Li, *Private Life of Chairman Mao*, p. 314.
11. Mao, *Jianguo yilai*, vol. 8, p. 356.
12. Li Rui, *Lushan huiyi shilu* (Um relato real da sessão plenária de Lushan), Zhengzhou: Henan renmin chubanshe, 1999, p. 111–5.
13. Confissão de Huang Kecheng, Gansu, ago. 1959, 91–18–96, p. 491.
14. Huang Kecheng, *Huang Kecheng zishu* (A autobiografia de Huang Kecheng), Pequim: Renmin chubanshe, 1994, p. 250.
15. Discurso de Mao em 11 ago. 1959, Gansu, 91–18–494, p. 78.
16. Gansu, 21 jul. 1959, 91–18–96, p. 532–47.
17. Confissão de Peng Dehuai sobre suas ligações com Zhang Wentian, Gansu, ago. 1959, 91–18–96, p. 568.
18. Gansu, 91–18–488, 15 jul. 1959, p. 106–8.
19. Carta de Zhou Xiaozhou para Mao Tsé-tung, Gansu, 13 ago. 1959, 91–18–96, p. 518.
20. *Neibu cankao*. 26 jul. 1959, p. 19–20.
21. Mao, *Jianguo yilai*, vol. 8, p. 367; o registro está no Ministério das Relações Exteriores, Pequim, 2 jul. 1959, 109–870–8, p. 81–3.
22. Memórias não publicadas de Wu Lengxi citadas em Pang e Jin, *Mao Zedong zhuan*, p. 983.
23. Gansu, 11 ago. 1959, 91–18–494, p. 84.
24. Gansu, 23 jul. 1959, 91–18–494, p. 50–66.
25. Li, *Private Life of Chairman Mao*, p. 317.

462 A GRANDE FOME DE MAO

26. Gansu, 2 ago. 1959, 91–18–494, p. 67–70.
27. Li, *Lushan huiyi*, p. 206–7.
28. Huang Zheng, *Wang Guangmei fangtan lu* (Um relato de conversas com Wang Guangmei), Pequim: Zhongyang wenxian chubanshe, 2006, p. 199.
29. Li, *Lushan huiyi*, p. 359–60.
30. Autocrítica de Huang Kecheng, Gansu, ago. 1959, 91–18–96, p. 495.
31. Gansu, ago. 1959, 91–18–96, p. 559.
32. Gansu, 11 ago. 1959, 91–18–494, p. 82–3.
33. Gansu, 16 ago. 1959, 91–18–96, p. 485.

13. Repressão

1. Gao, *Zhou Enlai*, p. 187–8.
2. Gansu, 19 set. 1959, 91–18–561, p. 28.
3. Gansu, zhongfa (60) 28, 8 jan. 1960, 91–18–164, p. 109–14.
4. Gansu, 3 dez. 1962, 91–4–1028, p. 8–9.
5. Mao, *Jianguo yilai*, vol. 8, p. 529.
6. Gansu, 1 jul. 1960, 91–4–705, p. 1–5.
7. Yunnan, 28 out. 1959, 2–1–3639, p. 23–31.
8. Hebei, 1960, 879–1–116, p. 43.
9. Hebei, 9 nov. 1959, 855–5–1788, p. 3–6.
10. Mao, *Jianguo yilai*, vol. 8, p. 431.
11. Hunan, 2–4 set. 1959, 141–1–1116, p. 40–3, 49–50 e 121.
12. Li, *Private Life of Chairman Mao*, p. 299–300; uma conversa quase idêntica teve lugar mais cedo ao telefone, enquanto Zhou ridicularizava os campos *sputniks* de Wang e o desafiava a vir a Changsha para descobrir sobre os suprimentos locais de grão; ver Hunan, 1 set. 1959, 141–1–1115, p. 235–7.
13. Roderick MacFarquhar, *The Origins of the Cultural Revolution*, vol. 3: *The Coming of the Cataclysm, 1961–1966*, Nova York: Columbia University Press, 1999, p. 61, 179 e 206–7; Lu, *Cadres and Corruption*, p. 86, citando cifras publicadas na época pelo *Diário do Povo*; falando em setembro de 1959, Peng Zhen situou o número de membros do partido em 13,9 milhões e o número de quadros expurgados nos dois anos precedentes em 700 mil; ver Gansu, 19 set. 1959, 91–18–561, p. 28.

NOTAS

463

14. O racha sino-soviético

1. Instruções do Conselho de Estado, Ministério das Relações Exteriores, 1 ago. 1960, 109–927–1, p. 1–5.
2. Klochko, *Soviet Scientist*, p. 171.
3. Vários diplomatas veem isso como a razão principal para o racha; ver Kapitsa, *Na raznykh parallelakh*, p. 61–3; Arkady N. Shevchenko, *Breaking with Moscow*, Nova York,: Alfred Knopf, 1985, p. 122.
4. Zubok e Pleshakov, *Inside the Kremlin's Cold War*, p. 232.
5. A carta original de retorno, em russo e chinês, pode ser encontrada no Ministério das Relações Exteriores, Pequim, 16 jul. 1960, 109–924–1, p. 4–8.
6. Jung Chang e Jon Halliday, *Mao: The Unknown Story*, Londres: Jonathan Cape, 2005, p. 465.
7. Wu, *Shinian lunzhan*, p. 337.
8. Gansu, 5 ago. 1960, 91–1–91, p. 7–11.
9. Ministério das Relações Exteriores, Pequim, 1960–61, 109–2248–1, p. 38.
10. Ministério das Relações Exteriores, Pequim, 20 ago. 1963, 109–2541–1, p. 12–3.
11. Ministério das Relações Exteriores, Pequim, 28 mar. 1960, 109–2061–1, p. 3; Ministério das Relações Exteriores, Pequim, 1962, 109–3191–6, p. 5.
12. Ministério das Relações Exteriores, Pequim, 109–2541–1, p. 12–3.
13. Relatório do Banco de Comércio Exterior, RGANI, Moscou, 2 jun. 1961, 5–20–210, p. 34; para o acordo ver Sbornik osnovnykh deistvuiushchikh dogovorokh i sogloshenii mezhdu SSSR i KNR, 1949–1961, Moscou: Ministerstvo Inostrannykh Del, sem data, p. 198.
14. Ginsburgs, "Trade with the Soviet Union", p. 100 e 106.
15. BArch, Berlim, 12 nov. 1960, DL2–1870, p. 34.
16. RGANI, Moscou 14 fev. 1964, 2–1–720, p. 75.
17. Entrevista com Mr Chan nascido em 1946, Hong Kong, julho de 2006.
18. Taubman, *Khrushchev*, p. 471.
19. Li, *Private Life of Chairman Mao*, p. 339.

15. Grão capitalista

1. Jin, *Zhou Enlai zhuan*, p. 1398.
2. Ministério das Relações Exteriores, Pequim, 20 ago. 1960, 118–1378–13, p. 32–3.
3. Oleg Hoeffding, "Sino–Soviet Economic Relations, 1959–1962", *Annals of the American Academy of Political and Social Science*, vol. 349 (set. 1963), p. 95.

464   A GRANDE FOME DE MAO

4. Ministério das Relações Exteriores, Pequim, 31 dez. 1960, 110–1316–11, p. 1–5.
5. Ministério das Relações Exteriores, Pequim, 18 jan. 1961, 109–3004–2, p. 8.
6. Ministério das Relações Exteriores, Pequim, 31 dez. 1960, 110–1316–11, p. 1–5.
7. BArch, Berlim, 12 nov. 1960, DL2–1870, p. 34.
8. "Famine and bankruptcy", *Time*, 2 jun. 1961.
9. Jin, *Zhou Enlai zhuan*, p. 1414–5.
10. Colin Garratt, "How to Pay for the Grain", *Far Eastern Economic Review*, vol. 33, no. 13 (28 set. 1961) p. 644.
11. Jin, *Zhou Enlai zhuan*, p. 1413.
12. Relato de Chu En–lai, Hunan, 4 dez. 1961, 141–1–1931, p. 54.
13. MfAA, Berlim, 1962, A6792, p. 137.
14. Relato de Chu En–lai, Hunan, 4 dez. 1961, 141–1–1931, p. 54.
15. Boone, "Foreign Trade of China".
16. Relato de Chu En–lai, Hunan, 4 dez. 1961, 141–1–1931, p. 52–3.
17. "Famine and bankruptcy", *Time*, 2 jun. 1961.
18. Ministério das Relações Exteriores, Pequim, 8 mar. 1961, 109–3746–1, p. 17–8.
19. RGANI, Moscou, 14 fev. 1964, 2–1–720, p. 81–2; o contrato para a entrega de açúcar está em *Sbornik osnovnykh deistvuiushchikh dogovorokh i sogloshenii mezhdu SSSR i KNR, 1949–1961*, Moscou: Ministerstvo Inostrannykh Del, sem data, p. 196–7.
20. Ministério das Relações Exteriores, Pequim, 4 abr. 1961, 109–2264–1, p. 1–8.
21. Ministério das Relações Exteriores, Pequim, 22 ago. 1961, 109–2264–2, p. 38.
22. Ministério das Relações Exteriores, Pequim, 6 abr. 1962, 109–2410–3, p. 53.
23. Ibid.
24. Ministério das Relações Exteriores, Pequim, 15 ago. 1962, 109–2410–1, p. 62–3.
25. BArch, Berlim, 1962, DL2–VAN–175, p. 15.
26. Chang e Halliday, *Mao*, p. 462.
27. MfAA, Berlim, 11 jul. 1962, A17334, p. 92.
28. Ministério das Relações Exteriores, Pequim, 1 jul. 1960, 102–15–1, p. 26–39; ver também MfAA, Berlim, 11 jul. 1962, A17334, p. 89–94.
29. Xangai, 1 dez. 1959, B29–2–112, p. 3.
30. Relatório do Ministério das Finanças, Gansu, 1 jul. 1961, 91–18–211, p. 25.
31. MfAA, Berlim, 4 jan. 1962, A6836, p. 33; ver também a análise dos alemães orientais da política de ajuda externa, que eles identificaram como uma das principais razões da fome; MfAA, Berlim, 4 jan. 1962, A6836, p. 16.
32. Relatório do Ministério das Finanças, Gansu, 1 jul. 1961, 91–18–211, p. 22–5.

NOTAS

465

33. Hunan, 29 mar. 1960, 163–1–1083, p. 119–22; perto do fim do ano, seguindo uma resolução de Beidaihe em setembro de 1960, isso foi baixado para 310 milhões, com arroz reduzido à metade, cerca de 144 mil toneladas; ver Hunan, 22 out. 1960, 163–1–1083, p. 130–4.

34. Guangdong, 29 set. 1960, 300–1–195, p. 158.

35. Guangzhou, 5 abr. 1961, 92–1–275, p. 105.

36. Gansu, 16 jan. 1961, 91–18–200, p. 72.

37. Xangai, 21 out. 1960, B29–2–112, p. 2–5.

38. "Back to the farm", *Time*, 3 fev. 1961.

39. ICRC, Genebra, telegramas de 18, 28 e 30 jan. e 6 fev. 1961, BAG 209–048–2.

40. ICRC, Genebra, discussões em 1 e 14 mar. 1961, BAG 209–048–2.

41. Ministério das Relações Exteriores, Pequim, 27 jan. 1959, 109–1952–3 p. 13.

16. Saída do pesadelo

1. Bo, *Ruogan zhongda shijan*, p. 892.

2. Mao, *Jianguo yilai*, vol. 9, p. 326; Lin, *Wutuobang yundong*, p. 607.

3. Zhang Zhong, "Xinyang shijian jiemi" (Revelando o incidente de Xinyang), *Dangshi tiandi*, 2004, no. 4, p. 40–1.

4. Yang Zhengang, Zhang Jiansheng e Liu Shikai, "Guanyu huaifenzi Ma Longshan da gao fanmanchan jiqi houguo deng youguan cailiao de diaocha baogao", 9 nov. 1960, p. 7.

5. Li Zhenhai, Liu Zhengrong e Zhang Chunyuan, "Guanyu Xinyang diqu Xincai qu dong jin chun fasheng zhongbing siren he ganbu yanzhong weifa luanji wenti de diaocha baogao", 30 nov. 1960, p. 1.

6. Xinyang diwei zuzhi chuli bangongshi, "Guanyu diwei changwu shuji Wang Dafu tongzhifan suo fan cuowu ji shishi cailiao", 5 jan. 1962, p. 1–2.

7. Zhang, "Xinyang shijian jiemi", p. 42; ver também Qiao Peihua, *Xinyang shijian* (O incidente de Xinyang), Hong Kong: Kaifang chubanshe, 2009.

8. Mao, *Jianguo yilai*, vol. 9, p. 349.

9. *Nongye jitihua zhongyao wenjian huibian (1958–1981)* [Um compêndio de documentos importantes sobre coletivização agrícola (1958–1981)], Pequim: Zhongyang dangxiao chubanshe, 1981, vol. 2, p. 419–30.

10. Chester J. Cheng (ed), *The Politics of the Chinese Red Army*, Stanford: Hoover Institution Publications, 1966, p. 117–23.

11. Zhonggong zhongyang wenxian yanjiushi (orgs.), *Jianguo yilai zhongyao wenxian xuanbian*, Pequim: Zhongyang wenxian chubanshe, 1992, vol. 13, p. 660–76.

A GRANDE FOME DE MAO

12. Bo, *Ruogan zhongda shijan*, p. 893–6.
13. Li, *Private Life of Chairman Mao*, p. 339.
14. Discurso de Liu Shaoqi, Gansu, 20 jan. 1961, 91–6–79, p. 46–51 e 103–7.
15. Discurso de Mao Tsé–tung, Gansu, 18 jan. 1961, 91–6–79, p. 4.
16. Huang, *Liu Shaoqi yisheng*, p. 346–8; Huang, *Wang Guangmei fangtan lu*, p. 225–6 e 240.
17. Conversas de Liu Shaoqi em 25, 28 e 30 abr. 1961, Hunan, 141–1–1873, p. 106–50; ver também Huang, *Wang Guangmei fangtan lu*, p. 238–40; Jin e Huang, *Liu Shaoqi zhuan*, p. 865–6.
18. Jin e Huang, *Liu Shaoqi zhuan*, p. 874.
19. Carta de Liu Shaoqi, Gansu, abr.–mai. 1961, 91–4–889, p. 2–4.
20. Liu Shaoqi, 31 mai. 1961, Gansu, 91–6–81, p. 69–73.
21. Jin, *Zhou Enlai zhuan*, p. 1441–2.
22. Discurso de Li Fuchun na 9ª Conferência do 8º Comitê Central, Hunan, 14 jan. 1961, zhongfa (61) 52, 186–1–505, p. 1–28.
23. Discurso de Li Fuchun, Hunan, 17 jul. 1961, 186–1–584, p. 7 e 13.
24. Documentos da conferência de Beidaihe, Hunan, 11 ago. 1961, 186–1–584, p. 38–48, 125, 134 e 152.
25. Li, *Private Life of Chairman Mao*, p. 380.

17. Agricultura

1. Jean C. Oi, *State and Peasant in Contemporary China: The Political Economy of Village Government*, Berkeley: University of California Press, 1989, p. 48–9.
2. Hebei, 11 abr. 1961, 878–1–14, p. 56–8.
3. Yunnan, 29 jul. 1958, 2–1–3102, p. 16–22.
4. Kenneth R. Walker, *Food Grain Procurement and Consumption in China*, Cambridge: Cambridge University Press, 1984.
5. O plano para 1959–60 com os números da requisição detalhados ao nível das províncias estão em Gansu, 31 jul. 1959, zhongfa (59) 645, 91–18–117, p. 105.
6. Zhejiang, 16 jul. 1961, J132–13–7, p. 22–8, citado em Yang Jisheng, *Mubei: Zhongguo liushi niandai dajihuang jishi* (Lápides de madeira: uma história real da Grande Fome na China da década de 1960), Hong Kong: Tiandi tushu youxian gongsi, 2008, p. 418; compare isto com as estatísticas de Yang na página 417.
7. Guizhou, 1962, 90–1–2796, página impressa 3; equivalentes aproximados desses percentuais também são encontrados em estimativas mais detalhadas em

NOTAS

nível de condado, por exemplo no caso do condado de Zunyi (26,5% em 1957, 46,3% em 1958, 47% em 1959 e 54,7% em 1960), Guizhou, 1962, 90-1-2708, página impressa 7; a mesma pasta contém muitos outros exemplos similares, alguns com taxas de requisição de até 80%; para o Departamento de Grãos, ver Yang, *Mubei*, p. 540.

8. Discurso em 25 mar. 1959, Gansu, 19-18-494, p. 44-6.
9. Zhejiang, 16 jul. 1961, J132-13-7, p. 22-8; compare com Yang, *Mubei*, p. 540.
10. Relatório do Conselho de Estado, Gansu, 15 jun. 1960, zhongfa (60) 547, 91-18-160, p. 208-12.
11. Guangdong, 10 ago. 1961, 219-2-318, p. 9-16.
12. Discurso de Deng Xiaoping em 11 dez. 1961, Hunan, 141-2-138, p. 43.
13. Discurso em 25 mar. 1959, Gansu, 19-18-494, p. 48.
14. Xangai, 4 abr. 1961, B6-2-392, p. 20 ff.
15. Xangai, 8 jul. 1958, B29-2-97, p. 17.
16. Oi, *State and Peasant in Contemporary China*, p. 53-5.
17. Para o documento sobre a política e por um exemplo de Hunan, ver Hunan, 3 nov. e 1 dez. 1959, 146-1-483, p. 9, 18-20 e 86.
18. Zhejiang, jan. 1961, J116-15-10, p. 1-14.
19. Guangdong, 7 jan. 1961, 217-1-643, p. 120-2.
20. Guangdong, 2 jan. 1961, 217-1-643, p. 61-6.
21. Discurso em 30 ago. 1958, Hunan, 141-1-1036, p. 38. Um *mu* equivale a 0,0667 de um hectare, ou 667 m².
22. Hunan, 1964, 187-1-1355, p. 64.
23. Zhejiang, 1961, J116-15-139, p. 1; 29 jan. 1961, J116-15-115, p. 29.
24. Hubei, 13 jan. 1961, SZ18-2-200, p. 27.
25. Gansu, 20 jun. 1959, 91-18-539, p. 35.
26. Gansu, 12 fev. 1961, 91-18-209, p. 246; Walker estimou a área semeada para 1958 em 130 milhões de hectares, Walker, *Food Grain Procurement*, p. 147.
27. Walker, *Food Grain Procurement*, p. 21-2.
28. Guangdong, 1 mar. 1961, 235-1-259, p. 23-5.
29. Yunnan, 20 set. 1961, 120-1-193, p. 85-92.
30. Gansu, 20 fev. 1961, zhongfa (61) 145, 91-18-211, p. 91.
31. Guangdong, 1 mar. 1961, 235-1-259, p. 23-5.
32. Hunan, 15 nov. 1960, 163-1-1082, p. 106.
33. Yunnan, 6 fev. 1961, 120-1-193, p. 108-9.
34. Pequim, 29 nov. e 10 dez. 1960, 2-12-262, p. 21-3.

468   A GRANDE FOME DE MAO

35. Yunnan, 14 dez. 1960 e 20 set. 1961, 120–1–193, p. 85–92 e 112–15.

36. Gansu, 20 fev. 1961, zhongfa (61) 145, 91–18–211, p. 92.

37. Yunnan, 14 dez. 1960, 120–1–193, p. 112–5.

38. Hunan, 20 ago. 1959, 141–1–1259, p. 51–2.

39. MfAA, Berlim, 1962, A6860, p. 100.

40. Zhejiang, 29 jan. 1961, J116–15–115, p. 12.

41. Guangdong, 15 mar. 1961, 217–1–119, p. 78.

42. MfAA, Berlim, 1962, A6792, p. 136.

43. Hunan, 6 nov. 1961, 141–1–1914, p. 48–52.

44. Yunnan, 1962, 81–7–86, p. 13.

45. Hunan, 19 fev. 1959, 163–1–1052, p. 82–7.

46. Informe por Qian Zhiguang, ministro da indústria têxtil, Hunan, 11 ago. 1961, 186–1–584, p. 107.

47. Guangzhou, 28 fev. 1961, 6–1–103, p. 3–4.

48. Pequim, 8 jan. 1962, 2–13–138, p. 1–3.

49. Informe por Hu Yaobang em 1 out. 1961, Hunan, 141–2–138, p. 197.

50. Hebei, 1962, 979–3–870, p. 1–30.

51. Hunan, 15 mar. 1959, 141–1–1158, p. 140.

52. Guangdong, 3 jul. 1959, 217–1–69, p. 74–5.

53. Guangdong, 12 out. 1961, 235–1–259, p. 13.

54. Zhejiang, 29 jan. 1961, J116–15–115, p. 16–21.

55. Hunan, 15 jan. 1961, 146–1–580, p. 13.

56. Guangdong, 20 mai. 1961, 217–1–210, p. 82–7.

57. Zhejiang, 29 jan. 1961, J116–15–115, p. 16–21.

58. Conversa entre Li Jingquan e Chu En-lai no escritório do premiê em 1 abr. 1962, Sichuan, JC1–3198, p. 33.

59. Xangai, 1961, B181–1–510, p. 17–20.

60. Pequim, 31 jul. 1962, 1–9–439, p. 1–4.

61. Relatório da embaixada de Moscou, Ministério das Relações Exteriores, Pequim, 18 set. 1958, 109–1213–14, p. 142.

62. Zhejiang, 21 mar. 1960, J002–3–3, p. 34.

63. Xangai, 1961, B181–1–510, p. 7.

64. Ministério das Relações Exteriores, Pequim, 10 abr. 1959, 109–1907–8, p. 100; também discurso em 25 mar. 1959, Gansu, 19–18–494, p. 46.

65. Xangai, 1961, B29–2–980, p. 143.

66. Guangdong, 16 set. 1961, 235–1–259, p. 71.

NOTAS

469

67. Zhejiang, 29 jan. 1961, J116–15–115, p. 5 e 16.
68. Xuancheng, 17 mai. 1961, 3–1–257, p. 127–31.
69. Xangai, 1961, B181–1–511, p. 25.
70. Hunan, 11 ago. 1961, 186–1–584, p. 134.
71. Hunan, 15 mar. 1959, 141–1–1158, p. 152.
72. Guangdong, 25 fev. 1961, 217–1–119, p. 57.
73. Hebei, 1962, 979–3–870, p. 1–30.
74. Zhejiang, 29 jan. 1961, J116–15–115, p. 15 e 29.
75. Ibid. p. 52.
76. Guangdong, 25 fev. 1961, 217–1–119, p. 58.

18. Indústria

1. Klochko, *Soviet Scientist*, p. 85–6.
2. Guangdong, 1961, 218–2–320, p. 26–31.
3. MfAA, Berlim, 7 jun. 1961, A6807, p. 20–4.
4. MfAA, Berlim, 14 nov. 1962, A6860, p. 142–5.
5. Pequim, 31 jul. 1961, 1–5–371, p. 5–10.
6. Guangdong, 1961, 218–2–320, p. 26–31.
7. Klochko, *Soviet Scientist*, p. 91.
8. *Neibu cankao*, 25 nov. 1960, p. 7.
9. Hunan, 21 set. 1961, 186–1–525, p. 2–6.
10. Ibid.
11. Xangai, 28 mar. 1959, B29–1–34, p. 16–21.
12. Hunan, 5 mai. 1961, 141–1–1939, p. 33–4.
13. Pequim, 26 jun. 1961, 2–13–89, p. 14–5.
14. Hunan, 26 dez. 1959 e 16 jan. 1960, 163–1–1087, p. 70–2 e 91–5.
15. Discurso em 25 mar. 1959, Gansu, 19–18–494, p. 46.
16. Relatos de He Long e Nie Rongzhen, Gansu, 13 set. 1960, 91–6–26, p. 69–75.
17. *Neibu cankao*, 25 nov. 1960, p. 9.
18. Nanquim, 2 set. 1960, 6001–1–73, p. 12–5.
19. Guangzhou, 1960, 19–1–255, p. 39–41; 11 set. 1961, 19–1–525, p. 94–100.
20. Guangdong, 7 ago. 1961, 219–2–319, p. 17–31.
21. Pequim, 17 jan. e 31 mar. 1959, 101–1–132, p. 14–8 e 26–40.
22. Pequim, 29 mar. 1960, 101–1–138, p. 3.
23. Pequim, 24 mar. 1961, 1–28–28, p. 6.

A GRANDE FOME DE MAO

24. Pequim, 28 set. 1961, 2-13-138, p. 25-9.
25. Nanquim, 13 jul. e 22 nov. 1960, 5065-3-395, p. 7-19 e 35-52.
26. Nanquim, 13 jul. 1960, 5065-3-395, p. 7-19.
27. Nanquim, 1961, 5065-3-443, p. 51, 60 e 66.
28. Pequim, 31 jul. 1961, 1-5-371, p. 5-10.
29. Nanquim, 15 set. 1961, 6001-3-328, p. 25-8.
30. Nanquim, 1960, 4053-2-4, p. 98. Esses salários em geral eram fixos; apenas no inverno de 1961-62 os salários fixos foram substituídos por uma variedade de esquemas de compensação, incluindo participação nos lucros; ver Nanquim, 4 dez. 1961, 4053-2-5, p. 1.
31. Nanquim, 15 set. 1961, 6001-2-329, p. 30-1.
32. Pequim, 29 mar. 1960, 101-1-138, p. 4.
33. Nanquim, 1960, 4053-2-4, p. 93.
34. Hunan, 3 set. 1959, 141-1-1259, p. 69-70.
35. Pequim, 30 jul. 1961, 1-5-371, p. 8.
36. Relatório do Ministério do Carvão, Gansu, 91-18-193, 11 set. 1961, p. 71.
37. Essas eram as minas de Quren, Nanling, Luojiadu e Lianyang; Guangdong, jun. 1960, 253-1-99, p. 17-20.
38. Gansu, fev. 1961, 91-18-200, p. 245.
39. Xangai, jan. 1961, A36-1-246, p. 2-3.
40. Xangai, ago. 1961, B29-2-655, p. 92.
41. Guangdong, ago. 1961, 219-2-319, p. 31-56.

19. Comércio

1. Hunan, 13 set. e 7 nov. 1960, 163-1-1083, p. 83-5 e 95-7.
2. Xangai, 11 ago. 1960, B123-4-782, p. 26-9.
3. Yunnan, 23 out. 1958, zhongfa (58) 1060, 2-1-3276, p. 131-5.
4. Yunnan, 15 out. 1960, zhongfa (60) 841, 2-1-4246, p. 103-8.
5. Xangai, 11 ago. 1961, B29-2-655, p. 160; 20 abr. 1961, B29-2-980, p. 248.
6. Yunnan, 15 out. 1960, zhongfa (60) 841, 2-1-4246, p. 103-8.
7. Yunnan, 3 dez. 1960, zhongfa (60) 1109, 2-1-4246, p. 117-9.
8. Ministério das Relações Exteriores, Pequim, 1 jan. 1960, 118-1378-13, p. 82.
9. Yunnan, 25 out. 1961, 2-1-4654, p. 44-6.
10. Yunnan, 22 set. 1960, 2-1-4269, p. 36-9.
11. Hunan, 3 ago. 1959, 141-1-1259, p. 148.

NOTAS

12. MfAA, Berlim, 11 dez. 1961, A6807, p. 347–51.

13. Guangdong, ago. 1961, 219–2–319, p. 31–56.

14. Xangai, mai. 1961, B29–2–940, p. 161.

15. Sobre vendas no varejo e a cultura material da China pré-revolucionária, ver Frank Dikötter, *Exotic Commodities: Modern Objects and Everyday Life in China*, Nova York: Columbia University Press, 2006.

16. Klochko, *Soviet Scientist*, p. 53.

17. Nanjiing, nov. 1961, 5040–1–18, p. 14–9 e 20–6.

18. Nanquim, 12 jan. e 26 abr. 1959, 4003–1–167, p. 22–4 e 36–8.

19. J. Dyer Ball, *The Chinese at Home*, Londres: Religious Tract Society, 1911, p. 240, citado em Dikötter, *Exotic Commodities*, p. 63.

20. Guangzhou, 22 ago. 1959, 16–1–13, p. 56–7; Guangzhou, 20 jul. 1961, 97–8–173, p. 18.

21. Nanjiing, 1 jul. 1959, 4003–1–167, p. 39–46.

22. *Neibu cankao*, 2 dez. 1960, p. 11.

23. Xangai, 7 mai. 1961, A20–1–60, p. 64–6.

24. Nanjiing, 4 jun. 1959, 5003–3–722, p. 77–81.

25. *Neibu cankao*, 23 nov. 1960, p. 15–6.

26. *Neibu cankao*, 5 mai. 1961, p. 14–6.

27. Guangzhou, 27 mar., 1 jun. e 6 jul. 1961, 97–8–173, p. 45–6 e 52–3; 60–1–1, p. 80 e 105–11.

28. Wuhan, 29 jul. 1959, 76–1–1210, p. 68.

29. Discurso em Beidaihe, Gansu, 11 ago. 1961, 91–18–561, p. 51.

30. Pequim, 26 jun. 1961, 2–13–89, p. 2–3.

31. Pequim, 31 jul. 1961, 2–13–100, p. 1–6.

32. Nanquim, nov. 1961, 5040–1–18, p. 14–9 e 20–6.

33. *Neibu cankao*, 10 ago. 1960, p. 13–5.

34. Pequim, 28 mar. 1961, 1–28–28, p. 9–11.

35. Xangai, 31 jul. 1961, A20–1–55, p. 23–9.

36. Entrevista com Lao Tian, nascido nos anos 1930, Xushui, Hebei, setembro de 2006.

20. Moradia

1. Shen Bo, "Huiyi Peng Zhen tongzhi guanyu renmin dahuitang deng 'shida jianzhu' de sheji de jiaodao" (Lembrando as diretrizes do camarada Peng

Zhen concernentes ao desenho do Grande Salão do Povo e os dez grandes edifícios), *Chengjian dang'an*, no. 4 (2005), p. 10-1.

2. Wu Hung, *Remaking Pequim: Tiananmen Square and the Creation of a Political Space*, Londres: Reaktion Books, 2005, p. 24.

3. "Ten red years", *Time*, 5 out. 1959.

4. Xie Yinming e Qu Wanlin, "Shei baohule gugong" (Quem protegia o Palácio Imperial), *Dang de wenxian*, no. 5 (2006), p. 70-5.

5. PRO, Londres, 15 nov. 1959, FO371-133462.

6. PRO, Londres, 23 jul. 1959, FO371-141276.

7. Pequim, 27 dez. 1958 e 2 fev. 1959, 2-11-128, p. 1-3 e 8-14.

8. Hunan, 21 jan. 1959, 141-2-104.

9. Gansu, 9 jan. 1961, 91-18-200, p. 18-9.

10. Gansu, 22 fev. 1961, 91-18-200, p. 256-8.

11. Hunan, 3 e 14 abr. 1961, 151-1-24, p. 1-13 e 59-68.

12. Guangdong, 20 jan. 1961, 217-1-645, p. 15-9.

13. Relato na Conferência de Lushan, Gansu, set. 1961, 91-18-193, p. 82.

14. Gansu, 24 out. 1960, zhongfa (60) 865, 91-18-164, p. 169-72.

15. Discurso por Li Fuchun, Hunan, 20 dez. 1961, 141-1-1931, p. 154-5.

16. Xangai, 28 jul. 1959, B258-1-431, p. 4-5.

17. Wuhan, 15 mai. e 23 jun. 1959, 13-1-765, p. 44-5 e 56.

18. Hunan, abr. 1960, 141-2-164, p. 82.

19. Guangdong, 5 jul. 1961, 307-1-186, p. 47-52.

20. Sichuan, 22 e 24 mar. 1960, JC50-315.

21. Sichuan, dez. 1961, JC50-325.

22. Pequim, 4 mar. e 7 ago. 1959, 2-11-146, p. 1-23.

23. Nanquim, 16 abr. 1959, 4003-1-279, p. 153.

24. Guangdong, 7 jan. 1961, 217-1-643, p. 110-5.

25. Sichuan, fev. 1961, JC1-2576, p. 41-2.

26. Guangdong, 10 dez. 1960, 217-1-643, p. 44-9.

27. Guangdong, 12 dez. 1960, 217-1-643, p. 33-43.

28. Hunan, 11 mai. 1961, 141-2-139, p. 61.

29. Hunan, 17 mai. 1961, 146-1-584, p. 26.

30. Sichuan, ago. 1961, JC1-2584, p. 14.

31. Sichuan, 1962, JC44-1440, p. 127-8.

32. Hubei, 18 nov. 1960, SZ18-2-198, p. 69-71.

NOTAS

33. Hunan, 4 ago. 1962, 207-1-744, p. 9.
34. Li Heming, Paul Waley e Phil Rees, "Reservoir Resettlement in China: Past Experience and the Three Gorges Dam", *Geographical Journal*, vol. 167, no. 3 (set. 2001), p. 197.
35. Guangdong, out. 1961, 217-1-113, p. 58-61.
36. Hunan, 15 dez. 1961 e 21 mar. 1962, 207-1-753, p. 103-5 e 106-9.
37. Pequim, 25 abr. 1961, 2-13-39, p. 1-14.
38. James L. Watson, "The Structure of Chinese Funerary Rites", em James L. Watson e Evelyn S. Rawski (eds), *Death Ritual in Late Imperial and Modern China*, Berkeley: University of California Press, 1988.
39. *Neibu cankao*, 7 dez. 1960, p. 12-3.
40. Hunan, 14 fev. 1958, 141-1-969, p. 19.
41. Entrevista com Wei Shu, nascido nos anos 1920, condado de Langzhong, Sichuan, abril de 2006.
42. Pequim, 18 abr. 1959, 2-11-36, p. 7-8 e 17-8.
43. Pequim, 14 nov. 1958, 2-11-33, p. 3.
44. O relatório foi mandado para o comitê provincial do partido em Hunan; Hunan, Mar. 1959, 141-1-1322, p. 108-10.

21. Natureza

1. Ferdinand P. W. von Richthofen, *Baron Richthofen's Letters, 1870-1872*, Xangai: North-China Herald Office, 1903, p. 55, citado em Dikötter, *Exotic Commodities*, p. 177.
2. I. T. Headland, *Home Life in China*, Londres: Methuen, 1914, p. 232, citado em Dikötter, *Exotic Commodities*, p. 177.
3. Shapiro, *Mao's War Against Nature*, p. 3-4.
4. Discurso de Mao na Conferência do Estado Supremo em 28-30 jan. 1958, Gansu, 91-18-495, p. 202.
5. Hunan, 13 abr., 1962, 207-1-750, p. 1-10.
6. Hunan, 6 out. 1962, 207-1-750, p. 44-9.
7. RGAE, Moscou, 7 ago. 1959, 9493-1-1098, p. 29.
8. Hunan, 13 abr., 1962, 207-1-750, p. 1-10.
9. Gansu, 17 ago. 1962, zhongfa (62) 430, 91-18-250, p. 66.
10. Pequim, 3 mar. 1961, 2-13-51, p. 7-8.
11. Pequim, 26 mai. 1961, 92-1-143, p. 11-4.

474 A GRANDE FOME DE MAO

12. Ibid.

13. Pequim, 3 mar. 1961, 2-13-51, p. 7-8.

14. Hubei, SZ113-2-195, 12 fev. e 1 nov. 1961, p. 8-10 e 28-31.

15. Gansu, 23 out. 1962, 91-18-250, p. 72.

16. Gansu, 31 out. 1962, 91-18-250, p. 83.

17. Guangdong, 10 mai. 1961, 217-1-210, p. 88-9.

18. Nanquim, 25 dez. 1958, 4003-1-150, p. 73.

19. Pequim, 26 mai. 1961, 92-1-143, p. 11-4.

20. Gansu, 17 ago. 1962, zhongfa (62) 430, 91-18-250, p. 69.

21. Hubei, 10 mar. 1961, SZ113-2-195, p. 2-3.

22. Hunan, 28 nov. 1961, 163-1-1109, p. 138-47.

23. Gansu, 31 out. 1962, 91-18-250, p. 83.

24. Hunan, 18 nov. 1961, 163-1-1109, p. 60.

25. Gansu, 17 ago. 1962, 91-18-250, p. 65.

26. Para estimativas baseadas em fontes publicadas, ver Shapiro, *Mao's War Against Nature*, p. 82.

27. Gansu, 17 ago. 1962, 91-18-250, p. 68.

28. Gansu, 31 out. 1962, 91-18-250, p. 82.

29. Hunan, 6 out. 1962, 207-1-750, p. 44-9.

30. Relatório de Guangdong sobre florestas, 21 set. 1962, Hunan, 141-2-163, p. 50.

31. Yu Xiguang, *Dayuejin ku rizi: Shangshuji* (O Grande Salto Adiante e os anos amargos: uma coleção de memórias), Hong Kong: Shidai chaoliu chubanshe, 2005, p. 8; para dar um senso de proporção, segundo algumas estimativas, a cobertura florestal era de 83 milhões de hectares em 1949; ver Vaclav Smil, *The Bad Earth: Environmental Degradation in China*, Armonk, NY: M. E. Sharpe, 1984, p. 23.

32. Pequim, 15 set. 1959, 2-11-63, p. 31-6 e 48-52.

33. Uma das primeiras descrições foi feita por Tan Zhenlin em uma conferência por telefone sobre a safra de verão; ver Gansu, 26 jun. 1959, 92-28-513, p. 14-5.

34. Y. Y. Kueh, *Agricultural Instability in China, 1931-1991*, Oxford: Clarendon Press, 1995, examinou os dados meteorológicos e concluiu que o tempo ruim de fato contribuiu para uma redução na produção da safra, mas que condições similares de tempo no passado não tiveram o mesmo efeito.

35. Pequim, 7 mai. 1960, 2-12-25, p. 3-6.

36. Pequim, 8 set. 1962, 96-2-22, p. 15-8.

37. Hebei, 15 ago. 1961, 878-1-6, p. 31-44.

NOTAS

38. Relato por Hu Yaobang em 1 out. 1961, Hunan, 141–12–138, p. 186–9.

39. Hunan, 13 abr. 1962, 207–1–750, p. 1–10.

40. Hunan, 6 out. 1962, 207–1–750, p. 44–9.

41. Hunan, 4 ago. 1962, 207–1–744, p. 1–12.

42. Hunan, 6 out. 1962, 207–1–750, p. 44–9.

43. Hunan, 13 e 15 mai. 1961, 146–1–584, p. 13 e 18.

44. Hunan, 24 abr. 1961, 146–1–583, p. 108; grandes reservatórios eram defini-dos por Pequim como tendo capacidade entre 10 e 100 milhões de m³ e os pequenos com capacidade inferior a 10 milhões de m³.

45. Hunan, 4 ago. 1962, 207–1–744, p. 1–12.

46. Hunan, 7 jan. 1962, 207–1–743, p. 85–105.

47. Hunan, 1 dez. 1961, 163–1–1109, p. 101.

48. Hubei, 12 set. 1959, SZ18–2–197, p. 39–43.

49. Hubei, 1 ago. 1959, SZ113–1–209, p. 3.

50. Hubei, 27 mar. 1961, SZ18–2–201.

51. Hubei, 18 mar. e 9 jun. 1961, SZ113–1–26, p. 1–3 e 12–4.

52. Hubei, 14 abr. 1962, SZ113–2–213, p. 25.

53. Hunan, 1964, 187–1–1355, p. 64.

54. Guangdong, dez. 1960, 266–1–74, p. 105–18.

55. Relatório do Ministério de Conservação da Água e Eletricidade Hidráulica, 27 jul. 1960, Hunan 141–1–1709, p. 277.

56. Guangdong, dez. 1960, 266–1–74, p. 117.

57. Yi, "World's Most Catastrophic Dam Failures", p. 25–38.

58. Shui, "Profile of Dams in China", p. 23.

59. Como relatado pelo secretário da região centro-sul Li Yiqing; Hunan, 11 ago. 1961, 186–1–584, p. 134.

60. Pequim, 17 abr. 1962, 96–2–22, p. 6.

61. Hebei, 1 jul. 1961, 979–3–864, p. 4–5.

62. Hebei, 1962, 979–3–870, p. 7; ver também Hebei , 13 jul. 1962, 979–3–871, p. 1–22, para uma cifra muito mais baixa para o aumento da terra alcalina.

63. Relato por Liu Jianxun, 24 dez. 1961, Hunan, 141–2–142, p. 225.

64. Relato por Hu Yaobang, 1 out. 1961, Hunan, 141–2–138, p. 186–7.

65. Relato por Hua Shan, 9 mai. 1962, Shandong, A1–2–1125, p. 5–7.

66. Gansu, 9 mar. 1960, zhongfa (60) 258, 91–18–154, p. 254–5.

67. Pequim, 17 set. 1959, 2–11–145, p. 3–6.

68. Gansu, 9 mar. 1960, zhongfa (60) 258, 91–18–154, p. 254–5.

476   A GRANDE FOME DE MAO

69. Gansu, 24 fev. 1960, 91–18–177, p. 14–7.

70. Gansu, 9 mar. 1960, zhongfa (60) 258, 91–18–154, p. 254–5.

71. Nanquim, 22 nov. 1960, 5065–3–395, p. 35–52.

72. Relato por Mao Qihua, Gansu, 4 set. 1960, zhongfa (60) 825, 91–18–154, p. 104.

73. Xangai, out. 1961, B29–2–954, p. 57.

74. Ibid.

75. Ibid., p. 76.

76. Hubei, 10 jan. 1961, SZ34–5–45, p. 22–4; 23 jan. 1961, SZ1–2–906, p. 17.

77. Klochko, *Soviet Scientist*, p. 71–3.

78. Nanquim, 18 mar. 1959, 5065–3–367, p. 20–2; 25 mar. 1959, 5003–3–721, p. 8–9.

79. Xangai, 1959, A70–1–82, p. 9.

80. Shapiro, *Mao's War on Nature*, p. 88.

81. Hubei, 8 e 25 jul. 1961, SZ18–2–202, p. 78 e 101.

82. Nanquim, 24 out. 1960, 4003–1–203, p. 20–1.

83. Zhejiang, 29 jan. 1961, J116–15–115, p. 11.

22. Banqueteando-se durante a fome

1. James R. Townsend e Brantly Womack, *Politics in China*, Boston: Little, Brown, 1986, p. 86.

2. Tiejun Cheng e Mark Shelden, "The Construction of Spatial Hierarchies: China's *hukou* and *danwei* Systems", em Timothy Cheek e Tony Saich (orgs.), *New Perspectives on State Socialism in China*, Armonk, NY: M. E. Sharpe, 1997, p. 23–50.

3. Guangdong, 15 mar. 1962, 300–1–215, p. 205–7.

4. Li, *Private Life of Chairman Mao*, p. 78–9.

5. Fu Zhengyuan, *Autocratic Tradition and Chinese Politics*, Cambridge: Cambridge University Press, p. 238.

6. Lu, *Cadres and Corruption*, p. 86.

7. Xangai, 1961, B50–2–324, p. 15–24.

8. *Neibu cankao*, 25 nov. 1960, p. 11–12.

9. *Neibu cankao*, 6 mar. 1961, p. 5.

10. *Neibu cankao*, 22 fev. 1961, p. 13–4.

11. Guangdong, 5 set. 1960, 231–1–242, p. 72–7.

12. Guangdong, 18 jun. 1960, 231–1–242, p. 63–5.

NOTAS

13. Guangdong, 10 dez. 1960, 217-1-643, p. 44-9.
14. Ibid., p. 45.
15. Guangdong, 24 jul. 1959, 217-1-497, p. 61-3.
16. Guangdong, 1961, 217-1-116, p. 48.
17. Guangdong, 26 jun. 1959, 217-1-69, p. 33-8.
18. PRO, Londres, 15 nov. 1959, FO371-133462.
19. Xangai, 8 out. 1960, A20-1-10, p. 19 ff.
20. Hebei, 8 mai. 1959, 855-5-1758, p. 97-8.
21. Pequim, 14 fev. 1-14-573, p. 65.
22. Xangai, 27 jan. 1961, A36-1-246, p. 9-17.

23. Rodando e negociando

1. Xangai, 20 dez. 1960, A36-2-447, p. 64-5.
2. *Neibu cankao*, 2 jun. 1960, p. 14-5.
3. *Neibu cankao*, 16 nov. 1960, p. 11-3.
4. Xangai, fev. 1961, A36-2-447, p. 22.
5. Guangdong, nov. 1960, 288-1-115, p. 1.
6. *Neibu cankao*, 16 nov. 1960, p. 11-3.
7. Guangdong, 9 fev. 1961, 235-1-255, p. 39-40.
8. Guangdong, 5 dez. 1961, 235-1-259, p. 75.
9. Nanquim, 27 mai. 1959, 4003-1-279, p. 242.
10. *Neibu cankao*, 25 nov. 1960, p. 13-5.
11. Gansu, 24 out. 1960, zhongfa (60) 865, 91-18-164, p. 169-72.
12. Relatório do Ministério das Finanças, Gansu, 5 nov. 1960, zhongfa (60) 993, 91-18-160, p. 275-80.
13. *Neibu cankao*, 7 dez. 1960, p. 14-5.
14. Discurso em Beidaihe, Gansu, 11 ago. 1961 91-18-561, p. 51 e 55.
15. Relatório do Ministério das Finanças, Gansu, 5 nov. 1960, zhongfa (60) 993, 91-18-160, p. 275-80.
16. *Neibu cankao*, 8 ago. 1960, p. 5-7.
17. Hebei, 19 abr. 1959, 855-5-1758, p. 105-6.
18. Pequim, 23 jun. 1961, 1-5-376, p. 4-10.
19. Nanquim, ago, 1960, 4003-1-199, p. 19.
20. Nanquim, 14 ago. 1960, 4003-1-199, p. 1-4.
21. *Neibu cankao*, 25 nov. 1960, p. 12-3; 30 dez. 1960, p. 10-1.

22. Pequim, 27 abr. 1961, 1–28–30, p. 1–4.

23. Xangai, 7 ago. 1961, A20–1–60, p. 181–5.

24. Pequim, 28 nov. 1960, 101–1–138, p. 13–29.

25. Xangai, 28 mar. 1959, B29–1–34, p. 48–9.

26. *Neibu cankao*, 26 dez. 1960, p. 10–1.

27. *Neibu cankao*, 17 mai. 1961, p. 22.

28. Guangdong, 23 jan. 1961, 217–1–644, p. 10–2.

29. Guangzhou, 24 fev. 1961, 92–1–275, p. 74.

30. Nanquim, 1 set. 1959, 5003–3–722, p. 89.

31. Hunan, 15 jan. 1961, 146–1–580, p. 15.

32. Para uma descrição ver Dennis L. Chinn, "Basic Commodity Distribution in the People's Republic of China" *China Quarterly*, no. 84 (dez. 1980), p. 744–54.

33. *Neibu cankao*, 18 ago. 1960, p. 16.

34. Guangdong, 9 fev. 1961, 235–1–259, p. 39–40.

35. *Neibu cankao*, 7 dez. 1960, p. 24.

36. Guangdong, 9 fev. 1961, 235–1–259, p. 39–40.

37. Pequim, 29 dez. 1960, 2–12–262, p. 18–20.

38. Hunan, 13 jun. 1961, 163–1–1109, p. 21–2.

39. MfAA, Berlim, mar.–abr. 1961, A17009, p. 3–4.

40. *Neibu cankao*, 23 jan. 1961, p. 10–11; 6 fev. 1962, p. 5–6.

41. Ver também Jeremy Brown, "Great Leap City: Surviving the Famine in Tianjin", em Kimberley E. Manning e Felix Wemheuer (orgs.) *New Perspectives on China's Great Leap Forward and Great Famine*, Vancouver: University of British Columbia Press, 2010.

42. MfAA, Berlim, 6 set. 1962, A6862, p. 8.

43. Hubei, 7 ago. 1961 e jul. 1962, SZ29–1–13, p. 73–4 e 76–7.

44. Sichuan, 16 ago. 1961 e 12 set. 1962, JC44–3918, p. 105–7 e 117–9.

45. Hubei, 18 set. 1961, SZ18–2–199, p. 6–7.

46. Hebei, 6 mai. 1959, 855–5–1744, p. 101–3.

47. Sichuan, 1962, JC1–3047, p. 1–2.

48. Shandong, 10 ago. 1959, A1–2–776, p. 72.

24. Às escondidas

1. Hunan, 12 fev. 1961, 151–1–20, p. 32–3.

2. Pequim, 24 mar. 1961, 1–28–28, p. 2–6.

3. Xangai, 25 out. 1961, B123–5–144, p. 176.

NOTAS

4. Xangai, ago. 1961, B29-2-655, p. 82.

5. Sichuan, 1959, JC9-249, p. 160.

6. Sichuan, 1959, JC9-250, p. 14 e 46.

7. Entrevista com Ding Qiao'er, nascida em 1951, condado de Huangxian, Shandong, dez. 2006.

8. *Neibu cankao*, 2 jun. 1960, p. 14-5.

9. *Neibu cankao*, 19 dez. 1960, p. 21.

10. Ibid., p. 23-4.

11. *Neibu cankao*, 19 dez. 1960, p. 21-4.

12. Nanquim, 26 fev. 1959, 4003-1-171, p. 62.

13. Xangai, 31 mar. 1960, B123-4-588, p. 3; 22 mai. 1961, B112-4-478, p. 1-2.

14. Thaxton, *Catastrophe and Contention in Rural China*, p. 201.

15. *Neibu cankao*, 2 set. 1960, p. 5-7.

16. Xuancheng, 3 mai. 1961, 3-1-259, p. 75-6.

17. Entrevista com Zeng Mu, nascido em 1931, Pengzhou, Sichuan, mai. 2006.

18. Guangdong, 1 mar. 1961, 235-1-259, p. 23-5.

19. Guangdong, 1 e 27 mar. 1961, 235-1-259, p. 23-5 e 32-4.

20 *Neibu cankao*, 26 abr. 1961, p. 20.

21. Hebei, 27 set. 1960, 855-5-1996, p. 52-4.

22. Wuxian, 15 mai. 1961, 300-2-212, p. 243.

23. Guangdong, 21 jan. 1961, 235-1-259, p. 16-7.

24. Hubei, 22 fev. 1959, SZ18-2-197, p. 19-21.

25. Hebei, 2 jun., 1959, 855-5-1758, p. 46-7.

26. Hubei, 22-23 fev. 1959, SZ18-2-197, p. 6-8 e 12-14.

27. Hebei, 13 dez. 1960, 855-18-777, p. 40-1.

28. Hebei, 1 jun. 1959, 855-5-1758, p. 126-7.

29. Hunan, 10 e 18 dez. 1959, 146-1-507, p. 81 e 90-3.

30. Hunan, 31 dez. 1959, 146-1-507, p. 120-1.

31. Hebei, 1 jun. 1959, 855-5-1758, p. 126-7.

32. Nanquim, 4 jun. 1959, 5003-3-722, p. 77-81.

33. Nanquim, 26 jan. 1960, 5012-3-556, p. 60.

34. Hunan, 13 fev. 1961, 151-1-18, p. 24-5.

35. Entrevista com Li Erjie, nascida em 1922, Chengdu, Sichuan, abr. 2006.

36. Hubei, 11 mai. 1961, SZ18-2-202, p. 25-6.

37. Guangdong, 1961, 235-1-256, p. 73.

38. Hubei, 18 set. 1961, SZ18-2-199, p. 7.

39. Yunnan, 30 dez. 1958, 2-1-3442, p. 11-6.

480

A GRANDE FOME DE MAO

25. "Querido presidente Mao"

1. Hebei, 4 jan. 1961, 880–1–11, p. 30.
2. Eu resisto à tentação de prover mais que uns poucos exemplos, embora leitores interessados possam voltar-se para um capítulo notável em Jasper Becker, *Hungry Ghosts: Mao's Secret Famine*, Nova York: Henry Holt, 1996, p. 287–306.
3. François Mitterrand, *La Chine au défi*, Paris: Julliard, 1961, p. 30 e 123.
4. PRO, Londres, nov. 1960, PREM11–3055.
5. Nanquim, 17 mar. 1959, 4003–1–279, p. 101–2.
6. *Neibu cankao*, 7 dez. 1960, p. 21–4.
7. Xangai, 7 mai. 1961, A20–1–60, p. 60–2.
8. Hubei, 14 out. 1961, SZ29–2–89, p. 1–8.
9. Guangdong, 1962, 217–1–123, p. 123–7.
10. Guangzhou, 24 fev. 1961, 92–1–275, p. 75.
11. Guangdong, 1962, 217–1–123, p. 123–7.
12. Guangdong, 1961, 217–1–644, p. 20.
13. Nanquim, 16 jul. 1959, 5003–3–721, p. 26–7.
14. Gansu, 5 set. 1962, 91–18–279, p. 7.
15. Hebei, jun. 1959, 884–1–183, p. 39.
16. Gansu, 5 set. 1962, 91–18–279, p. 7.
17. Relatório do Ministério de Segurança Pública, 8 fev. 1961, 91–4–889, p. 25–30.
18. Nanquim, 16 jul., 1959, 5003–3–721, p. 26–7.
19. Hebei, 27 jun. 1959, 884–1–183, p. 136 e 140.
20. Hubei, 5 set. 1959, SZ18–2–197, p. 34.
21. Sichuan, 25 mai. 1959, JC1–1721, p. 3.
22. Cyril Birch, "Literature under Communism", em Roderick MacFarquhar, John King Fairbank e Denis Twitchett (orgs.), *The Cambridge History of China*, vol. 15: *Revolutions within the Chinese Revolution, 1966–1982*, Cambridge: Cambridge University Press, 1991, p. 768.
23. Xangai, 7 mai. 1961, A20–1–60, p. 62.
24. Guangdong, 3 jan. 1961, 217–1–643, p. 102.
25. Entrevista com Yang Huafeng, nascido em 1946, condado de Qianjiang, Hubei, ago. 2006.
26. Guangdong, 2 jan. 1961, 217–1–643, p. 61–6.
27. Sichuan, 1961, JC9–464, p. 70.

NOTAS

481

28. Algumas páginas muito sugestivas sobre rumores durante a coletivização foram escritas por Lynn Viola: *Peasant Rebels under Stalin: Collectivization and the Culture of Peasant Resistance*, Nova York: Oxford University Press, 1996, p. 45-7.

29. Wuhan, 3 nov. 1958, 83-1-523, p. 134.

30. Guangdong, 23 jan. 1961, 217-1-644, p. 10-2.

31. Hubei, 4 jan. 1961, SZ18-2-200, p. 11.

32. Hubei, 5 mai. 1961, SZ18-2-201, p. 95.

33. Sichuan, 1961, JC1-2614, p. 14.

34. *Neibu cankao*, 9 jun. 1960, p. 7-8.

35. Guangdong, 5 fev. 1961, 217-1-119, p. 45.

36. Guangdong, 23 jan. 1961, 217-1-644, p. 10-12 e 20.

37. Hunan, 23 jan. 1961, 146-1-580, p. 54.

38. Gansu, 5 set. 1962, 91-18-279, p. 7.

39. Nanquim, 19 mar. 1959, 5003-3-722, p. 68-9.

40. Hebei, jun. 1959, 884-1-183, p. 84-92 e 128.

41. Sobre denúncias na União Soviética, lê-se com prazer Sheila Fitzpatrick, "Signals from Below: Soviet Letters of Denunciation of the 1930s", *Journal of Modern History*, vol. 68, no. 4 (dez. 1996), p. 831-66.

42. Hunan, 1959-61, 163-2-232, todo o arquivo.

43. Nanquim, 7 mar. e 13 mai. 1961, 5003-3-843, p. 1-4 e 101.

44. Xangai, 30 nov. 1959, A2-2-16, p. 75.

45. Guangdong, 1961, 235-1-256, p. 90.

46. *Neibu cankao*, 31 mai. 1960, p. 18-9.

47. *Neibu cankao*, 19 dez. 1960, p. 15-7.

48. Hunan, 31 dez. 1961, 141-1-1941, p. 5.

49. Guangdong, 24 fev. 1961, 235-1-256, p. 40-2.

50 *Neibu cankao*, 12 jun. 1961, p. 23.

51. Gansu, 14 jan. 1961, 91-18-200, p. 50.

52. Relatório de equipe de trabalho de comitê provincial do partido, Sichuan, 1961, JC1-2616, p. 111.

26. Ladrões e rebeldes

1. Hebei, 15 ago. 1961, 878-1-6, p. 38.

2. *Neibu cankao*, 16 dez. 1960, p. 9.

3. Por exemplo, Hebei, 27 jun. 1959, 884-1-183, p. 135.

482 A GRANDE FOME DE MAO

4. Hubei, 6 jan. 1961, SZ18–2–200, p. 22.
5. Hunan, 17 jan. 1961, 146–1–580, p. 29.
6. Gansu, 24 jan. 1961, 91–9–215, p. 117–20.
7. Ibid.
8. *Neibu cankao*, 20 jun. 1960, p. 11–2.
9. Relatório do Ministério das Ferrovias, Gansu, 20 jan. 1961, 91–4–889, p. 19–21.
10. Hunan, 22 nov. 1959, 146–1–507, p. 44–6.
11. Sichuan, 26 mai. 1959, JC1–1721, p. 37.
12. Sichuan, 8 jun. 1959, JC1–1721, p. 153.
13. Hunan, 9 mar. 1959, 163–1–1046, p. 24.
14. Hebei, jun. 1959, 884–1–183, p. 40; 25 abr. 1960, 884–1–184, p. 20.
15. Nanquim, 30 jan. 1959, 4003–1–171, p. 35.
16. Nanquim, 19 mar. 1959, 5003–3–722, p. 68–9.
17. Hubei, 4 jan. 1961, SZ18–2–200, p. 11.
18. Hubei, 22 fev. 1959, SZ18–2–197, p. 6–8.
19. Sichuan, 2–4 nov. 1959, JC1–1808, p. 137.
20. Guangdong, 3 fev. 1961, 262–1–115, p. 86–7.
21. Kaiping, 29 dez. 1960, 3–A10–81, p. 2.
22. Hunan, 17 jan. 1961, 146–1–580, p. 29.
23. Gansu, 18 jun. 1958, zhongfa (58) 496, 91–18–88, p. 29–34.
24. Yunnan, 30 nov. 1960, 2–1–4108, p. 72–5; 2 dez. 1960, 2–1–4108, p. 1–2; ver também 8 nov. e 9 dez. 1960, 2–1–4432, p. 1–10 e 50–7.
25. Relatório do Ministério de Segurança Pública, Gansu, 8 fev. 1961, 91–4–889, p. 25–30.
26. Hebei, jun. 1959, 884–1–183, p. 39–40 e 132.
27. Hebei, 26 abr. 1960, 884–1–184, p. 36.
28. Guangdong, 1961, 216–1–257, p. 64–5.

27. Êxodo

1. Xangai, 12 mar. 1959, B98–1–439, p. 9–13.
2. Zhang Qingwu, "Kongzhi chengshi renkou de zengzhang", *Renmin ribao*, 21 ago. 1979, p. 3, citado em Judith Banister, *China's Changing Population*, Stanford: Stanford University Press, 1987, p. 330.
3. Yunnan, 18 dez. 1958, 2–1–3101, p. 301.
4. Xangai, 20 abr. 1959, A11–1–34, p. 1–3.
5. Xangai, 12 e 17 mar. 1959, B98–1–439, p. 12 e 25.

NOTAS

483

6. Xangai, 20 abr. 1959, A11–1–34, p. 4–14.
7. Xinyang, 4 ago. 1960, 304–37–7, p. 68.
8. Hebei, 28 fev., 11 mar. e 15 abr. 1959, 855–5–1750, p. 74–5, 91–4 e 132–4.
9. Zhejiang, 3 mar. 1959, J007–11–112, p. 1–6.
10. Guangdong, 23 jan. 1961, 217–1–644, p. 10–2.
11. Hebei, 15 abr. 1959, 855–5–1750, p. 132–4.
12. Wuhan, 14 abr. 1959, 76–1–1210, p. 87–8.
13. *Neibu cankao*, 20 jun. 1960, p. 11–2.
14. Hebei, 11 mar. 1959, 855–5–1750, p. 91–4.
15. Pequim, 23 jan. e 31 ago. 1959, 2–11–58, p. 3–4 e 8–10.
16. Nanquim, 14 mar. 1959, 4003–1–168, p. 39–49; 14 ago. 1960, 4003–1–199, p. 2.
17. Nanquim, 23 dez. 1959, 5003–3–721, p. 115; 21 jul. 1959, 4003–2–315, p. 11–8.
18. Nanquim, 21 jul. 1959, 4003–2–315, p. 11–8.
19. Ibid.
20. Yunnan, 29 nov. 1958, zhongfa (58) 1035, 2–1–3276, p. 250–3.
21. Nanquim, 14 ago. 1960, 4003–1–199, p. 2.
22. Nanquim, 21 nov. 1959, 4003–2–315, p. 32.
23. Gansu, 14 jan. 1961, 91–18–200, p. 47–8.
24. Guangdong, 5 jan. 1961, 217–1–643, p. 63.
25. Hebei, 15 ago. 1961, 878–1–6, p. 31–44.
26. Yunnan, 29 nov. 1958, zhongfa (58) 1035, 2–1–3276, p. 250–3.
27. Hebei, 15 abr. 1959, 855–5–1750, p. 133.
28. Hubei, 25 fev. 1958, SZ34–4–295, p. 7.
29. Hubei, set. 1958, SZ34–4–295, p. 38–42.
30. Hebei, 17 dez. 1960, 878–2–8, p. 8–10.
31. Relatórios do Conselho de Estado e do Ministério de Segurança Pública, Hubei, 6 fev., 5 jun. e 10 nov. 1961, SZ34–5–15, p. 7–8 e 58–61.
32. Sichuan, nov.–dez. 1961, JC1–2756, p. 84–5.
33. *Neibu cankao*, 1 mai. 1960, p. 30.
34. Gansu, 31 ago. 1960, 91–9–58, p. 32–7.
35. Hubei, 18 abr. 1961, SZ34–5–15, p. 9.
36. Hubei, 1961, SZ34–5–15, p. 9–10.
37. Gansu, 16 jun. 1961, zhong (61) 420, 91–18–211, p. 116–9.
38. Yunnan, ago. 1960, 2–1–4245, p. 55; Yunnan, 10 jul. 1961, 2–1–4587, p. 83.
39. Yunnan, 10 e 22 jul. 1961, 2–1–4587, p. 82 e 112–4.
40. Guangdong, 20 jul., 2 ago. e 23 nov. 1961, 253–1–11, p. 44, 51 e 53.

484 A GRANDE FOME DE MAO

41. Xuancheng, 25 jun. 1961, 3–1–257, p. 32.

42. Hunan, 12 dez. 1961, 186–1–587, p. 5.

43. Ministério das Relações Exteriores, Pequim, 12 jun. 1958 e 14 jan. 1959, 105–604–1, p. 21 e 24–30.

44. PRO, Londres, 28 fev. 1959, FO371–143870.

45. Ministério das Relações Exteriores, Pequim, 23 ago. 1961, 106–999–3, p. 40–55.

46. RGANI, Moscou, 22 mai. 1962, 5–30–401, p. 39.

47. Ministério das Relações Exteriores, Pequim, 10 mai. 1962, 118–1100–9, p. 71– 9.

48. RGANI, Moscou, 28 abr. 1962, 3–18–53, p. 2–3 e 8–12.

49. RGANI, Moscou, mai. 1962, 3–16–89, p. 63–7.

50. Ministério das Relações Exteriores, Pequim, 30 jun. 1962, 118–1758–1, p. 1– 8.

51. RGANI, Moscou, 6 nov. 1964, 5–49–722, p. 194–7.

52. *Hong Kong Annual Report*, Hong Kong; Government Printer, 1959, p. 23.

53. ICRC, Genebra, relato de J. Duncan Wood, set. 1963, BAG 234 048–008.03.

54. *Hong Kong Standard*, 11 mai. 1962.

55. De acordo com um desertor entrevistado pela CIA; ver CIA, Washington, 27 jul. 1962, OCI 2712–62, p. 4; relato similar foi publicado pelo *South China Morning Post*, 6 jun. 1962.

56. ICRC, Genebra, relato de Paul Calderara, 5 jun. 1962, BAG 234 048–008.03.

57. Ibid.; ver também PRO, Hong Kong, 1958–60, HKRS 518–1–5.

58. Hansard, "Hong Kong (Chinese Refugees)", HC Deb, 28 mai. 1962, vol. 660, cols 974–7; ICRC, Genebra, relato de J. Duncan Wood, set. 1963, BAG 234 048–008.03

59. Aristide R. Zolberg, Astri Suhrke e Sergio Aguayo, *Escape from Violence: Conflict and the Refugee Crisis in the Developing World*, Oxford: Oxford University Press, 1989, p. 160.

60. "Refugee dilemma", *Time*, 27 abr. 1962.

28. Crianças

1. Wujiang, 13 abr. 1959, 1001–3–92, p. 63–9.

2. Pequim, 4 e 18 ago. 1960, 84–1–167, p. 1–9 e 43–52.

3. Pequim, 31 mar. 1959, 101–1–132, p. 26–40.

4. Guangzhou, 9 jan., 7 mar., 29 abr., 18 mai. e 14 dez. 1959, 16–1–19, p. 19–24, 51–5, 57–61, 64–6 e 70; sobre o uso de punição física em Xangai ver Xangai, 24 ago. 1961, A20–1–54, p. 18.

NOTAS

485

5. Xangai, 7 mai. 1961, A20–1–60, p. 64; 24 ago. 1961, A20–1–54, p. 16–24.

6. Pequim, 4 ago. 1960, 84–1–167, p. 43–52.

7. Pequim, 18 ago. 1960, 84–1–167, p. 1–9.

8. Nanquim, 14 nov. 1961, 5012–3–584, p. 79.

9. Guangzhou, 18 mai. 1959, 16–1–19, p. 51–5.

10. Nanquim, 21 abr. 1960, 4003–2–347, p. 22–6.

11. Hubei, 25 dez. 1960, SZ34–5–16, p. 2–3.

12. Guangdong, 1961, 314–1–208, p. 16.

13. Para as regras e regulamentos do sistema de escola secundária, ver Suzanne Pepper, *Radicalism and Education Reform in 20th-Century China: The Search for an Ideal Development Model*, Cambridge: Cambridge University Press, 1996, p. 293 ff.

14. Wuhan, 9 abr. e 26 dez. 1958, 70–1–767, p. 33–45.

15. Wuhan, 6 jan. 1959, 70–1–68, p. 19–24.

16. Nanquim, 28 dez. 1958, 4003–1–150, p. 81.

17. Hunan, 2 jun. 1960, 163–1–1087, p. 43–5.

18. Sichuan, mai. 1961, JC1–2346, p. 15.

19. Guangdong, 25 jan. 1961, 217–1–645, p. 11–4.

20. Guangdong, 1961, 217–1–646, p. 10–1.

21. Hunan, 8 abr. 1961, 146–1–583, p. 96.

22. Ibid.

23. Guangdong, 31 dez. 1960, 217–1–576, p. 54–68.

24. Hunan, 13 fev. 1961, 151–1–18, p. 24–5.

25. Guangdong, 1960, 217–1–645, p. 60–4.

26. *Neibu cankao*, 30 nov. 1960, p. 16.

27. Yunnan, 22 mai. 1959, 2–1–3700, p. 93–8.

28. Entrevista com Ding Qiao'er, nascida em 1951, condado de Huangxian, Shandong, dez. 2006.

29. Entrevista com Liu Shu, nascido em 1946, condado de Renshou, Sichuan, abr. 2006.

30. Entrevista com Li Erjie, nascida em 1922, Chengdu, Sichuan, abr. 2006.

31. Sobre esse fenômeno se deveria ler Robert Dirks, "Social Responses during Severe Food Shortages and Famine", *Current Anthropology*, vol. 21, n° 1 (fev. 1981), p. 31.

32. Nanquim, 10 mai. 1960, 5003–3–722, p. 27–31.

33. Hebei, 10 fev. 1960, 855–18–778, p. 36.

486   A GRANDE FOME DE MAO

34. Entrevista com Li Erjie, nascida em 1922, Chengdu, Sichuan, abr. 2006.
35. Nanquim, 4 jan. 1960, 4003–1–202, p. 1; 21 jul., 30 set. e 15 dez. 1959, 4003–2–315, p. 17, 20, 27 e 36.
36. Nanquim, 4 jan. 1960, 4003–1–202, p. 1; 21 jul., 30 set. e 15 dez. 1959, 4003–2–315, p. 17, 27 e 36.
37. Nanquim, 20 mai. 1959, 4003–2–315, p. 12–4.
38. Wuhan, 20 jul. 1959, 13–1–765, p. 72–3; Hubei, 30 ago. 1961, SZ34–5–16, p. 35–6.
39. Hubei, 18 set. 1961, SZ34–5–16, p. 41–2.
40. Hebei, 17 ago. 1961, 878–2–17, p. 142–5.
41. Hebei, 24 jan. 1961, 878–2–17, p. 1–5.
42. Guangdong, 10 fev. 1961, 217–1–640, p. 18–28.
43. Sichuan, 1 out. 1961, JC44–1432, p. 89–90; um relatório de setembro de 1962 menciona 200 mil órfãos; ver JC44–1442, p. 34.
44. Sichuan, 1962, JC44–1440, p. 46 e 118–9.
45. Sichuan, 1962, JC44–1441, p. 35.
46. Entrevista com Zhao Xiaobai, nascida em 1948, condado de Lushan, Henan, mai. e dez. 2006.
47. Sichuan, 1961, JC1–2768, p. 27–9.
48. Hubei, 24 abr., 30 ago. e 18 set. 1961, SZ34–5–16, p. 19, 35–6 e 41–2.
49. Yunnan, 16 mai. 1959, 81–4–25, p. 17.
50. Hunan, 30 jun. 1964, 187–1–1332, p. 14.

29. Mulheres

1. Ver Dikötter, *Exotic Commodities*.
2. Sobre isso se deveria ler Gao Xiaoxian, "'The Silver Flower Contest': Rural Women in 1950s China and the Gendered Division of Labour", *Gender and History*, vol. 18, nº 3 (nov. 2006), p. 594–612.
3. Hunan, 13 mar. 1961, 146–1–582, p. 80–1.
4. Sichuan, 1961, JC1–2611, p. 3.
5. Hunan, 13 mar. 1961, 146–1–582, p. 80–1.
6. Guangdong, 23 mar. 1961, 217–1–643, p. 10–3.
7. Guangdong, 1961, 217–1–618, p. 18–41.
8. Guangdong, 2 jan. 1961, 217–1–643, p. 61–6.
9. Pequim, 15 mar. 1961, 1–28–29, p. 1–2.

NOTAS

10. Pequim, 10 fev. 1961, 84-1-180, p. 1-9.

11. A cifra para Hunan foi uma estimativa de "problemas ginecológicos", definido como prolapso uterino ou falta de períodos menstruais por uma duração de, no mínimo, um semestre em mulheres trabalhadoras, excluindo as que estavam realmente doentes demais para trabalhar; Xangai, 1 fev. 1961, B242-1-1319-15, p. 1; Hunan, 8 dez. 1960, 212-1-508, p. 90; ver também Hebei, 19 jan. 1961, 878-1-7, p. 1-4.

12. Hubei, 23 fev. 1961, SZ1-2-898, p. 12-7.

13. Guangdong, 6 abr. 1961, 217-1-643, p. 1-9.

14. Hebei, 27 jun. 1961, 880-1-7, p. 53 e 59.

15. Hebei, 27 abr. 1961, 880-1-7, p. 88.

16. Hebei, 2 jun. 1960, 855-9-4006, p. 150.

17. Hunan, 21 jan. 1961, 146-1-580, p. 45.

18. Hunan, 24 fev. 1961, 146-1-588, p. 9.

19. Hunan, 1959, 141-1-1322, p. 2-5 e 14.

20. *Neibu cankao*, 30 nov. 1960, p. 17.

21. Kaiping, 24 set. 1960, 3-A10-76, p. 19.

22. Kaiping, 6 jun. 1959, 3-A9-80, p. 6.

23. Sichuan, 18 ago. 1962, JC44-3927, p. 2-6.

24. Nanquim, 20 mai. 1959, 4003-2-315, p. 12.

25. *Neibu cankao*, 13 fev. 1961, p. 14-5.

26. *Neibu cankao*, 12 jun. 1961, p. 9-10.

27. Guangdong, 1961, 217-1-618, p. 18-41.

28. David Arnold, *Famine: Social Crisis and Historical Change*, Oxford: Blackwell, 1988, p. 89.

30. Idosos

1. Charlotte Ikels, *Aging and Adaptation: Chinese in Hong Kong and the United States*, Hamden: Archon Books, 1983, p. 17.

2. Macheng, 15 jan. 1959, 1-1-443, p. 28.

3. Deborah Davis-Friedmann, *Long Lives: Chinese Elderly and the Communist Revolution*, Stanford: Stanford University Press, 1991, p. 87, citando o *Diário do Povo*, datado de 15 de janeiro de 1959.

4. Pequim, mai. 1961, 1-14-666, p. 25.

5. Guangdong, 10 fev. 1961, 217-1-640, p. 18-28.

488 A GRANDE FOME DE MAO

6. Sichuan, 29 nov. e 24 dez. 1958, JC1–1294, p. 71 e 129.

7. Sichuan, 1959, JC44–2786, p. 55.

8. Hunan, 1961, 167–1–1016, p. 1 e 144.

9. Hunan, 1960, 146–1–520, p. 102.

10. Entrevista com King Guihua, nascida em 1940, condado de Zhaojue, Sichuan, abr. 2007.

11. Hubei, 3 jul. 1961, SZ18–2–202, p. 70.

31. Acidentes

1. Hunan, 5 nov. 1958, 141–1–1051, p. 123.

2. Hunan, 9 mar. 1959, 163–1–1046, p. 24.

3. Nanquim, 16 abr. 1959, 4003–1–279, p. 151–2.

4. Nanquim, 31 out. 1959, 5003–3–711, p. 33.

5. Hubei, 5 jan. 1960, SZ34–4–477, p. 34.

6. Hunan, 16 jan. e 12 fev. 1960, 141–1–1655, p. 54–5 e 66–7.

7. Relatório do Conselho de Estado, Hubei, 3 mar. 1960, SZ34–4–477, p. 29.

8. Hunan, jul. 1959, 141–1–1224, p. 13–4.

9. Chishui, 27 fev. 1959, 1–A10–25, p. 2.

10. Li, *Dayuejin*, vol. 2, p. 233.

11. Relato de Mao Qihua para o centro, Gansu, 4 set. 1960, zhongfa (60) 825, 91–18–154, p. 99–106; o relatório estimou que, em 13 mil baixas, cerca de 5 mil aconteceram na indústria de mineração.

12. Sichuan, 15 jun. a 19 nov. 1962, JC1–3174, p. 4–6.

13. Hunan, 4 out. 1959, 141–1–1258, p. 12–3; jul. 1959, 141–1–1224, p. 13–4.

14. Nanquim, set.–out. 1959, 5035–2–5, p. 15–21; 3 ago. 1961, 9046–1–4, p. 47–54.

15. Nanquim, 12 jan. 1959, 5003–3–721, p. 1–7.

16. Nanquim, 9 jan. 1959, 4003–1–171, p. 17.

17. Hunan, mai. 1959, 141–1–1258, p. 63–4.

18. Hubei, 12 set. 1960, SZ34–4–477, p. 70–81.

19. Gansu, 1 nov. 1961, 91–9–215, p. 72.

20. Guangdong, 7 ago. 1961, 219–2–319, p. 56–68.

21. Gansu, 12 e 16 jan. 1961, 91–18–200, p. 32 e 84.

NOTAS

489

32. Doença

1. Li, *Private Life of Chairman Mao*, p. 339-40.
2. Nanquim, 7-10 out. 1961, 5065-3-467, p. 33-7 e 58-61.
3. Wuhan, 11 set. 1959, 30-1-124, p. 40-2; 22 jun. 1959, 28-1-650, p. 27-8.
4. Sichuan, 18 jan. 1961, JC1-2418, p. 2; também JC1-2419, p. 43.
5. Sichuan, 1961, JC1-2419, p. 46.
6. Sichuan, 1960, JC133-220, p. 137.
7. Guangdong, 30 out., 1961, 235-1-255, p. 170 e 179; Xangai, 28 jul. e 24 ago. 1961, B242-1-1285, p. 28-37 e 46-9.
8. Sichuan, 1960, JC1-2007, p. 38-9.
9. Uma análise sistemática dos atlas geográficos de todos os condados aparece em Cao Shuji, *Da jihuang: 1959-1961 nian de Zhongguo renkou* (A Grande Fome: a população chinesa em 1959-61), Hong Kong: Shidai guoji chuban youxian gongsi, 2005, e um bom exemplo está na página 171-3.
10. Hunan, 5 jan. 1959, 141-1-1220, p. 2-3; 1962, 265-1-309, p. 4-5.
11. Nanquim, 6 abr. 1959, 4003-1-171, p. 138.
12. Nanquim, 25 out. 1959, 5003-3-727, p. 19-21.
13. Hubei, 1961, SZ1-2-898, p. 18-45.
14. Xangai, 18 out. 1959, B242-1-1157, p. 23-6.
15. Wuxi, 1961, B1-2-164, p. 58-66.
16. Hubei, 25 fev. e 7 jul. 1961, SZ1-2-898, p. 7-11 e 45-9.
17. Hunan, 25 nov. 1960, 265-1-260, p. 85; 8 dez. 1960, 212-1-508, p. 163.
18. Nanquim, 27 ago. 1959, 5003-3-727, p. 88.
19. Hubei, 6 jun. 1961, SZ1-2-906, p. 29; 21 jul. 1961, SZ1-2-898, p. 49-52.
20. Nanquim, 3 abr. 1959, 5003-3-727, p. 67.
21. Wuhan, 19 fev. 1962, 71-1-1400, p. 18-21.
22. Guangdong, 1960, 217-1-645, p. 60-4.
23. Guangdong, 1959, 217-1-69, p. 95-100.
24. Zhejiang, 10 mai. 1960, J165-10-66, p. 1-5.
25. Sichuan, 9 jul. 1960, JC133-219, p. 106.
26. Wuhan, 16 ago. 1961, 71-1-1400, p. 9-10.
27. Entrevista com Li Dajun, nascido em 1947, condado de Xixian, Henan, out. 2006.
28. Nanquim, 1961, 5065-3-381, p. 53-4.
29. Xangai, 11 mai. 1961, B242-1-1285, p. 1-3.

490 A GRANDE FOME DE MAO

30. Wuhan, 30 jun. 1959, 30–1–124, p. 31–3.
31. Wuhan, 1 jul. 1960, 28–1–650, p. 31.
32. Wuhan, 30 jun. 1959, 30–1–124, p. 31–3.
33. Sichuan, 16 mai. 1960, JC1–2115, p. 57–8.
34. Sichuan, 1960, JC1–2114, p. 8.
35. Sichuan, 1959, JC9–448, p. 46–7.
36. Sichuan, 1959, todo o JC44–2786.
37. Relatório do Ministério da Saúde, Hubei, 24 abr. 1960, SZ115–2–355, p. 10–3.
38. Hunan, 11 mai. 1960, 163–1–1082, p. 26–8.
39. Uma boa descrição aparece em Jung Chang, *Wild Swans: Three Daughters of China*, Clearwater, FL: Touchstone, 2003, p. 232.
40. Warren Belasco, "Algae Burgers for a Hungry World? The Rise and Fall of Chlorella Cuisine", *Technology and Culture*, vol. 38, no. 3 (jul. 1997) p. 608–34.
41. Jean Pasqualini, *Prisoner of Mao*, Harmondsworth: Penguin, 1973, p. 216–9.
42. Pequim, 1 fev. 1961, 1–14–790, p. 109.
43. Barna Talás, "China in the Early 1950s", em Näth, *Communist China in Retrospect*, p. 58–9.
44. Entrevista com Yan Shifu, nascido em 1948, Zhiyang, Sichuan, abr. 2007.
45. Entrevista com Zhu Erge, nascido em 1950, Jianyang, Sichuan, abr. 2007.
46. Hebei, 30 abr. e ago. 1960, 855–18–777, p. 167–8; 855–18–778, p. 124–5.
47. Relatórios do Ministério da Saúde, Hubei, mar. e dez. 1960, SZ115–2–355, p. 12–5.
48. Pequim, 14 abr. 1961, 2–13–135, p. 5–6.
49. Entrevista com Meng Xiaoli, nascido em 1943, condado de Qianjiang, Hubei, ago. 2006.
50. Entrevista com Zhao Xiaobai, nascida em 1948, condado de Lushan, Henan, mai. e dez. 2006.
51. Entrevista com Zhu Erge, nascido em 1950, Jianyang, Sichuan, abr. 2007.
52. Pequim, 3 jul. 1961, 2–1–136, p. 23–4.
53. Sichuan, 1960, JC133–219, p. 154.
54. Sichuan, out. 1961, JC1–2418, p. 168; 1962, JC44–1441, p. 27.
55. Sichuan, 31 ago. 1961, JC1–2620, p. 177–8.
56. Entrevista com He Guanghua, nascido em 1940, Pingdingshan, Henan, out. 2006.
57. Como a fome trabalha é analisado com competência em *Hunger: An Unnatural History*, Nova York: Basic Books, 2005.

NOTAS

58. Wu Ningkun e Li Yikai, *A Single Tear: A Family's Persecution, Love, and Endurance in Communist China*, Nova York: Back Bay Books, 1994, p. 130.
59. Guangdong, 23 mar. 1961, 217-1-643, p. 10-3.
60. Xangai, jan.-fev. 1961, B242-1-1285, p. 1-3 e 17-27.
61. Hebei, 1961, 878-1-7, p. 12-14.
62. Hebei, 21 jan. 1961, 855-19-855, p. 103.

33. O *gulag*

1. "Shanghai shi dongjiaoqu renmin fayuan xingshi panjueshu: 983 hao", coleção privada, Frank Dikötter.
2. Quarenta por cento foram sentenciados a um período de um a cinco anos, 25% foram colocados sob supervisão; Nanquim, 8 jun. 1959, 5003-3-722, p. 83.
3. Ver Frank Dikötter, "Crime and Punishment in Post-Liberation China: The Prisioners of a Pequim Gaol in the 1950s", *China Quarterly*, no. 149 (mar. 1997), p. 147-59.
4. Papéis da décima conferência nacional de segurança nacional, Gansu, 8 abr. 1960, zhongfa (60) 318, 91-18-179, p. 11-2.
5. Hebei, 1962, 884-1-223, p. 149.
6. Hebei, 23 out. 1960, 884-1-183, p. 4.
7. Guangdong, 1961, 216-1-252, p. 5-7 e 20.
8. Gansu, 3 fev. 1961, 91-18-200, p. 291-2; o romancista Yang Xianhui descreveu vividamente as condições do campo com base em entrevistas com sobreviventes e estimou que 1.300 de 2.400 prisioneiros morreram, o que é confirmado pelos arquivos de Gansu; Yang Xianhui, *Jiabiangou jishi: Yang Xianhui zhongduan pian xiaoshuo jingxuan* (Um relato do vale Jianbian: histórias selecionadas por Yang Xianhui) Tianjin: Tianjin guji chubanshe, 2002, p. 356.
9. Relatório do Departamento provincial de Segurança Pública, Gansu, 26 jun. 1960, 91-9-63, p. 1-4.
10. Gansu, 15 jan. 1961, 91-18-200, p. 62.
11. Hebei, 1962, 884-1-223, p. 150.
12. Papéis da décima conferência nacional de segurança nacional, Gansu, 8 abr. 1960, zhongfa (60) 318, 91-18-179, p. 26.
13. Ibid.
14. Ibid. p. 11-2.

492 A GRANDE FOME DE MAO

15. Discurso em 21 ago. 1958, Hunan, 141–1–1036, p. 29.

16. Hebei, 27 jun. 1959, 884–1–183, p. 128.

17. Papéis da décima conferência nacional de segurança nacional, Gansu, 8 abr. 1960, zhongfa (60) 318, 91–18–179, p. 26.

18. Hebei, 16 abr. 1961, 884–1–202, p. 35–47.

19. Yunnan, 22 mai. 1959, 2–1–3700, p. 93–8.

20. Guangdong, 2 jan. 1961, 217–1–643, p. 61–6.

21. Kaiping, 22 set. 1960, 3–A10–31, p. 10.

22. *Neibu cankao*, 30 nov. 1960, p. 16.

23. Guangdong, 15 ago. 1961, 219–2–318, p. 120.

24. Pequim, 11 jan. 1961, 1–14–790, p. 17.

25. Esta é também a estimativa de Jean–Luc Domenach, que escreveu o que continua a ser a história mais detalhada e confiável do sistema de campos na China; Jean–Luc Domenach, *L'Archipel oublié*, Paris: Fayard, 1992, p. 242.

34. Violência

1. Pequim, 13 mai. 1959, 1–14–574, p. 38–40.

2. Entrevista com Li Popo, nascido em 1938, condado de Langzhong, Sichuan, abr. 2007.

3. *Neibu cankao*, 27 jun. 1960, p. 11–2.

4. Guangdong, 25 jan. 1961, 217–1–645, p. 13.

5. Guangdong, 30 dez. 1960, 217–1–576, p. 78.

6. Guangdong, 5 fev. 1961, 217–1–645, p. 35–49.

7. Hunan, 3 abr. 1961, 151–1–24, p. 6.

8. Hunan, 1960, 146–1–520, p. 97–106.

9. Hunan, 8 abr. 1961, 146–1–583, p. 96.

10. Guangdong, 1960, 217–1–645, p. 25–8.

11. Hebei, 4 jan. 1961, 880–1–11, p. 30.

12. Hunan, 1960, 146–1–520, p. 97–106.

13. Guangdong, 16 abr. 1961, 217–1–643, p. 123–31; 25 jan. 1961, 217–1–646, p. 15–7.

14. Xinyang diwei zuzhi chuli bangongshi, "Guanyu diwei changwu shuji Wang Dafu tongzhifan suo fan cuowu ji shishi cailiao", 5 jan. 1962, p. 1–2.

15. Guangdong, 16 abr. 1961, 217–1–643, p. 123–31.

NOTAS

16. Isso aconteceu em Rongxian; Sichuan, 1962, JC1–3047, p. 37–8.

17. Guangdong, 16 abr. 1961, 217–1–643, p. 123–31; 25 jan. 1961, 217–1–646, p. 15–7.

18. Guangdong, 23 mar. 1961, 217–1–643, p. 10–3.

19. Hunan, 15 nov. 1960, 141–1–1672, p. 32–3.

20. *Neibu cankao*, 21 out. 1960, p. 12; Sichuan, 25 mai. 1959, JC1–1721, p. 3.

21. Guangdong, 23 mar. 1961, 217–1–643, p. 10–3.

22. Guangdong, 1960, 217–1–645, p. 60–4.

23. Hebei, 27 jun. 1961, 880–1–7, p. 55.

24. Sichuan, 27 jan. 1961, JC1–2606, p. 65; 1960, JC1–2116, p. 105.

25. Guangdong, 12 dez. 1960, 217–1–643, p. 33–43.

26. Guangdong, 23 mar. 1961, 217–1–642, p. 33.

27. Guangdong, 1961, 217–1–644, p. 32–8.

28. Guangdong, 29 jan. 1961, 217–1–618, p. 42–6; também Hebei, 27 jun. 1961, 880–1–7, p. 55.

29. Hunan, 3 e 14 abr. 1961, 151–1–24, p. 1–13 e 59–68; também 3 fev.1961, 146–1–582, p. 22.

30. *Neibu cankao*, 21 out. 1960, p. 12.

31. Guangdong, 1960, 217–1–645, p. 60–4.

32. *Neibu cankao*, 30 nov. 1960, p. 17.

33. Hunan, 3 fev. 1961, 146–1–582, p. 22.

34. Hunan, 10 ago. 1961, 146–1–579, p. 32–3.

35. Sichuan, 1960, JC1–2112, p. 4.

36. Guangdong, 16 abr. 1961, 217–1–643, p. 123–31; 25 jan. 1961, 217–1–646, p. 15–7.

37. Guangdong, 1961, 217–1–644, p. 32–8; 1961, 217–1–618, p. 18–41, em particular p. 21 e 35.

38. Hunan, 1961, 151–1–20, p. 34–5.

39. Entrevista com o sr. Leung, nascido em 1949, condado de Zhongshan, Guangdong, 13 jul. 2006.

40. Guangdong, 1960, 217–1–645, p. 60–4.

41. Hunan, 8 abr. 1961, 146–1–583, p. 96; também 12 mai. 1960, 146–1–520, p. 69–75.

42. Hunan, set. 1959, 141–1–1117, p. 1–4.

43. Macheng, 20 jan. 1959, 1–1–378, p. 24; Guangdong, 1960, 217–1–645, p. 60–4; *Neibu cankao*, 30 nov. 1960, p. 17.

494 A GRANDE FOME DE MAO

44. Pequim, 7 jan. 1961, 1–14–790, p. 10.

45. Hunan, 1961, 151–1–20, p. 34–5.

46. Guangdong, 1961, 217–1–644, p. 32–8.

47. Relato de Xu Qiwen, Hunan, 12 mar. 1961, 141–1–1899, p. 216–22.

48. Yunnan, 9 dez. 1960, 2–1–4157, p. 171.

49. Relatório da equipe de trabalho do comitê provincial do partido, Sichuan, 1961, JC1–2616, p. 110–1.

50. Hunan, 15 nov. 1960, 141–2–125, p. 1.

51. Hunan, 8 abr. 1961, 146–1–583, p. 95.

52. Relato de Xu Qiwen, Hunan, 12 mar. 1961, 141–1–1899, p. 222.

53. Xinyang diwei zuzhi chuli bangongshi, "Guanyu diwei changwu shuji Wang Dafu tongzhifan suo fan cuowu ji shishi cailiao", 5 jan. 1962, p. 1–2.

54. Sichuan, 5 jan. 1961, JC1–2604, p. 35.

55. Discursos em 21 e 24 ago. 1958, Hunan, 141–1–1036, p. 24–5 e 31.

56. Discurso por Li Jingquan em 5 abr. 1962, Sichuan, JC1–2809, p. 11.

57. Hunan, 4 fev. 1961, 151–1–20, p. 14.

58. Hunan, 1961, 151–1–20, p. 34–5.

59. Relatório do comitê central de inspeção, Hunan, 15 nov. 1960, 141–2–125, p. 3.

60. Sichuan, 29 nov. 1960, JC1–2109, p. 118.

61. Hunan, 4 fev. 1961, 151–1–20, p. 14.

62. Ibid., p. 12–3.

63. Yunnan, 9 dez. 1960, 2–1–4157, p. 170.

64. Guangdong, 1961, 217–1–644, p. 32–8.

65. Sichuan, 2 mai. 1960, JC1–2109, p. 10 e 51.

66. Sichuan, 1961, JC1–2610, p. 4.

67. Entrevista com Wei Shu, nascido nos anos 1920, condado de Langzhong, Sichuan, abr. 2006.

68. Sichuan, 1960, JC133–219, p. 49 e 131.

69. Adam Tooze, *The Wages of Destruction: The Making and Breaking of the Nazi Economy*, Nova York: Allen Lane, 2006, p. 530–1.

70. Guangdong, 8 mai. 1960, 217–1–575, p. 26–8.

71. Sichuan, 3 mai. 1959, JC1–1686, p. 43.

72. Yunnan, 22 mai. 1959, 2–1–3700, p. 93–4.

73. Guangdong, 5 fev. 1961, 217–1–119, p. 44.

74. Guangdong, 2 jan. 1961, 217–1–643, p. 61–6.

NOTAS

495

75. Kaiping, 6 jun. 1959, 3–A9–80, p. 6.
76. Nanquim, 15 set. 1959, 5003–3–721, p. 70.
77. Nanquim, 8 mai. 1959, 5003–3–721, p. 12.

35. Sítios de horror

1. Hunan, 6 ago. 1961, 146–1–579, p. 5–6.
2. Material citado em Yang, *Mubei*, p. 901–3.
3. Gansu, 5 jul. 1965, 91–5–501, p. 4–5.
4. Ibid., p. 24.
5. Ibid., p. 5–7.
6. Ibid., p. 7.
7. Gansu, 12 jan. 1961, 91–4–735, p. 79.
8. Gansu, 10 fev. 1960, 91–4–648, todo o arquivo; 24 mar. 1960, 91–4–647, todo o arquivo.
9. Gansu, 21 abr. 1960, 91–18–164, p. 153–60.
10. Sichuan, 1961, JC1–2608, p. 1–3 e 21–2; 1961, JC1–2605, p. 147–55.
11. Sichuan, 1961, JC1–2605, p. 171.
12. Sichuan, 1961, JC1–2606, p. 2–3.
13. Relatos de Yang Wanxuan, Sichuan, 22 e 27 jan. 1961, JC1–2606, p. 48–9 e 63–4; também 25 e 27 jan. 1961, JC1–2608, p. 83–8 e 89–90.
14. Sichuan, 8 dez. 1959, JC1–1804, p. 35–7.
15. Sichuan, 4 abr. 1961, JC12–1247, p. 7–14.
16. Relatório do comitê de supervisão, Chishui, 1961, 2–A6–2, p. 25–6.
17. Chishui, 30 set. 1958, 1–A9–4, p. 30–1; 14 jan. 1961, 1–A12–1, p. 83–7; dez. 1960, 1–A11–30, p. 67–71; também 25 abr. 1960, 1–A11–39, p. 11–5.
18. Chishui, 9 mai. 1960, 1–A11–9, p. 5–9.
19. Guizhou, 1960, 90–1–2234, p. 24.
20. Guizhou, 1962, 90–1–2708, páginas impressas 1–6.
21. Chishui, 9 mai. 1960, 1–A11–9, p. 5–9.
22. Carta de Nie Rongzhen a Mao Tsé-tung, enviada de Chengdu, Gansu, 16 Mar. 1960, 91–9–134, p. 2.
23. Shandong, 1962, A1–2–1130, p. 39–44.
24. Shandong, 1962, A1–2–1127, p. 7–11.
25. Relato de Tan Qilong para Shu Tong e Mao Tsé-tung, Shandong, 11 abr. 1959, A1–1–465, p. 25.

496 A GRANDE FOME DE MAO

26. Confissão de Shu Tong, Shandong, 10 dez. 1960, A1–1–634, p. 23.
27. Ibid., p. 9.
28. Carta de Yang Xuanwu sobre Shu Tong para o comitê provincial do partido, Shandong, 9 abr. 1961, A1–2–9809, p. 15; ver também 1961, A1–2–1025, p. 9–10.
29. Esta é a estimativa de um grupo de historiadores oficiais do partido de Fuyang: Fuyang shiwei dangshi yanjiushi (orgs.), *Zhengtu: Fuyang shehuizhuyi shiqi dangshi zhuanti huibian* (Compêndio de tópicos especiais sobre a história do partido de Fuyang durante a era socialista), Fuyang: Anhui jingshi wenhua chuanbo youxian zeren gongsi, 2007, p. 155.
30. Fuyang, 17 ago. 1961, J3–2–280, p. 114.
31. Fuyang, 12 mar. 1961, J3–1–228, p. 20; 18 ago. 1961, J3–2–280, p. 126.
32. Fuyang, 10 jan. 1961, J3–2–278, p. 85.
33. Ibid. p. 86.
34. Fuyang, 12 ago. 1961, J3–1–228, p. 96b.
35. Fuyang, 17 ago. 1961, J3–2–280, p. 115.
36. Fuyang, 10 jan. 1961, J3–2–278, p. 86.
37. Fuyang, 30 jan. 1961, J3–2–278, p. 2–9.
38. Confissão de Hao Ruyi, líder de Jieshou, Fuyang, 10 jan. 1961, J3–2–280, p. 48.
39. Ibid.
40. Confissão de Zhao Song, líder de Linquan, 15 fev. 1961, Fuyang, J3–2–280, p. 91.
41. Fuyang, 6 jan. 1961, J3–1–227, p. 54–5.
42. Fuyang, 12 jun. 1961, J3–2–279, p. 15.
43. Fuyang, 20 mar. 1961, J3–2–278, p. 67 e 69.
44. Ibid.
45. Fuyang, 29 fev. 1961, J3–2–278, p. 64.
46. Relatório do secretário do partido Liu Daoqian para o comitê regional do partido, Fuyang, 6 jan. 1961, J3–1–227, p. 54–5.

36. Canibalismo

1. Yunnan, 28 fev. 1959, 2–1–3700, p. 103.
2. Guangdong, 1961, 217–1–646, p. 25–30.
3. O Condado de Xili era uma combinação, na época, do condado de Lixian e do condado de Xihe; relatório da polícia para o Ministério da Segurança Pública, Gansu, 13 abr. 1961, 91–9–215, p. 94.

NOTAS

497

4. Ibid.

5. Relatório do grupo de trabalho mandado pelo comitê provincial do partido, Shandong, 1961, A1-2-1025, p. 7.

6. Confissão de Zhang Zhongliang, Gansu, 3 dez. 1960, 91-18-140, p. 19.

7. Confissão de Shu Tong, Shandong, 10 dez. 1960, A1-1-634, p. 10.

8. Minutas do encontro do comitê do partido do condado, Chishui, 9 dez. 1960, 1-A11-34, p. 83 e 96.

9. *Neibu cankao*, 14 abr. 1960, p. 25-6.

10. Gansu, jan.-fev. 1961, 91-18-200, p. 271.

11. Gansu, 3 mar. 1961, 91-4-898, p. 82-7.

12. Sichuan, 1961, JC1-2608, p. 93 e 96-7.

13. Algo muito parecido aconteceu na União Soviética; ver Bertrand M. Patenaude, *The Big Show in Bololand: The American Relief Expedition to Soviet Russia in the Famine of 1921*, Stanford: Stanford University Press, 2002, p. 262.

37. A contagem final

1. Basil Ashton, Kenneth Hill, Alan Piazza e Robin Zeitz, "Famine in China, 1958-61", *Population and Development Review*, vol. 10, no. 4 (dez. 1984), p. 613-45.

2. Judith Banister, "An Analysis of Recent Data on the Population of China", *Population and Development Review*, vol. 10, no. 2 (jun. 1984), p. 241-71.

3. Peng Xizhe, "Demographic Consequences of the Great Leap Forward in China's Provinces", *Population and Development Review*. vol. 13, no. 4 (dez. 1987), p. 639-70; Chang e Holliday, *Mao*, p. 438.

4. Yang, *Mubei*, p. 904.

5. Cao, *Da jihuang*, p. 281.

6. Becker, *Hungry Ghosts*, p. 271-2.

7. Hubei, 1962, SZ34-5-143, todo o arquivo.

8. Hubei, mar. 1962, SZ34-5-16, p. 43.

9. Gansu, 16 mar. 1962, 91-9-274, p. 1; seguido por um lembrete enviado em 24 mai. 1962, na p. 5.

10. Fuyang, 1961, J3-1-235, p. 34.

11. Sichuan, nov.-dez. 1961, JC1-2756, p. 54.

12. Sichuan, out. 1961, JC1-2418, p. 106.

13. Sichuan, 2 nov. 1959, JC1-1808, p. 166.

14. Hebei, 10 jan. 1961, 856–1–221, p. 31–2; 17 dez. 1960, 858–18–777, p. 96–7.

15. Hebei, 29 dez. 1960, 855–18–777, p. 126–7.

16. Sichuan, mai.–jun. 1962, JC67–4; também em JC67–1003, p. 3.

17. Sichuan, 23 fev. 1963, JC67–112, p. 9–12.

18. Yunnan, 16 mai. 1959, 81–4–25, p. 17; para a taxa média de mortalidade em 1957, ver *Zhongguo tongji nianjian, 1984*, Pequim: Zhongguo tongji chuban-she, 1984, p. 83; Cao, *Da jihuang*, p. 191.

19. Discurso de Liu Shaoqi, mai. 1961, Hunan, 141–1–1901, p. 120.

20. Hebei, 21 jan. 1961, 855–19–855, p. 100–4; sobre Hu Kaiming, ver Yu, *Dayuejin ku rizi*, p. 451–75.

21. Cao, *Da jihuang*, p. 234.

22. Hebei, 19 jan. 1961, 878–1–7, p. 1–4; Cao, *Da jihuang*, p. 246.

23. Hebei, 19 jan. 1961, 878–1–7, p. 1–4; Cao, *Da jihuang*, p. 240 e 246.

24. Gansu, jan.–fev. 1961, 91–18–200, p. 57; Cao, *Da jihuang*, p. 271 e 465.

25. Gansu, jan.–fev. 1961, 91–18–200, p. 94; Cao, *Da jihuang*, p. 273.

26. Gansu, jan.–fev. 1961, 91–18–200, p. 107; Cao, *Da jihuang*, p. 275.

27. Gansu, jan.–fev. 1961, 91–18–200, p. 45; Cao, *Da jihuang*, p. 275.

28. Guizhou, 1962, 90–1–2706, página impressa 19.

29. Chishui, 14 jan. 1961, 1–A12–1, p. 83–7; dez. 1960, 1–A11–30, p. 67–71; Cao, *Da jihuang*, p. 158.

30. Chishui, 9 mai. 1960, 1–A11–9, p. 5–9; Cao, *Da jihuang*, p. 164.

31. Relatório sobre o condado de Yanhe, Guizhou, 1961, 90–1–2270, página impressa 1; Cao menciona 24 mil mortes prematuras na região de Tongren como um todo; Cao, *Da jihuang*, p. 166.

32. Shandong, 1962, A1–2–1127, p. 46; Cao, *Da jihuang*, p. 219.

33. Shandong, 1962, A1–2–1130, p. 42.

34. Shandong, 7 jun. 1961, A1–2–1209, p. 110; Cao, *Da jihuang*, p. 231.

35. Guangdong, 1961, 217–1–644, p. 72; Cao, *Da jihuang*, p. 129.

36. Guangdong, 20 jan. 1961, 217–1–644, p. 61; Cao, *Da jihuang*, p. 126–8.

37. Hunan, jun. e 28 ago. 1964, 141–1–2494, p. 74 e 81–2.

38. Relatório do Ministério de Segurança Pública sobre estatísticas populacionais, 16 nov. 1963, Chishui, 1–A14–15, p. 2–3.

39. Relatório do Escritório Central do Censo, 26 mai. 1964, Chishui, 1–A15–15, p. 6–7.

40. Becker, *Hungry Ghosts*, p. 272.

41. Yu, *Dayuejin ku rizi*, p. 8.

Epílogo

1. Discurso de Liu em 27 jan. 1962, Gansu, 91–18–493, p. 58–60 e 62.
2. Li, *Private Life of Chairman Mao*, p. 386.
3. Discurso de Lin Biao, Gansu, 29 jan. 1962, 91–18–493, p. 163–4.
4. Discurso de Chu En–lai, Gansu 7 fev. 1962, 91–18–493, p. 87.
5. Liu Yuan, "Mao Zedong wei shenma yao dadao Liu Shaoqi", citado em Gao, *Zhou Enlai*, p. 97–8. Para uma visão ligeiramente diferente da esposa de Liu, ver Huang, *Wang Guangmei fangtan lu*, p. 288.

ÍNDICE

abuso sexual e estupro, 301–302, 324–327

Academia Chinesa de Ciências Sociais, 262–263

acidentes, 337–342
  envenenamentos, 351
  industriais, 311, 337–342, 406, 488n11
  projetos de conservação da água, 58, 64, 339
  sistema de transporte, 341

ácido sulfúrico, 241–242

açúcar:
  carências, 108
  importações, 155, 158

acumulação, 264–266, 282

África:
  ajuda chinesa a, 156
  exportações chinesas para, 116, 158

agricultura:
  "campos de *sputniks*", 71, 145, 462n12
  controle de pestes, 243–245
  declínio da área de terra cultivada, 183, 233, 391
  excedentes, 75, 79, 108, 173–174
  lavra profunda, 72, 85, 95, 98, 127, 182–183, 190, 237
  má administração e desperdício, 98, 134, 182–186, 220, 236–237

metas de produção, 67, 69, 168, 293
  perdas na força de trabalho, 97–98, 103, 293–295, 300–301, 457n33
  plantio denso, 73–74, 95, 127, 133, 182, 190, 237, 386
  práticas tradicionais rejeitadas, 73, 182–183, 190
  projetos de recuperação de terras, 232, 236, 390
  roubo da produção, 271–276, 287–288
  terra em repouso, 183, 186
  ver também coletivização; fertilizantes; produção de grão, rebanhos

ajuda externa (fornecida pela China), 156–158, 180

ajuda externa (oferecida à China), 33, 110, 154–155, 158–159

Albânia, 39, 137, 152, 156–157, 180

alcalinização da terra cultivada, 12, 239, 391–392, 475n62

Alemanha nazista, 9, 16, 37, 173, 378, 422

Alemanha Ocidental, 111, 115, 116, 120

Alemanha Oriental:
  ajuda oferecida à China, 159
  apoio para o Grande Salto Adiante, 426
  exportações para a China, 111
  importações da China, 115–118, 152, 156

502 A GRANDE FOME DE MAO

algodão:
  aquisições, 186–187
  exportações, 153, 158, 187
  metas de produção, 34, 117
  produção, 74, 117
alimentando-se de cães, 87, 253
amendoins, 73, 75, 118, 391
Angang, Anshan, siderúrgicas, 168, 197, 282
animais *ver* gatos; cachorros; extinções; rebanhos; ratos; pardais
Anshan, Liaoning, 185, 197, 241
Antonov, S. F. (diplomata soviético), 111
antraz, 354
Anuário Estatístico (Departamento Nacional de Estatísticas), 176, 403
apelidos (para quadros locais), 281
Argélia, 157
Argentina, exportações de grãos para a China, 153
armas atômicas e nucleares, 37–38, 77–78, 137, 147, 198
armas nucleares *ver* armas atômicas e nucleares
arroz:
  dado como ajuda a Cuba, 158
  exportações, 113, 118, 182
  importações, 155
  metas de produção, 67
  método de "cozimento duplo", 351
  plantio denso, 74, 386
  preços das requisições, 182
  produtividade, 71
  registros de produção, 70–71, 75
  roubo de, 273

Ashton, Basil, 403
assassinato, 314–315, 360, 372, 376, 379, 395, 398, 422
Austrália, exportações de grãos para a China, 153
aves domésticas:
  declínio em números, 189
  doenças, 189
  exportações, 118

Ball, J. Dyer, 212
bambu:
  destruição de florestas de bambu, 233
  preços, 193
Banco da China, 207
bancos:
  congelamento de poupança, 269
  corridas aos, 87
  empréstimos a, 261
Bandeira Vermelha (revista), 82
Banister, Judith, 403, 482n2
Bao Ruowang (Jean Pasqualini), 352
barragens:
  confiança na engenhosidade nativa para construir, 91
  destruição causada por, 12
  mão de obra miserável e manutenção de, 238
  quantidade construída, 56–57
  trabalho recrutado usado na construção de, 103
batatas-doces, 182, 183, 185
Becker, Japer, *Hungry Ghosts*, 405, 419, 429, 480n2
Beer, Henrik, 158

ÍNDICE

Beidaihe, Hebei, 83
  encontros partidários: (1958) 83, 126;
    (1960) 158, 483n33; (1961) 167,
    485n24
Bengala, 291, 329
bens de consumo:
  carências, 212
  declínio na produção, 205, 210–211
  má qualidade, 120, 197–198, 211
  preços fixos, 213–215
  problemas na distribuição, 207–210
  produtos de luxo, 214
Bigamia, 327
Birmânia:
  ajuda chinesa a, 157
  exportações de arroz para a China,
    153, 156
  refugiados chineses na, 303
Bixian, Sichuan, 382
bloqueios comerciais, 110, 111
Bo Yibo (presidente da Comissão Eco-
    nômica Estatal), 44, 49, 68–69, 95,
    107, 118, 126
bombas d'água, 237
Burgess, Claude (secretário colonial de
    Hong Kong), 306
Buxia, Zhejiang, 295

caça, 232
Camarões, 157, 260, 263
Camboja, 11, 65, 157
campanha antipardal, 243–245, 364, 373
campanha das Cem Flores, 20, 35–36, 58
campanha de conservação da água,
    55–65
  acidentes e mortes, 59, 64, 312, 338,
    367–368

condições de trabalho nos projetos,
    11, 20, 58, 59, 61–64, 367–371
confiança dos projetos na engenho-
    sidade nativa, 91, 237
custos, 58
dano ambiental, 234, 236, 239, 245
escala dos projetos, 57, 58, 64–65,
    81–82, 98
fracassos, 13, 57, 59, 61, 236–238,
    388, 391
lançamento da campanha, 21, 57–58
má administração e mão de obra,
    237–238
metas, 59, 67, 69
oposição à campanha, 56, 58
populações deslocadas, 225–226, 237
trabalho infantil, 311
trabalho recrutado, 81–82, 103, 332
ver também represas; irrigação; re-
    servatórios
campanha de produção de aço, 92–97
  árvores derrubadas, 230, 245
  custos, 97
  derretimento de utensílios e ferra-
    mentas, 11, 22, 95–96, 98, 168,
    192, 214–215, 269
  dificultada pela escassez de carvão, 168
  fornalhas de fundo de quintal, 94,
    95, 96, 97, 136, 168, 193, 230, 347
  habitação destruída, 92, 95, 133,
    223–224
  má qualidade, 196–197, 204, 218
  metas, 34, 41, 67, 68, 93–94, 95, 97, 133
  preços, 211
  trabalho infantil, 311
  ver também fábricas de ferro e aço

campanha para "domar o rio Huai", 57, 239, 394

campanhas antidireitistas, 20, 36, 45, 50–53, 58, 62–64, 73–74, 91, 139–141, 143–146, 163, 280, 374

campanhas contra a ocultação de grãos, 124, 224, 389, 404

camponeses:
 classificados pelo sistema de registro de famílias, 250, 294
 estratégias de sobrevivência, 15–17, 234, 268, 270–276
 práticas agrícolas tradicionais rejeitadas, 73
 privilegiando a sabedoria humilde de, 91–92

campos de reforma através do trabalho, 361–362

campos de trabalho, 74, 292, 303, 361–364, 379

"campos *sputniks*", 70–71, 145, 462n12

cana–de–açúcar, 182, 209, 388, 390

Canadá:
 cotas de refugiados, 305
 exportações de grãos para a China, 152–153, 155–156

canais, 390, 394
 acidentes durante a construção, 312
 dano ambiental causado por, 12, 235–236, 240
 Grande Canal, 390
 ver também irrigação

Cangzhou, Hebei, 235, 287, 299

canibalismo, 397–401

Cao Shuji (demógrafo histórico), 404, 408–412

carneiros, 233, 287, 387,

carrapicho, 353

carros:
 custos de manutenção, 209
 feitos de madeira, 92

cartas de denúncia e protesto, 283–286, 326, 481n41

cartas de protesto, 283–286, 326

castigo corporal:
 para disciplinar crianças, 310, 312–313, 319
 para disciplinar trabalhadores, 85, 105, 366
 usado contra migrantes, 302
 ver também tortura

Castro, Fidel, 158

catapora, 310

Cazaquistão, 304

Ceilão, 156

cevada, 347

Chan, Alfred, *Mao's Crusade*, 429, 447n1

Chang, Jung, Mao: The Unknown Story, 148, 403

Changsha, Hunan, 67, 145, 164, 184, 230, 275, 284, 313, 326, 462n12

Chaoxian, Anhui, 362

Chayashan, Henan, 71, 81, 162

Chen Boda (*ghost–writer* de Mao), 82

Chen Chengyi (vice–governador da província de Gansu), 50–51

Chen Shengnian (líder do partido no condado de Luliang), 64, 104

Chen Yi (ministro do Exterior), 72, 76, 106, 127, 135, 147, 159, 338

Chen Yizi (funcionário sênior do partido), 405, 413–414

ÍNDICE

Chen Yun (planejador da economia), 35, 48–49, 94, 127, 134, 152, 161, 417, 456n9

Chen Zhengren (líder do partido na província de Jiangxi, 53, 135

Chengdu, Sichuan, 268, 315, 327, 332, 351, 354, 385

reunião do partido (1958), 46

Chervonenko, Stepan, 150

Chiang Kai-shek:

e guerra civil, 29–30, 373

propaganda, 279

recuo para Taiwan, 19, 30, 82

relatos sobre a forma compilados para, 425

rumores de invasão, 283

sequestrado em Xi'an, 29

chiqueiros, 88, 238, 269, 386

Chishui, Guizhou, 388, 398, 411

Chongqing, Sichuan, 332, 385–386

Chu En-lai:

aceita culpa por fracassos, 167, 416

apoio ao Grande Salto Adiante, 14, 49, 133, 140–141

caráter e aparência, 47

despachado para investigar comunas, 164

e a visita de Kruschev a Pequim, 78

e cotas de requisições de grãos, 181

e informe sobre morte em massa causada pela fome em Xinyang, 161

e informe sobre violência em Hunan, 371

na conferência do partido em Lushan (1959), 133–134, 137, 139–140

oposição à Maré Alta Socialista, 19, 35

relações com Mao, 21, 46–49, 114, 126–127, 128–129

responsabilidade pelo comércio exterior, 22, 112, 114, 118, 120, 151, 152–153, 154–155, 158, 161, 196

sobre falhas na Hidrelétrica de Três Gargantas, 56

sobre o declínio dos rebanhos, 190

visita comunas-modelo, 72, 105

Chuxiong, Yunnan, 63, 376, 452n16

cigarros, 87, 145, 210, 227, 250, 251–252, 258–259

carências, 145

rações, 250, 258

clorela (alimento substituto), 352

cólera, 345–346

coletivização:

acelerada durante a Maré Alta Socialista, 19, 52

continua sem ser checada apesar dos sinais de fome, 127

e economia planificada, 174, 177, 182–183

objetivos de, 9, 82, 321, 366

resistência a, 15, 253, 270, 280, 364

ver também comunas

combustível:

casas destruídas por, 87, 162, 223–224

falta, 204–205, 215, 229–230

ver também petróleo

comida enlatada, 113, 117, 120, 198, 251–252, 305

comidas substitutas, 351

Comissão de Planejamento do Estado, 44, 49, 197

comunas, 81–90
  cantinas, 70, 71, 82, 85, 165, 253, 260, 273, 281, 289, 312–315, 338, 346, 350–351, 354, 357, 363, 373
  estabelecimento de, 21, 71, 81–82, 126, 223, 269
  fabrico de aço, 93, 95–97, 136, 168, 192
  mecanização, 91–92, 394
  medidas para enfraquecer o poder das, 22
  militarização da força de trabalho, 80, 82–84, 332, 373
  números de, 81
  produção de ferramentas, 192
  projetos de construção, 220–223
  sistema de pontuação de trabalho, 86, 174, 321–322, 328, 333, 378
  trabalho infantil, 311, 312
  trabalho recrutado, 82, 95
  vida diária em, 21, 84–90, 215, 314
  visitas de inspeção controladas, 74, 105
Conferência do partido em Xangai (março–abril de 1959), 22, 119, 126–127, 128–129
conflitos entre vizinhos, 275
Conselho de Estado, 50, 76, 120, 207, 228, 241
consumo de alimentos:
  aumentos em, 87, 89–90, 107, 251–255
  de membros de partido, 251–255
  proibição de consumo de carne, 128, 191
  rações de grãos, 173, 179, 209, 226, 250, 253, 376, 379
contabilidade fraudulenta, 260, 273
Coreia, República Democrática do Povo da, 288

corrupção, 12, 207, 257–266
couro, alimentando-se de, 354
creches ver jardins de infância
cremações, 228
crianças, 309–319
  abandonadas, 316, 327
  canibalizadas, 398, 399, 400
  castigo de, 310, 313, 315, 319, 364, 367
  comercialização por, 265
  doenças, 310, 346
  enterradas vivas, 162, 313
  morte por fome, 313
  órfãos, 317–319
  programa trabalho–estudo, 145, 311
  roubo das escolas, 271
  taxas de mortalidade, 311, 317, 319
  taxas de natalidade, 104, 319
  trabalho infantil, 145, 312, 318
  venda de, 103, 268, 315
  ver também jardins de infância; escolas
  violência doméstica contra, 314, 318
Crise do estreito de Taiwan (1958), 20–22, 79–80, 83, 84, 112, 126, 134, 147
Cruz Vermelha, Internacional, 158–159
Cuba, 158
cultivo de chá, 389
cultivo ver agricultura
cupins, 222
cupons de ração, 153–154, 188
  comércio de, 266
  falsificação de, 266
cupons, ração, 154, 188
  comércio de, 266
  falsificação de, 266
  roubo de, 275

ÍNDICE

Dalai Lama, 290, 387

Dalian, Liaoning, 208, 241

Danjiangkou, Hubei, 225

Daoxian, Hunan, 367, 371

Dazhu, Sichuan, 280

defensores externos do maoismo, 277

déficit comercial, 118-121, 148, 149, 156

Deliusin, Lev, 150

Deng Tuo (editor do *Diário do Povo*), 449n9

Deng Xiaoping:

cabeça da campanha antidireitista, 20, 36, 50

e a visita de Kruschev a Pequim, 78

relações com Mao, 127, 134

sobre coletivização e economia planificada, 127, 181

sobre negociações comerciais com a União Soviética, 155

sobre o déficit comercial, 118

viagens para investigar o campo, 164, 176

denúncias, cartas de, 283-286, 481n41

Departamento de Conservação da Água, 235, 237, 239

Departamento de Estatísticas, 97, 176, 177, 179-180, 403-404

Departamento de Relação Econômica Exterior, 157

desertificação, 233

desestalinização, 20, 34-35

desflorestamento *ver* florestas, destruição de

deslizamentos de terra, 12

devorando a safra, 272

Dianjiang, Sichuan, 88, 319, 382

Diário do Povo (jornal), 35, 44-45, 56, 63, 72, 82-84, 138, 285, 449n9, 462n13

diarreia, 310, 343-344, 349-350

Dingxi, Gansu, 384

Dingyuan, Anhui, 382

diretórios geográficos oficiais, 346, 403-404, 408-409, 489n9

disenteria, 343, 346

distribuição de comida:

comida desperdiçada, 90, 185, 207, 254

como arma política, 9, 11, 70, 358, 376-378

envenenamento de alimentos, 310, 349-350, 353

estocagem de alimentos, 184-186, 349

exportações de alimentos, 108, 112-121, 128, 148, 152, 279

para cidades, 108, 127, 180, 211, 350

procura de alimento, 11, 59, 243, 334, 352-355, 387

superavits de alimentos, 75, 90

divergências e protesto, 280- 286, 287-292

doença mental, 347-348

Domenach, Jean-Luc, 492n25

Dou Minghai (secretário do partido na região de Dingxi), 384

Dujiangyan, Sichuan, 222

economia planificada, 12, 15, 114, 116, 173, 178, 181-182, 193, 203, 206, 208, 210-211, 214, 249-250, 257-258, 260, 263, 299, 360, 372, 376

edema, 64, 129, 164, 201, 281, 310, 343, 346, 356-357, 366

Eisenhower, Dwight D., 77, 80

elefantes, 233

entrando na fila, 212, 264

envenenamento por fosfito, 349

epidemias, 345, 348, 357, 406

equipamento agrícola:
coletivizado, 192, 225
derretido para a produção de aço, 95, 98, 168, 192
importado, 109
produção, 192

equipamento industrial:
importado, 108–113, 115, 196, 199
má qualidade, 204
manufaturado por comunas, 92

equipamento militar:
importado, 110, 148
má qualidade, 198

erosão, solo, 58, 236–237, 245

escambo, 231, 259

escassez de sementes, 186

escolas:
condições nas, 311, 357
programa de estudo–trabalho, 145, 311
roubo das, 271
ver também jardins de infância

Escritórios de Casos Confidenciais, 105

esquemas de irrigação:
dano ambiental, 235–237, 239–240, 245
deslocamento de populações, 225, 237
escala dos projetos, 57–58, 63, 81, 98
fracassos, 13, 58, 64, 237–239, 388, 391
objetivos, 57
trabalho recrutado, 82, 103, 332
ver também canais; represas; reservatórios; campanha de conservação da água

esquistossomose, 346

esquivando-se ao trabalho, 270, 337

"estações de custódia e deportação", 301

"estações de dissuasão", 301

"estações de serviço", 214

Estados Unidos da América:
apoio aos chineses nacionalistas, 30, 38, 425
armas nucleares, 38, 137
bloqueios comerciais, 110, 112
corrida espacial, 37
cotas de refugiados, 305
crise do estreito de Taiwan, 21–22, 79
Guerra da Coreia, 19, 32, 110, 134
objetivo de Kruschev de superar, 21, 42, 43, 115, 116
produção de aço, 93
reaproximação com a União Soviética, 147

estudantes estrangeiros, 278

estudantes:
dúvidas sobre o Grande Salto Adiante, 278
estrangeiros, 278
roubo por, 271

estupro e abuso sexual, 301, 303, 325–327

execuções, 360

exército:
expurgo do, 143
propriedade tomada pelo, 221

exploração do espaço, 20, 37, 43, 70, 77

exportações de grão, 113, 118, 121, 127, 155, 158, 180

exportações de papel, 120

expurgo de "panelinhas antipartido", 22, 50–53, 140, 144–145, 292

ÍNDICE

fábricas de álcool, 394
fábricas de ferro e aço, 94, 111, 168, 197, 241, 282
  acidentes, 339
  condições de trabalho, 199, 202, 299
  má administração e desperdício, 204
  poluição de, 241, 243
  ver também campanha de produção de aço
fábricas de papel, 241
fábricas e oficinas:
  acidentes, 337, 340
  condições de trabalho, 199–203, 267, 270, 299, 310, 323, 338
  declínio da produção, 205, 270
  estratégias de sobrevivência dos trabalhadores, 270
  furtos e roubos de, 253
  inspeções, 337
  má administração e desperdício, 197, 203, 255
  metas de produção, 195, 338
  poluição de, 242
  práticas corruptas, 259–263
  recrutamento de trabalhadores rurais, 295
  trabalho infantil, 311
Falkenhahn, Günther, 378
falta de roupas, 117, 188–189, 215, 225, 394
  acidentes, 339, 488n11
  condições de trabalho nas minas de carvão, 87, 200, 285
  declínio da produção e falta, 168, 205
  exportações, 119
  metas, 35
  para fabrico de aço, 84, 204

preços, 213–214
  produção de carvão:
  roubo, 288
Fanxian, Shandong, 84
febre do caracol (esquistossomose), 346
Federação das Mulheres, 72, 323, 337
Federação de Sindicatos, 199–201, 278, 337, 422
Fengxian, Xangai, 53, 313, 363, 379
Fengyang, Anhui, 235–236, 381–382
fenol, 241
ferramentas e utensílios:
  produção, 193
  tomados para a campanha do aço, 11, 21, 95–96, 98, 168, 193, 214, 269
Ferrovia Oriental Chinesa, 31
ferrovias, 340
ferrovias:
  acidentes e mortes, 341
  construção de, 98, 198, 217, 261
  rede sobrecarregada, 185, 208, 341
  roubo por trabalhadores das ferrovias, 271
  saques de trens, 288
  ver também locomotivas
fertilizantes, 72, 96, 182, 185, 237, 242
  cadáveres humanos, 228, 371
  desperdício humano, 71, 164
  entulho de construções, 12, 72, 88, 189, 222, 227
  queima de florestas, 233
florestas, destruição de, 12, 229–234, 236, 245, 474n31
fogo:
  como mercadoria valorizada, 231
  destruição de propriedade, 289, 338

510 A GRANDE FOME DE MAO

equipamento contra incêndio, 338

mortes, 338

usado para limpar terra, 232

fome, efeitos físicos da, 356–357

França, 153

Fujian, província de, 119, 144, 283, 295, 353

Fuling, Sichuan, 317, 382, 385–386, 406

Fuyang, Anhui, 235–236, 382, 394, 406, 496n29

gafanhotos, 245, 272, 345

galinhas *ver* aves domésticas

Gansu, província de:

campos de trabalho, 251, 361–362, 491n8

canibalismo, 397–401

comunas, 88

cotas de exportação, 119

dano ambiental, 230–232

expurgos, 51, 53, 58, 144, 163–164

falta de comida, 103, 158, 168, 356

migração, 294–295, 302, 318

morte por fome, 103, 137, 144, 384

número de mortes, 384, 399, 410, 413

produção agrícola, 107, 383

produção de carvão, 204

projetos de conservação da água, 59, 65, 69, 312

região autônoma de Ganzi, 387

sistema de transporte, 341–342

tentativa de golpe contra Zhang Zhongliang (1959), 136, 144

ver também Lanzhou; Linxia; Tianshui; Tongwei; Wuwei

Gao Wangling (historiador), 428

Gastev, Alexei, 92

gatos, alimentando-se de, 87, 253

Grã-Bretanha:

exportações para a China, 111

intenções de Mao de alcançá-la, 9, 14, 41–42, 57, 83, 93, 109

mísseis balísticos intercontinentais estacionados em, 77

produção de aço, 92–93, 97

Grande Canal, 390

Grande Muralha da China, 61, 222

Grande Salto Adiante:

divergência, 279–283, 285, 289–292, 415–417

estudos do, 12–14, 270, 381, 427–429

expurgo da oposição ao, 123, 135–146, 175, 279, 462n13

lançamento do, 21, 42, 43–44, 57, 123

número de mortos, 22, 23, 382, 403–414

objetivos do, 9

papel principal, 12

pontos de vista estrangeiros sobre, 277–278, 425–426

recuo estratégico do, 167–169

grãos de soja, 113, 117, 155, 183, 351

Grãos, Departamento de, 176–179

"grupo antipartido" (União Soviética), 38

Guangdong, província de:

asilos para idosos, 332

campanhas antiocultação, 124, 224

canibalismo, 397

celeiros estatais, 184

comunas, 72, 74, 86, 87, 92, 222, 224, 253, 323, 326, 348, 357, 367–368, 398

ÍNDICE

corrupção, 259, 266
dano ambiental, 233
destruição de monumentos, 224
discordância e protesto, 281, 289
doença, 345, 347, 348
expurgo, 53
falta de combustível, 231
falta de comida, 103
material desperdiçado, 212
migração, 296, 303
número de mortos, 412
produção agrícola, 77, 79, 182, 186, 192, 272
produção de carvão, 205
produção de ferro e aço, 213
projetos de conservação da água, 225, 239
religião, 291
requisição de animais para corte, 191
requisição de grãos, 158, 182
reservas ocultas de grãos, 124
tufão (1959), 159, 234
ver também Guangzhou; Luoding; Shantou; Shaoguan
Guangshan, Henan, 162, 382
Guangxi, província de:
falta de comida, 103
morte por fome, 103
produção de aço, 68
produção de carvão, 285
requisição de grãos, 182
ver também Nanning
Guangzhou:
aumento populacional, 293
condições de trabalho industrial, 200, 279

correio, 271
corridas aos bancos, 87
corrupção, 259
falta de comida, 158
incêndios, 289
jardins de infância, 310
mercado negro, 267
migrantes, 301, 305
ônibus, 360
problemas na distribuição de bens, 208, 209
rações de cigarros, 250
rações de roupas, 188
Guardas Vermelhos, 143, 331, 370
"guerra aos pardais", 243-244, 245, 364
guerra civil (chinesa), 30, 46, 107, 139-140, 148, 388
Guerra da Coreia, 19, 32, 110, 134
Guerra do Ópio, 222
Guiné, 156
Guizhou, província de:
acidentes industriais, 339
comunas, 364
correio, 285
cotas de exportação, 119
expurgos, 389
história e geografia, 388
morte por fome, 390
número de mortos, 388-390, 411
produção agrícola, 388-390
produção de aço, 68
projetos de conservação da água, 388
projetos de construção, 221, 389
projetos de ocupação de terra, 390
quadros do partido, 251, 389
requisição de animais para corte, 389

requisição de grãos, 178, 466n7

ver também Chishui; Meitan; Zunyi

Gushi, Henan, 382

Guzhang, Hunan, 382

habitação:

coletivizada, 88, 92, 221-225

destruída para abrir caminho para grandes projetos de desenvolvimento, 220, 222

destruída para fazer fertilizante, 12, 71-72, 88, 223

destruída para obter combustível, 87, 162, 223, 231

destruída para produzir aço, 92, 95, 133

Hu Kaiming (secretário do partido de Zhangjiakou), 357, 409

Hainan, província de, 204, 279, 285

Halliday, Jon, *Mao: The Unknown Story*, 148, 439

Hangzhou, Zhejiang, 44, 241, 277

Hankou, Hubei, 208, 222

Hanyang, Hubei, 347

Haoxian, Anhui, 382

Harbin, Heilongjiang, 219, 301

He Long, marechal, 198

Hebei, província de:

comunas, 82, 105, 215, 254, 351

consumo de carne proibido, 128

dano ambiental, 240

expurgos, 52, 144

falta de comida, 103, 268, 317

incêndios, 289

inundações, 234-235

migração, 294-296, 300-301

morte por fome, 105

número de mortos, 407, 409, 413

produção agrícola, 105, 192, 240, 274, 276

produção de algodão, 188

projetos de conservação da água, 81-82, 239

rebanhos, 189, 191

sociedades secretas, 291

tufões, 234-235, 287, 299

ver também Hengshui; Qinhuangdao; Shijiazhuang; Xushui; Zhangjiakou

visitas de inspeção, 277

Heilongjiang, província de, 85, 144, 232, 259-260, 298, 361

ver também Harbin

Henan, província de:

comunas, 71-73, 81, 82, 161

corrupção, 260

dano ambiental, 233, 240

expurgos, 53, 163

fábricas, 196-197

falta de comida, 168, 188, 355

migração, 294-295, 297, 318, 394

milícias, 162

morte por fome, 161-162, 235, 368

número de mortos, 413

produção agrícola, 68, 70-72, 107-108, 128, 129, 192

produção de aço, 155, 192, 197

projetos de conservação da água, 56, 57, 69, 225, 239

ver também Kaifeng; Xinyang; Zhengzhou

Hengshui, Hebei, 301, 325

hepatite, 164, 310, 343, 346

ÍNDICE

Hidrelétrica de Três Gargantas, 57, 225

Hidrelétrica de Três Gargantas, Henan, 57, 225

histeria em massa, 348

Hitler, Adolf, 9, 422

Ho Chi Minh, 39

Hohhot, Mongólia Interior, 271

Holanda, 348

holotúrias, 241

Hong Kong, 279, 419

exportações chinesas para, 116–117, 120, 153

refugiados chineses em, 305–306

hospitais, 324, 343–346, 347

Hu Yaobang (funcionário sênior do partido, mais tarde secretário-geral), 188, 235–236, 240

Huaminglou, Hunan, 164, 220, 367, 409

Huang Jing (presidente da comissão de desenvolvimento tecnológico), 45

Huang Kecheng (chefe do Estado-Maior do Exército), 135, 139–140

Huang Wanli (geólogo), 56

Huanjiang, Guangxi, 382

Hubei, província de:

cotas de exportação, 119

dano ambiental, 232–234, 243

destruição de propriedade, 225

discordância e protesto, 278, 282, 289

doença, 346

fábricas, 268

falta de alimentos, 108, 119, 145, 268, 278

falta de vestuário, 225

incêndios, 339

migração, 296

número de mortos, 405

produção agrícola, 72, 119, 124, 245

projetos de conservação da água, 225, 238, 301

seca, 234, 238, 245

sistema de transporte, 341

taxas de mortalidade, 311

ver também Macheng; Wuhan

Hunan, província de:

abrigos de idosos, 332

acidentes industriais, 339

celeiros do Estado, 184

comunas, 86, 89, 220, 322

cotas de exportação, 157

dano ambiental, 230, 233, 236

declínio da área de terra cultivada, 183

destruição de propriedade, 224

discordância e protesto, 290

doença, 346, 347

expurgos, 146, 164

falta de alimentos, 103, 133, 165

incêndios, 339

investigação de condições por Liu Shaoqi, 165, 224, 409

jogo, 265

migração, 301

morte por fome, 133, 166, 178

número de mortos, 371, 413

problemas na distribuição de bens, 207

produção agrícola, 67, 133, 145, 177–179, 183, 220, 274

produção de aço, 68, 69, 204

produção de algodão, 187

produção industrial, 204–206

projetos de conservação da água, 225, 236–238, 366–368

514   A GRANDE FOME DE MAO

projetos de ocupação de terra, 236
requisição de grãos, 177–178
sistema de transporte, 185, 341
taxas de natalidade, 319
tortura, 369–371, 374–375
ver também Changsha
Hungria, 20, 35, 118
Huo Weide (líder do grupo antipartido de Gansu), 136, 144

ilha de Matsu, bombardeio da, 79, 147
ilha de Quemoy, bombardeio da, 79, 83–84, 112, 126, 134, 147
imperador Yongle, 222
império Qing, 229
importações de aço, 110–111, 151
importações de ferro, 111
importações de grão, 23, 153–155, 161
importações de óleo, 110–111
incêndio proposital, 289, 422
Índia:
    Dalai Lama foge para, 387
    disputa de fronteira com a China, 148
    indústria têxtil, 154
Indonésia, 158, 278
indústria pesqueira, 191, 240–241
industrialização:
    China, 56–57, 109–110, 136, 331
    União Soviética, 11, 110
indústrias de vestuário *ver* têxtil e in-dústrias de vestuário
    indústrias têxteis e de roupas, 116–117, 120, 153–154, 159, 180
inflação, 202, 213–214, 244, 254, 263
insetos:
    infestações, 120, 184, 199, 222, 245, 344, 349, 350
    ingestão de, 299, 353

insolação, 202
Inspeção, Ministério de, 163
Instituto de Geofísica, 262
inundações, 12, 56, 234, 235–237, 245
Iraque, 120
Irlanda, 291, 348
Islã, 290
Itália, 77
Iugoslávia, 30, 38, 137

Japão, 30, 31, 117, 154, 159, 190, 427
    Guerra Sino-Japonesa e Segunda Guerra Mundial, 30, 107, 190, 373
jardins de infância, 22, 119, 223, 260, 309–311, 322, 333, 346, 373
Jiabiangou, Gansu, 361, 491n8
Jiang Hua (líder do partido na provín-cia de Zhejiang), 52, 190
Jiang Weiqing (líder do partido na pro-víncia de Jiangsu), 52, 64
Jiangmen, Guangdong, 281, 345, 412
Jiangning, Jiangsu, 86, 90, 271
Jiangsu, província de, 52, 64, 72, 90, 219, 235, 268, 273, 294, 415
    ver também Nanquim, Wuxi
Jiangxi, província de, 131, 339
    ver também Lushan
Jianwei, Sichuan, 382
Jilin, província de, 230, 265, 340
    ver também Changchun
Jinan, Shandong, 199, 391
Jinggangshan, montanhas, 134
Jining, Shandong, 235–236, 382, 393
jogos, 265
Jukov, marechal Gueorgui, 38
Juye, Shandong, 382, 393

ÍNDICE

Kaganovich, Lazar, 38

Kaifeng, Henan, 55, 197, 233

Kaiping, Guangdong, 183, 281, 363, 379, 436

Ke Qingshi (líder do partido em Xangai), 44, 46, 48, 68, 93, 137–138
"Nova Xangai avança ao sabor do vento e fura as ondas, acelerando a construção do socialismo, A", 46

Kennedy, John F., 158

Khmer Vermelho, 65

Kim Il-sung, 31

Klochko, Mikhail, 61, 97, 147, 211, 244

Kruschev, Nikita
ajuda externa para nações em desenvolvimento, 157
caráter e reputação, 33
condenação às comunas, 137
descentralização da economia, 41
discurso secreto denunciando Stalin, 19, 34, 35, 38
expurgo de "grupo antipartido", 38
objetivo de suplantar os Estados Unidos, 14, 41, 43, 115–117
oferece grão à China, 155
políticas de comércio exterior, 115–117
promessa de fornecer a bomba atômica para a China, 38, 78, 147
relações com Mao, 33, 36, 38–42, 77–80, 137, 150, 217
retira conselheiros da China, 22, 147–150
sobrevive à tentativa de golpe militar, 38, 39–40
visita Pequim: (1958) 21, 78; (1959) 217

Kunming, Yunnan, 63, 185, 303

Kuomintang (nacionalistas), 19, 29–30, 70, 107, 131, 140, 283

lama, comendo, 12, 386

Lanzhou, Gansu, 51, 136, 144, 219–220, 241, 242, 279, 299, 341, 385

Laos, 303

lavra profunda, 72, 85, 95, 98, 127, 182–183, 190, 237

Lenin, Vladimir, 39, 378
tumba, 222

Leningrado, 119

lepra, 347

Leshan, Sichuan, 382

Levi, Primo, 16

Li Fuchun (presidente da Comissão de Planejamento do Estado):
apoio para o Grande Salto Adiante, 44, 49, 138, 163
e comércio exterior, 22, 118, 151, 161
e relato sobre a fome em massa em Xinyang, 23, 162
e remoção de imigrantes urbanos, 303
fidelidade a Mao, 49, 167–168
na conferência do partido em Nanning (1958), 44
planos para aumentar a produção de aço, 93
política de ajuste econômico, 161, 163
projeta recuo estratégico do Grande Salto Adiante, 167
responsabilidade pelas metas nacionais de produção, 174
sobre empréstimos por bancos estatais, 261

516 A GRANDE FOME DE MAO

sobre grandes projetos de construção, 221

sobre produção agrícola, 107

sobre taxas de inflação, 213-214

Li Jiangsheng (chefe da Brigada Dasigezhuang), 105

Li Jingquan (líder do partido na província de Sichuan):

apoio para o Grande Salto Adiante, 137, 139, 373

e informe sobre taxas de mortalidade, 412

e produção agrícola, 119, 181, 386

equipe de trabalho mandada por, 355

metas de produção de aço, 93

na conferência do partido em Lushan (1959), 137, 140

na conferência do partido em Nanning (1958), 46

permanece no poder, 408

sobre coletivização, 87, 107, 281

Li Rui (secretário de Mao), 339

Li Xiannian (ministro das Finanças), 49, 72, 103, 107, 118, 151, 161-163, 187

investigação em Xinyang, 161-162, 371, 381

responsabilidade pelo comércio exterior, 151, 161

Li Yiqing (secretário do partido da região centro-sul), 168, 192

Li Yueran (intérprete), 78, 448n5

Li Zhisui (médico de Mao), 62, 74, 81, 169, 343, 426

Liang Dajun (vice-governador da província de Gansu), 50-51, 58

Liaoning, província de, 52, 108, 144, 180, 185, 209, 233, 241, 252, 261, 368

ver também Anshan; Dalian; Lüshun; Shenyang

Liga da Juventude Comunista, 278, 337

Liga da Juventude, 278, 296, 337

Lin Biao, marechal, 127, 134, 139, 143, 292, 416

Lin Yunhui, *Wutuobang yundong* (Movimento Utópico), 428

Lin Zexu (funcionário da dinastia Qing), 222

Linquan, Anhui, 395

Linxia, Gansu, 399-401

Liu Bocheng, marechal, 127

Liu Shaoqi:

ambições de suceder Mao, 43, 48, 140

aparência e caráter, 43, 140

apoio ao Grande Salto Adiante, 14, 36, 43, 133, 137-138, 140, 163

atribui culpa pela fome, 23, 166-168, 234-235, 415-416

e a visita de Khrushchev a Pequim, 78, 79

e relato sobre fome em massa em Xinyang, 162, 164

em conferência de trabalho em Pequim (1962), 415-417

em reunião do partido em Chengdu (1958), 48

investigações sobre as condições em Hunan, 165-166, 176, 220, 224-225, 409

na conferência do partido em Lushan (1959), 133, 134, 137-138, 140 prevê conquista iminente do comunismo, 83

promovido a chefe de Estado, 140

queixa sobre abertura de cartas, 285

relações com Mao, 126–127, 140, 167, 415–417

sobre taxas de mortalidade, 409

Liu Zihou (líder do partido na província de Hebei), 106, 407, 409

Liuyang, Hunan, 274, 333, 368–369

locomotivas:
  destroços de, 168
  feitas de madeira, 92

Lojas da Amizade, 211

lojas de departamento, 210

lojas, 210–215
  "estações de serviço", 215
  Lojas da Amizade, 211
  lojas especiais para membros do partido, 250
  roubo e fraude pelos funcionários, 271

Longa Marcha, 29, 44, 46, 107, 373, 383

Longxi, Gansu, 366, 382, 410

Lu Liaoyan (comitê de agricultura), 138

Luliang, Yunnan, 63–64, 104, 106

Luoding, Guangdong, 74, 253, 312, 367–368, 398

Luoyang, Henan, 182, 196, 260

Lushan, Jiangxi, 131, 339
  conferência do partido (verão de 1959), 22, 132–133, 143, 145, 163, 167, 277, 292, 339, 374
  conferência do partido (verão de 1961), 192

Lushan, Sichuan, 382

Lüshun (Port Arthur), Liaoning, 21

Lüthi, Lorenz, 426, 454n14

Luxemburgo, 68–69

Lysenko, Trofim, 190

Ma Yimin (administrador do Ministério do Comércio Exterior), 117

macacos, 233

Macau, 279

MacFarquhar, Roderick, 419, 428–429

Macheng, Hubei, 72, 74, 85, 88–89, 96, 145, 332

madeira:
  escassez, 205, 228, 230, 232
  mercado negro, 258–259

malária, 346

Malásia, 278

Malenkov, Gueorgui, 38

Manchúria, 31, 78, 85, 140, 251, 264

mandioca, 353

Mao Tsé-tung
  cartas de protesto para, 283–286, 326
  culpa outros por fracassos, 123, 126, 162–163
  culto da personalidade, 20, 34, 44, 48, 292
  depressões, 150
  discordância pública contra, 279, 289
  estilo de vida, 251
  estilo oratório, 13, 39–40, 277
  expurgo da oposição, 14, 20, 22, 51–53, 57–58, 123, 125, 143–146, 292
  insensibilidade às perdas humanas, 13, 64, 105, 106, 181
  nega difusão de doença, 343
  obcecado por seu próprio papel na história, 13, 32, 83, 417

objetivo de superar a Grã-Bretanha, 9, 14, 41, 43, 57, 83, 93, 109

opiniões estrangeiras, sobre 278, 451n2

opiniões sobre a natureza, 229, 243

ordena o bombardeio das ilhas Quemoy e Matsu, 79–80, 83, 112, 126, 134

planeja a Revolução Cultural, 417

pronunciamento sobre a lei do partido, 362

rancoroso, 31, 34

reação à desestalinização, 20, 34, 35

relações com Kruschev, 33–36, 38–42, 77–80, 137, 150, 217

relações com Stalin, 19, 29–32

The Socialist Upsurge in the Countryside [O levante socialista no campo], 44

viagens para inspecionar o campo, 164, 176

visita Moscou (1949) 31; (1957) 38–42, 109, 217

Maré Alta Socialista (Pequeno Salto Adiante), 19, 34–35, 36, 43, 46, 49, 51, 52

Marrocos, 120

marta-zibelina, 233

McAlpin, Michelle, 329

Meitan, Guizhou, 382, 389–390, 411

membros do partido:
  crescimento de, 251, 374
  privilégios de, 251–252, 258

meningite, 346

mercado negro:
  bens, 207, 230, 253, 259, 267, 271
  carne, 398

grão, 274

moeda, 152

trabalho, 262, 296–299

mercados, 210–212, 350

Metalurgia, Ministério de, 68, 93–94, 97, 168

metas:
  exportações, 119–121, 195
  produção agrícola e industrial, 11–12, 15, 36, 59, 67–71, 88, 92–93, 127–128, 136, 174–175, 195–196, 293, 338

migração rural para a cidade, 97–98, 103, 108, 181, 198, 293–302

migração:
  "estações de custódia e deportação", 301
  internacional, 303–306
  rural para urbana, 97–98, 103, 108, 181, 198, 293–302

milho, 182
  devorando a colheita, 272–273
  preços da requisição, 182, 213

milícias:
  estabelecimento de, 80, 82, 84
  número de milicianos, 84
  poderes de aplicação da lei, 362
  punição e tortura executadas por, 272, 301, 369
  usadas para o confisco de comida e suprimentos, 162, 224, 269, 385–387
  usadas para recrutar trabalhadores, 96, 97

militarização da força de trabalho, 79–80, 81–82, 84–85, 332, 373

ÍNDICE

Ministério da Defesa, 135
Ministério da Supervisão, 161
mísseis balísticos intercontinentais, 37
mísseis balísticos intercontinentais, 37, 77, 84
Mitterrand, François, 277
molho de soja, 349
Molotov, Vyacheslav, 38, 40
Mongólia Interior, 51-52, 242, 264, 271, 273, 327
   ver também Baotou
monumentos, destruição de, 218, 221-222
Moscou:
   visitas de Mao: (1949) 31; (1957) 38-42, 109, 217
   Praça Vermelha, 217
Muchuan, Sichuan, 382
mulheres, 321-329
   assistência à infância, 309, 322, 328
   doença e má saúde, 202, 322-324, 487n11
   estupro e abuso sexual, 302, 325-328
   gravidez e parto, 323-324
   menstruação, 202, 322-324, 487n11
   migrantes, 298-299, 327
   prostituição, 298, 327
   punição de, 323
   trabalho agrícola, 103, 145, 309, 321-322
   trabalho na fábrica, 202, 309, 323
   trabalho nas comunas, 82, 321-322
   tráfico, 328
   violência doméstica, 315

Nações Unidas:
   agência de refugiados, 305
   bloqueios comerciais, 110

Nanning, Guangxi, 45, 47-48, 108
   conferência do partido (janeiro de 1958), 46-47, 48, 49, 114, 133, 223
Nanquim, Jiangsu:
   acidentes industriais, 339-340
   campanha antipardal, 244-245
   capturada pelos comunistas na guerra civil, 30
   condições do trabalho industrial, 199, 202-203
   corrupção, 259, 262
   dano ambiental, 45, 242
   destruição das paredes da cidade, 223
   discordância e protesto, 279, 289
   doença, 310, 347-348
   escassez, 211-212
   escolas e jardins de infância, 310-311
   estação ferroviária, 261
   fábricas, 279, 349
   hospitais, 344
   incêndios, 289, 338
   migração rural para, 297-299
   morte por fome, 298
   ponte, 151
   população estudantil, 271, 278
   porto, 298
   prisões, 360
   produção de aço, 96
Nanxi, Sichuan, 382
nepotismo, 249
Nie Rongzhen (chefe do programa de armas nucleares), 198, 390
Ningjin, Hebei, 280, 283, 291, 362
Ningxia, 145, 233, 295
número de mortos (do Grande Salto Adiante), 11, 371, 382, 403-414
   Anhui, 355, 381-382, 393-394
   Gansu, 355, 361, 382-385

Guangdong, 404-405
Guizhou, 388-390, 410-411
Hebei, 367-368, 407
Henan, 382
Hubei, 405
Hunan, 382, 413
Shandong, 382, 391-393
Sichuan, 350-352, 354-355, 361, 366
Yunnan, 397

objetos valiosos, confisco de, 269
oficinas *ver* fábricas e oficinas
Oitavo Congresso do Partido (1956), 34, 35
óleos comestíveis:
escassez, 114, 120
exportações, 113, 114, 120, 148, 152, 155
produção, 108, 128, 186
ônibus, 397
órfãos, 317-319
organizações clandestinas, 290-292

painço, 183, 192, 209, 272, 275, 287, 317
Pan Fusheng (líder do partido na província de Henan)
pânico de compra, 282
paradas desnudas, 326
paradas militares, 217
pardais, destruição de, 243-245, 364, 373
Pasqualini, Jean (Bao Ruowang), 352
Peng De (vice-ministro de Transporte), 168
Peng Dehuai (ministro da Defesa):
acusado de conspirar contra o partido, 139-141
ataques de Mao a, 22, 126, 133-134, 139

críticas de Mao, 132, 133, 134, 137, 138
na conferência do partido em Lushan (1959), 132, 133, 134, 135-136, 138, 139-141
relações pessoais com Mao, 126, 133-134, 139
substituído como ministro da Defesa, 143
turnê pela Europa Oriental (1959), 137
Peng Xizhi (especialista em estudos demográficos), 403
Peng Zhen:
despachado para investigar comunas, 164
e expurgo da oposição, 134, 143, 163-164, 462n13
e metas de produção de aço, 68
e produção agrícola, 108, 119, 183
na conferência do partido em Lushan (1959), 134
prefeito de Pequim, 108, 119
"Pensamento de Mao Tsé-tung", 20, 34
Pequeno Salto Adiante (Maré Alta Socialista), 19, 34, 46, 49
Pequim:
asilos para idosos, 332
aumento populacional, 293
campanha antipardal, 244
celeiros do Estado, 187
comunas, 190, 215, 263
condições de trabalho industrial, 201, 203
corrupção, 260
dano ambiental, 231-234
doença, 201, 345, 357
fábricas e oficinas, 252, 255, 270-271, 310, 323, 352

ÍNDICE

falta de alimentos, 164
jardins de infância, 309-310
lojas, 211
mercado negro, 267
migração rural para, 293-294, 296
poluição, 241
prisões, 360
problemas na distribuição de bens, 208
produção de aço, 197
projetos de construção, 218, 223, 262
reservatórios, 59-62, 226, 232
restaurantes, 254
suprimento de alimentos, 108, 180
trabalhadores sexuais, 326
pessoas idosas, 331-334
asilos para idosos, 82, 133, 333
roubo de, 275
violência doméstica contra, 315
pesticidas, 243, 245, 351
petróleo:
escassez, 185, 204, 209
importações, 110, 155
Pingshan, Sichuan, 382
Pingyuan, Shandong, 382, 411
plantio denso, 69, 73-74, 95, 98, 127, 133, 182, 190, 237, 386
poesia e canções, 281, 389
Pol Pot, 9
pólio, 346
Polônia, 60, 158
poluição, 240-242
população urbana:
aumento total da, 293, 302
classificada pelo sistema de registro de famílias, 250, 294
comerciantes, 210-211

comunas urbanas, 87
dieta, 349, 352
estratégias de sobrevivência, 17, 270-271, 275
migração rural para a cidade, 97-98, 103, 108, 183, 198, 293-303
problemas de suprimento de comida, 108, 212, 294
requisição de animais para, 191
requisição de grãos para, 180-181, 183
subclasse, 293, 297
porcos:
declínio em números, 189-190
doenças, 189
escassez de, 108
exportações de carne de porco, 120
hibridização, 190
Port Arthur (Lüshun), Liaoning, 31
povo de Hui, 399
Poznań (Polônia), 137
Praça Tiananmen:
expansão de, 218
massacre (1989), 381, 405
praga, 345
Pravda (jornal), 137
Prisões, 107, 124, 285-286, 301-303, 352, 359
ver também campos de trabalho
privação de sono, 366
produção de cimento, 109, 117, 197, 199, 201
produção de frutas, 113, 182, 231-232, 391
produção de grão:
celeiros estatais, 184-185, 273-275, 287-290
cotas e preços de aquisição, 127-128, 175-184, 213

estocagem e distribuição, 183-185, 272

excedentes, 174

falta de sementes, 186

metas, 36, 67, 71, 103, 105, 175

monopólio estatal, 174-176, 183-184

números inflados de produção, 99, 104, 105, 134, 144, 165, 174-175, 276, 383, 385, 389

produção real, 99, 108, 118, 176, 177, 178

rações de grão, 174, 179, 209, 226, 253, 377, 379

reservas ocultas, 124-125, 177, 224

roubo e fraude, 272-276, 288

ver também cevada; milho; painço; arroz; sorgo; soja; trigo

produção de óleo, 241

proibições de consumo de carne, 128

ver também vegetarianismo

projetos de construção, 217-221

projetos de ocupação de terra, 233, 236, 390

projetos do Dia Nacional, 219

propaganda, 30, 37, 44, 56-57, 71-72, 92, 175, 195, 199, 270, 278, 280, 366

propriedade:

coletivização, 220-221, 222

escala de destruição durante o Grande Salto Adiante, 11-12, 224-225

ver também habitação

prostituição, 327

protestos violentos, 289

Província de Anhui:

cotas de exportação, 119

custo em vidas humanas, 381, 393, 406

dano ambiental, 394

destruição de propriedade, 394

expurgos, 52, 144

fábricas, 394-395

falta de alimentos, 103, 356

geografia, 394

indústria pesqueira, 191

migração, 297, 303, 393

morte por fome, 235, 273, 406

produção agrícola, 108, 119, 129, 272, 395

projetos de conservação da água, 394

reservas escondidas de grãos, 124

ver também Fengyang; Fuyang; Xuancheng

província de Xinjiang, 31, 52, 78, 233, 295, 304

punição capital, 360

Qian Ying (funcionário do Ministério de Inspeção), 163

Qihe, Shandong, 382, 391, 411

Qingdao, Shandong, 213, 411

Qinghai, província, 52, 55, 119, 144, 290, 295, 359, 361, 382

Qingshui, Gansu, 65

Quênia, 157

raquíticos, 317

ratos, 184, 199, 243-244, 345, 355

rebanhos:

abate de, 253

declínio em números, 189

rebanhos:

abate, 86, 87, 253, 387

declínio em números, 190-191

doença, 11, 189, 354

ÍNDICE

hibridização, 190
mercado de exportação, 11
morte por fome, 11
requisições, 190–191, 389
ver também gado; porcos; galinhas;
carneiros
rebeliões, 290–292
reciclagem, abandono de, 212
reeducação nos campos de trabalho,
363, 379
refeitórios coletivos, 9, 11, 82, 83, 88–89,
96, 252–255, 345, 351, 357, 376
Referência Interna, 426
refugiados:
internacional, 303–306
internos, 226, 297–302
Relações Exteriores, Ministério das, 148
planos comerciais, 114
religião, 222, 227, 291, 322, 374
remédios, aldeia, 324
Ren Bishi (membro do antigo comitê
central), 127
represa de Banqiao, Henan, 239
represa de Shimantan, Henan, 239
República Democrática da Alemanha
ver Alemanha Oriental
República Federativa da Alemanha *ver*
Alemanha Ocidental
República Popular da Mongólia, 288
reservas de moeda, 112, 154,155
reservas de ouro, 112
Reservatório das Tumbas Ming, 60–62,
232
reservatórios:
asilos de idosos, 82, 133, 333
assoreamento, 56, 59, 237

confiança na engenhosidade nativa
para a construção, 91–92
dano ambiental causado pela construção, 235–237
mão de obra miserável na construção, 181, 182–183
números construídos, 56–57
populações deslocadas pela construção, 225–226
Reservatório das Tumbas Ming, 60–62
trabalho recrutado usado na construção, 103
retenção de água *ver* edema
Revolução (chinesa) décimo aniversário, celebrações, 217–219
Revolução Cultural, 12–13, 23, 143, 167,
331, 370, 416–417
Richthofen, Ferdinand, Barão von, 229
rio Amarelo, 55–57, 240, 242, 383,
390–391
rio Huai, 57, 188, 239, 381, 394
rio Tao, 58
rio Yang-Tsé, 131, 211, 237–238, 252,
351, 385, 387
rios:
assoreamento, 12, 56, 236, 238
poluição, 241
ritos funerários, 227
rituais de sepultamento, 227
Rongxian, Sichuan, 344, 382, 406, 493n16
roubo dos correios, 271
roubo:
como mecanismo de sobrevivência,
257, 271, 273, 275
de escolas e jardins de infância, 271, 310
de fábricas, 253

524 A GRANDE FOME DE MAO

de produto agrícola, 272–276, 288

de trem, 288

do Estado, 261, 271, 276, 287

dos correios, 271

punições por, 312, 360, 362–364, 368–369, 379

Rowinski, Jan, 60

rumores, 282, 481n28

sal:

acumulação de, 282

níveis de ingestão, 349

sarna, 310

salinização da terra cultivada, 12, 239–240, 392, 475n62

sangue, venda de, 268

sarampo, 310, 346

secas, 234, 238, 245

Seda (Serthar), Sichuan, 382, 387

Segunda Guerra Mundial, 12, 30, 38, 107, 218, 373

sepultamentos em vida, 162, 313, 370–371, 384, 395

Service, Robert, 15

serviço da dívida e pagamento antecipado, 112, 148–150

serviços médicos, 324, 341–342, 344–348, 357

Sha Wenhan (funcionário do partido na província de Zhejiang), 52

Shaanxi, província, 92, 228, 232, 287

ver também Xi'an

Shandong, província de:

acidentes industriais, 312

canibalismo, 398

celeiros do Estado, 274

comunas, 82, 84, 85

corrupção, 261

dano ambiental, 391–392

destruição de propriedade, 391–392

falta de comida, 103, 168, 393

geografia, 391

migração, 297, 302, 411

milícia, 84–85

morte por fome, 103, 235–236, 391, 393

número de mortos, 392–393, 411–413

produção agrícola, 108, 192, 272, 391–392

produção de aço, 192–193, 242

proibição de consumo de carne, 128, 190–191

projetos de conservação da água, 240, 391

ver também Jinan; Jining; Qihe; Qingdao

Shantou, Guangdong, 215, 266, 283, 369, 379

Shanxi, província de, 50, 108, 233, 351

Shaoguan, Guangdong, 192, 200, 205, 222, 224

Shenyang, Liaoning, 196, 198, 219, 241, 260, 302

Shijiazhuang, Hebei, 196, 203, 204, 209, 317, 410, 432

fábricas de ferro e aço, 196, 203, 204

Shijingshan, Pequim, 254

Shizhu, Sichuan, 382, 386, 400

Shu Tong (líder provincial do partido em Shandong), 393, 398, 495

Sichuan, província de:

asilos para idosos, 332

campos de trabalho, 361

canibalismo, 400

ÍNDICE

comunas, 87, 88, 107, 224, 319, 366, 385

cotas de exportação, 119

destruição de propriedade, 224-225

discordância e protesto, 280, 281, 289

escassez de comida, 107, 181, 268, 355, 377

geografia, 385

migrantes, 301

milícia, 85, 386

morte por fome, 377, 408

número de mortos, 371-372, 385-388, 408, 412

produção agrícola, 108, 119, 385

requisição de grão, 181

serviços médicos, 344, 348

ver também Chengdu; Chongqing; Fuling

Sindicatos, Federação de, 199, 200, 264, 278, 422

sistema de pontos de trabalho, 86, 174, 322, 328, 333, 376

sistema de registro de família, 249-250, 293-294

sistema de transporte:

acidentes e mortes, 341

colapso de, 11, 168, 185, 208-209

roubo pela força de trabalho, 271-272

ver também ônibus; ferries; ferrovias

sistema judicial, 283, 359-364, 373

sociedades secretas, 291

solo:

erosão, 59, 236-237, 245

salinização, 12, 240, 391-392

Song Liangcheng (funcionário do partido de Gansu), 144

sorgo, 182, 183, 209, 229

Sputnik (programa espacial soviético), 20, 37, 43, 70, 77

Stalin, Josef:

denunciado por Kruschev, 19, 34, 35

Mao comparado com, 9, 14, 33, 34

morte, 19, 29, 32

políticas de coletivização, 127

políticas de industrialização, 91, 92

reforma da Praça Vermelha, 217

relações de Mao com, 19, 29-32

Suíça, 120

suicídio, 323, 326, 328, 349, 371, 379, 392, 406

Suiping, Henan, 162, 437

Sun Diancai (vice-governador da província de Gansu), 50, 51, 58

Suslov, Mikhail, 150

Suxian, Anhui, 382

tabaco, 113, 116, 182, 391

ver também cigarros

Tai Qilong (funcionário sênior do partido em Shandong)

Taihe, Anhui, 382

Tailândia, 278

Taiwan, 19, 21, 31, 305, 426

Tan Zhenlin (vice-premiê e chefe da Agricultura), 68, 75, 85, 99, 126, 128, 129, 135, 138, 143, 183, 457n33, 474n33

Tangshan, Hebei, oficinas de ferro, 339

Tao Lujia (primeiro líder do partido na província de Shanxi), 50

Tao Zhu (líder do partido na província de Guangdong), 50, 444, 450, 525

taxa de natalidade, declínio 409

taxação, 261

526 A GRANDE FOME DE MAO

taxas de mortalidade infantil, 310, 317, 319

Tchecoslováquia, 118

telefone, usado para aplicar pressão política, 68, 95, 175

Temple, John (membro do Parlamento), 278

tênia ("solitária", parasita intestinal), 347

terra em repouso, 183, 186

Thaxton, Ralph, *Catastrophe and Contention in Rural China*, 445

Tian Jiaying (secretário de Mao), 417

Tianjin:
  aumento populacional, 293
  estádio, 219
  mendigos, 103
  mercado negro, 267
  migrantes, 302
  número de mortos, 410
  problemas na distribuição de bens, 208
  suprimento de comida, 108, 180
  trabalhadores sexuais, 327
  Universidade de Nankai, 357

Tianshui, Gansu, 302, 341, 416, 509

tibetanos, 387, 399

Tibete, 158, 159, 290, 361
  rebelião esmagada (1959), 158, 290, 387

tifo, 343, 345

Tito, Josip, 30, 38, 137

Tongwei, Gansu, 59, 299, 382-385, 398, 509

Tongzhou, Pequim, 234-235, 332, 365

Tongzi, Guizhou, 221, 382

tortura, 11, 104-105, 365-372, 386-387, 395

tracoma, 310

Tratado de Aliança e Amizade Sino-Soviético, 31

tratamento médico, 324, 341-342, 343-348, 357

trigo:
  comendo a safra, 272
  importações, 156
  metas de produção, 68, 71
  preços de requisição, 182, 213

tufões, 235, 239, 287, 299

tumbas Ming, 60-61, 222, 232

túmulos:
  destruição e profanação de, 227, 370
  missa, 162, 386, 390

Turquia, 77

Ucrânia, 97, 155, 291

Uganda, 157

Ulbricht, Walter, 111, 115, 152

União Soviética:
  ajuda à China, 33, 110, 154
  ajuda estrangeira para o mundo em desenvolvimento, 157
  armas atômicas e nucleares, 38, 39, 77, 137, 147
  canibalismo, 401
  coletivização, 127, 136-137
  competência técnica oferecida à China, 33-34, 91, 95, 97, 109-110, 147
  crise do estreito de Taiwan, 21
  culpada pela fome chinesa, 150
  desenvolvimentos tecnológicos, 20, 37, 43, 112
  desestalinização, 20, 35
  economia planificada, 173
  estatísticas demográficas, 404

ÍNDICE

exportações para a China, 110, 111, 154-155, 199

expurgo do "grupo antipartido", 38, 43

gulags, 359

importações da China, 112, 115, 119, 120-121, 151-152, 155, 186

industrialização, 9, 91, 92-93, 115

invasão da Hungria (1956), 20, 35

modelo de desenvolvimento, 9, 47, 91

ofensiva no comércio exterior, 117

pagamento da dívida chinesa com a União Soviética, 148-150

passaporte interno, 249

produção de aço, 91, 93, 155

programa espacial, 20, 37, 43, 71, 77

Quadragésimo Aniversário da Revolução de Outubro celebrações (1957), 37-42, 77, 116

racha com a China, 112, 146-150

reaproximação com os Estados Unidos, 147

refugiados chineses na, 304

retirada de conselheiros da China, 22, 147-148, 149-150, 151

Tratado de Aliança e Amizade com a China, 31

treinamento de estudantes chineses, 33

Universidade de Nankai, 357

Universidade de Nanquim, 271

URSS ver União Soviética

usina de ferro e aço, 196

utensílios ver ferramentas e utensílios

vandalismo, 201

vegetarianismo:
recomendado como solução para o deficit de exportação, 119

ver também proibições de consumo de carne

"ventos do comunismo", 269

vermes (parasitas intestinais), 202, 310

Viagem para o Ocidente (romance), 253

Vietnã, 39, 157, 158, 278, 303, 304

vila em Lushan, 131

violência doméstica, 314, 318-319, 400

Walker, Kenneth, 175, 176, 179, 466n4, 467n26

Wang Heshou (ministro da Metalurgia), 68, 93, 94

Wang Linchi (líder do partido no condado de Chishui), 388-389, 398

Wang Renzhong (líder do partido na província de Hubei), 72, 74, 93, 118, 124, 128, 135, 139

Wang Weizhi (demógrafo), 382

Wang Wenzhong (líder do partido no condado de Fengxian), 72

Wu Jingtian (vice-ministro de Ferrovias), 168

Wu Lengxi (editor do Diário do Povo), 45, 448n5, 449n9

Wu Ningkun, Uma única lágrima, 357

Wu Zhipu (líder do partido na província de Henan), 50, 52, 57, 64, 93, 16

Wuchang, Hubei, 129, 145, 268

Wuhan, Hubei:
carências, 212, 294

comunas, 87

corridas ao banco, 87

corrupção, 258

docas e carregamento, 271, 341

doença, 291-292

escolas, 311
fábricas de ferro e aço, 94, 110–111, 196, 198
hospitais, 277, 344, 348
preços de *commodities*, 213–215
produção agrícola, 183
propriedade coletivizada, 222
suprimento de comida, 108, 212, 294, 349–350
ver também Hankou
Wuhe, Anhui, 382
Wuwei, Gansu, 288, 382, 410
Wuxi, Jiangsu, 346

Xangai:
acumulação, 264
aumento populacional, 293
campanhas de controle de pestes, 244
corrupção, 258
doença, 345, 346, 349, 357
durante a guerra civil, 29, 30
encontros para funcionários do partido, 254
escolas e jardins de infância, 310, 357
fábricas e oficinas, 205–206, 241, 255, 270, 276
falta de combustível, 204–205
lojas, 211, 212, 215, 271
mercado negro, 263
migração rural para, 293–294, 302
poluição, 242
preços das requisições de grãos, 272
problemas de transporte, 209
problemas na distribuição de bens, 205, 207

propriedade coletivizada, 222
racionamento, 191
suprimento de comida, 108, 180–181
Xi Daolong (líder do partido no condado de Tongwei), 383–385
Xi'an, Shaanxi, 92, 228, 232, 287
Xiangtan, Hunan, 86, 133, 214, 269, 287, 325, 381
Xie Fuzhi (líder do partido na província de Yunnan; depois, ministro da Segurança Pública):
aparência, 51
confrontado por Liu Shaoqi sobre condições em Hunan, 166
expurgos antidireitistas em Yunnan, 51–52
glorifica a humilde engenhosidade nativa, 91
informa Mao sobre taxas de mortalidade em Yunnan, 104–105
metas de produção de aço em Yunnan, 68, 94–95
metas de produção de grãos em Yunnan, 175
ministro de Segurança Pública, 104–105, 124, 166, 285, 291, 360, 362–363
projetos de conservação da água em Yunnan, 62–63, 91
sobre revolução contínua, 98
Xincai, Henan, 382
Xinhua (agência de notícias), 176
Xining, Qinghai, 295
Xinyang, Henan, 23, 368, 394, 416
informe sobre morte em massa por fome em, 23, 161–162, 368, 371, 381

ÍNDICE

Xiushan, Sichuan, 382, 386
Xixian, Henan, 382
Xizhimenwai, Pequim, 267
Xu Chi (vice-ministro da Metalurgia), 168
Xuancheng, Anhui, 272, 382
Xushui, Hebei, 74, 75, 81–83, 89, 105, 106, 215, 363, 378, 471
Xuzhou, Jiangsu, 235, 261

Ya'an, Sichuan, 382
Yang Jisheng, *Mubei* (Lápide de Madeira), 176, 178–179, 403, 427
Yang Xianhui, *Jiabiangou jishi* (Um registro do vale Jiabian), 491n8
Ye Jizhuang (ministro do Comércio Exterior), 114, 117, 151–152, 155
Yiguandao (movimento religioso), 291
Youyang, Sichuan, 382, 386
Yu Xiguang (historiador), 233, 414, 427
yuan (moeda), declínio de valor, 152
Yudin, Pavel, 77–78
Yunnan, província de:
  canibalismo, 397
  celeiros do Estado, 184
  escassez de alimentos, 103–104
  expurgos, 51–52, 62–63, 145–146
  migração rural para a cidade, 97–98
  migração, 302–303
  morte por fome, 104, 276
  número de mortos, 408
  problemas de transporte, 209
  problemas na distribuição de bens, 209
  produção agrícola, 175, 276
  produção de aço, 68, 94–96
  projetos de conservação da água, 62–63, 91, 98

rebeliões, 290
taxas de mortalidade, 104
taxas de natalidade, 104, 319
ver também Kunming; Luliang

Zeng Shaowen (funcionário do partido na província de Zhejiang), 178
Zeng Xisheng (líder do partido na província de Anhui), 50, 64, 119, 125, 139
Zhang Guozhong (líder do partido no condado de Xushui), 74–75, 81, 83, 105, 363
Zhang Jiuling (ministro da dinastia Tang), 232
Zhang Kaifan (vice-governador de Anhui), 144
Zhang Pinghua (líder do partido na província de Hunan), 146, 166
Zhang Wentian (vice-ministro das Relações Exteriores), 135–137, 139
Zhang Zhongliang (líder do partido na província de Gansu):
  apoio ao Grande Salto Adiante, 135, 139
  destruição de habitações, 88
  e trabalho de migrantes, 299
  expurgando a oposição, 51, 58, 144
  Huo Weide lidera tentativa de golpe contra, 136, 144
  na conferência do partido em Lushan (1959), 135–136, 139
  na conferência do partido em Nanning (1958), 45
  nega a fome, 144, 398
  projetos de conservação da água, 58
  projetos grandiosos de construção, 219

rebaixado a terceiro-secretário, 163, 288, 293

Zhangjiakou, Hebei, 273, 295, 357, 409-410

Zhangye, Gansu, 288, 398, 410

Zhao Ziyang (secretário do partido na província de Guangdong), 124, 224, 388, 404, 414

Zhejiang, província de:
declínio na área de terra cultivada, 183
escassez de alimentos, 188
expurgos, 52
migração, 295
morte por fome, 178
produção agrícola, 74, 178-179, 180, 182, 183, 186, 192, 245, 350
projetos de conservação da água, 225
requisição de grão, 178, 180, 182
ver também Hangzhou

Zheng Dun (cabeça do Departamento de Organização de Yunnan), 51

Zhengzhou, Henan, 57, 208, 222, 253

Zhou Lin (líder do partido na província de Guizhou), 389

Zhou Xiaozhou (líder do partido na província de Hunan), 67-68, 89, 136, 139, 145, 166, 370

Zhu De, marechal, 58, 110, 114-115, 118, 127, 134

Zhumadian, Henan, 239

Zunyi, Guizhou, 221, 260, 285, 467n7

Este livro foi composto na tipografia Minion
Pro, em corpo 11,5/16, e impresso em papel
off-white no Sistema Digital Instant Duplex
da Divisão Gráfica da Distribuidora Record.